Úna Ní Fhaircheallaigh

agus an Fhís Útóipeach Ghaelach

Do mo thuismitheoirí,
Marie agus Nollaig

Ríona Nic Congáil

ÚNA NÍ FHAIRCHEALLAIGH

AGUS AN FHÍS ÚTÓIPEACH GHAELACH

ARLEN HOUSE

Úna Ní Fhaircheallaigh agus an Fhís Útóipeach Ghaelach

Foilsithe i 2024 ag
ARLEN HOUSE
42 Grange Abbey Road
Baldoyle
Dublin 13
Éire
arlenhouse@gmail.com
arlenhouse.ie

Dáileoirí idirnáisiúnta
SYRACUSE UNIVERSITY PRESS
621 Skytop Road, Suite 110
Syracuse
NY 13244–5290
USA
supress@syr.edu

978–1–85132–317–3, bog, 2024
978–0–905223–77–3, crua, 2010

Clóchur ¦ Arlen House
Saothar ealaíne an chlúdaigh ¦ Criona Nangle, 2010

Tá Arlen House buíoch de
Chlár na Leabhar Gaeilge
agus d'Fhoras na Gaeilge

Foras na Gaeilge

Clár

Clár na Léaráidí

Nóta Buíochais

Má tá rud amháin foghlamtha agam ón taighde atá déanta agam ar an athbheochan, is é sin go bhfuil tábhacht ollmhór ag baint le gréasán tacaíochta agus fóraim phlé chun físeanna a chur i gcrích. Cuireadh go leor tacaíochta agus fóram plé ar fáil dom go rialta ó thosaigh mé an leabhar seo. Chuidigh cuid mhór daoine liom agus ba mhaith liom buíochas ó chroí a ghabháil leis an Ollamh Angela Bourke, an Dr Regina Uí Chollatáin, agus an Dr Aisling Ní Dhonnchadha, a roinn a gcuid tuairimí agus a gcuid saineolais liom. Tá mé go mór faoi chomaoin ag an Ollamh Seosamh Watson a léirigh spéis leanúnach san fhís a bhí agam don leabhar seo ón gcéad lá riamh, ag an Ollamh Nicholas Williams agus ag Kathleen Clune a thacaigh liom ó bhí mé i m'iníon léinn fochéime. Ba mhaith liom buíochas a ghabháil freisin leis an Dr Dewi Evans, leis an Ollamh Liam Mac Mathúna, leis an Dr Caoimhín Mac Giolla Léith, agus le Clár Ní Bhuachalla, sa Choláiste Ollscoile, Baile Átha Cliath.

Tá mé fíorbhuíoch de mhuintir Uí Fhaircheallaigh, de chairde agus de ghaolta leo, a roinn a gcuimhní cinn liom agus a chuir gach eolas ar fáil dom: an tOllamh Clíona O'Farrelly, Hillary O'Farrelly, Madeleine O'Farrelly, Martin O'Farrelly, Antonia Marsh-Hanna, Connie agus Gearóid Mac Gabhann, agus an tAthair Réamonn Ó Muireadhaigh ina measc. Ba mhaith liom mórbhuíochas a ghabháil le Máire Mhac an tSaoi, a thug léargas dom ar an ré inar mhair Úna Ní Fhaircheallaigh, agus ar an gcineál duine a bhí inti, agus le hAntoin Daltún, a thug eolas dom faoi Úna mar oideachasóir. Thug Sinéad O'Connor agus a comhghleacaithe ón gCumann Camógaíochta, Páirc an Chrócaigh, an-tacaíocht agus eolas dom. Ní mór dom buíochas a ghabháil freisin leis an Dr Eithne Ní Ghallachóir agus an Dr Úna Uí Bheirn in Acadamh Ríoga na hÉireann, Alice Aylward atá i gceannas ar Chartlann Shiúracha an Chreidimh Naofa, Glas Naíon, Treasa Ní Fhatharta, Teach Synge, Inis Meáin, foireann Leabharlann Náisiúnta na hÉireann, agus foireann Leabharlann Náisiúnta na Breataine Bige.

Tá mé an-bhuíoch de mo chomhghleacaithe uilig i gColáiste Phádraig, Droim Conrach, an tOllamh Máirín Nic Eoin, an Dr Ciarán Mac Murchaidh agus Máire Ní Uiginn ach go háirithe. Ba mhór agam a gcuid saineolais agus tacaíochta agus mé ag cur clabhsúir leis an taighde seo. Tá mé go mór faoi chomaoin ag Alan Hayes, a thacaíonn liom i gcónaí agus a bhfuil físeanna tábhachtacha curtha i gcrích aige féin, leis an Ollamh Brian Ó Conchubhair, an Dr Catherine Morris, an Dr Diarmuid Ó Cearbhaill, an Dr Liam Mac Peaircín, an Dr Margaret Mac Curtain, an Dr Margaret Ó hÓgartaigh, an tOllamh Mícheál Mac Craith, an tAthair Oliver O'Reilly, an tOllamh Philip O'Leary, an tOllamh Marie Coleman agus leis an Dr Seosamh Ó Ceallaigh, a chuir eolas fairsing ar fáil dom fad is a bhí mé i mbun taighde ar ábhar an leabhair seo.

Ba dheacair an obair seo a chur i gcrích murach scata cairde a léirigh suim i mo chuid oibre agus a thug faoiseamh dom nuair a bhí a leithéid ag teastáil. Mar sin, ba mhaith liom buíochas ó chroí a ghabháil le Caitríona Ní Chléirchín, Niamh Ní Shiadhail agus leis an Dr Liam Mac Amhlaigh, as a gcuid tacaíochta le cúig bliana anuas. Chaith beirt scoláirí go fial flaithiúil liom, ag cur dua orthu féin chun ábhar a thabhairt dom: ba mhaith liom fíorbhuíochas a ghabháil le Máiréad Ní Chinnéide, a rinne taighde ceannródaíoch ar bheatha Mháire de Buitléir agus a chuir a saineolas ar fáil dom arís is arís agus le Breandán Ó Conaire, a thug ábhar dom go rialta faoi shaol Úna Ní Fhaircheallaigh, fiú amháin nuair nach raibh aon aithne aige orm. Ní mór dom buíochas a ghabháil le mo dheartháireacha móra Tarlach agus Conall, agus le mo pháirtí, Adam Kelly, a phléigh gnéithe den leabhar liom, a thug treoir dom go minic agus a roinn a shaineolas ar fhealsúnacht agus ar theoiricí na litríochta liom nuair ba ghá.

Thar éinne eile, ba mhaith liom síorbhuíochas a ghabháil le mo mháthair Marie, a chreid ionam, a mhisnigh mé agus a spreag mé chun m'intleacht a leathnú ó bhí mé óg agus le m'athair Nollaig, a thuig an tábhacht a bhain le hÚna Ní Fhaircheallaigh, a ghríosaigh mé le tabhairt faoin ábhar seo, a bhí flaithiúil lena chuid ama agus lena chuid eolais agus a chuir comhairle orm go rímhinic ó thús go deireadh. Tá mé buíoch den Chomhairle um Thaighde sna Dána agus sna hEolaíochtaí Sóisialta, a chuir maoiniú ar fáil dom chun tabhairt faoin taighde seo. Foilsíodh codanna de chaibidil a haon agus a dó le déanaí in *Éire-Ireland* (2009) agus in Úna Ní Fhaircheallaigh, *Smaointe ar Árainn/Thoughts on Aran* (2010). Is mise amháin atá freagrach as aon earráid agus as aon dearmad sa leabhar seo.

Noda

CCPC	Cartlann na Camógaíochta, Páirc an Chrócaigh, Baile Átha Cliath.
CNÉ	Cartlann Náisiúnta na hÉireann, Baile Átha Cliath.
LNÉ	Leabharlann Náisiúnta na hÉireann, Baile Átha Cliath.
LNBB	Leabharlann Náisiúnta na Breataine Bige, Aberystwyth.

Portráid d'Úna Ní Fhaircheallaigh
Seán Keating, 1947
Le caoinchead ó Eastát Sheáin Keating

FEIMINEACHAS, ÚTÓIPEACHAS AGUS AN *FIN DE SIÈCLE*

Nuair a dhéantar machnamh ar athbheochan na Gaeilge, is túisce a thagann daoine fearacht Dhubhghlais de Híde, Eoin Mhic Néill agus Phádraic Mhic Phiarais chun cuimhne: fir léannta, cheannródaíocha, a raibh dlúthbhaint acu leis an ngluaiseacht shóisialta, teanga agus litríochta in Éirinn ag an *fin de siècle*. Is minic a dhéantar ceiliúradh orthu, agus cúis mhaith leis, mar is léir ón lear mór beathaisnéisí, cuntas, agus clár faisnéise a imscrúdaíonn a ngníomhaíochtaí polaitiúla agus pearsanta. Nuair a dhírítear ansin ar na mná Gaelacha a raibh tionchar acu ar an teanga sa chéad leath den fhichiú haois, smaoinítear ar Pheig Sayers láithreach. Eascraíonn íomhá na mná idéalaí agus údaraí Gaelaí óna beathaisnéis siúd: bean bhocht, neamhliteartha, dhíograiseach agus Chaitliceach, a bhfuil tréithe an mháithreachais agus chultúr na nGael go smior inti. Tá an déscaradh inscne seo – fear gníomhach poiblí agus bean umhal teaghlaigh – chun tosaigh i stair chultúrtha na teanga agus in íomhánna coitianta den chultúr Gaelach ó laethanta luatha an fhichiú haois. Is minic, mar sin, a bhíonn drogall orainn aitheantas cuí a thabhairt do dhreamanna tábhachtacha eile, nach luíonn go héasca leis an déscaradh bunúsach seo, i stair na tíre agus na teanga.

Tá sé mar aidhm ag an leabhar seo bearna mhór a líonadh i scéal na hathbheochana. Sa déscaradh thuasluaite, déantar neamhaird ar na mná Gaelacha a bhí mar chroílár ghluaiseacht na hathbheochana: mná meabhracha, gníomhacha, a ghríosaigh Peig Sayers le tabhairt faoina dírbheathaisnéis, agus a chuir an dírbheathaisnéis chéanna chun cinn, mar atá, Máire Ní Chinnéide agus Úna Ní Fhaircheallaigh. Tá dearmad déanta ar chuid mhaith de na mná seo agus ní fheicimid trácht ar a ngníomhaíochtaí in áit ar bith, seachas i gcorr-fhonóta anseo is ansiúd. Mhair na mná seo sa tréimhse chéanna le Peig Sayers, ach ní raibh mórán cosúlachtaí eatarthu: bhí siad lonnaithe sna cathracha, bhain siad leis an meánaicme, bhí céimeanna ollscoile acu, scríobh siad litríocht nua-aimseartha, agus ghlac siad páirt ghníomhach sa saol poiblí, bíodh an saol oideachasúil nó an saol polaitiúil i gceist. Déanann an leabhar seo athmhachnamh agus athbhreithniú ar ról agus ar thionchar na mban seo i leith stair na tíre agus i leith litríocht na Gaeilge. Díríonn sé ar Úna Ní Fhaircheallaigh go príomha, óir ba í siúd an bhean ba theanntásaí i saol na Gaeilge ón *fin de siècle* go dtí lár an fhichiú haois.

Tugann saol agus saothar Úna Ní Fhaircheallaigh léargas úr ar éabhlóid ghluaiseacht na Gaeilge, bíodh an litríocht, teanga nó cultúr i gceist. Ó bhí sí ina déagóir, nuair a bhí C.S. Parnell ag teacht chun tosaigh go tréan, ghlac Ní Fhaircheallaigh páirt ghníomhach i ngluaiseacht an náisiúnachais chultúrtha in Éirinn. Ba dheacair do mhná na haoise Victeoirí ról lárnach a ghlacadh i sochaí phoiblí na bhfear ach ní bhfuair nósanna dochta sóisialta den chineál sin an ceann is fearr ar Ní Fhaircheallaigh: agus í anonn go maith sna fichidí, ba í an bhean ba thábhachtaí i gConradh na Gaeilge í, óir bolscaire agus idirghabhálaí cumasach a bhí inti. Banscríbhneoir dúthrachtach Gaeilge a bhí inti freisin, a raibh fuadar chun pinn fúithi ag casadh an chéid. I rith a saoil, bhí sí ina príomhoide ar Choláiste Uladh, ina hUachtarán ar Chumann Camógaíochta na hÉireann, ina hUachtarán Oinigh ar an gComhdháil Cheilteach agus ina hOllamh le Gaeilge sa Choláiste Ollscoile, Baile Átha

Cliath. Cé go raibh an-suim aici in athbheochan na Gaeilge, bhí spéis aici i gcúiseanna ilghnéitheacha eile a bhain leis an tír: ó bhí sí ina hiníon léinn, throid sí go díograiseach is go fuinniúil ar son chearta oideachasúla, eacnamúla agus polaitiúla na mban. Bhí baint ag Ní Fhaircheallaigh le hilchumainn dheonacha agus feachtais thábhachtacha a linne agus bhí sí cairdiúil leis na daoine a raibh mórthionchar acu ar thodhchaí na hÉireann sa tréimhse stát-tógála.

Thosaigh an leabhar seo amach mar bheathaisnéis ar shaol Ní Fhaircheallaigh, ach de réir a chéile, tuigeadh nár leor gnáthbheathaisnéis a scríobh, a chuirfeadh béim ar a saol príobháideach thar aon ní eile. I rith a saoil, rinne sí tréaniarracht bacainní inscne a shárú, le cinntiú go bhféadfadh mná páirt a ghlacadh i saol poiblí na bhfear. Dá bhrí sin, ní bheadh beathaisnéis a dhíreodh ar a saol príobháideach go príomha, dílis dá haidhmeanna mar fheimineach óir níor theastaigh uaithi go ndéanfaí teorannú den chineál sin uirthi, mar a rinneadh agus a dhéantar ar mhná go rímhinic. Tá tionchar ag aidhmeanna agus tuairimí Ní Fhaircheallaigh ar mhúnla na beathaisnéise seo: shamhlaigh sí í féin mar bhall de ghluaiseacht chomhchoiteann an náisiúnachais chultúrtha, a raibh mná agus fir páirteach inti, agus déantar scagadh ar a saol sa chomhthéacs úd. Is beathaisnéis í seo a chuimsíonn agus a thugann léiriú nua ar an nglúin iomlán a raibh dlúthbhaint aici le gluaiseacht na hathbheochana, an ghlúin a bheadh mar 'architects of their country's future' i bhfocail an Athar Mícheál Ó hÍcí.[1]

Mar a thugann Brian Ó Conchubhair le fios ina leabhar nua *Fin de Siècle na Gaeilge: Darwin, an Athbheochan agus Smaointeoireacht na hEorpa*, ba thréimhse úr, fhuinniúil, i stair na tíre seo agus na hEorpa í an *fin de siècle,* ina raibh Ní Fhaircheallaigh ag teacht i méadaíocht. Admhaíonn sé gurbh í:

> an *fin de siècle,* agus gach ar bhain léi, a mhúnlaigh meon na hathbheochana, a chruthaigh dioscúrsa a mbeadh bá ag an bpobal leis agus a dhein cinnte de gur chuaigh soiscéal Chonradh na Gaeilge i bhfeidhm ar an bpobal.[2]

Is i bhfráma an mheathlaithe agus an díothaithe a dhíríonn Ó Conchubhair ar na hathruithe a bhí ag tarlú in Éirinn agus san Eoraip sa tréimhse seo ar bhain 'easpa féinmhuiníne agus an t-éadóchas' léi.[3] Is fíor dó go raibh bagairt an mheathlaithe náisiúnta, nó an 'national disintegration, national decadence, national degradation' mar a chuir an tAthair Mícheál Ó hÍcí síos air in óráid sa bhliain 1898, ag déanamh imní do lucht na hathbheochana; ach chreid Ó hÍcí go bhféadfadh an tír a leithéid de bhagairt a shárú dá mbeadh 'sufficient national pride and energy, sufficient public spirit and enterprise, sufficient enlightened and exalted Patriotism yet among us.'[4] Luann Ó Conchubhair féin gur eascair athghiniúint agus beocht úr ón meathlú úd (nó ó bhagairt an mheathlaithe úd). De dheasca na hathghiniúna seo a tháinig fás agus forbairt ar ghluaiseacht an náisiúnachais chultúrtha in Éirinn i rith an *fin de siècle,* agus lig sí do leasaitheoirí sóisialta, fearacht Úna Ní Fhaircheallaigh, fís nua de thír idéalach a mhúnlú díreach in am don fhichiú haois.

Níos faide siar ná an *fin de siècle,* in atmaisféar lagmhisniúil an Ghorta agus na himirce sa naoú haois déag, rinneadh iarrachtaí scoite fánacha chun leasuithe polaitiúla, sóisialta agus cultúrtha a chur ar bun in Éirinn.[5] I rith an *fin de siècle,* áfach, d'eascair eagraíochtaí a raibh aontacht na ndaoine mar chroílár a bhfíse: cuireadh tús le gníomhaíocht na cosmhuintire ag an tráth seo trí fheachtais Chonradh na Talún (1879); eagraíodh cluichí Gaelacha i gceart den chéad uair nuair a bunaíodh Cumann Lúthchleas Gael (1884); mhúscail Conradh na Gaeilge (1893) spéis an phobail sa Ghaeilge agus cuireadh tús le gluaiseacht na gcomharchumann i bhfoirm Chumann Eagraíochtaí Talmhaíochta na hÉireann (1894). Mar a áitíonn P.J. Mathews, 'self-help movements', a bhí iontu seo, a raibh sé mar aidhm acu feabhas a chur ar shaol na ndaoine agus ar thodhchaí na hÉireann san fhichiú haois.[6] Ag deireadh an chéid, tháinig náisiúnaithe cultúrtha ar an tuiscint go bhféadfaidís treo na hÉireann a athrú san am a bhí le teacht agus bhí siad dóchasach faoi fhéidearthachtaí an fhichiú haois.

Tamall roimh 1898, chuaigh na nuachtáin náisiúnaíocha i mbun bolscaireachta agus comóradh céad bliain Éirí Amach na nÉireannach Aontaithe ag druidim leo. Thug an comóradh seo an deis do shean-náisiúnaithe stair agus idé-eolaíocht na nÉireannach 'Aontaithe', a throid ar son na tíre, a chur ar aghaidh chuig an gcéad ghlúin eile, nár fhoghlaim stair na hÉireann ar scoil.[7] Mar gheall ar an nasc seo a chruthaigh náisiúnaithe idir an dá *fin de siècle,* chreid cuid acu, Maud Gonne ina measc, gur chóir do náisiúnaithe a mhair ag deireadh an naoú haois déag, tabhairt faoi obair 'neamhchríochnaithe' na nÉireannach Aontaithe, rud a ligfeadh dóibh an fichiú haois a shamhlú agus a chruthú ar bhealach úrnua.[8] Agus é ag trácht ar an tréimhse seo, mhaígh W.B. Yeats go raibh 'a new kind of Ireland, as full of energy as a boiling pot', ag teacht chun solais 'amid the wreck of the old kind'.[9] D'áitigh Úna Ní Fhaircheallaigh féin ag casadh an chéid: 'Tá láidreacht ag teacht chugainn anois. Tá brigh i n-ár ngéagaibh agus beatha i n-ár gcuisleannaibh'.[10] Thug Mary Colum, a raibh baint aici leis an nglúin chéanna, spléachadh ar an bhfuadar is fuinneamh a bhí go smior sa ghlúin óg léannta nuair ba léir dóibh go raibh an tír á múscailt féin:

> Not only the literary and dramatic movement and the Gaelic League, but all other diverse national movements – political, Sinn Féin, economic, industrial – were beginning to make the pulses of the young and eager beat faster and faster. The older and staider people guessed that it would all end in one more fight for freedom from the British, and they shook their heads – such fights had always failed and had actually done more harm than good to the country, they maintained [...] Indeed every activity in the country seemed to go down in failure. There was no money to back any enterprise, and the stench of frustration and oppression was widespread in the land – that is, until all these movements, started at the end of the last century or the beginning of this, converged and began to stir the country to life once more.[11]

Tá trácht déanta ag scoláirí éagsúla a bhfuil dianstaidéar déanta acu ar thréimhse na hathbheochana ar idéalachas na gconraitheoirí mór le rá, a spreag iad chun fís útóipeach Ghaelach a chur chun cinn in Éirinn. In *Torn between Politics and Culture,* labhraíonn Georg Grote faoi bhrionglóid útóipeach Dhubhghlais de Híde: theastaigh uaidh a chinntiú go mbeadh meas ag muintir na hÉireann ar luach a n-oidhreachta cultúrtha.[12] In *Pearse's Patriots: St Enda's and the Cult of Boyhood,* déanann Elaine Sisson cur síos ar Scoil Éanna, a bhunaigh Pádraic Mac Piarais, mar 'the microcosm of a utopian nation'.[13] Áitíonn Philip O'Leary chomh maith in *The Prose Literature of the Gaelic Revival, 1881–1921: Ideology and Innovation,* go raibh gnéithe den saol útóipeach Gaelach le feiceáil i scríbhneoireacht chruthaitheach Mhic Phiarais.[14] Déanann Declan Kiberd trácht ghasta ar ghnéithe útóipeacha i litríocht na hÉireann ag tús an fhichiú haois in *Inventing Ireland.*[15] In eagrán den iris *Utopian Studies,* áitíonn Joachim Fischer: 'members of the Gaelic League imagined a cultural revolution which would result in a totally de-anglicised Gaelic-speaking Ireland, a utopian vision if ever there was one'.[16] Ach in *Cruthú na Gaeltachta 1893–1922,* thar aon saothar acadúil eile, aithníonn Caitríona Ó Torna go raibh fís agus idéil útóipeacha ag baint le roinnt de lucht na hathbheochana agus leagann sí béim ar an gcaoi ar bhain scríbhneoirí, fearacht Mhic Phiarais, leas as íomhánna útóipeacha 'chun gníomh a spreagadh'.[17] Tacaíonn an leabhar seo le tuairimí Uí Thorna i dtaobh an útóipeachais, agus déanann sé forbairt orthu.

Le tríocha bliain anuas, tá léann an útóipeachais tagtha chun tosaigh mar ábhar acadúil agus is léir ó leabhar Ruth Levitas, *The Concept of Utopia,* bunchloch an léinn sin, go raibh agus go bhfuil útóipithe de chineálacha éagsúla ann.[18] Is é Fredric Jameson an teoiricí comhaimseartha is aitheanta i dtaobh smaointeachas an útóipeachais, ach tugann sé le fios nach ionann feidhm ná smaointeachas an útóipeachais i ndomhan caipitlíoch an lae inniu agus útóipeachas an naoú haois déag, nuair a bhí daoine fós in ann físeanna nua a chruthú:

> My method [...] in the utopian area generally has been a negative one, that is, it's to examine the blockages on the future and on the utopian impulse rather than to propose positive new utopian visions of the type the nineteenth century in its crucial utopian moments projected so brilliantly, from Fourier to Morris.[19]

Ba iad na físeanna útóipeacha seo a spreag samhlaíocht lucht na hathbheochana agus sa leabhar seo déanfar anailís ar útóipithe éagsúla i gcomhthéacs Éireannach: útóipithe na litríochta; útóipithe teibí (brionglóidí d'áiteanna foirfe nach bhfuil ann agus nach mbeidh ann, ar nós 'Tír na nÓg' nó 'Beag-Árainn'); agus útóipithe coincréiteacha a bhain go dlúth le fís Ní Fhaircheallaigh is an Chonartha agus iad ag iarraidh leasuithe sóisialta a chur i bhfeidhm in Éirinn. De réir Ruth Levitas, tá na hútóipithe coincréiteacha seo 'located in the future and intended as goals, as real projects for the future, [and] are bound by the criterion of perceived possibility'.[20]

Tá sé mar aidhm ag an leabhar seo saol Úna Ní Fhaircheallaigh a scrúdú mar i ndúil is go bhfaighfear tuiscint ar an bhféith útóipeach a chothaigh agus a spreag gluaiseacht na hathbheochana. Ach tabharfaidh an cur chuige seo léargas úr ar Chonradh na Gaeilge agus ar na conraitheoirí féin freisin. Ag an *fin de siècle,* bhain teanga agus íomhánna an dóchais go dlúth le gluaiseacht na hathbheochana. Aithnítear é seo ó íomhánna d'éirí na gréine, agus den bhean óg bhríomhar agus láidir, mar shiombail d'Éirinn, atá scaipthe ar fud irisí agus i nuachtáin náisiúnaíocha na tréimhse sin.[21] Aithnítear teanga an dóchais ó ainmneacha na nuachtán agus na n-irisí náisiúnaíocha cosúil le *Young Ireland* (1875–1891) agus an *Shan Van Vocht* (1896). Tá sé intuigthe ón teideal deireanach go raibh súil ag na heagarthóirí Éilis Ní Mhaolagáin agus Anna Johnston go dtiocfadh claochlú ar an tír agus go bhfeicfí Éire óg álainn sa todhchaí. Is amhlaidh an cás i dtaobh fhoilseacháin an Chonartha: *Fáinne an Lae* (1898) agus *An Claidheamh Soluis* (1899). Mar a deir Regina Uí Chollatáin: 'Léireodh an teideal go dtabharfadh an ghluaiseacht seo muintir na hÉireann isteach i ré a mbeadh dóchas, oscailteacht agus neamhchlaontacht mar bhunús aici'.[22] Bhain teanga an dóchais le teidil óráidí cáiliúla cosúil le 'Casadh na Taoide', a thug an tAthair Yorke sa bhliain 1899, agus le teidil leabhar freisin: *The Ring of Day* ó pheann Mháire de Buitléir (a cuireadh i gcló i bhfoirm sraithe san *Irish Peasant* faoin teideal 'The Promised Land' ar dtús),[23] agus dírbheathaisnéis Mary Colum, *Life and the Dream* (1947).[24] Tugann na teidil réamhluaite spléachadh ar an útóipeachas is dóchas a bhain le daoine agus iad ag breathnú rompu, ach níl anseo ach samplaí sofheicthe den útóipeachas i ngluaiseacht an náisiúnachais chultúrtha. Tá scríbhinní liteartha agus óráidí Ní Fhaircheallaigh ar maos le teanga an dóchais, agus tugann siad léargas an-chuimsitheach ar chumhacht smaointeachas an dóchais chun athruithe is leasuithe sóisialta a chur i gcrích.

An *Fin de Siècle* in Éirinn: 'Unity is Strength'

Níorbh aon eisceacht í an fhéith útóipeach i náisiúnachas cultúrtha na hÉireann ag deireadh an naoú haois déag: ag an tráth sin bhí an fhéith útóipeach tagtha chun cinn san Eoraip agus i Stáit Aontaithe Mheiriceá.[25] Ní ba luaithe sa chéad, d'imigh leasaitheoirí sóisialta ón Eoraip go hOileán Úr Mheiriceá Thuaidh chun pobail bheaga idéalacha nó 'utopian communities', mar a thugtar orthu, a chruthú ar *tabula rasa* na mór-roinne sin, ag ligean dóibh éalú ó shochaí na hEorpa. Ba iad Charles Fourier (1772–1837) agus Robert Owen (1771–1858), an bheirt ab aitheanta de na leasaitheoirí útóipeacha seo, agus leag siad beirt an-bhéim ar an oideachas, ar chomhoibriú agus ar aontacht na ndaoine mar chodanna tábhachtacha dá bpobail útóipeacha.[26] Cuireadh 'New Harmony', pobal idéalach Robert Owen, ar bun in Indiana sa bhliain 1825 agus mhair sé ar feadh trí bliana; ghlac 'Brook Farm', gar do Bhostún, a mhair ó 1841–1847, le fealsúnacht Charles Fourier ach theip ar an bpobal seo saol foirfe an idéalachais a bhaint amach. Cuireadh pobal útóipeach ar bun in Éirinn, i gContae an Chláir, ó 1831–1833, a tháinig faoi thionchar Owen, ach theip air sin chomh maith.[27]

I dtaobh mhíntír na hEorpa de, tháinig leasaitheoirí chun tosaigh ag deireadh an naoú haois déag, ar theastaigh uathu gnéithe den tsochaí a fheabhsú ón taobh istigh, seachas pobail idéalacha a chruthú as an nua ar mhór-roinn eile. Ríomhann Harriet Anderson an cur chuige seo, i dtaobh ghluaiseacht an fheimineachais, in *Utopian Feminism: Women's movements in fin-de-siècle, Vienna*.[28] I gcomhthéacs Shasana, tháinig an t-úrscéal útóipeach chun tosaigh ag deireadh na ré Victeoirí, agus comhartha a bhí ann go raibh fonn ar dhaoine leasuithe sóisialta a chur i bhfeidhm agus an seanchóras sóisialta ag dul i léig. Tá staidéar cuimsitheach déanta ag Matthew Beaumont ar an tréimhse seo i stair Shasana agus áitíonn sé 'Utopianism is symptomatic of an era in which there is widespread perception that one epoch of history is in its decline and another is announcing its ascendancy'.[29] Chuidigh cúinsí sóisialta faoi leith le bláthú an útóipeachais, mar shampla: an teannas sóisialta idir an uasaicme sheanbhunaithe agus aicmí cumhachtacha nua ag teacht chun cinn; tionchar idé-eolaíocht an tsóisialachais (oidhreacht Karl Marx) ar aos eagna na meánaicme a shamhlaigh go bhféadfaí fadhbanna sóisialta na sochaí caipitlí a réiteach agus an córas a fheabhsú; tionchar na nua-aimsearthachta ar shaol laethúil na ndaoine; agus, thar aon rud eile, bagairt agus féidearthacht na todhchaí neamhchinnte a bhí rompu.[30]

Fearacht Harriet Anderson, díríonn Beaumont ar fhréamhacha ghluaiseacht na mban agus scrúdaíonn sé an nasc idir í sin agus scríbhneoireacht útóipeach na mban i Sasana, nó 'propagandist romance' mar a thugann sé ar an seánra seo, a tháinig chun tosaigh sa tréimhse chéanna. Creideann sé gur thug an seánra seo an deis do bhanscríbhneoirí meánaicmeacha a mianta féin a chur chun cinn agus a bheith ag cur in éadan na daoirse inscne: an chéad chéim i dtreo 'the task of building communities of sympathetic men and women, fellowships for the future', a bhí sa seánra seo freisin, dar leis.[31] Lig an seánra seo don léitheoir éalú ón tsochaí agus malairt todhchaí a shamhlú ag an am céanna. Tháinig litríocht útóipeach na mban meánaicmeach chun cinn in Éirinn fosta le linn na tréimhse seo, agus scríobh Úna Ní Fhaircheallaigh cúpla sampla den 'propagandist romance', inar léirigh sí an dul chun cinn a bhí déanta agus na constaicí a bhí fós le sárú ag gluaiseacht na mban ag an *fin de siècle*. B'iomaí difríocht idir sochaí na hÉireann agus Shasana de réir náisiúnaithe na hÉireann ach ba thorthúil an dá thír sin i dtaobh fhás agus bhláthú litríocht agus smaointeachas an útóipeachais.

In *The Philosophy of Irish Ireland* (1905), mhaígh D.P. Moran 'an infallible way to paralyse a people is to aim at a Utopia'.[32] Tagairt a bhí ann do phobail idéalacha útóipeacha fearacht phobal Fourier agus Owen, nár ghlac le hindibhidiúlacht na ndaoine ná le heasaontas eatarthu. Rachfar i ngleic le hargóint Moran níos déanaí sa leabhar seo; ach is fiú a lua go raibh drochmheas ag cuid de na náisiúnaithe in Éirinn ar an téarma 'Útóipe' ag tús an fhichiú haois. Bhí débhríocht ag baint leis an gcaoi ar úsáid Ní Fhaircheallaigh féin an téarma 'Útóipe', agus d'fhéadfaí a rá gurbh ionann a tuairim ina leith agus tuairim Moran, óir ghlac sí le bunmhíniú an téarma: an 'no place' a chum Thomas More.[33] B'shin an sainmhíniú ba choitianta dá raibh ann ar 'Útóipe'; ach is ionann teanga dhóchais Ní Fhaircheallaigh agus an chaoi ar bhreathnaigh sí roimpi chuig an gcéad ghlúin eile agus an sainmhíniú comhaimseartha ar 'Útóipe' mar 'the expression of the desire for a better way of being', de réir Ruth Levitas.[34]

Leagann an litríocht agus an smaointeachas útóipeach béim ar thodhchaí idéalach ina mbeidh na fadhbanna sóisialta a bhaineann leis an aimsir láithreach réitithe. Ag deireadh an naoú haois déag agus ag tús an fhichiú haois, bhí idé-eolaíocht an útóipeachais agus an náisiúnachais fite fuaite lena chéile in Éirinn. Tráchtann Henri Vogt ar an idirspleáchas seo agus é den tuairim: '[that] nationalism derives its energy from the utopian, future-oriented nature of the idea of the nation'.[35] Rinne Ní Fhaircheallaigh féin trácht ar 'the perfection of nationhood' mar chroílár a físe Gaelaí a bhainfí amach sa todhchaí.[36]

Sa chéad chaibidil den leabhar seo, 'Cliabhán an Náisiúnachais Chultúrtha', breathnófar ar óige Ní Fhaircheallaigh agus í ag fás aníos i gcomhréim le gluaiseacht an náisiúnachais chultúrtha in Éirinn.

Díreofar ar a ról san 'Irish Fireside Club', colún seachtainiúil sa *Weekly Freeman*, a bhí mar thoradh ar fhorbairt na litríochta do pháistí sa tréimhse sin, agus léireofar tionchar idé-eolaíocht an cholúin seo, i dtaobh an útóipeachais, an náisiúnachais agus an fheimineachais ar Ní Fhaircheallaigh agus í ina déagóir. Ní hamháin sin, ach scrúdófar tionchar an 'Irish Fireside Club', agus glúin de pháistí Éireannacha á mealladh aige i dtreo an náisiúnachais chultúrtha. Áiteofar gur múnlaíodh fís útóipeach Ghaelach Ní Fhaircheallaigh agus í an-óg, a bhuíochas sin le struchtúr agus idéil chumann a hóige.

Díreoidh caibidil a dó, 'Oileáin Árann: Mecca na nGael', ar na laethanta saoire bliantúla a chaith Ní Fhaircheallaigh ar Inis Meáin ó 1898 go 1902, nuair a ghlac sí leis an bhfealsúnacht Éire-Éireannach agus smaointeachas Chonradh na Gaeilge den chéad uair. Shíl Fourier agus Owen, réamhluaite, go mbeadh *tabula rasa* oileán úr Mheiriceá foirfe mar áit lena bpobail idéalacha a thógáil go luath sa naoú haois déag. Ag deireadh na haoise sin áfach, dhiúltaigh náisiúnaithe Éireannacha fearacht Ní Fhaircheallaigh suáilcí Stáit Aontaithe Mheiriceá: samhlaíodh é mar chineál diostóipe, toisc gur bhain caipitleachas is ábharachas leis an áit dar leo (seachas spioradáltacht na Críostaíochta) agus de bharr gur imigh scoth na hóige Éireannaí ar imirce ann. Ach mealladh Ní Fhaircheallaigh agus a comhghleacaithe i dtreo iarthar na hÉireann, áit a raibh ealaíontóirí agus antraipeolaithe ag léiriú spéise i luachanna is pobail sheanaimseartha le blianta beaga roimhe sin.[37] Bhain na daoine léannta seo oileáin íona Ghaelacha ar chósta an iarthair amach, oileáin a mbeadh ról lárnach acu i bhfís útóipeach Ghaelach na gconraitheoirí. Lig an t-oileán Gaelach do dhaoine cúlú ó shaol laethúil na míntíre chun saoirse anama a bhaint amach, agus bhí an-tóir ar choincheap an oileáin iargúlta i measc na ndaoine léannta ag casadh an chéid. Thug Fiona MacLeod cur síos ar shuáilcí Oileán Í, scoite amach ó chósta na hAlban, agus nuair a d'imigh W.B. Yeats ar cuairt chuig Dubhghlas de Híde i gCo. Ros Comáin sa bhliain 1895, taispeánadh Loch Cé dó agus shamhlaigh sé ceann de na hoileáin sa loch mar áit spioradálta ina bhféadfadh sé a anam a athnuachan.[38] Ach tamall gearr ina dhiaidh sin, tháinig Yeats, fearacht Ní Fhaircheallaigh, trasna ar shaibhreas spioradálta is íonghlaineacht Ghaelach Oileáin Árann nár tháinig faoi thionchar an choilíneachais i ndáiríre.[39] Dá bhrí sin, breathnóidh an chaibidil seo ar an gcaoi a ndearna Ní Fhaircheallaigh agus a comhghleacaithe sa Chonradh iarracht Útóipe choincréiteach a chur ar bun ar Oileáin Árann, ar Inis Meáin ach go háirithe. D'fhigh siad an cultúr ársa Gaelach le modhanna oideachais nua-aimseartha agus 'traidisiúin' nuachumtha. Bunchloch a bhí in Inis Meáin d'fhís útóipeach Ghaelach na gconraitheoirí agus bhí súil acu go leathnódh a gcur chuige ann ar fud na míntíre ag tús an fhichiú haois. Breathnófar ar an teannas idir an rómánsaíocht a bhain le híomhánna Inis Meáin agus réadúlacht an tsaoil ar an oileán, chomh maith leis na deacrachtaí a bhain le cruthú na físe útóipí Gaelaí ar an oileán.

Bhí Ní Fhaircheallaigh mar ábhar inspioráide do charachtair i litríocht cháiliúil an fhichiú haois, ó 'Miss Virginia Creeper' in *Ulysses*, go 'Úna Oirialla' i lámhscríbhinn *An Béal Bocht*, ach ní minic a dhéantar anailís ar a scríbhinní féin.[40] I gcaibidil a trí, 'Litríocht Bhanúil na hAthbheochana', déanfar scagadh ar úrscéilíní Ní Fhaircheallaigh: *Grádh agus Crádh* (1901) agus *An Cneamhaire* (1902), chomh maith lena gearrscéal Béarla 'Sorcha' (1903). Tabharfar gnéithe den útóipeachas agus den fheimineachas chun solais agus rachfar i ngleic leis an léirmheastóireacht a rinneadh ar na scríbhinní seo. Cuirfear scéalta Ní Fhaircheallaigh i gcomhthéacs scríbhneoireacht chomhaimseartha na mban agus i gcomhthéacs nualitríocht na Gaeilge a chothaigh Coiste na bhFoilseachán den Chonradh ag tús an fhichiú haois. Feicfear go bhfuil feidhm na bolscaireachta ag baint leis na scríbhinní seo: modh éifeachtach atá iontu chun fís Ghaelach Ní Fhaircheallaigh a chur os comhair léitheoirí na Gaeilge agus an Bhéarla. Cáineann sí éagothroime inscne agus tionchar Shasana iontu óir tagann siad seo salach ar a fís útóipeach. Tugann na scéalta seo léargas ar ghnéithe de shochaí na hÉireann go luath san fhichiú haois chomh maith le féidearthachtaí shochaí na hÉireann sa todhchaí. Ina theannta sin, déanfar trácht ar *Leabhar an Athar Eoghan: The O'Growney Memorial Volume* (1904) nó 'the story of our language movement', mar a rinne Ní Fhaircheallaigh, eagarthóir an leabhair, cur síos air.[41] Beathaisnéis atá ann ach tapaíonn Ní Fhaircheallaigh an deis seo chun Conradh na Gaeilge a dhlisteanú agus a chumhacht i sochaí na hÉireann a chur in iúl do léitheoirí na tíre.

Bhain Coiste Gnó an Chonartha le haicme an léinn in Éirinn ach go háirithe, Ní Fhaircheallaigh ina measc. Dá dheasca sin, dhírigh polasaithe feabhsúcháin shóisialta an Chonartha ar leasuithe sa chóras oideachais ó na scoileanna náisiúnta go dtí an ollscoil. Fearacht cheannródaithe an Nua-Oideachais ar an mór-roinn, ar nós Friedrich Froebel (1782–1852), bunaitheoir *kindergarten* agus Maria Montessori (1870–1952), leag Conradh na Gaeilge an-bhéim ar thábhacht oideachas an pháiste óir glacadh leis go mbeadh sé mar chúram an pháiste oidhreacht na nGael a thabhairt ar aghaidh go dtí an chéad ghlúin eile: bhí leanúnachas fhís na gconraitheoirí ag brath ar pháistí na tíre. Dá bhrí sin, rinne Conradh na Gaeilge iarracht stádas na Gaeilge is stair na hÉireann a bhrú chun cinn taobh istigh den chóras oideachais Sasanach a bhí i réim in Éirinn ag an tráth sin. Díreoidh caibidil a ceathair 'Fís na hOllscoile Gaelaí', ar ról Ní Fhaircheallaigh i '[g]Cath na Gaeilge sa Chóras Oideachais', mar a thugtar ar an bhfeachtas seo. Scrúdófar gné eile dá cath pearsanta oideachasúil chomh maith: na hiarrachtaí éagsúla a rinne sí chun ardú céime agus comhionannas inscne a bhaint amach thar ceann na chéad ghlúine de mhná a d'fhreastail ar ollscoileanna na tíre. Cé gur ligeadh mná isteach sna hollscoileanna den chéad uair sa bhliain 1879, ní raibh cothromaíocht le feiceáil ag casadh an chéid; dá bhrí sin, tháinig Ní Fhaircheallaigh agus a cairde Máire Ní Aodáin agus Hanna Sheehy Skeffington le chéile chun cearta is comhionannas a bhaint amach do mhná taobh istigh agus taobh amuigh den chóras oideachais.

Bhí ath-Ghaelú na hÉireann mar chuid lárnach d'fhís útóipeach Ghaelach Ní Fhaircheallaigh: bheadh an Ghaeilge á labhairt ar fud na hÉireann dá n-éireodh lena fís, dhéanfaí ceiliúradh ar an gcultúr ársa Galeach, chuirfí an-bhéim ar an oideachas (acadúil agus sóisialta) agus ní dhéanfaí idirdhealú idir na fir agus na mná. Rinne sí iarracht an fhís seo a chur i gcrích agus í ina Príomhoide ar Choláiste Uladh, coláiste Gaeilge le haghaidh mhúinteoirí is mhic léinn na Gaeilge i gCloch Cheann Fhaolaidh, Tír Chonaill. Cosúil le hOileáin Árann, tháinig an Ghaeltacht seo slán ó thionchar an choilíneachais óir ba dheacair an áit a bhaint amach go dtí gur cuireadh córas traenach ar bun ann ag tús an fhichiú haois.[42] Cuireadh Coláiste Uladh ar bun chun córas easnamhach oideachais an Stáit a rinne neamart i dteagasc na Gaeilge a shárú. Chreid Ní Fhaircheallaigh, chomh maith le conraitheoirí eile, gurbh é bunú an Choláiste Gaeilge an bealach ba phraiticiúla le cinntiú go bhfoghlaimeodh múinteoirí Gaeilge mhaith chun í a chur i láthair pháistí scoile na hÉireann. Ní raibh smacht ag Bord an Oideachais ar Choláiste Uladh agus dá dheasca sin, bhí saoirse áirithe ag Ní Fhaircheallaigh chun síolta a físe útóipí Gaelaí a chur i gCloch Cheann Fhaolaidh. Breathnóidh caibidil a cúig, 'Coláiste Uladh agus an tOideachas Gaelach: 'A Unique Educational Mission', ar éabhlóid an Choláiste Gaeilge i gceantair Ghaeltachta agus díreofar freisin ar thionchar Ní Fhaircheallaigh ar shaol na ndaoine i gCloch Cheann Fhaolaidh, idir mhuintir na háite agus mhic léinn.[43] Rinne Ní Fhaircheallaigh iarracht 'saol comhdhaonnach', a chur ar bun sa cheantar, chothaigh sí grá don teanga ársa, thapaigh sí an deis an cultúr Gaelach a chaomhnú, chuir sí an tionsclaíocht bhaile chun cinn sa cheantar chun bac a chur leis an imirce agus chuir sí 'traidisiúin' nuachumtha an Chonartha ar an bhfód, mar a rinne sí ar Inis Meáin roimhe sin.

Nuair a cuireadh Conradh na Gaeilge ar bun, fágadh ceisteanna na polaitíochta ar lár sa bhunreacht mar theastaigh ó Dhubhghlas de Híde a 'dream of using the language as a unifying bond to join all Irishmen together', a bhaint amach.[44] Faoin mbliain 1914 áfach, briseadh aontacht ghluaiseacht na hathbheochana agus ghluaiseacht na mban. Méadaíodh líon na náisiúnaithe míleatacha ag an tráth sin, de bharr thionchar an Chéad Chogaidh Dhomhanda agus toisc gur cuireadh an Bille Rialtais Dúchais siar in Éirinn, chomh maith le tionchar an teannais inmheánaigh idir Óglaigh Uladh agus Óglaigh na hÉireann. Tháinig na fadhbanna seo salach ar fhís útóipeach Ní Fhaircheallaigh agus méadaíodh na constaicí a bhí le sárú aici chun an fhís a bhaint amach. Breathnóidh caibidil a sé, 'Frithútóipeachas na Polaitíochta', ar an gcaoi nár réitigh smaointeachas an útóipeachais leis an bpolaitíocht. Díreofar ar an teannas idir Ní Fhaircheallaigh agus de Híde ar eite amháin den Chonradh agus Craobh radacach an Chéitinnigh ar an eite eile. Rinneadh iarracht polaitíocht Chraobh an Chéitinnigh a bhrú faoi chois ar feadh i bhfad ach tháinig sí chun cinn ar deireadh, rud a chruthaigh scoilt sa Chonradh. Déanfar trácht ar ról Ní Fhaircheallaigh mar chomhbhunaitheoir Chumann na mBan sa chaibidil seo óir bhí a gníomhartha feimineacha fite fuaite lena gníomhartha ar son na Gaeilge ag an tráth sin. Áiteofar gur bhain scoláirí feimineacha áirithe míchiall as ról Ní Fhaircheallaigh i gCumann na mBan toisc nár léigh siad a cuid scríbhinní roimh 1914 agus níor thuig siad a dearcadh i dtaobh na polaitíochta agus an fheimineachais dá bharr.[45]

Cé gur ghoill léirscrios na tíre ó 1914–1918 agus bás a buanchairde go mór ar Ní Fhaircheallaigh, chreid sí i gcónaí go bhféadfadh sí a fís útóipeach Ghaelach a bhaint amach. Ní raibh tacaíocht ná uirlisí bolscaireachta an Chonartha aici a thuilleadh chun gnéithe dá fís a chur trasna ar chuid mhór de mhuintir na tíre ach thiocfadh sí ar eagraíochtaí úra a chuideodh léi chun a haidhmeanna a bhaint amach. Nuair a bhagair rialtas Shasana go gcuirfí tús leis an gcoinscríobh in Éirinn sa bhliain 1918, bhí Ní Fhaircheallaigh ar thús cadhnaíochta ag cur ina choinne: d'eagraigh sí Lá na mBan ar an 9 Meitheamh agus chuir breis is 40,000 bean Éireannach ar fud na tíre in aghaidh an choinscríofa an lá sin.[46] Ach de bharr nimh is shearbhas na polaitíochta, chúlaigh Ní Fhaircheallaigh ón saol poiblí ar feadh tamaill agus d'aimsigh sí bealaí úra lena dearcadh i leith na polaitíochta a chur chun cinn. Chum sí filíocht go príobháideach ach filíocht phoiblí a bhí inti óir cuireadh a dánta polaitiúla i gcló i nuachtáin éagsúla. Déanann caibidil a seacht, 'Filíocht Idir Dhá Thine Bhealtaine', trácht ar chnuasaigh filíochta Ní Fhaircheallaigh, *Out of the Depths* (1921) agus *Áille an Domhain* (1927). Cumadh *Out of the Depths* le linn Chogadh na Saoirse agus léiríonn sé mothúcháin Ní Fhaircheallaigh agus í ag streachailt le tír ghránna á scriosadh féin, i bhfad óna fís útóipeach. Tugtar léargas ar chumhacht dhiostóipeach Shasana, i súile Ní Fhaircheallaigh, taobh le gile, spioradáltacht, íonghlaineacht, fírinne, dóchas is aontacht na hÉireann, agus tugann sí le fios go bhféadfadh na dea-thréithe seo an tír a shlánú. Baineann feidhm na bolscaireachta leis an gcnuasach seo: teastaíonn ó Ní Fhaircheallaigh dóchas a thabhairt do mhuintir na hÉireann agus iad lagmhisniúil. Foilsíodh *Áille an Domhain* nuair a bhí an tír socair arís agus tá an rómánsachas agus an t-útóipeachas fite fuaite lena chéile i ndánta sa chnuasach seo. Ceiliúradh ar rithim agus áilleacht an tsaoil atá ann gan mínádúrthacht an chogaidh ag cur isteach air.

Bhí an comhionannas inscne sa saol poiblí agus sóisialta lárnach i bhfís útóipeach Ní Fhaircheallaigh do thodhchaí na hÉireann. Bhí súil aici go n-éireodh le mná i gcúrsaí gnó, litríochta agus spóirt, agus bhí baint aici le hiliomad eagraíochtaí a raibh sé mar aidhm acu deiseanna nua sóisialta a thabhairt do mhná. Rachaidh caibidil a hocht, 'Gluaiseachtaí na mBan', i ngleic le ról Ní Fhaircheallaigh in eagraíochtaí éagsúla a dhírigh ar riachtanais na mban san fhichiú haois. Nuair a tháinig rialtas Shaorstát Éireann ar an bhfód, ba chosúil go dtiocfadh feabhas ar stádas na mban in Éirinn óir tugadh cearta polaitíochta úra dóibh. Ach bhain rialtais sna 1920í agus 1930í an bonn ón ngluaiseacht i dtreo na cothromaíochta inscne, go háirithe Bunreacht Fhianna Fáil sa bhliain 1937. Díreoidh an chaibidil seo ar a feachtais éagsúla agus í ag cur in éadan mhaolú chearta na mban sa tsochaí, chomh maith.

Ag an *fin de siècle* a tháinig borradh faoi spórt na mban i scoileanna agus i gcoláistí meánaicmeacha ach go háirithe.[47] Rachaidh caibidil a naoi i ngleic le fréamhacha agus fás na camógaíochta, mar léiriú ar an mborradh úd, cluiche a raibh dlúthbhaint aige leis an bhfeimineachas agus leis an náisiúnachas cultúrtha. Agus Ní Fhaircheallaigh ina léachtóir ollscoile, d'earcaigh an cumann nua camógaíochta í chun an cluiche a chothú i measc na n-iníonacha léinn. Ghlac Ní Fhaircheallaigh le haidhmeanna an chumainn chamógaíochta óir thacaigh siad lena mianta chun limistéar nua a chruthú do mhná – nár bhain leis an saol príobháideach ná leis an saol poiblí ná le cúrsaí aicme – ach limistéar ina bhféadfadh mná scileanna nua a fhorbairt, comhphobail a chothú agus a bheith ag comhoibriú ar mhaithe le comhsprioc a bhaint amach. Ní hamháin sin, ach shíl Ní Fhaircheallaigh gur chuidigh an cluiche seo le sláinte na mban óg, máithreacha na chéad ghlúine eile. Eagraíocht nua-aimseartha a bhí sa chumann camógaíochta ach chuir Ní Fhaircheallaigh an cluiche féin chun cinn mar ghné údarach den saol Gaelach agus chothaigh sí an Ghaeilge agus an cultúr dúchasach i measc imreoirí na camógaíochta, ionas go gcuirfidís siúd an grá céanna in iúl dá n-iníonacha.

Sa chaibidil dheireanach 'An Chomhdháil Cheilteach agus Deireadh na Físe Gaelaí', breathnófar ar an gcaoi ar chuir Ní Fhaircheallaigh a fís útóipeach Ghaelach chun tosaigh sa Chomhdháil Cheilteach ó na 1920í ar aghaidh, óir thuig sí nach n-éireodh lena fís in Éirinn de bharr athrú an tsaoil pholaitiúil is shóisialta. Fóram an léinn agus an chultúir a bhí sa Chomhdháil Cheilteach, ach pobal samhlaithe a bhí ann do dhaoine ó na tíortha Ceilteacha uilig nach raibh in ann a bhfís a chur i bhfeidhm ina dtíortha féin. Líon an Chomhdháil Cheilteach an bhearna a cruthaíodh i saol Ní Fhaircheallaigh nuair a d'fhág sí Conradh na Gaeilge. Níor tháinig athrú ná claochlú ar a fís útóipeach Ghaelach fad is a bhí sí gníomhach sa Chomhdháil Cheilteach, cé gur úsáid sí an téarma 'Celt' seachas 'Gael' ní ba mhinice.

Ní mór a admháil nach bhféadfaí an leabhar seo a scríobh murach an staidéar atá déanta ag scoláirí eile ar ról Chonradh na Gaeilge i ngluaiseacht an náisiúnachais agus ar fhorbairt stair na mban le blianta beaga anuas.[48] Tá súil agam go gcuirfidh an staidéar seo ar shaol agus ar shaothar Ní Fhaircheallaigh, a léiríonn féith an útóipeachais i gcónaí, le léann na hathbheochana agus le stair na mban, á gcomhlánú agus á bhforbairt.

Nótaí

1 Rev. M.P. O'Hickey, *The Irish Language: Its Genesis, Growth and Progress* (Baile Átha Cliath: Connradh na Gaedhilge, 1902), 14.

2 Brian Ó Conchubhair, *Fin de Siècle na Gaeilge: Darwin, an Athbheochan agus Smaointeoireacht na hEorpa* (Indreabhán: An Clóchomhar, 2009), 6.

3 Ó Conchubhair, *Fin de Siècle na Gaeilge*, 8.

4 Rev. M.P. O'Hickey, *The True National Idea* (Baile Átha Cliath: Connradh na Gaedhilge, 1898), 2.

5 Tugann Joseph Lee cur síos cuimsitheach ar na gluaiseachtaí agus iarrachtaí éagsúla a rinneadh sa naoú haois déag chun fadhbanna na hÉireann a réiteach. Féach Joseph Lee, *The Modernisation of Irish Society 1848–1918* (Dublin: Gill and Macmillan, 1981). Foilsíodh an chéad eagrán den leabhar seo sa bhliain 1973.

6 P.J. Mathews, *Revival: The Abbey Theatre, Sinn Féin, the Gaelic League and the Co-operative Movement* (Cork: Cork University Press, 2003), 7.

7 Lawrence W. McBride, 'Visualizing '98: Irish Nationalist Cartoons Commemorate the Revolution', in *Eighteenth-Century Life*, 22.3 (1998), 103–117.

8 Virginia Crossman, 'The *Shan Van Vocht*: Women, Republicanism, and the Commemoration of the 1798 Rebellion', in *Eighteenth-Century Life*, 22.3 (1998), 128.

9 W.B. Yeats, 'The Literary Movement in Ireland', in eag. Lady Gregory, *Ideals in Ireland* (London: The Unicorn, 1900), 88.

10 Uan Uladh, 'Sgéala ón Chonnradh', in *St. Stephen's*, 1.2 (Samhain 1901), 35. B'amhlaidh a mheas Máire de Buitléir: 'Life, Hope, Triumph, is the keynote of the genuine Irish Revival. It bristles throughout of happiness and sheer joy of living [...] The Irish Revivalists found a nation asleep and

entombed, but on the tomb was written "Resurgam"'. Féach *United Irishman*, 27/02/1904, 6.

11 Mary Colum, *Life and the Dream* (Dublin: Dolmen Press, 1966), 95. Foilsíodh an chéad eagrán den leabhar seo sa bhliain 1947.

12 Georg Grote, *Torn between Politics and Culture: The Gaelic League 1893–1993* (New York: Waxmann, 1994), 135.

13 Elaine Sisson, *Pearse's Patriots: St Enda's and the Cult of Boyhood* (Cork: Cork University Press, 2004), 154.

14 Philip O'Leary, *The Prose Literature of the Gaelic Revival, 1881–1921: Ideology and Innovation* (Pennsylvania: The Pennsylvania State University Press, 1994), 124.

15 Declan Kiberd, *Inventing Ireland: The Literature of the Modern Nation* (London: Vintage, 1996), 293, 310, 424, 561.

16 Joachim Fischer, 'A Future Ireland under German-Rule: Dystopias as Propaganda during World War I', in *Utopian Studies*, 18.3 (2007), 345.

17 Caitríona Ó Torna, *Cruthú na Gaeltachta 1893–1922* (Baile Átha Cliath: Cois Life, 2005), 158.

18 Is samplaí iad na leabhair a leanas de bhláthú léann an útóipeachais: David Halpin, *Hope and Education: The Role of the Utopian Imagination* (London: Routledge Falmer, 2003); Michael A. Peters agus John Freeman-Moir (eag.), *Edutopias: New Utopian thinking in Education* (Rotterdam: Sense Publishers, 2006); Libby Falk Jones agus Sarah Webster Goodwin (eag.), *Feminism, Utopia, and Narrative* (Knoxville: University of Tennessee Press, 1990).

19 Féach Ian Buchanan, *Fredric Jameson: Live Theory* (London: Continuum, 2006), 131.

20 Ruth Levitas, *The Concept of Utopia* (New York: Syracuse University Press, 1990), 194.

21 Féach *Weekly Freeman, An Shan Van Vocht, Bean na hÉireann* agus *Irish Worker* le haghaidh íomhánna den chineál seo.

22 Regina Uí Chollatáin, *An Claidheamh Soluis agus Fáinne an Lae 1899–1932* (Baile Átha Cliath: Cois Life, 2004), 35.

23 Féach Máiréad Ní Chinnéide, *Máire de Buitléir: Bean Athbheochana* (Baile Átha Cliath: Comhar Teoranta, 1993), 146; Mary Butler, *The Ring of Day* (London: Hutchinson, 1906).

24 Mary Colum, *Life And The Dream* (Dublin: Dolmen Press, 1966).

25 Féach Matthew Beaumont, *Utopia Ltd.: Ideologies of Social Dreaming in England 1870–1900* (Leiden: Brill, 2005).

26 Féach Levitas, *The Concept of Utopia*, 36.

27 Vincent Geoghan, 'Ralahine: An Irish Owenite Community 1831–1833', in *International Review of Social History*, 36 (1991), 377–411.

28 Harriet Anderson, *Utopian Feminism: Women's movements in fin-de-siècle Vienna* (New Haven: Yale University Press, 1992).

29 Beaumont, *Utopia Ltd.: Ideologies of Social Dreaming in England 1870–1900*, 21.

30 Ibid., 1–39.

31 Ibid., 105.

32 D.P. Moran, *The Philosophy of Irish Ireland* (Dublin: James Duffy, 1905), 77.

33 Féach A.W. O'Farrelly, 'Our Dublin Charities: No.1 – St. Brigid's Orphanage and its Founder', in *Irish Rosary* (Aibreán 1897), 37. Foilsíodh an chéad eagrán de *Utopia*, scríofa ag Thomas More, i Lováin sa bhliain 1516. Féach Carlo Ginzburg, *No Island is an Island* (New York: Columbia University Press, 2000), 2.

34 Levitas, *The Concept of Utopia*, 8.

35 Henri Vogt, *Between Utopia and Disillusionment: A Narrative of the Political Transformation in Eastern Europe* (New York; Oxford: Berghahn Books, 2004), 223.

36 *An Claidheamh Soluis*, 03/05/1913, 8.

37 Féach Marie Bourke, 'Yeats, Henry and the western idyll', in *History Ireland*, 11.2 (2003), 28–33.

38 Angela Bourke, 'Yeats and Irish Folklore in the 1890s', in *Yeats Studies: The Bulletin of the Yeats Society of Japan*, 30 (1999), 13.

39 Robert Fitzroy Foster, *W.B. Yeats: A Life I: the Apprentice Mage, 1865–1914* (Oxford: Oxford University Press, 1997), 166–167.

40 Cuireadh tús le conspóid a bhain le Conradh na Gaeilge in *The Leader* sa bhliain 1905, ar tugadh 'The Virginia Creepers' uirthi agus a raibh Ní Fhaircheallaigh páirteach inti. Féach *The Leader* 28/01/1905, 372; *The Leader* 21/01/1905, 367; Breandán Ó Conaire, 'Flann O'Brien, *An Béal Bocht* and Other Irish Matters', in *Irish University Review*, 3.2 (1973), 135.

41 Úna Ní Fhaircheallaigh (eag.), *Leabhar an Athar Eoghan: The O'Growney Memorial Volume* (Baile Átha Cliath: M.H. Gill, 1904), v.

42 Féach Seosamh Ó Ceallaigh, 'Cloich Cheann Fhaolaidh ag tús an 20ú hAois', in *Coláiste Uladh 1906–2006* (Dún na nGall: Coiste Cuimhneacháin na Coláiste, 2006), 198.

43 Alice Milligan, 'Irish-Speaking Ireland', in *The Leader* 13/06/1908, 267.

44 Cuimhne Chinn Dhubhghlais de Híde, Cáipéis 4.17, Lárionad Uí Dhuilearga do Bhéaloideas na hÉireann agus Cnuasach Bhéaloideas Éireann, An Coláiste Ollscoile, Baile Átha Cliath.

45 Féach Roger Sawyer, *'We are But Women': Women in Ireland's History* (New York: Routledge, 1993), 81.

46 *The Leader*, 08/06/1918, 416.

47 J.A. Mangan agus Roberta J. Park (eag.), *From 'Fair Sex' to Feminism: Sport and the Socialization of Women in the Industrial and Post-Industrial Eras* (London: Routledge, 2004).

48 Chuidigh saothar Ruth Dudley Edwards, *Patrick Pearse: The Triumph of Failure* (Dublin: Poolbeg, 1977); Máiréad Ní Chinnéide, *Máire de Buitléir: Bean Athbheochana* (Baile Átha Cliath: Comhar Teoranta, 1993); Regina Uí Chollatáin, *An Claidheamh Soluis agus Fáinne an Lae 1899–1932* (Baile Átha Cliath: Cois Life, 2004); Diarmuid Breathnach agus Máire Ní Mhurchú, *Beathaisnéis* – imleabhair éagsúla – (Baile Átha Cliath: An Clóchomhar), chomh maith le Conan Kennedy (eag.), *The Diaries of Mary Hayden, Vol. I–V* (Bangor: Morrigan, 2005) agus Cal McCarthy, *Cumann na mBan and the Irish Revolution, 1914–1923* (Cork: The Collins Press, 2007), go mór le forbairt agus féidearthachtaí an leabhair seo.

I

Cliabhán an Náisiúnachais Chultúrtha

Hope is the guiding star of our actions.[1]

Rugadh Agnes Mary Winifred Farrelly ar an 7 Iúil 1874, i Ráth Thamhnaí, cúpla míle taobh amuigh d'Achadh an Iúir in oirdheisceart an Chabháin.[2] Thart ar an lá ar saolaíodh í, thug nuachtáin náisiúnaíocha agus aontachtacha, fearacht an *Freeman's Journal* agus an *Irish Times,* an-léargas ar chúlra sóisialta agus polaitiúil na hÉireann ag an tráth sin. Sna foilseacháin seo, luaitear ainmneacha na bhfear óg Protastúnach a bhain céimeanna amach ó Choláiste na Tríonóide, Baile Átha Cliath. Díríonn ailt éagsúla ar an spraoi a bhain leis an rásaíocht chapall a eagraíodh ar an gCurrach, tugtar torthaí cluichí cruicéid, léirítear deacrachtaí i ngnó an línéadaigh i dTuaisceart na hÉireann agus déantar cur síos ar obair an Aontais Chaitlicigh, a chuir an Cairdinéal Paul Cullen ar bun sa bhliain 1872 chun tacaíocht a thabhairt do Chomhlachas an Rialtais Dúchais faoi stiúir an pholaiteora Isaac Butt.[3] Ní hamháin go léiríonn na nuachtáin seo tionchar an fhorleathnaithe choilínigh in Éirinn sa dara leath den naoú haois déag, gan trácht ar an teanga, cultúr ná cluichí Gaelacha, ach is ábhar suntais é nach raibh ainmneacha na mban le feiceáil i measc nuachéimithe Choláiste na Tríonóide agus nach mbeidís le feiceáil go ceann tríocha bliain eile.[4] Ar ábhar an chirt vótála do mhná, a bhí ag bailiú nirt i Sasana ach go háirithe ag an tráth sin, thug comhfhreagraí speisialta an *Irish Times* an méid seo le fios:

> The sacred home circle is woman's proper sphere, and there let us endeavour to retain her; but in any case I fancy that many generations will come and pass away before a British Parliament confers the franchise on British maids and matrons [...] Ladies in Parliament participating in the debates! Why, chaos would come within a week![5]

Raffoney House

Chónaigh muintir Farrelly i 'Raffoney House', teach cloiche, dhá stór, le páirceanna fairsinge timpeall orthu. Bhí naonúr sa chlann Chaitliceach seo: bhí Mary, an té ba shine, deich mbliana d'aois nuair a rugadh Agnes agus bhí beirt eile ní b'óige ná í, Lily agus Alphonsus. Feirmeoir rathúil a bhí ina hathair, Peter E. Farrelly (1827–1896), a raibh 179 acra talún ina sheilbh aige nuair a bhí a chlann óg.[6] Bhí muintir Farrelly nó Uí Fhaircheallaigh ag cur fúthu sa dúiche sin le hachar fada ach shealbhaigh Peter E. Farrelly roinnt mhaith talún le linn a shaoil. Áitíonn Madeleine Uí Mhéalóid, a bhfuil taighde déanta aici ar chúlra mhuintir Uí Fhaircheallaigh, gur chaith an teaghlach go maith leis na daoine bochta áitiúla le linn an Ghorta Mhóir ach go bhfuair sé talamh breise ina dhiaidh sin trí iasachtaí airgid a thabhairt do dhaoine bochta.[7] Mhaígh Agnes Farrelly agus í ina bean fhásta, gur éirigh lena seanathair dúiche a cheannach ar mhíthuiscint na n-údarás a shíl go raibh sé ina Phrotastúnach, ach níl mórán fianaise ann chun an scéal sin a dhearbhú.[8] Bhí baint ag a hathair, Peter E. Farrelly, le hAontas Dlí na mBocht i gCoill an Chollaigh,[9] agus de réir a iníne, bhí sé ina 'inveterate absorber of all kinds of literature, and of course newspapers with his interest in foreign affairs'.[10] Bhí a fheirm lonnaithe in áit iargúlta, thorthúil, a raibh tírdhreach álainn timpeall uirthi, Loch Ramhar ach go háirithe, a luadh in *Grádh agus Crádh* (1901), an chéad úrscéilín a chuir a iníon i gcló. Bhí tairbhe ag baint leis an gcaoi ar leagadh an fheirm amach óir cruthaíodh córas maith draenála a chothaigh bairr agus ainmhithe. Bhí baint ag formhór an phobail áitiúil le hobair thalmhaíochta agus théadh siad uilig chuig na bailte máguaird, Achadh an Iúir agus an Mullach, chun táirgí feirmeoireachta a dhíol is a cheannach. Bhí lá an aonaigh ar siúl in Achadh an Iúir chuile Dhéardaoin agus ar an Mullach chuile Aoine.

Ba chuid lárnach den saol í an imirce in oirdheisceart an Chabháin ó aimsir an Ghorta Mhóir ar aghaidh: i ndaonáireamh 1841 bhí breis is dhá uair níos mó daoine sa chontae ná mar a bhí ann faoin mbliain 1891.[11] De réir Andrew Sheridan, fear óg a bhí ina chónaí ar an Mullach agus a scríobh litir chuig an *Weekly Freeman*:

> The parish of Mullagh is situated in the extreme southeast of the county Cavan. It has a very diversified surface, rich and fertile in some parts, poor, mountainous and boggy in others. [...] This parish has four good, largely attended schools. The population is rapidly declining. Eviction and

persecution have done their work and a 'bold peasantry' has been destroyed.[12]

Níor bhain ceist na himirce go dlúth le muintir Farrelly áfach, toisc go raibh siad saibhir go leor. Ach níorbh iad sin na tiarnaí talún ba chumhachtaí sa dúiche: bhí i bhfad ní ba mhó talún ag an teaghlach Protastúnach, muintir Mortimer.[13] Nuair a bhí Agnes Farrelly ina cailín óg scoile, d'fhoilsigh an *Anglo-Celt,* an nuachtán áitiúil, tuairiscí faoin dísheabhú a thiteadh amach go rialta sa chontae agus ba chinnte go raibh muintir Farrelly ar an eolas faoi bhochtaineacht agus fhulaingt na dtuathánach gan ghabháltas.[14] Ba mhór an tacaíocht a thug muintir na háite sin do Chonradh na Talún agus C.S. Parnell fad is a bhí an choimhlint idir tiarnaí talún áirithe agus na daoine bochta ag neartú.[15]

Bhí comharthaí agus iarsmaí den stair Ghaelach agus Chaitliceach le feiceáil i dtimpeallacht Agnes Farrelly nuair a bhí sí ag fás aníos. Sheas ráth ársa i lár na dúiche agus bhí Tobar Naomh Bríd, ionad oilithreachta do Chaitlicigh nuair a bhí Farrelly óg, taobh le 'Raffoney House'.[16] Ach bhí an oidhreacht liteartha Angla-Éireannach ní ba lárnaí ná an stair Ghaelach in intinn Farrelly agus a muintire óir bhí 'Quilca House' taobh leo, áit a raibh cónaí ar mhuintir Sheridan san ochtú haois déag. Orthu sin bhí an t-aisteoir cáiliúil Thomas Sheridan (1719–1788), agus a mhac, an drámadóir Richard Brinsley Sheridan (1751–1816). Ba nós le Jonathan Swift tréimhsí fada a chaitheamh i 'Quilca House' ó 1722 ar aghaidh, áit a raibh sé ag obair ar an saothar *Travels into Several Remote Parts and Nations of the World,* nó *Gulliver's Travels,* mar is fearr aithne air anois.[17] Bhí dearcadh défhiúsach ag Farrelly i dtaobh mhuintir Sheridan. Anne Sheridan an t-ainm a bhí ar a máthair agus mhaígh sí tráth: '[m]y mother was of the Catholic branch of the Sheridans'.[18] Thug sí le fios dá cara ollscoile Hanna Sheehy Skeffington 'the place [Quilca House] belonged to our family until the time of Charles II', ráiteas a thugann éagóir an choilíneachais le fios óir, más fíor an scéal é, cuireadh an ruaig ar na Caitlicigh.[19] Dá ainneoin sin, bhí sí an-bhródúil as cáil mhuintir Sheridan mar ealaíontóirí agus nuair a d'fhás sí aníos, cheannaigh sí olaphictiúr ag ceant, a bhí crochta ar bhalla i 'Quilca House' le linn ré Swift. Go luath san fhichiú haois, cheannaigh a dearthár Peter an teach, mar a bheadh sé á thabhairt ar ais don úinéir ceart.[20]

Fad is a bhí muintir Sheridan ag saothrú na litríochta i 'Quilca House', bhí muintir Brooke, a raibh cónaí orthu taobh leo i Ráth an Tamhain, i mbun pinn freisin agus, de réir Farrelly, 'the closest intimacy existed between the families at Quilca and Rantavan'.[21] Mórscríbhneoir a bhí i Henry Brooke (1703–1783), mac an reachtaire áitiúil. D'fhreastail Brooke ar Choláiste na Tríonóide agus chum sé filíocht, drámaí, úrscéalta agus paimfléid pholaitiúla sa Bhéarla le linn a shaoil.[22] Ach ba í an t-aon iníon amháin leis, Charlotte (1740–1793), an té ab aitheanta i dtaobh na Gaeilge de: foilsíodh a *Reliques of Irish Poetry* sa bhliain 1789, rud a chuir tús leis an bhfilíocht Angla-Éireannach agus leis an bhfilíocht chlóbhuailte seachas lámhscríofa, de réir Mhíchíl Mhic Craith.[23] Ní raibh saothar Charlotte Brooke gan smál, ach rinne sí éacht sa mhéid is nach raibh na deiseanna oideachasúla céanna aici is a bhí ag fir léannta lena linn.[24]

Chuala Charlotte Brooke an Ghaeilge den chéad uair agus í á labhairt ag oibrithe a hathar.[25] Le linn óige Henry Brooke agus le linn óige Charlotte, go pointe, a bhí cáil ar fhilí agus scoláirí Uí Fhaircheallaigh: Seán Ó Faircheallaigh a chum 'Seanchas an dá Bhréifne', de réir tuairisce; Feardorcha Ó Faircheallaigh agus Pádraig Ó Faircheallaigh ina dhiaidh.[26] Cé go raibh gaol idir Pádraig Ó Faircheallaigh agus Agnes Farrelly, níorbh é a seanathair é, mar atá tugtha le fios ag taighdeoirí áirithe.[27] Labhair cosmhuintir na háite an Ghaeilge le linn ré Brooke, ach d'imigh an teanga i léig sa naoú haois déag de bharr an Ghorta agus na himirce. I ndaonáireamh na bliana 1871, bhí an Ghaeilge amháin ag 58 duine sa chontae agus bhí 3,300 duine dátheangach (bhí 140,739 duine ag maireachtáil sa chontae ag an tráth sin).[28] Scór bliain ina dhiaidh sin, bhí an Ghaeilge amháin ag beirt agus tháinig méadú beag ar líon na ndaoine dátheangacha.[29] Labhraíodh ní ba mhó Gaeilge sa bhaile fearainn inar tógadh Farrelly ná aon áit eile sa dúiche: tugann daonáireamh 1901 le fios go raibh Gaeilge agus Béarla ag 63.7% den 80 duine ag cur fúthu ann.[30]

D'fhreastail Agnes Farrelly, a deartháireacha agus a deirfiúracha, ar scoil náisiúnta Ráth Thamhnaí. Scoil bheag tuaithe a bhí ann, le múinteoir amháin, a rinne freastal ar an bpobal áitiúil.[31] Chuaigh Farrelly ar scoil sa bhliain 1877 nuair a bhí sí beagnach trí bliana d'aois agus bhí tinreamh an-mhaith aici ar feadh ocht mbliana, go háirithe i gcomparáid leis an meánráta tinrimh sa tréimhse sin.[32] Tá taighde déanta ag Lawrence W. McBride ar mhúineadh stair na hÉireann sna scoileanna náisiúnta ag deireadh an naoú haois déag agus áitíonn sé nár chaith ach trian de na scoláirí óga breis is 100 lá ar scoil sa bhliain;[33] ach chaith Farrelly breis is 200 lá ar scoil blianta áirithe, toisc go raibh sí sláintiúil agus nach raibh uirthi a bheith ag obair ar fheirm a muintire.[34] Fad is a bhí sí ar scoil, leagadh an-bhéim ar an léitheoireacht, litriú, gramadach, scríbhneoireacht, áireamh, tíreolas agus ar an obair shnáthaide, ach ní raibh an Ghaeilge ná stair na hÉireann ar churaclam na scoile.[35] Bhí clann Farrelly saibhir i gcomparáid leis na páistí eile ar scoil agus dá bhrí sin, d'eagraíodh máthair Agnes cóisir na Nollag do pháistí na dúiche chuile bhliain, agus buaicphointe na bliana a bhí ann dóibh de réir tuairisce.[36] Tugtar cuntas ar cheann de na cóisirí seo in *Portrait of a Parish: Mullagh, Co. Cavan*:

> The party started in the early afternoon and when children would arrive at the door they were asked by Mrs. O'Farrelly what gift they would like; there was a choice of three, Rosary beads, scapulars, or an Agnus Dei. [...] The children were brought into the parlour or dining room where the food was laid out. There was buttered bread and every kind of cake, pudding and pies, and of course, tea in china cups with saucers.[37]

Tógadh Mrs Farrelly ar an Seanchaisleán i gCo. na Mí, agus bhí cáil uirthi sa pharóiste mar bhean fhial fhlaithiúil a léirigh 'unostentatious benevolence to the poor'.[38] Ina cuntas iarbháis, mí na Bealtaine 1911, rinneadh cur síos uirthi mar dhuine cráifeach agus éirimiúil, a raibh an charthanacht go smior inti. Ba mhór an tionchar a bhí aici ar chráifeacht agus ghníomhartha carthanachta a clainne.[39]

Nuair a d'fhág sí an scoil náisiúnta, chuaigh Agnes Farrelly chuig meánscoil bheag chónaithe i nGlas Naíon, Baile Átha Cliath, faoi stiúir Shiúracha an Chreidimh Naofa, a raibh éiteas láidir carthanachta ag baint leo.[40] Níor fhreastail ach iníonacha na ndaoine saibhre ar mheánscoileanna an ama sin: cé go raibh 299 scoil náisiúnta i gCo. an Chabháin an tráth sin, ní raibh ach 10 'superior schools' sa chontae.[41] Bhí an scoil nua-thógtha, Coláiste Phádraig, áit a ndeachaigh deartháireacha Farrelly ar scoil, ina measc siúd. D'fhreastail na cailíní uilig sa chlann ar Chlochar an Chreidimh Naofa i nGlas Naíon agus bhí bean acu, Delia, ina bean rialta ann. Ghlac sí an t-ainm crábhaidh Sister Mary Athanasius nuair a bhí Agnes seacht mbliana d'aois agus ba mhúinteoir sa scoil í fad is a bhí Agnes ina hiníon léinn ann.[42] Nuair a bhí Agnes ina cónaí i nGlas Naíon, fuair beirt deirfiúracha léi bás, Margaret sa bhliain 1886 agus an deirfiúr ba shine léi, Mary, sa bhliain 1888.[43] Chuaigh

Mary isteach in ord rialta an Chreidimh Naofa in éineacht le Delia ach d'fhág sí go luath de bharr easláinte.[44]

Muintir Uí Fhaircheallaigh timpeall na bliana 1900
Ina seasamh: Agnes agus Peter. *Ina suí*: An tSiúr Mary Athanasius (Delia), Lily, Anne Sheridan, Anna Maria agus Alphonsus Farrelly

Bhunaigh Margaret Aylward agus an tAthair Gowan scoil chónaithe an Chreidimh Naofa sa bhliain 1873 agus cé gur tháinig sí faoi thionchar thraidisiúin na Fraince, fearacht na meánscoileanna eile do mhná óga ag an am, bhí éagsúlachtaí ag baint leis an scoil freisin.[45] De réir bheathaisnéisí Margaret Aylward, cuireadh an mheánscoil ar bun chun freastal ar chailíní saibhre 'the parents of whom dread sending their children to a regular young ladies school'.[46] Ba de bhunús na tuaithe agus na feirme móire iad formhór na mban óg Caitliceach, cosúil le hAgnes Farrelly féin, agus d'íoc tuismitheoirí táillí de bhreis is £20 in aghaidh na bliana do chuile iníon sa scoil.[47] Cosúil le nós an phósta sa naoú haois déag, bhí ar mhná spré a thabhairt má bhí fonn orthu dul isteach in ord rialta. Ag tús a ré, bhí Ord an Chreidimh Naofa oscailte do mhná nach raibh iontach saibhir mar níor lorg Aylward spré orthu; i gcomparáid leis seo, bhí spré ard idir £300 agus £800 ag teastáil ó mhná le dul isteach in Ord na Trócaire, in Ord na Toirbhearta agus in Ord Loreto sa tréimhse sin, agus ní raibh ach mná Caitliceacha saibhre in ann dul isteach sna hoird seo dá bharr.[48] Faoin am gur bhain Agnes Farrelly an mheánscoil amach, áfach, thug formhór na mban spré leo agus iad ag dul isteach in Ord an Chreidimh Naofa.[49] Rinne Farrelly staidéar ar an gceol, ealaín agus ar an bhFraincis sa mheánscoil, ábhair thábhachtacha in oideachas na mban lena linn, ach baineadh úsáid as téacsleabhair a d'ullmhaigh na Bráithre Críostaí dá scoileanna féin, toisc go raibh spéis ag an Athair Gowan i gcultúr na hÉireann.[50] Cé nach raibh stair na hÉireann ar an gcuraclam scoile, d'iarr an tAthair Gowan ar mhúinteoirí na scoile an t-ábhar a theagasc. Thug Farrelly cur síos ar dhearcadh an tsagairt: '"Múin stair na hÉireann", adeireadh sé, "ó thaoibh na hÉireann ar dtús agus i n-a dhiaidh sin ó thaoibh an domhain taoibh amuigh"'.[51] Léirigh an tAthair Gowan spéis i mbuanna Agnes Farrelly nuair a bhí sí sa mheánscoil agus cheap Farrelly go raibh Margaret Aylward, a bhí imithe in aois faoin am sin, cosúil le 'Bean iongantach as sgéal sean-aimsireach'.[52] I ndiaidh bhás an Athar Gowan, rinne Farrelly a machnamh ar a mhana: 'always do the work which lies nearest your hand', agus scríobh sí alt in ómós dó sa chéad eagrán den *Irish Rosary* sa bhliain 1897.[53]

Bhain bunú Ord an Chreidimh Naofa le fás an spioraid dhaonchairdiúil i measc na mban saibhir Caitliceach tar éis an Ghorta Mhóir: spiorad a bhí le sonrú i measc na mban ardaicmeach Protastúnach in Éirinn ó dheireadh an ochtú haois déag.[54] Cé nár theastaigh ó Margaret Aylward ord rialta a chur ar bun ar dtús, thug an t-ord sin stádas dá fiontair charthanachta: Dílleachtlann Naomh Bríd ar Shráid Eccles a rinne iarracht bailte altrama a aimsiú do pháistí óga, agus Scoileanna Naomh Bríd do bhuachaillí agus chailíní ar Shráid Jervis Íochtarach.[55] D'fhreastail 400 páiste bocht ar na scoileanna seo sa bhliain 1888, agus tugadh bricfeasta agus éadaí do na páistí ba bhoichte ina measc.[56] Bhí na fiontair seo ag brath ar fhlaithiúlacht mhuintir na cathrach agus caitheadh cuid mhaith de tháillí na meánscoile cónaithe do chailíní ar na fiontair charthanachta seo.[57]

D'áitigh Farrelly gur fhág sí an mheánscoil go luath toisc gur éirigh a hathair breoite agus bhí a cúnamh ag teastáil sa bhaile chun aire a thabhairt dó.[58] Ach fostaíodh oide sa bhaile ionas go leanfadh Farrelly uirthi ag foghlaim an cheoil agus na Fraincise ach go háirithe, ábhair a bhain go dlúth le 'the orthodox education of a girl', mar a mhaígh sí féin.[59] Léigh sí gach sórt litríochta os ard dá hathair fad is a bhí sé tinn agus is dócha gur tháinig sí trasna ar an 'Irish Fireside Club', colún seachtainiúil do dhaoine óga san *Irish Fireside* ar an gcaoi sin.[60] Roimh i bhfad, aistríodh an 'Irish Fireside Club', chuig colún sa *Weekly Freeman and Irish Agriculturist*, an nuachtán náisiúnaíoch seachtainiúil ba rathúla sa tréimhse sin.[61] Tháinig fás agus forbairt an-ghasta ar an 'Irish Fireside Club', agus mheall an cumann páistí na hÉireann i dtreo idé-eolaíocht agus ghluaiseacht an náisiúnachais chultúrtha. Bhí tionchar ollmhór ag dearcadh dóchasach an cholúin seo ar ghlúin Agnes Farrelly: ina cás féin, spreag an colún seo a spéis i gcearta na mban agus sa Ghaeilge – an dá chúis ba thábhachtaí ina saol – agus ghlac sí go fonnmhar leis an bhféith útóipeach a bhí le brath sa cholún, gan í a cheistiú.

Lógó an 'Irish Fireside Club'

I bhFeabhra na bliana 1887, mí i ndiaidh bhunú an 'Irish Fireside Club for boys and girls edited by Uncle Remus', san *Irish Fireside* (iris sheachtainiúil liteartha a rinne iarracht litríocht dhúchasach a chothú), chláraigh Agnes, Lily agus Alphonsus Farrelly mar bhaill den chumann.[62] An bhliain dár gcionn, nuair a bhí breis is 20,000 ball óg Éireannach sa chumann, chláraigh na páistí ba shine i gclann Farrelly: Peter, Patrick agus Anna Maria.[63] Cé go raibh croí an chumainn lonnaithe sa cholún clóite, d'eascair craobhacha neamhspleácha den 'Irish Fireside Club' ar fud na hÉireann agus thar lear, inar cothaíodh díograiseoirí óga teanga a raibh ról lárnach acu san athbheochan a thit amach ag casadh an chéid.

Chuir an file óg Rose Kavanagh an 'Irish Fireside Club' (IFC as seo amach) ar bun nuair a fostaíodh í mar eagarthóir an *Irish Fireside*.[64] Lean sí cur chuige na gcolún do pháistí i Sasana a raibh an-tóir orthu ó thús na 1870í, go háirithe an 'Dickie Bird Society' a bhain leis an *Newcastle Weekly Chronicle*, agus a raibh breis is 300,000 ball óg páirteach ann.[65] Tháinig sí faoi thionchar litríocht Mheiriceá freisin, sa mhéid gur roghnaigh sí 'Uncle Remus II' mar ainm cleite: 'Uncle Remus' an t-ainm cleite a d'úsáid Joel Chandler Harris a chum scéalta cáiliúla faoi Brer Rabbit ó 1879 ar aghaidh. Cé go raibh Kavanagh báúil le litríocht Mheiriceá, bhí sí an-chairdiúil leis an náisiúnaí Charles Kickham, agus náisiúnaí a bhí inti féin chomh maith.[66] Dá bhrí sin, bhí an IFC ar maos le maoithneachas an náisiúnachais.[67]

Bhí sé mar aidhm ag 'Uncle Remus' cruthaitheacht na bpáistí a chothú agus iad a spreagadh le feabhas a chur ar an saol timpeall orthu ar bhealach amháin nó ar bhealach eile. Thug sé óráid sheachtainiúil dá 'neachtanna' agus 'nianna' i bhfoirm chlóite, inar impigh sé orthu páirt ghníomhach a ghlacadh sa chumann. Reáchtáladh comórtais éagsúla chuile sheachtain, ó aistriúchán ón Laidin go Béarla, go bréagáin de dhéantús baile, a lig do pháistí a mbuanna a aithint agus a fhorbairt. Thosaigh Alphonsus Farrelly ag cur isteach ar na comórtais mhatamaiticiúla nuair a bhí sé aon bhliain déag d'aois;[68] sheol a dheirfiúr Lily iarratais isteach chuig comórtais a bhain leis an scéalaíocht;[69] ach bhí ní ba mhó spéise ag Anna Maria Farrelly, a bhí cúig bliana ní ba shine ná Agnes, i gcomórtais a bhain le ceisteanna gramadaí.[70] Ba í Agnes Farrelly an ball baineann ba theanntásaí den IFC sa chlann agus sa tír, d'fhéadfaí a rá, nuair a bhí sí ina déagóir. Chuir 'Uncle Remus' cuid mhaith dá litreacha, aistí, scéalta agus aistriúcháin i gcló i gcolún an IFC ó 1888–1894, go dtí go raibh air a chur in iúl di go raibh sí ag éirí róshean chun páirt a ghlacadh sna comórtais. Feictear an feabhas leanúnach a tháinig ar a cuid scríbhneoireachta le linn na tréimhse sin. Bhuaigh sí comórtais rialta an chumainn ón 'Best translation into

French of Uncle Remus's address', go haiste ar 'My holidays and how I spent them'.[71]

Trí theagasc an IFC, an cumann ba mhó do pháistí na hÉireann ag deireadh an naoú haois déag, a d'fhoghlaim páistí na glúine sin faoi stair agus faoi chultúr na hÉireann. Leagadh béim ar an nGaeilge agus ar litríocht na hÉireann i gcolún an chumainn, chomh maith le gnéithe den teagasc sóisialta: cuireadh tábhacht an chomhionannais inscne, na féinchothaitheachta, agus an neamhspleáchais chun cinn, in éineacht le haontacht is cur le chéile na bpáistí ar mhaithe le dul chun cinn sóisialta a dhéanamh sa todhchaí. Gan amhras, bhain na tréithe agus luachanna seo le hidé-eolaíocht Chonradh na Gaeilge sna blianta a bhí le teacht. Mhúnlaigh an IFC creideamh náisiúnaíoch Farrelly agus í óg, mar a rinne sé i gcás a 'col ceathracha' cosúil le Seoirse Ó Muanáin, Énrí Ó Muirgheasa, Máire Ní Chillín, Éamon De Valera agus Tomás Ó Concheanainn i measc daoine eile ar chuir sí aithne orthu i ngluaiseacht an náisiúnachais chultúrtha ina dhiaidh sin.

Bhí ceithre chuspóir ag an IFC, a cuireadh i gcló ag barr an cholúin chuile sheachtain:

> (1) To encourage the love of nature.
> (2) To encourage the humane treatment of all dumb creatures.
> (3) To help to make a happy fireside by kindness to others and by being good and useful ourselves.
> (4) To diffuse our knowledge.

Fad is a bhí Kavanagh i gceannas ar an gcolún (d'éirigh sí as an gcúram de bharr easláinte agus fostaíodh Hester Sigerson, iníon George Sigerson ina háit ag deireadh 1889),[72] leagadh an-bhéim ar chúrsaí timpeallachta agus áilleacht an domhain nádúrtha. Scríobh páistí na cathrach chuig 'Uncle Remus' ag cur síos ar a n-ealaí agus a gcoilm, agus scríobh páistí na tuaithe chuige faoi ainmhithe móra. Sa chéad litir a scríobh Agnes Farrelly chuig 'Uncle Remus', dúirt sí:

> We have a great many pets – cats, rabbits, pigeons, and a very wise dog, which came upstairs the other morning, when he thought it time for me to get up, and scratched at my bedroom door.[73]

Mhaígh sí go raibh stair shaibhir liteartha ag baint lena háit dhúchais, in Quilca ach go háirithe, 'where Dean Swift lived for some time, and the mound covered with trees is still pointed out as the spot where he wrote his famous *Gulliver's Travels*'.[74] Scríobh páistí eile litreacha agus aistí faoi ghnéithe den dúlra, ón ngarraíodóireacht go talmhaíocht, agus ba mhinic a bhuaigh Énrí Ó Muirgheasa na comórtais ar na hábhair sin.[75]

Cumann fadradharcach a bhí san IFC a rinne iarracht páistí na hÉireann a ghríosú agus a aontú trí chomhsprioc a chur rompu sa 'great future before us yet', i bhfocail 'Uncle Remus'.[76] Thug an 'fear' léannta céanna le fios dá chairde óga: 'Uncle Remus does not live in the past; he believes in Progress'.[77] Bhí bród agus meas na bpáistí ar an gcultúr dúchasach ag teastáil go géar chun an 'great future' seo a bhí rompu ag casadh an chéid a bhaint amach, ach níor cheap 'Uncle Remus' go raibh áit don pholaitíocht pharlaiminteach i dtodhchaí na hÉireann, mar gheall ar an achrann agus ísle brí a lean scoilt Pháirtí Parlaiminteach na hÉireann ag tús na 1890í.[78] B'ionann dearcadh 'Uncle Remus' i dtaobh na todhchaí agus 'the expression of the desire for a better way of being', sainmhíniú na hÚtóipe coincréití.[79] De réir Michael A. Peters agus John Freeman-Moir, eagarthóirí *Edutopias: New Utopian thinking in Education*:

> Childhood is an arena where the foundations of utopianism can be given a chance. [...] utopianism is not just an entertainment but a crucial element in the development of

an imaginative disposition oriented to a more humane and inclusive future.[80]

Ba chinnte go raibh 'Uncle Remus' ag iarraidh 'inclusive future' a chur chun cinn agus é ag treorú pháistí na tíre. Chreid sé go raibh an aontacht ina 'priceless gift', agus mhol sé dá chairde óga dearmad a dhéanamh ar a n-uaillmhianta pearsanta agus obair a dhéanamh ar son uaillmhianta na tíre ina áit.[81] Thuig sé go raibh cumhacht as cuimse aige agus é i gceannas ar 'the editing of a people's children', an chéad ghlúin eile a mbeadh ról lárnach aici i dtodhchaí na hÉireann.[82] Ós rud é gur tháinig an IFC ar an bhfód ag an *fin de siècle,* d'éirigh le 'Uncle Remus' agus leis na páistí breathnú rompu go dtí an fichiú haois agus dearmad a dhéanamh ar dhrochbhlianta an naoú haois déag, 'the years of injustice, famine, misery, robbery, emigration and desolation', mar a thug 'Uncle Remus' orthu.[83] Thuig Pádraig Ó Muirgheasa, deartháir Énrí, '[that] those joined in the club form the nucleus of what will be the future Irish nation', agus rinne sé cur síos cuimsitheach ar an dul chun cinn a bhí ag teastáil lena fhís de thodhchaí na hÉireann a bhaint amach.[84] Mhaígh sé go raibh aontacht na ndaoine fíorthábhachtach; díghalldú agus ath-Ghaelú na tíre; cothú na litríochta dúchasaí agus athnuachan na seantionscal cosúil leis an lásadóireacht agus criadóireacht. Dúirt sé lena chomhghleacaithe óga sa chumann:

> The work of doing or undoing all this remains with the youth of Ireland, and surely there can be no better way to work towards that end than to get the youth together into one club, with a prudent and wise instructor, the *esprit de corps,* at their head who will show the way.[85]

Ghlac J.P. Joyce, ball eile den IFC, leis an bhféith útóipeach i scríbhinní 'Uncle Remus', agus chuir sé an smaointeachas sin chun cinn i measc a chairde óga. Thug sé le fios:

> the seeds of kindness, knowledge and patriotism, are the seeds sown in our minds, while members of the [I]FC, and it is in the years to come when we are out battling with the world that these seeds shall produce their harvest.[86]

De réir mar a d'éirigh Agnes Farrelly gníomhach san IFC, tháinig rian den útóipeachas chun solais ina comhfhreagras rialta le 'Uncle Remus'. Cosúil lena 'huncail', bhí dearcadh diúltach aici i leith 'this unhappy land' sa naoú haois déag ach léirigh sí go raibh deifir uirthi an fichiú haois a bhaint amach.[87] Bhronn 'Uncle Remus' duais uirthi dá haiste dar teideal 'The True Object of Life', inar cháin sí 'profitless pursuits' na huasaicme agus nós na meánaicme aithris a dhéanamh ar an uasaicme, nó ina focail féin 'they ape the appearance and manners of a higher class'.[88] Mhol sí dá 'col ceathracha' sa chumann cur i gcéill den chineál sin a sheachaint agus iarracht a dhéanamh dul i dtreo an fhéinchomhlíonta:

> Let each of us, then, fix our attention on some future course of action if he would be happy and useful, and let our energies tend towards the proper fulfilment of our vocation, still bearing in mind that the true object in life is to prepare our frail barks for the stormy passage of death, which leads to the ocean of Eternity.[89]

San aiste chéanna, d'áitigh sí: '[h]ope is the guiding star of our actions and Charity is to us a passport to the land of eternal spring'.[90] Thug an ráiteas seo léargas ar a creideamh san fhlaithiúlacht agus tábhacht an dóchais ina saol, a ghríosaigh í chun leasuithe sóisialta a chur ar bun nuair a bhí sí ina bean fhásta. Ní hamháin gur chothaigh an IFC a dóchas don am a bhí le teacht ach mhúnlaigh sé gnéithe dá fís útóipeach: an comhionannas inscne, an Ghaeilge agus an náisiúnachas cultúrtha.

Bhí deighilt shóisialta idir mná agus fir le feiceáil go forleathan sa tsochaí Victeoiriach, i gcumainn spóirt, charthanachta agus oideachasúla ach go háirithe.[91] Ach níorbh ionann an IFC agus cumainn eile ar an gcaoi sin: chuir 'Uncle Remus' fearadh na fáilte roimh chailíní agus bhuachaillí gan idirdhealú a dhéanamh eatarthu. Dá bhrí sin, scríobh cailíní chuige chomh minic céanna le buachaillí agus d'éirigh chomh maith céanna leis na cailíní sna comórtais sheachtainiúla. Lig an colún dóibh a gcuid tuairimí a phlé agus a chur os comhair an phobail, cé gur staon mná ó dhíospóireachtaí poiblí sa tsochaí go ginearálta. Ghlac Agnes Farrelly páirt an-ghníomhach i ndíospóireachtaí an cholúin agus rinne sí teagmháil le craobh an IFC i mBaile Átha Cliath ó am go chéile, ach níor fhreastail cailíní ar chruinnithe poiblí de chraobhacha an IFC go rómhinic.[92] Bhí tuairimí láidre ag 'Uncle Remus' faoin gcomhionannas inscne agus theastaigh uaidh an prionsabal sin a chur chun cinn sa chumann féin agus i sochaí na hÉireann. Níor chuir sé isteach ar chraobh den IFC ach uair amháin nuair a rinne craobh Learphoill Theas iarracht cearta vótála na mball baineann a laghdú. Léirigh sé go raibh sé bródúil as an gcéad ghlúin de mhná Éireannacha a bhain céimeanna amach ón Ollscoil Ríoga agus scríobh sé sa cholún: 'The girls are going ahead, and no one utters a heartier 'more power to them' than Uncle Remus'.[93] Seachtain eile, mhaígh sé:

> Uncle Remus would give as free and as full franchise to women as to men. Indeed, he is convinced that it is only a question of time until the world will do the same, and feels heartily ashamed into the bargain, of its old, sad, bad, long stupidity on the matter.[94]

Bhí Kavanagh i mbun an cholúin ag an bpointe sin, agus bhí sí ina bean neamhspleách, ghníomhach. Iarbhall de Chonradh Talún na mBan a bhí inti agus thacaigh sí le feachtas vótála na mban.[95] Nuair a tháinig Hester Sigerson i gcomharbacht ar Kavanagh, lean sí uirthi ag cur an chomhionannais inscne chun cinn. D'eagraigh sí comórtas scríbhneoireachta den teideal 'My Favourite Heroine' a lig do chailíní an IFC staidéar a dhéanamh ar mhná cumhachtacha agus eiseamláireacha i stair na hÉireann. Scríobh Agnes Farrelly aiste faoi shaol Mary Stuart, Banríon na hAlban, agus mhol 'Uncle Remus' go hard í.[96] Thug tacaíocht agus moltaí 'Uncle Remus' misneach do chailíní páirt lárnach a ghlacadh san IFC. Is cosúil gur léigh na cailíní céanna ailt faoi ghluaiseachtaí nua na mban a foilsíodh sa *Weekly Freeman* le linn na tréimhse sin.[97]

De réir 'Uncle Remus' ba é 'the education of the youth of Ireland', príomhchuspóir an IFC agus thug sé faoin gcuspóir sin ar bhealaí éagsúla.[98] Sa bhliain 1892, chuir sé tús leis an 'Fireside Debating Column' sa cholún chun an deis a thabhairt do pháistí gnéithe de stair is chultúr na hÉireann a phlé, chomh maith le stair na hEorpa. Ghlac Agnes Farrelly páirt ann láithreach agus bealach éifeachtach a bhí sa cholún díospóireachta chun barúlacha náisiúnaíocha a chothú. Pléadh rúin ar nós: 'Was Emmet's Work in Vain?', 'Was Moore or Davis the Greatest Poet?' agus 'Are Irishmen Today as Patriotic as their Forefathers?' agus chuir Farrelly in éadan na mbuachaillí go príomha lena cuid tuairimí. Ach ba léir gur thug a ról gníomhach sna díospóireachtaí misneach do chailíní eile páirt a ghlacadh iontu freisin, mar tar éis di a tuairimí a nochtadh sa cholún, tháinig ardú ar líon na gcailíní a sheol a dtuairimí chuig 'Uncle Remus'.[99] Rinneadh iarracht ceisteanna móra polaitiúla a sheachaint sna díospóireachtaí cé gur cuireadh tús le ceann dar teideal 'Which is best – Ireland a Republic or Ireland with a free parliament and constitution subordinate to Britain?' ach fuarthas réidh léi go gasta toisc go raibh sí 'verging too much on politics of the day'.[100] Mar sin féin, cuireadh béim ar dhíospóireachtaí bunaithe ar an náisiúnachas cultúrtha. Pléadh agus forbraíodh tuairimí na bpáistí i leith na Gaeilge, na litríochta Éireannaí agus ceist an amhráin náisiúnta.[101] In eagrán na Samhna 1894, nocht Farrelly a tuairimí faoi 'God Save Ireland', mar amhrán náisiúnta na hÉireann, ábhar a bhí faoi chaibidil sa cholún díospóireachta:

> 'God Save Ireland', is a patriotic hymn, but resembles more the outburst of an impatient colony than the cry of a race who hold their traditions and aims aloof from those of their rulers. Does it become a people whose every breath is an aspiration after freedom – a people who are clamouring for a national Eisteddfod – a Celtic literary revival, to sing their anthem in the mongrel language of the Sassenach?[102]

Léiríonn an cineál téarmaíochta a úsáideann sí agus a barúlacha i dtaobh na hÉireann go raibh a spéis i gcultúr dúchasach na tíre ag méadú ó scríobh sí chuig 'Uncle Remus' den chéad uair sé bliana roimhe sin, agus go raibh sí ar an eolas faoi chultúr comhaimseartha na Breataine Bige freisin. Is dócha gur léigh sí alt sa *Weekly Freeman* an tseachtain roimhe sin faoi phlean Chonradh na Gaeilge 'Eisteddfod' na hÉireann a chur ar bun ar mhaithe le hathbheochan fhéilte ársa an cheoil agus na litríochta, plean nár cuireadh i bhfeidhm go dtí trí bliana ina dhiaidh sin i bhfoirm an Oireachtais.[103]

De réir Bhriain Mhic Giolla Phádraig, cara Agnes Farrelly, léirigh sí spéis sa Ghaeilge den chéad uair tar éis di Clochar an Chreidimh Naofa a fhágáil. Bhí focail agus abairtí Gaeilge á mbailiú ag an deartháir ba shine léi, Patrick, ó sheandaoine sa chomharsanacht agus bheartaigh sise cúnamh a thabhairt dó lena chuid oibre.[104] Más amhlaidh a bhí, is dócha gur spreag an IFC Patrick le focail Ghaeilge a bhailiú óir d'eagraigh 'Uncle Remus' comórtais den chineál sin sa Ghaeilge ó chuir sé tús leis an gcolún, cé nár chuir mórán páistí isteach orthu ag an tús.[105] Theastaigh ó 'Uncle Remus' neamart an chórais oideachais i dtaobh mhúineadh na Gaeilge a leigheas le hiarrachtaí den chineál seo chun suim na bpáistí a mhúscailt sa teanga. Ní raibh an Ghaeilge mar ghnáthábhar sna scoileanna náisiúnta ag an tráth sin agus ní raibh sí ar comhchéim le hábhair eile i gcuraclam na meánscoileanna.[106] Dá bhrí sin, ní raibh formhór na bpáistí a raibh an Ghaeilge ón gcliabhán acu in ann í a scríobh agus ba bheag an tuiscint a bhí ag páistí na hÉireann a raibh an Béarla ón gcliabhán acu ar an nGaeilge. Thug ball amháin den IFC an méid seo le fios i litir chuig 'Uncle Remus'. Mhaígh sí: 'We speak lots of Irish down here in Kerry, though I never saw an Irish book. Our servant Cauth calls the pigs and calves in Irish, and they understand her'.[107]

Fad is a bhí Hester Sigerson i mbun cholún an IFC, tugadh tús áite don bhorradh srutha i ngluaiseacht na teanga agus d'áitigh 'Uncle Remus' 'there is no movement which should be nearer to the hearts of the I.F. Club than this'.[108] Bhí athair Sigerson ina bhall den chéad chomhairle de Chonradh na Gaeilge ó 1893–1894, agus bhí sárthuiscint aici ar *raison d'être* agus cur chuige an Chonartha i dtaobh chur chun cinn na Gaeilge.[109] Phléigh baill an IFC an rún 'Have newspapers done more for the advancement of literature than books?' ina gcolún díospóireachta.[110] Bhí nuachtáin agus leabhair an Bhéarla i gceist acu gan amhras, ach ba léir do lucht an *Weekly Freeman* nach raibh go leor nuachtán ná leabhar sa Ghaeilge dóibh siúd ar theastaigh uathu í a fhoghlaim.[111] Mar thoradh ar an éileamh seo, d'fhoilsigh an *Weekly Freeman* sraith ceachtanna féinteagaisc sa Ghaeilge sa bhliain 1894, a raibh *Simple Lessons in Irish* leis an Athair Eoghan Ó Gramhnaigh mar chuid lárnach díobh. Bhí teacht níos fearr ag an bpobal ar na ceachtanna seo ná na hiarrachtaí roimhe sin chun a leithéid a dhéanamh agus cuireadh ceachtanna Uí Ghramhnaigh taobh leis an IFC uaireanta. Ar an gcaoi sin a tháinig páistí áirithe trasna ar an teanga, agus bheartaigh cuid acu na ceachtanna a dhéanamh.[112] Tháinig gliondar ar na páistí nuair a fuair siad amach gur léigh an tAthair Ó Gramhnaigh an IFC agus scríobh sé litreacha chuig cuid de na páistí.[113] Ach fiú sular cuireadh *Simple Lessons* Uí Ghramhnaigh i gcló, léirigh Agnes Farrelly tuairimí láidre i dtaobh ghluaiseacht agus theanga na Gaeilge:

> What immense possibilities lie before the Irish nation if, one and all, they unite in rescuing the Gaelic tongue from oblivion. The Celtic race, speaking the Celtic language, and having at their disposal the treasures of Celtic literature, would be a power fit to win the respect of the world.[114]

Bhí Énrí Ó Muirgheasa an-tógtha le gluaiseacht na teanga chomh maith agus d'impigh sé ar a chairde óga san IFC staidéar a dhéanamh ar an teanga:

> Come, my cousins, be Irish still, stand for the dear old tongue; commence these lessons and follow them perseveringly; and I say, if there is one spark of genuine patriotism in the youth of Ireland, hundreds – aye, thousands – will be found ready and eager to do this.[115]

Ba dhuine measúil, údarásach é 'Uncle Remus', agus shamhlaigh na páistí é mar sheanuncail. De réir an scríbhneora Katharine Tynan:

> Uncle Remus became a real personality to many Irish children; and it was embarrassing when holiday-times came and the children called at the office to see Uncle Remus, expecting to find an old gentleman with a flowing beard, and found Rose instead.[116]

Tharla gur theastaigh ó bheirt bhuachaillí, Liam Ó Maolruanaidh agus Henry Egan Kenny (a d'úsáid an t-ainm cleite 'Sean-Ghall'), bualadh le 'Uncle Remus' nó '[the] venerable old gentleman with the wallet of knowledge, the big heart and the kindly eyes', ina bhfocail féin.[117] Chuaigh siad chuig oifig an *Freeman*'s

Journal chun cuairt a thabhairt air ach chas siad le Rose Kavanagh ina áit. Dúirt Kenny:

> Laughter danced in her eyes, and without replying she plied us with questions about our school life and sports ... Then she impressed on us the need of establishing Fireside Clubs, where we were to gather all our school chums and write essays and have debates on Irish subjects.[118]

Chuir Ó Maolruanaidh agus Kenny tús le 'The City of Dublin Branch' ag deireadh na bliana 1888, i gcomhpháirtíocht le baill óga eile den IFC.[119]

Nuair a tháinig fás agus forbairt ar chraobhacha an IFC ar fud na hÉireann agus thar sáile, thosaigh baill ag baint trialach as modhanna nua liteartha. Chuir Hester Sigerson tionscnaimh áirithe chun cinn nuair a tháinig sí i gcomharbacht ar Kavanagh ar mhaithe le hintleacht na mball óg a chothú. Bhunaigh sí Scéim Leabharlann na gCraobhacha: sheol an *Freeman's Journal* leabhair chuig craobhacha a raibh siad uathu agus ainmníodh leabharlannaithe óga sna craobhacha chun na leabhair a dháileadh i measc na mball. Mhaígh craobh amháin go raibh leabharlannaí óg buan aici.[120] Chuir craobhacha éagsúla, ó Thrá Lí go Chicago, nuachtáin i gcló agus d'iarr siad ar a 'col ceathracha' ailt a scríobh agus pictiúir a tharraingt. Nuair a d'éirigh Agnes Farrelly róshean don IFC agus ina 'ball oinigh', bhí an *Fireside Companion* (1895) agus an *Fireside Star* (1899) á bhfoilsiú ag Craobh Learphoill agus d'íoc siad as na costais chlódóireachta iad féin.[121]

Thug na nuachtáin seo léargas do Agnes Farrelly agus dá 'col ceathracha' in Éirinn ar shaol an diaspóra Éireannaigh agus choinnigh roinnt mhaith páistí in Éirinn teagmháil leis na baill thar lear. Bhí páistí Inis Meáin i dteagmháil le páistí Learphoill, páistí Learphoill le páistí Chicago, páistí Chicago le páistí Charraig Mhachaire Rois, ar an gcaoi is gur cruthaíodh gréasán

IFC go forleathan. Thuig na daoine óga seo go raibh siad páirteach i ngluaiseacht ollmhór, agus de réir mar a mhéadaigh a neamhspleáchas agus a bhféinmhuinín, theastaigh uathu ról a ghlacadh i dtodhchaí na hÉireann. Thug Craobh Bhaile an Gharraí i gCo. Luimnigh an méid seo le fios, chomh maith le frustrachas na ndaoine óga toisc nár ghlac daoine fásta leo go dáiríre: 'The Firesiders throughout the world are treated as mere children. A great society of close on sixty thousand are not to be treated in this manner any longer'.[122] In ainneoin fhéinmhuinín na bpáistí, ní bhfuair siad an deis a dtuairimí i dtaobh thodhchaí na hÉireann a chur i gcrích go dtí go raibh siad ina gcéimithe nó ina 'mbaill oinigh' den IFC agus iad naoi mbliana déag d'aois. Ag an bpointe sin a ghlac siad páirt i gcumainn an náisiúnachais do dhaoine fásta, Conradh na Gaeilge ach go háirithe.

Nuair a d'éirigh Farrelly as an IFC go sealadach agus í fiche bliain d'aois, thosaigh sí ag scríobh don nuachtán áitiúil i gCo. an Chabháin, an *Anglo-Celt,* óir bhí eagarthóir an nuachtáin, E.T. O'Hanlon, cairdiúil lena muintir.[123] Ó mhí Eanáir go hAibreán 1896, scríobh sí alt seachtainiúil dar teideal 'Glimpses of Breffni and Meath'. Tá roinnt cumadóireachta agus rómánsachais le feiceáil sa chur síos a dhéanann sí ar a ceantar dúchais féin, agus léiríonn sí suim ach eolas teoranta ar 'the soft phrases of the Gael', a labhair a sinsir.[124] Cuireann sí an miotas os comhair an léitheora mar fhíricí na staire nuair a labhraíonn sí faoin nasc idir an Bhanríon Tailte, Tuatha Dé Danann agus 'Lughaidh Lamh-fhada' lena ceantar féin agus insíonn sí stair na háite ó na seanaimsirí go dtí an t-ochtú haois déag nuair a bhí muintir Sheridan agus Brooke ag cur fúthu ann.[125] Leagann sí béim ar uaisleacht ársa na nGael sa tsraith seo agus déanann sí idirdhealú idir an pór Gaelach agus an pór coilíneach Sasanach:

> Cannot the poorest man in Breffni trace back his descendent to remote Milesian kings and nobles? You Howards and De Veres are but of mushroom growth when placed side by side with those antique progenitors and viewed through Celtic lenses.[126]

Rinne sí taighde sa chomharsanacht don tsraith seo: labhair sí le seanchaithe áitiúla, chuaigh sí ar cuairt chuig áiteanna cáiliúla agus thug sí le fios gur léigh sí leabhair stairiúla agus seanlámhscríbhinní chun tuiscint níos doimhne a fháil ar a ceantar féin.[127] Timpeall an ama seo a ghlac sí leis an sloinne 'O'Farrelly', mar chuid de phróiseas an díghalldaithe agus ath-Ghaelaithe a bhí chun tosaigh sa tréimhse sin i ngluaiseacht an náisiúnachais chultúrtha in Éirinn. Foilsíodh an rím seo a leanas in alt léi:

> By Mac and O, you'll always know
> True Irishmen they say
> But if they lack both O and Mac,
> No Irishmen are they.[128]

I mí Aibreáin 1898, glacadh le Bille na Sloinnte Éireannacha i bParlaimint na Breataine, a lig do dhaoine 'O' agus 'Mac' a chur isteach ina sloinnte arís.[129]

Cuireadh deireadh le sraith Agnes O'Farrelly in Aibreán 1896 toisc go ndeachaigh sláinte a hathar in olcas. Fuair sé bás ag deireadh mhí na Bealtaine agus d'fhág sé £500 le huacht ag Agnes agus ag a deirfiúr óg, Lily, agus roinneadh a thalamh idir a mhic.[130] Nuair a bhí Agnes ina ball den IFC, bhuaigh sí an chéad duais le haghaidh aiste faoi 'describing what you would do if you had a large independent income'.[131] Níor foilsíodh an aiste sin riamh ach ba léir go raibh a machnamh déanta ag O'Farrelly ar an gceist sin. Chríochnaigh a deartháir Alphonsus sa mheánscoil an bhliain sin agus bhí sé ar intinn aige dul chun na hOllscoile i mBaile Átha Cliath i mí Mheán Fómhair chun staidéar a dhéanamh ar an eolaíocht. Ba é E.T. O'Hanlon, eagarthóir an *Anglo-Celt,* a mhol do Agnes dul go Baile Átha Cliath in éineacht le hAlphonsus chun cúrsa ardléinn a dhéanamh.[132] Ba léir ón gcur síos a rinne O'Hanlon ar O'Farrelly san *Anglo-Celt* go raibh sé an-tógtha lena buanna liteartha agus lena héirim: mhaígh sé go raibh sí ina 'gifted young lady' a scríobh '[a] charming series of papers', a thaitin go mór le léitheoirí an nuachtáin.[133]

I bhfómhar na bliana 1896 d'aistrigh Agnes agus Alphonsus go Baile Átha Cliath agus thosaigh Agnes ar chéim sna hEalaíona i gColáiste Ollscoile Naomh Muire, ar 28 Cearnóg Mhuirfean. Bhí céim Alphonsus ceangailte le Scoil Leighis an Choláiste Ollscoile agus na hOllscoile Caitlicí, agus fuair siad lóistín le chéile i 3 Sráid Holles, taobh le Cearnóg Mhuirfean, áit ar fhan siad fad is a bhí siad ag déanamh bunchéime.[134] Bhí Siúracha San Doiminic i mbun Choláiste Ollscoile Naomh Muire agus cuireadh ar bun é i ndiaidh Acht um Oideachas Idirmheánach (1878) agus Act na hOllscoile Ríoga (1879), nuair a ligeadh do mhná óga ardoideachas a bhaint amach den chéad uair. D'fhreastail Coláiste Alexandra i mBaile Átha Cliath ar na mná óga éirimiúla in Éirinn ó 1866 ar aghaidh;[135] ach theastaigh ó Shiúracha San Doiminic a chinntiú go mbeadh na mná éirimiúla Caitliceacha á dteagasc i gcoláistí Caitliceacha seachas Protastúnacha agus ar an gcúinse sin a cuireadh Coláiste Mhuire ar bun.[136] Fearacht Margaret Aylward a chuir Ord an Chreidimh Naofa ar bun, ba cheannródaí í Mother Patrick i gColáiste Mhuire agus theastaigh uaithi scoth an oideachais a chur ar fáil do na hiníonacha léinn faoina cúram, trí léachtóirí cumasacha a earcú.[137] Bhí Máire Ní Aodáin, duine de chéimithe luatha Choláiste Mhuire ag múineadh ina h*alma mater* féin ó 1894 agus bhí sise agus Agnes O'Farrelly chun tosaigh i ngluaiseacht na mban sna blianta a bhí le teacht.[138]

Cé gur léirigh O'Farrelly cumas i litríocht an Bhéarla nuair a bhí sí sa chéad bhliain i gColáiste Mhuire, d'iarr sí ar Mother Patrick cead a thabhairt di staidéar a dhéanamh ar an nGaeilge. Dúirt Mother Patrick léi 'that there was a man named Eoin Mac Néill who could be found working at the Four Courts who was an authority on the language and might teach her'.[139] Tugann comhfhreagras Mhic Néill le fios gur thosaigh sé ag múineadh an 'Celtic class' sa bhliain 1897.[140] Bhí O'Farrelly sa rang sin, in éineacht le díograiseoirí ban eile, agus earcaíodh cuid acu i gColáiste Alexandra.[141] Léirigh Mother Patrick féin spéis i gcur chun cinn na Gaeilge taobh amuigh den seomra ranga i gColáiste Mhuire roimh i bhfad.[142] Comhbhunaitheoir agus duine lárnach i gConradh na Gaeilge a bhí i Mac Néill, agus thug sé O'Farrelly isteach sa ghluaiseacht cúpla bliain ina dhiaidh sin.

Ní raibh an oiread sin difríochta idir smaointeachas agus struchtúr Chonradh na Gaeilge agus an IFC agus dá bhrí sin, ní raibh aon deacracht ag an nglúin óg aistriú ó chumann na bpáistí go cumann na ndaoine fásta. Fearacht an IFC, chuir Conradh na Gaeilge an comhionannas inscne chun cinn agus an chéad chumann i ngluaiseacht an náisiúnachais chultúrtha a bhí ann a lig na mná isteach ar comhchéim leis na fir,[143] chuir sé polasaí na féinchothaitheachta chun tosaigh, ag moladh is ag cuidiú le daoine dul i dtreo an fhéinteagaisc, rinne sé iarracht an pholaitíocht pharlaiminteach a sheachaint cé gur mhol sé an tírghrá agus an náisiúnachas cultúrtha, bhí a cheanncheathrú lonnaithe i mBaile Átha Cliath agus bhí nuachtán mar chroílár a ghréasáin thrasnáisiúnta. Thar aon ní eile, bhreathnaigh baill an Chonartha rompu agus theastaigh uathu feabhas a chur ar shochaí na hÉireann sa todhchaí. Cé gur leag 'Uncle Remus' béim ar thábhacht na fiosrachta intleachtúla i measc a 'neachtanna' agus 'nianna', níor cheistigh siad ábhar ná fealsúnacht a 'n-uncail'. Ghlac na hintleachtóirí óga a chuaigh isteach sa Chonradh lena smaointeachas agus idé-eolaíocht i dtaobh an oideachais agus chuir siad an smaointeachas ceannann céanna chun cinn sa chumann sin.

Tar éis chomóradh céad bliain Éirí Amach na nÉireannach Aontaithe sa bhliain 1898, nuair a rinne náisiúnaithe cáiliúla iarracht stair na hÉireann a léiriú don phobal, tháinig fás ar bhallraíocht agus thionchar an Chonartha.[144] Ag tús an fhichiú haois, bhí cuid mhaith de sheanbhaill an IFC i gceannas ar chumainn náisiúnaíocha. Sula bhfuair Liam Ó Maolruanaidh bás tobann i mí na Bealtaine 1901, bhí sé féin agus Art Ó Gríofa ag obair go díograiseach i ngnó an *United Irishman*. Ghlac a *fiançée,* Máire Ní Chillín, páirt in imeachtaí Chonradh na Gaeilge i mBaile Átha Cliath, agus chas sí le cuid dá 'col ceathracha' ón IFC ann, cosúil le hAgnes O'Farrelly, Seoirse Ó Muanáin, Éamon Ó Néill, Stiofán Bairéad, Énrí Ó Muirgheasa, Éamon De Valera, Mícheál Breathnach, Mícheál Ó Maoláin, agus Máire de Buitléir.[145] Fuair Tomás Ó Concheanainn post mar thimire an Chonartha nuair a bhí sé ina Uachtarán Oinigh de Chraobh Learphoill den IFC, agus phós sé a 'chol ceathar' Helena Walsh, deirfiúr Louis Walsh, ina dhiaidh sin.[146] Ghlac seanbhaill eile an IFC páirt i gcraobhacha áitiúla den Chonradh, cosúil le Pádraig Ó Muirgheasa agus Thomas P. Keawell, agus nuair a tháinig George Fagan, duine de phríomhealaíontóirí an IFC i méadaíocht, lean sé air ag tarraingt pictiúr do *An Claidheamh Soluis*.[147]

Má bhí na daoine óga seo páirteach i gConradh na Gaeilge, bhí drogall orthu cúl a thabhairt leis an IFC: i mí Aibreáin 1902, thug 'Uncle Remus' le fios go raibh craobh nua den IFC curtha ar bun i mBaile Átha Cliath ag Mícheál Ó Maoláin.[148] Craobh do na 'baill oinigh' a bhí ann: ainmníodh Tomás Ó Concheanainn mar uachtarán na craoibhe; cuireadh rang Gaeilge ar bun; beartaíodh iris dar teideal 'Freedom' a fhoilsiú; agus den chéad uair ina saol, bhí Agnes O'Farrelly in ann freastal ar imeachtaí chraobh an IFC agus í ag cur fúithi i mBaile Átha Cliath.[149] Fóram na bhfear a bhí sa chraobh seo i ndáiríre, cosúil leis na craobhacha a d'fhás ag deireadh an naoú haois déag, ach thapaigh O'Farrelly an deis chun páirt a ghlacadh sna himeachtaí, bíodh díospóireachtaí nó casadh na n-amhrán Gaelach i gceist.[150]

Cé nár fhoghlaim seanbhaill an IFC an Ghaeilge ná stair na hÉireann ar scoil, chreid siad go bhféadfadh chuile pháiste sa tír teanga agus stair a sinsear a fhoghlaim dá mbeadh na hábhair sin ar churaclam na scoileanna. Thacaigh O'Farrelly go láidir le polasaí leasaitheach sa chóras oideachais mar bhealach lena fís útóipeach de thír ath-Ghaelaithe a bhaint amach, fís ina mbeadh an comhionannas inscne agus labhairt na Gaeilge mar chearta ag daoine. Bhí tionchar fadtéarmach ag an IFC ar O'Farrelly, a mhair ar feadh a saoil. Sa bhliain 1912, rinne sí óráid ag cruinniú poiblí i gCill Scíre, Co. Thír Eoghain, faoin nGaeilge sa chóras oideachais inar úsáid sí téarmaíocht 'Uncle Remus' agus í ag tagairt do na páistí. Mhaígh sí:

> The soldiers who follow a very brave, a fearless General, have always a hard time. These wee soldiers of the language battle look very merry and very happy notwithstanding. There must be some witchery in the cause [...] something that draws the heart of the little Irish child'.[151]

Léirigh a hóráid an chaoi ar ghlac sí le hidé-eolaíocht a seanoide, 'Uncle Remus'.

Ina eagarfhocal don bhliain nua 1902, mhínigh 'Uncle Remus' go beacht an dúshlán a thug sé do pháistí na hÉireann ionas go mbeidís réidh don todhchaí:

> Let us be Irish in speech, in thought, in act. Let us be sober, self-reliant, self-sustaining. Let our boys and girls stay at home and work and wait, supporting their own industries and rejecting everything foreign. Then if the dawn does come it will shine on a living nation, ready at the first bright shaft of light to cast aside its chains and take its place among the nations of the earth.[152]

Mheall an IFC glúin de pháistí i dtreo an náisiúnachais chultúrtha agus mhúnlaigh sé a dtuairimí i dtaobh na todhchaí. D'ullmhaigh sé daoine óga cosúil le hAgnes O'Farrelly le bheith freagrach as gnéithe éagsúla den ghluaiseacht nua ag casadh an chéid. Gheobhadh O'Farrelly an deis Útóipe choincréiteach Ghaelach a chur ar bun den chéad uair in Oileáin Árann i samhradh na bliana 1898.

NÓTAÍ

1 Agnes Farrelly, 'The True Object of Life', in *Weekly Freeman*, 26/05/1894, 11.

2 Madeleine Uí Mhéalóid, 'Agnes O'Farrelly: Crusader for a Gaelic Ireland, 1874–1951', in *Breifne: Journal of Cumann Seanchais Bhreifne*, 8.34 (1998), 841.

3 Féach *Freeman's Journal*, 24/06/1874; *Irish Times*, 24/06/1874; D.J. Hickey agus J.E. Doherty, *A Dictionary of Irish History Since 1800* (Dublin: Gill and Macmillan, 1987), 62.

4 *Irish Times*, 20/08/1904, 4.

5 *Irish Times*, 24/06/1874, 2.

6 Féach *Landowners in Ireland: Return of Owners of Land of One Acre and Upwards in the Several Counties, Counties of Cities, and Counties of Towns in Ireland* (Baltimore: Genealogical Publishing Company, 1988), 218.

7 Uí Mhéalóid, 'Agnes O'Farrelly: Crusader for a Gaelic Ireland, 1874–1951', 845.

8 Féach Kathleen O'Brennan, 'Dr. Agnes O'Farrelly', in *The Leader,* 19/08/1944, 8. Tá mé buíoch den Ollamh Philip O'Leary as an tagairt seo.

9 Féach *Thom's Almanac and Official Directory of the United Kingdom of Great Britain and Ireland for the year 1862* (Dublin: Alexander Thom and Sons, 1862), 990.

10 Féach O'Brennan, 'Dr. Agnes O'Farrelly', 8.

11 Mullagh Historical Committee, *Portrait of a Parish: Mullagh, Co. Cavan* (Cavan: The Anglo-Celt, 1988), 61.

12 *Weekly Freeman,* 11/06/1892, 11.

13 *Landowners in Ireland: Return of Owners of Land of One Acre and Upwards in the Several Counties, Counties of Cities, and Counties of Towns in Ireland,* 220; Uí Mhéalóid, 'Agnes O'Farrelly: Crusader for a Gaelic Ireland, 1874–1951', 845.

14 Féach *The Anglo-Celt,* Márta 1886, le haghaidh tuairiscí ar dhíshealbhú na ndaoine bochta sa chontae.

15 Mullagh Historical Committee, *Portrait of a Parish: Mullagh, Co. Cavan,* 84–87.

16 *Anglo-Celt,* 05/02/1938, 3.

17 Joseph McMinn, *Jonathan's Travels: Swift and Ireland* (Belfast: Appletree Press, 1994), 102–103.

18 O'Brennan, 'Dr. Agnes O'Farrelly', 8.

19 Ní Fhaircheallaigh chuig Hanna Sheehy, 29/04/1905, Páipéir Sheehy Skeffington, LNÉ, Lámhscríbhinn 41,177/37.

20 *Anglo-Celt,* 08/01/1910, 4.

21 *Anglo-Celt,* 29/02/1896, 3.

22 Féach Andrew Carpenter, *Verse in English from Eighteenth-century Ireland* (Cork: Cork University Press, 1998), 235.

23 Mícheál Mac Craith, 'Charlotte Brooke: A Romantic Metaphysical?' in *Études Celtiques,* XXIX (1992), 271.

24 Féach Lesa Ní Mhunghaile, ''My Comparatively Feeble Hand': Charlotte Brooke and Reliques of Irish Poetry', in *Aistriú Éireann: Gnéithe de Chultúr an Aistriúcháin Liteartha in Éirinn,* eag. Charlie Dillon agus Ríóna Ní Fhrighil (Béal Feirste: Cló Ollscoil na Banríona, 2008), 68–82.

25 Mac Craith, 'Charlotte Brooke: A Romantic Metaphysical?' 271.

26 *Anglo-Celt,* 29/02/1896, 3; Philip O'Connell, *The Schools and Scholars of Breiffne* (Dublin: Browne and Nolan, 1944), 373.

27 Féach Pádraig de Brún, 'Some Irish mss with Breifne connections', in *Breifne,* 3.12 (1969), 561.

28 *Thom's Almanac and Official Directory of the United Kingdom of Great Britain and Ireland for the year ended 1874* (Dublin: Alexander Thom & Co., 1874), 1166–1167.

29 Féach *Thom's Official Directory of the United Kingdom of Great Britain and Ireland for the year 1897* (Dublin: Alexander Thom & Co., 1897), 1040.

30 Mullagh Historical Committee, *Portrait of a Parish: Mullagh, Co. Cavan*, 187.

31 Ibid., 169.

32 Uí Mhéalóid, 'Agnes O'Farrelly: Crusader for a Gaelic Ireland, 1874–1951', 844.

33 Lawrence W. McBride, 'Young readers and the learning and teaching of Irish history, 1870–1922', in eag. Lawrence W. McBride, *Reading Irish Histories: Texts, contexts, and memory in modern Ireland* (Dublin: Four Courts Press, 2003), 82.

34 Féach Uí Mhéalóid, 'Agnes O'Farrelly: Crusader for a Gaelic Ireland, 1874–1951', 844.

35 Mullagh Historical Committee, *Portrait of a Parish: Mullagh, Co. Cavan*, 163.

36 Ibid., 239.

37 Ibid., 240.

38 *Anglo-Celt*, 27/05/1911, 11.

39 Ibid.

40 Féach A.W. O'Farrelly, 'St. Brigid's Orphanage and its Founder', in *The Irish Rosary* (Aibreán 1897), 33–37.

41 *Thom's Official Directory of the United Kingdom of Great Britain and Ireland for the year 1888* (Dublin: Thom & Co., 1888), 1036.

42 Taifead déanta i gCartlann Ord an Chreidimh Naofa, Glas Naíon. Tá mé buíoch de Alice Aylward as an tagairt seo.

43 Uí Mhéalóid, 'Agnes O'Farrelly: Crusader for a Gaelic Ireland, 1874–1951', 841.

44 Taifead déanta i gCartlann Ord an Chreidimh Naofa, Glas Naíon.

45 Jacinta Prunty, *Lady of Charity, Sister of Faith: Margaret Aylward* (Dublin: Four Courts Press, 1999), 116.

46 Ibid.

47 Ibid.

48 Anne O'Connor, *Influences Affecting Girls' Secondary Education In Ireland, 1860–1910* (UCD: M.A. neamhfhoilsithe, 1981), 60.

49 Prunty, *Lady of Charity, Sister of Faith: Margaret Aylward*, 127.

50 Cait Mulligan, *Fr. John Gowan C.M.: Co-founder of the Sisters of the Holy Faith* (Dublin: Sisters of the Holy Faith, 1997), 9–10.

51 Úna Ní Fhaircheallaigh, 'Mar is Cuimhin Liom': Aiste i gCartlann Ord an Chreidimh Naofa, Glas Naíon.

52 Ibid.

53 O'Farrelly, 'St. Brigid's Orphanage and its Founder', 34.

54 Mar shampla: 'The Protestant Orphan Society'; 'The Old Men's Asylum for Respectable and Reduced Protestants'; 'The Dublin Female Penitentiary'. Féach *The Dublin Almanac and General Register of Ireland for the Year of our Lord 1845* (Dublin: Pettigrew and Oulton, 1845), 330–340.

55 Maria Luddy, *Women and Philanthropy in Nineteenth-Century Ireland* (Cambridge: Cambridge University Press, 1995), 40.

56 *Thom's Official Directory of the United Kingdom of Great Britain and Ireland for the year 1888* (Dublin: Alexander Thom & Co., 1888), 1308, 1316.

57 Prunty, *Lady of Charity, Sister of Faith: Margaret Aylward*, 116.

58 O'Brennan, 'Dr. Agnes O'Farrelly', 8.

59 Ibid.

60 Féach 'The Irish Fireside for boys and girls', in *Irish Fireside*, 01/01/1887, 13–16.

61 Féach L.M. Cullen, 'Establishing a Communications System; News, Post and Transport', in *Communications and Community in Ireland*, eag. Brian Farrell (Dublin: Mercier Press / Radio Telefís Éireann, 1984), 26.

62 *Irish Fireside*, 05/02/1887, 95.

63 *Weekly Freeman*, 06/10/1888, 11.

64 Katharine Tynan, *Twenty-five Years: Reminiscences* (London: Smith, Elder & Co., 1913), 204–205.

65 Fred Milton (2006), *Taking the Pledge: A Study of Children's Nature Conservation Movements in Britain 1870–1914*, www.eh-resources.org/dbs.html.

66 W.B. Yeats, *Letters to the New Island* (Cambridge, Massachusetts: Harvard University Press, 1970), 121.

67 Ibid.

68 *Weekly Freeman*, 20/10/1888, 11.

69 *Weekly Freeman*, 08/10/1892, 11.

70 *Weekly Freeman*, 09/02/1889, 11.

71 *Weekly Freeman*, 20/12/1890, 15; *Weekly Freeman*, 17/09/1892, 11.

72 *Irish Monthly* (Samhain 1891), 605.

73 *Weekly Freeman*, 13/10/1888, 11.

74 *Weekly Freeman*, 13/10/1888, 11.

75 *Weekly Freeman*, 28/09/1889, 11; *Weekly Freeman*, 10/11/1894, 11.

76 *Weekly Freeman*, 07/04/1894, 11.

77 *Weekly Freeman*, 06/01/1894, 11.

78 Féach Lee, *The Modernisation of Irish Society 1848–1918*, 114–122.

79 Levitas, *The Concept of Utopia*, 8.

80 Michael A. Peters agus John Freeman-Moir (eag.), *Edutopias: New Utopian thinking in Education*, 3.

81 *Weekly Freeman*, 09/02/1895, 11.

82 *Weekly Freeman*, 27/10/1888, 11.

83 *Weekly Freeman*, 03/07/1897, 11.

84 *Weekly Freeman*, 05/03/1898, 11.

85 Ibid.

86 *Weekly Freeman*, 26/05/1894, 11.

87 *Weekly Freeman*, 18/06/1892, 11.

88 *Weekly Freeman*, 26/05/1894, 11.

89 Ibid.

90 Ibid.

91 Mar shampla: Cumann Lúthchleas Gael; Aontas Haca na mBan Éireannach agus na hOird Rialta.

92 B'eisceacht é an 'Great American Branch' mar bhí bean óg ina leasuachtarán ar an gcraobh sin i bhfómhar na bliana 1894. Féach *Weekly Freeman*, 29/09/1894, 11.

93 *Weekly Freeman*, 11/08/1888, 11.

94 *Weekly Freeman*, 13/10/1888, 11.

95 Yeats, *Letters to the New Island*, 121.

96 *Weekly Freeman*, 06/05/1893, 11.

97 *Weekly Freeman*, 12/05/1894, 1.

98 *Weekly Freeman*, 09/02/1895, 11.

99 Féach *Weekly Freeman*, 13/01/1894, 11.

100 *Weekly Freeman*, 30/06/1894, 11.

101 *Weekly Freeman*, 25/08/1894, 11.

102 *Weekly Freeman*, 27/10/1894, 11.

103 *Weekly Freeman*, 20/10/1894, 2.

104 Brian Mac Giolla Phádraig, 'Úna Ní Fhaircheallaigh', in *Coláiste Uladh 1906–1956* (Dún na nGall: Coiste Choláiste Uladh, 1956), 25. Deir Mac Giolla Phádraig gurbh é 'Peadar, an deartháir ba shine di', a bhailigh focail Ghaeilge sa cheantar ach ba é Pádraig an deartháir ba shine di.

105 *Weekly Freeman*, 04/08/1888, 11.

106 Féach Séamas Ó Buachalla, 'Educational Policy and the Role of the Irish Language from 1831 to 1981', in *European Journal of Education*, 19.1 (1984), 75.

107 *Weekly Freeman*, 24/03/1888, 11.

108 *Weekly Freeman*, 06/01/1894, 11.

109 Féach Donncha Ó Súilleabháin, *Athbheochan na Gaeilge: Cnuasach Aistí* (Baile Átha Cliath: Conradh na Gaeilge 1998), 6.

110 *Weekly Freeman*, 14/04/1894, 11.

111 Ibid.

112 *Freeman's Journal*, 09/04/1902, 5.

113 *Weekly Freeman*, 13/02/1897, 11.

114 *Weekly Freeman*, 24/02/1894, 11.

115 *Weekly Freeman*, 06/01/1894, 11.

116 Katharine Tynan, 'A Wild Rose – Rose Kavanagh', in *Memoirs* (London: Eveleigh Nash & Grayson, 1924), 171.

117 Padraic Colum, *Ourselves Alone! The Story of Arthur Griffith and the Origin of the Irish Free State* (New York: Crown Publishers, 1959), 17.

118 Ibid.

119 *Weekly Freeman*, 15/12/1888, 11; *An Connachtach* (Deireadh Fómhair 1907), 8.

120 *Weekly Freeman*, 16/06/1894, 11; *Weekly Freeman*, 26/01/1895, 11.

121 *Weekly Freeman*, 13/11/1897, 11.

122 *Weekly Freeman*, 13/10/1894, 11.

123 Uí Mhéalóid, 'Agnes O'Farrelly: Crusader for a Gaelic Ireland, 1874–1951', 845.

124 *Anglo-Celt*, 29/02/1896, 3.

125 *Anglo-Celt*, 28/03/1896, 4.

126 *Anglo-Celt*, 04/01/1896, 3.

127 *Anglo-Celt*, 15/02/1896, 3.

128 *Anglo-Celt*, 25/01/1896, 3.

129 Pádraig Ó Fearaíl, *The Story of Conradh na Gaeilge* (Baile Átha Cliath: Clódhanna Teo, 1975), 7; *Irish Times*, 31/03/1898, 7.

130 Uacht Peter Farrelly, 04/02/1897, Clárlann Cheantar an Chabháin, T14, 491, CNÉ.

131 *Weekly Freeman*, 20/01/1894, 11.

132 Diarmuid Breathnach agus Máire Ní Mhurchú (eag.), *1882–1982: Beathaisnéis a hAon* (Baile Átha Cliath: An Clóchomhar, 1986), 69.

133 *Anglo-Celt*, 06/06/1896, 2; *Anglo-Celt*, 31/07/1897, 3.

134 *Freeman's Journal*, 27/10/1900, 6.

135 Maryann Gialanella Valiulis, 'Toward 'the Moral and Material Improvement of the Working Classes': The Founding of the Alexandra College Guild Tenement Company, Dublin, 1898', in *Journal of Urban History*, 23.3 (1997), 295.

136 Féach Margaret Mac Curtain, *Ariadne's Thread: Writing Women into Irish History* (Galway: Arlen House, 2008), 69.

137 Ibid., 70.

138 Eibhlin Breathnach, *A History of the Movement for Women's Higher Education in Dublin, 1860–1912* (UCD: M.A., 1981), 135.

139 O'Brennan, 'Dr. Agnes O'Farrelly', 8.

140 Páipéir Eoin Mhic Néill, LNÉ, Lámhscríbhinn 10,882.

141 O'Brennan, 'Dr. Agnes O'Farrelly', 8.

142 Páipéir Eoin Mhic Néill, LNÉ, Lámhscríbhinn 10,882.

143 Féach Máiréad Ní Chinnéide, 'Conradh na Gaeilge agus Fuascailt na mBan', in *Feasta* (Lúnasa 1993), 5.

144 Féach McBride, 'Visualizing '98: Irish Nationalist Cartoons Commemorate the Revolution', 103–117; Breandán S. Mac Aodha, 'Was this a Social Revolution?' in *The Gaelic League Idea*, eag. Seán Ó Tuama (Cork: Mercier Press, 1972), 21.

145 Ainm coitianta a bhí i 'Máire de Buitléir' agus dá bharr sin bhain sí úsáid as 'Mary E.L. Butler' nuair a thosaigh sí amach mar scríbhneoir. Cuireadh a céad ghearrscéal i gcló sa *Weekly Freeman* sa bhliain 1895; ach seans gurbh í an 'Mary Butler' a ghlac páirt san IFC go dtí go raibh sí naoi mbliana déag d'aois. Cruthaíonn an t-ainm 'James Joyce' an fhadhb chéanna. Bhí 'James Joyce' páirteach san IFC ach ní féidir a chinntiú arbh é an scríbhneoir cáiliúil é.

146 Féach *Fáinne an Lae*, 20/08/98, 58–59.

147 *An Claidheamh Soluis*, 28/04/1903, 1.

148 Tógadh Mícheál Ó Maoláin ar Inis Meáin agus bhí baint aige le craobh Learphoill den IFC fosta.

149 *Weekly Freeman*, 24/05/1902, 11.

150 *Weekly Freeman*, 31/05/1902, 11.

151 Úna Ní Fhaircheallaigh, *Secondary School Scholarships: Mr. Birrell's Anti-Irish Proposal* (Dublin: Devereux, Newth & Co., 1912), 10.

152 *Weekly Freeman*, 04/01/1902, 11.

II

Oileáin Árann: 'Mecca na nGael'

> The Irish cultural renaissance involved a new version of island mythology, a new Creation myth for an imminent new order. The western island came to represent Ireland's mythic unity before the Chaos of conquest: there at once were the vestige and the symbolic entirety of an undivided Irish nation. Those who composed such a nation existed before selfhood, they inhabited mythic time before the advent of chronology and a mythic community before the advent of individuality.[1]

Nuair a bhí Agnes O'Farrelly sa dara bliain i gColáiste Mhuire, ba é a léachtóir le Gaeilge, Eoin Mac Néill, a mhol di dul go hOileáin Árann i rith an tsamhraidh chun feabhas a chur ar a cuid Gaeilge. Ní raibh a máthair sásta ligean di dul go hÁrainn ina haonar, óir ní raibh sé de nós ag mná dá haicme dul ag taisteal leo féin ag an tráth sin, ach ghéill sí ar deireadh.[2] Agus í ag ullmhú dá céad aistear go hÁrainn ar an 9 Lúnasa 1898, sheol O'Farrelly litir chuig Mac Néill, ag insint dó gur mhothaigh sí 'rather nervous at starting for unknown regions without some friendly directions'.[3] Rinne Mac Néill agus a chomhghleacaí an tAthair Eoghan Ó Gramhnaigh teagmháil léi chun í a chur ar a suaimhneas: shocraigh Mac Néill a lóistín ar Inis Meáin agus leag sé plean staidéir amach di fad is a bheadh sí ann.[4] Chaith O'Farrelly (nó Ní Fhaircheallaigh mar a thosaigh sí ag tabhairt uirthi féin timpeall an ama seo) cúig shamhradh i ndiaidh a chéile ar Inis Meáin, ag cur feabhais ar a cuid Gaeilge agus ag déanamh caidrimh le muintir na nOileán. Ar Inis Meáin a chuala sí trácht ar Chonradh na

Gaeilge den chéad uair agus ghlac sí lena smaointeachas láithreach.[5]

Bhraith go leor díograiseoirí teanga a thug cuairt ar Oileáin Árann ag casadh an chéid go raibh rómánsachas agus osréalachas ag baint leo, le hInis Meáin, i rith an tsamhraidh, ach go háirithe. Mhaígh Ní Fhaircheallaigh blianta ina dhiaidh sin go raibh a céad aistear go hInis Meáin 'like entering a foreign land', toisc go raibh an áit an-éagsúil ón míntír a raibh taithí aici uirthi.[6] Tugann Máire de Buitléir an cuntas seo a leanas ar lucht an Chonartha, Ní Fhaircheallaigh ina measc, agus iad ag ligean a scíthe i nDún Chonchubhair, Inis Meáin, mí Iúil 1900:

> The skies overhead as blue as the ocean stretching away at our feet for it is a perfect summer's day ... On the floor of the Dún Pádraic Pearse is talking in his earnest way to another 'worker in the cause' ... My sister and I are perched on the topmost wall of the Dún and nearest us are Úna Ní Fhaircheallaigh, Thomas Concannon and Eamon O'Neill ... My sister is concentrating all her attention in the effort of following 'Tomás Bán's' outpourings in Irish for the recreation of a new Irish-Ireland and in listening to the less animated but equally intense [outpourings] of Eamon O'Neill who speaks with a poet's tongue of our dreams and strivings ... 'Nothing is true but dreams', I murmur half under my breath for it is a heresy among some Gaelic Leaguers to quote Yeats. But Eamon O'Neill does not dub me as a heretic because I admire other literature as well as Gaelic and he acquiesces repeating – 'Nothing is true but dreams'.
>
> 'If they are not true then we must *make* them come true', says Úna Ní Fhaircheallaigh quietly ...
>
> 'Yes', joins in Dr. O'Hickey. 'We so-called dreaming Gaelic Leaguers are the only practical people in Ireland to-day'.[7]

Nuair a chuaigh an ghrian faoi, mhol Ní Fhaircheallaigh dá cairde go raibh sé in am suipéir agus leag sí 'a great white cloth on the short grass and we all sat round enjoying the excellent roast mutton, ham, and a giant fruit tart'.[8]

Tugann an íomhá bhríomhar seo de chonraitheoirí i mbun féastaíochta léiriú ar an bhfáth ar thaitin Inis Meáin go mór le turasóirí teanga ag casadh an chéid. Thug siad leo chuile rud a bhí ag teastáil uathu chun saol compordach a chaitheamh ann seachas a bheith ag brath ar ghnáthbhia an oileáin. Thug Ní Fhaircheallaigh a caifephota ón bhFrainc agus caife léi toisc nach raibh a leithéid de rud ar an oileán: d'ól muintir an oileáin tae dubh agus bláthach.[9]

D'fhéadfaí a rá go mbaineann an timpeallacht rómánsach agus na sléibhte bia sa sliocht thuasluaite leis an útóipeachas ar leibhéal bunúsach (samhlaítear 'The Land of Cokaygne', dán ón gceathrú haois déag ina ndéantar cur síos ar thír fhlúirseach lán de bhia is fhíon leis an útóipeachas); ach níorbh é sin an cineál útóipeachais a mheall na conraitheoirí go hOileáin Árann.[10] I dtuairisc Mháire de Buitléir, thug Ní Fhaircheallaigh, Éamon Ó Néill, Tomás Bán Ó Concheanainn agus an tAthair Mícheál Ó hÍcí cur síos ar a gclaonadh útóipeach féin. Tugann ráiteas Ní Fhaircheallaigh 'if they [dreams] are not true then we must *make* them come true', le fios go raibh sí ceanntréan agus í ag iarraidh a hidéil Ghaelacha a bhaint amach i sochaí na hÉireann. Léiríonn caint Thomáis Bháin faoi 'the *re*creation of a *new* Irish-Ireland', go raibh na conraitheoirí ag breathnú siar agus rompu chun Éire nua a chruthú agus go raibh deacracht ag baint le tír 'nua' a 'athchruthú'. Cruthaíonn Ó hÍcí nasc idir 'dreaming Gaelic Leaguers' agus 'the only practical people in Ireland', mar ba nós leis ina chuid óráidí agus scríbhinní sa tréimhse sin.[11] Tugann an comhrá seo idir na conraitheoirí le fios gur bhain brionglóidí, dóchas agus mianta, bunchlocha an útóipeachais, le treo agus le fís na gconraitheoirí agus iad ag iarraidh athruithe sóisialta is cultúrtha a chur chun tosaigh in Éirinn. Mar a deir Ruth Levitas faoi chumhacht an dóchais agus na mianta: 'If utopia arises from desire, the transformation of reality and the realization of utopia depend upon hope, upon not only wishful thinking but will-ful action'.[12] Bhain cur chuige na gconraitheoirí le 'will-ful action'.

Chuile shamhradh ó 1898–1902, chuir Ní Fhaircheallaigh agus a comhghleacaithe ón gConradh an Ghaeilge chun cinn i measc na gcainteoirí dúchais ar Inis Meáin, ar mhaithe leis an teanga is cultúr a dhaingniú ann agus chun deireadh a chur le tionchar an Bhéarla a raibh rian de le feiceáil sna hoileáin eile. Rinne siad iarracht pobal útóipeach a mhúnlú ann, ina raibh gnéithe den chultúr ársa fite fuaite le 'traidisiúin' nua-chumtha agus oideachas nua-aimseartha. Treoirphlean d'ath-Ghaelú na hÉireann a bhí ann, a chuirfí i bhfeidhm ag tús an fhichiú haois. Mar a thugann Caitríona Ó Torna le fios, bhain 'cúlú ón saol nua-aoiseach agus cruthú múnla don todhchaí' go dlúth le próiseas chruthú na Gaeltachta le linn na hathbheochana.[13] Tugadh cur síos ar dhearcadh Chonradh na Gaeilge i dtaobh Oileáin Árann, mar cheantair Ghaeltachta, in *An Claidheamh Soluis* sa bhliain 1900:

> The paramount importance of keeping the language living in Irish-speaking districts, the perfect feasibility of spreading it in time from these districts all over the country, and, on the other hand, the impossibility of their reviving it if it is once allowed to utterly die out – all this is recognised by every friend of the movement.[14]

Fiú sular rugadh Úna Ní Fhaircheallaigh sa bhliain 1874, bhí an-tóir ar Oileáin Árann i measc scoláirí Gaeilge agus teangeolaithe tábhachtacha in Éirinn agus ar an Mór-Roinn araon: George Petrie, William Wilde agus Samuel Ferguson ina measc. Cuireadh spéis i luachanna seandálaíochta is teanga Árann i bhfad sular músclaíodh spéis in oileáin agus i nGaeltachtaí Chúige Uladh agus Chúige Mumhan toisc go raibh córas taistil ní b'fhearr san iarthar.[15] Bhí buanna éagsúla ag baint le hOileáin Árann: áiteanna beaga, teoranta a bhí iontu, scoite amach ón ngnáthphobal i lár an aigéin Atlantaigh, agus bhí siad slán ón gcoilíneachas. Níor phós muintir na nOileán daoine ón míntír rómhinic; dá bhrí sin, bhí eitneagrafaithe cosúil le A.C. Haddon agus C. R. Browne in ann staidéar cuimsitheach a dhéanamh ar thréithe agus ar phearsantacht na n-oileánach.[16] Rinne Samuel Ferguson trácht ar na hoileánaigh mar 'pure ancient stock',[17] agus mhaígh George Petrie, ealaíontóir agus ársaitheoir, gur éalaigh na hoileánaigh ón 'contamination' a samhlaíodh leis an míntír agus go raibh 'delightful pristine purity', le feiceáil ina bpearsantachtaí.[18] Bhí íonghlaineacht an chultúir agus na ndaoine, idir chine agus mhoráltacht, an-tarraingteach do na cuairteoirí sa ré Victeoiriach agus rinne duine acu cur síos ar na hoileáin mar 'those wonderful treasure-houses of Irish antiquity and fortresses of the ancient Gaelic tongue in its purest form'.[19] In *Imagined Country: Environment, Culture and Society*, tráchtann John Rennie Short ar an gcaidreamh idir rómánsaithe agus áiteanna iargúlta, agus é den tuairim:

> For the romantics [...] untouched spaces have the greatest significance; they have a purity which human contact tends to sully and degrade. Wilderness for the romantics is a place to be revered, a place of deep spiritual significance and a symbol of an earthly paradise.[20]

Tá fírinne sa ráiteas seo i dtaobh chaidreamh na gcuairteoirí a d'imigh go hOileáin Árann agus mhuintir na nOileán sa naoú haois déag.

Íonghlaineacht teanga a mheall na chéad scoláirí Gaeilge chuig na hoileáin, daoine cosúil leis an Athair

Eoghan Ó Gramhnaigh a d'imigh ann sa bhliain 1885, nuair a bhí sé ina mhac léinn i Maigh Nuad. Tháinig na scoláirí teanga ar an tuiscint gurbh í Inis Meáin an t-oileán ab íne díobh i dtaobh na Gaeilge de agus thug Tomás Ó Concheanainn míniú ar an tuiscint seo:

> The people of the south Island, they say are too near Munster, and the people of the north Island are too near Connemara, and have too much English scattered in their talk.[21]

Theastaigh ó na scoláirí Gaeilge íon a fhoghaim, nach raibh truaillithe ag tionchar an Bhéarla agus an Ghalldachais. Thug scoláirí luatha agus conraitheoirí ach go háirithe, áit lárnach don Ghaeilge neamhthruaillithe i gcruthú na físe Gaelaí ar an oileán.

Níorbh fhada gur léirigh Ní Fhaircheallaigh urraim d'íonghlaineacht teanga Inis Meáin, a chuir a comhscoláirí chun cinn. Síleadh nach raibh rian den choilíniú le feiceáil ar an oileán agus mar a d'inis 'col ceathar' Ní Fhaircheallaigh do 'Uncle Remus' tráth: 'All the people here speak Irish, as for English they know no more about it than they do about Greek'.[22] Thug íonghlaineacht an oileáin seo léargas ar an saol Gaelach a cailleadh ar an míntír de bharr an Ghalldachais nó mar a dhéanfadh Ní Fhaircheallaigh cur síos air: '[an] inward cancer that is eating away the heart and soul of Ireland'.[23] Chreid sí gur leathnaigh galar tógálach (nó marfach) an Ghalldachais amach chomh fada siar leis an gCladach i nGaillimh, áit a raibh Rí an Chladaigh, siombail den seansaol Gaelach, i '[d]Teach na mBocht'.[24] Sa bhliain 1900, tuairiscíodh san *United Irishman*: 'The town of Kilronan has become infected with Anglicisation, and even the island of Inisthiar has not escaped'.[25] Tháinig an galrú seo chun solais mar thoradh ar an trádáil leis an míntír agus ar fhobairt ghnó na turasóireachta. Ós rud é go raibh tionchar an

Ghalldachais ag bagairt agus ag fáil an ceann is fearr ar íonghlaineacht na nOileán eile, rinne na conraitheoirí, fearacht Ní Fhaircheallaigh a ndícheall chun Inis Meáin a choimeád slán ón ngalar tógálach. Ní hamháin sin, ach chreid siad go bhféadfaidís íonghlaineacht Inis Meáin, idir theanga is chultúr, a leathnú amach chun an mhíntír a leigheas.

Bhí rian den chaomhnaitheacht le feiceáil i bpolasaí na gconraitheoirí agus iad ag iarraidh útóipe Ghaelach a chruthú ar Inis Meáin. D'impigh siad ar mhuintir an oileáin sin fanacht sa bhaile in áit dul ar imirce ar mhaithe leis an áit a choinneáil slán ó thionchair na hiasachta agus rinne siad iarracht ardú meanma a thabhairt do na hoileánaigh ionas go mbeidís bródúil as a n-oidhreacht Ghaelach.[26] Ach theastaigh uathu cur leis an íonghlaineacht agus *modus operandi* an Chonartha a chur i bhfeidhm ar shaol sóisialta agus oideachas na n-oileánach. Cuireadh craobhacha, feiseanna, aeraíochtaí is ranganna ar siúl, inar fhoghlaim na hoileánaigh scríobh agus léamh na Gaeilge. Trí na himeachtaí sóisialta seo, chuir na conraitheoirí an Ghaeilge agus an cultúr Gaelach chun cinn, chomh maith le cothromaíocht inscne agus coincheap an chomhoibrithe.

Fad is a bhí Conradh na Gaeilge ag glacadh páirte in 'Cath na Gaeilge sa Chóras Oideachais' ar an míntír, bhí tionscnamh oideachasúil á fhorbairt aige ar bhonn neamhfhoirmiúil ar Inis Meáin. 'An Ollscoil' an téarma ceana a baisteadh air. Teach iascaire a bhí in 'An Ollscoil' agus d'fhanadh scríbhneoirí agus na scoláirí Gaeilge ar fad ann nuair a thagaidís ar cuairt, J.M. Synge agus Ní Fhaircheallaigh ina measc.[27] Chuir na conraitheoirí an teach iascaire seo chun cinn, go comhfhiosach, mar ionad léinn. Léirigh alt in iris na mac léinn sa Choláiste Ollscoile, Baile Átha Cliath, *St. Stephen's: A Record of University Life*, go raibh 'embryonic University' tagtha ar an bhfód ar Inis Meáin, agus thug sé cur síos ar idéalachas is ar mhaoithneachas na ndíograiseoirí Gaelacha agus iad i ndiaidh teacht ar a mbaile spioradálta. Tuairiscíodh:

> summer is smiling at present on those hallowed rocks, destined, according to some dreamers of golden dreams, to be the throne of Irish-Ireland's Alma Mater, of a future great Gaelic University.[28]

Eoghan Ó Gramhnaigh an chéad chonraitheoir a chuir Inis Meáin agus an dá oileán eile chun cinn mar ionaid léinn, agus ghlac a chomhghleacaithe lena thuairim:

> Ar feadh na gcéadta bliadhan bhí an t-ainm mórdhálach 'Ára na Naomh' ar na hoileánaibh loma so. Ba hí Éire solas na hEórpa ar chráibhtheacht agus foghluim dhiadha; ba hí Ára solas na hÉireann féin. Agus do láthair, faghmuid cuimhne céad-naomh ar dtíre, úr, marthannach i nÁrainn.[29]

De réir Uí Ghramhnaigh, bhí ról tábhachtach ag oileáin Árann i gcraobhscaoileadh an chreidimh in Éirinn agus san Eoraip i bhfad roimhe sin agus dá bhrí sin, bhí réamhshampla ag na hoileánaigh agus d'fhéadfadh a leithéid tarlú arís.

Níorbh ionann caidreamh Ní Fhaircheallaigh le muintir na hOllscoile agus caidreamh na gconraitheoirí eile. Baile Bhrighid Mhic Dhonnchadha a bhí san Ollscoil, bean a raibh ardmheas ag na conraitheoirí uirthi: 'a most intelligent and pleasant woman', a dúirt Eoin Mac Néill ina taobh.[30] Bhí a fear céile, Páidín, páirteach san fhiontar chomh maith. Tugann Ní Fhaircheallaigh cur síos tábhachtach ach teoranta ar a céad chuairt ar an Ollscoil: 'Isteach liom sa tigh – d'airigheas go rabhas ag baile dá ríribh 'sa deireadh'.[31] Bheadh an teach iascaire seo mar bhaile spioradálta aici roimh i bhfad, agus fearacht J.M. Synge a d'fhan sa seomra céanna cúpla mí roimpi, chuala sí 'a continual drone of Gaelic coming from the kitchen that opens into my room'.[32] Murab ionann is Synge áfach, ligeadh do mhná ról lárnach a ghlacadh i gcúraimí agus imeachtaí an tí, agus tugadh cuireadh do Ní Fhaircheallaigh bheith i '[g]ceartlár na cisdine'.[33] Is cinnte go raibh cosúlacht idir an chaoi ar caitheadh le Ní Fhaircheallaigh agus Máire de Buitléir a chaith seal ar Inis Oírr ar mholadh a carad. Thug de Buitléir an tuairisc seo a leanas ar an gcuairt sin:

> Hour after hour, day after day we spend by their firesides, members of their family circle, playing with the children, watching the women spinning and the men making 'pampooties' while they rest from their fishing, and listening to the never ceasing flow of 'caint'.[34]

Muintir na hOllscoile, Inis Meáin

Thug na banchuairteoirí seo léiriú ar shaol laethúil an teaghlaigh nach bhfaca na cuairteoirí fireanna. Mhaígh Synge go raibh mná Inis Meáin 'usually silent', ach amháin le linn na caointeoireachta, ach de réir Mháire de Buitléir 'Silence is the one thing tabooed' i measc na mban, rud a léiríonn an bhearna idir an chaoi ar chaith na mná le de Buitléir agus Synge.[35] Chreid Ní Fhaircheallaigh gurbh ionann mná an oileáin agus an seansaol Gaelach idéalach: labhair siad Gaeilge, bhí siad neamhspleách go leor, tionsclach agus flaithiúil.[36] De réir mar a chuir Ní Fhaircheallaigh aithne ar mhná Inis Meáin, theastaigh uaithi feabhas a chur ar shaol na mban seo, trí shaol sóisialta an oileáin a fhorbairt agus aontacht a chruthú eatarthu. Chuir sí fealsúnacht an Chonartha chun cinn mar chuid den phróiseas feabhsúcháin ar an oileán.

I samhradh na bliana 1898, fad is a bhí Ní Fhaircheallaigh ag foghlaim labhairt na Gaeilge 'by not minding whether she made mistakes or not',[37] chuir Tomás Ó Concheanainn, a sean 'col ceathar' ón 'Irish Fireside Club', craobh de Chonradh na Gaeilge ar bun i gCill Rónáin, Inis Mór, in éineacht le Pádraic Mac Piarais.[38] Scríobh 'col ceathar' eile, Mícheál Ó Maoláin, tuairisc don *Weekly Freeman*, agus é ag maíomh go raibh 700 duine i láthair agus gur thacaigh an sagart paróiste, an tAthair Ó Fearachair, leis an gcraobh.[39] Rinne Ó Concheanainn, a rugadh ar Inis Meáin, óráid bhreá Ghaeilge ag an ócáid agus d'iarr sé ar mhuintir an oileáin Gaeilge a labhairt lena bpáistí agus tacaíocht a thabhairt d'fheachtas an Chonartha 'to have Irish taught from the lowest classes upwards in places where it is the home language', i mbunscoileanna na tíre.[40] Blianta roimhe sin, thagair an tAthair Ó Gramhnaigh don chóras áiféiseach oideachais ar an oileán agus páistí 'nach bhfuil aon tuigsint ar an mBéarla', á múineadh trí mheán an Bhéarla.[41] Cé go raibh daoine in ann cóipeanna den

Weekly Freeman a fháil ar na hOileáin, ba dheacair leabhair, leabhair Ghaeilge ach go háirithe a fháil iontu. Sheol an Conradh cóipeanna de *Simple Lessons* Uí Ghramhnaigh ó Bhaile Átha Cliath go hInis Mór, a thug an deis do bhaill na craoibhe úire léamh agus scríobh na Gaeilge a fhoghlaim den chéad uair. Bheartaigh Ó Concheanainn agus Mac Piarais 'Leabharlánn Gaedhilge le haghaidh Árann' a chur ar bun agus chuir siad fógraí sna nuachtáin náisiúnta chun airgead agus leabhair a bhailiú.[42] D'eascair an smaoineamh seo as an 'Irish Fireside Club', a scaip leabhair chuig craobhacha éagsúla den IFC. Cé gur bhain an fhéinchothaitheacht le smaointeachas Mhic Phiarais, chreid sé nárbh fhéidir leis na 'purely Irish-speaking islanders' leabharlann dá gcuid féin a chur ar bun óir bhí siad 'too poor to establish, from their own resources, a library, however small'.[43]

Chaith Mac Piarais seal ar Oileáin Árann i rith an gheimhridh ach chaith Ní Fhaircheallaigh agus formhór na gconraitheoirí eile laethanta saoire an tsamhraidh sna hOileáin: dá bhrí sin, ní fhaca siad fíorfhulaingt agus bochtaineacht na n-oileánach i ndáiríre.[44] Ba mhó an difríocht idir an chaoi rómánsach agus misticiúil ar chuir siadsan síos ar na hoileáin mar áiteanna saibhre spioradálta is cultúrtha, agus tuairiscí rialta na nuachtán náisiúnta, a thug léargas ar bhochtaineacht agus ar fhulaingt na n-oileánach. Bádh iascairí go minic ann, rud coitianta a bhí sa ghorta agus díshealbhaíodh daoine sna hoileáin ó am go chéile.[45] Thug Bord na gCeantar Cúng cúnamh do na hoileáin ó 1891 ar aghaidh, rud a léirigh míbhuntáisteacht na nOileán.[46] Ba í Inis Meáin an t-oileán ba bhoichte ina measc, mar a thugann an rím aitheanta ón tréimhse sin le fios: 'Inis Meadhón/ Tír gan arán/ Inis gann gortach'.[47] De réir na banaltra Hedderman, a bhí ag obair sna hoileáin ag an tráth sin, ba í Inis Meáin:

> the wildest and most inaccessible of the three [islands ...] it has no attraction to offer to the tourist, while the discomforts in reaching it is added risk, dreadful and dangerous.[48]

Cruachás na nOileánach

Murab ionann is na conraitheoirí, níor cheap na hoileánaigh go raibh siad ag maireachtáil ar oileán útóipeach. An t-aon rian den útóipeachas a bhain le saol laethúil na n-oileánach ná scéalta ón mbéaloideas – oileáin útóipeacha nach raibh ann, ar nós 'Tír na nÓg' agus 'Beag-Árainn'.[49] Tuairiscíodh san *Irish Independent* go bhfaca oileánaigh áirithe an t-oileán draíochta 'Hy Brasil', san aigéan Atlantach nuair a chas siad le 'Bacchus'.[50] Mar a dúirt Eoghan Ó Gramhnaigh faoin saol crua seo in alt faoi na hoileáin:

> Ní hiongnadh liom go mbíodh an tÉireannach tugtha do bhreathnughadh roimhe, 'n-a intinn, go tír shéanmhair mar so, mar nach mbeadh cíos, cás ná cathughadh. Go dtí seo, cad eile bhí ag an Éireannach 'n-a thír féin acht anró agus aindeis?[51]

Smaointe samhalta a bhí in oileáin útóipeacha na seanscéalta, agus ní raibh an t-airgead, an fuinneamh ná an cur chuige ceart ar eolas ag na hoileánaigh chun oileán útóipeach a chruthú as a stuaim féin; mar a dúirt Pádraic Mac Piarais uair amháin: 'as far as the people of Aran are concerned, funds are a purely imaginary quantity'.[52] Cé gur theastaigh ó Chonradh na Gaeilge sochaí neamhaicmeach a chruthú in Éirinn, ba mhór an difríocht idir cúinsí sóisialta na gconraitheoirí agus na n-oileánach, rud a chruthaigh bearna dhosheachanta eatarthu.

Le linn shamhradh na bliana 1899, nuair a bhí Ní Fhaircheallaigh ar Inis Meáin den dara huair, bheartaigh sí craobh den Chonradh a chur ar bun do mhná an oileáin. Cuireadh craobh na bhfear ar an bhfód ar an oileán i Samhain na bliana roimhe sin agus d'fhreastail na mná ar an gcraobh sin chuile Dhomhnach.[53] Ach de réir thuairisc Ní Fhaircheallaigh, dúirt bean amháin go '[m]Beidh craobh aghainn anois dúinn féin gan bhuidheachas do na fearaibh'.[54] D'fhreagair na mná eile í: ''Beidh, le congnamh Dé', a dubhradar uile d'aon ghuth'.[55] D'úsáid Ní Fhaircheallaigh an téarma 'd'aon ghuth', mar leagann sé béim ar aontacht na mban, rud a bhain go dlúth le smaointeachas Chonradh na Gaeilge. Cuireadh i leith mhná an oileáin: 'the women can quite hold their own with men',[56] agus chuaigh siad in iomaíocht le craobh na bhfear go minic, ach is cosúil gur chuir Ní Fhaircheallaigh, a raibh spéis as cuimse aici in oideachas na mban, craobh na mban ar bun ar an 6 Lúnasa 1899.[57] D'áitigh Ní Fhaircheallaigh gur bheartaigh na mná féin ar chraobh dá gcuid féin a chur ar bun, ach bhí sise ag tacú leis an smaoineamh seo, díreach mar a thacaigh is a chuir sí le híonghlaineacht an oileáin, ionas go gcloífeadh sé lena hidéil féin. Ag oscailt oifigiúil Chraobh na mBan, rinne Ní Fhaircheallaigh óráid agus leag sí béim ar ról, ar chumhacht agus ar mhórmheanma na mban Éireannach i stair na tíre. Thug sí sampla faoi leith do na mná:

> Ag cathraigh Luimnigh i n-aimsir Phádraig Sáirséil, nuair do bhí na Sasanaigh ag dul isteach san mbaile mhór, d'éirigh na mná amach, agus ba hiad do chuir díbirt ar fad ar na Sasanaigh.[58]

Bhain sí leas as an léiriú seo ar dhlúthpháirtíocht na mban Seacaibíteach chun an ceann is fearr a fháil ar na hUilliamaítigh, ar mhaithe le cumhacht na mban a shoiléiriú agus misneach a thabhairt do mhná an oileáin. Caomhnóirí a bhí sna mná Seacaibíteacha agus caomhnóirí a bheadh i mná Inis Meáin agus iad ag iarraidh an teanga is cultúr Gaelach a chosaint ó thionchar na hiasachta. Mar thoradh ar óráid Ní Fhaircheallaigh, foilsíodh tuairisc ar an ócáid dar teideal 'Éirghe Amach na mBan i nInis Meadhoin', in *An Claidheamh Soluis*.[59] Ba bheag craobh den Chonradh a d'fhreastail ar chúrsaí agus ar riachtanais na mban go príomha agus thiocfadh feabhas ollmhór ar shaol sóisialta na mban ar an oileán mar thoradh ar obair na craoibhe seo.[60]

Cé go raibh Gaeilge ón gcliabhán ag mná Inis Meáin, bhí 55% díobh neamhliteartha de réir dhaonáireamh 1891. Bhí an céatadán seo i bhfad ní b'airde ná an céatadán de mhná neamhliteartha sna hoileáin eile; ach bhí fir Inis Meáin ní ba liteartha ná fir Inis Mór.[61] Ceann de na rudaí ba thúisce a rinne Craobh Aighnéas Ní Fhaircheallaigh, mar a tugadh ar Chraobh na mBan, ná ranganna léitheoireachta agus scríbhneoireachta a chur ar siúl do na mná chuile Dhomhnach.[62] Tuairiscíodh:

> ... the girls all seemed anxious to learn the native language. It was surprising to see how well they wrote the Irish copies set. The classes were at work for fully two hours.[63]

Thug J.M. Synge cur síos ar thionchar na craoibhe i ndiaidh dó filleadh ar an oileán:

> A branch of the Gaelic League has been started here since my last visit, and every Sunday afternoon three little girls walk through the village ringing a shrill hand-bell, as a signal that the women's meeting is to be held – here it would be useless to fix an hour, as the hours are not recognized.
>
> Soon afterwards bands of girls – of all ages from five to twenty-five – begin to troop down to the schoolhouse in their reddest Sunday petticoats. It is remarkable that these young women are willing to spend their one afternoon of freedom in laborious studies of orthography for no reason but a vague reverence for the Gaelic. It is true that they owe this reverence, or most of it, to the influence of some recent visitors, yet the fact that they feel such an influence so keenly is itself of interest.[64]

Tugann Ní Fhaircheallaigh léargas ar dhíograis agus ar chíocras léinn na mban, fiú nuair a bhí cúraimí eile orthu: 'Is minic casadh bean orm, naoidheanán aici ar a baclainn, agus leabhrán Gaedhilge aici dá léigheamh ag dul go dtí an tobar'.[65] De réir tuairisce san *Irish Independent* cúpla bliain ina dhiaidh sin: 'Next to the pursuit of knowledge, the drawing of water was the occupation most in evidence', sna hoileáin.[66] Thug Haddon agus Browne le fios ina saothar 'The Ethnography of the Aran Islands', a foilsíodh sa bhliain 1893, nach raibh 'unity or organization' idir na fir ar na hoileáin.[67] B'amhlaidh cás na mban sular cuireadh Craobh na mBan ar bun agus is cinnte gur chuidigh na ranganna, feiseanna agus aeraíochtaí, a raibh baint ag Ní Fhaircheallaigh leo, go mór le spéis na n-oileánach a mhúscailt ina dteanga is ina gcultúr féin. In *Smuainte ar Árainn*, dialann taistil a scríobh Ní Fhaircheallaigh faoi Inis Meáin (a ndéanfar trácht uirthi níos déanaí sa chaibidil), thug Ní Fhaircheallaigh léargas ar an bhfaoiseamh sealadach a thug imeachtaí na craoibhe do mhná, a lig dóibh éalú ó ghnáthshaol crua an oileáin. Ar Dhomhnach faoi leith, bhí cruinniú na mban ar siúl i dteach na scoile agus chuaigh bean thar bráid, agus láí á iompar aici le fataí a bhaint don dinnéar. Chuala sí amhránaíocht ar siúl agus bhuail sí isteach i dteach na scoile, agus d'inis sí do na mná eile: 'Ní fhanfad acht aon nóimid amháin'. Ach ba í an bhean dheireanach ag fágáil na háite í agus an ghrian ag dul faoi. D'inis sí do Ní Fhaircheallaigh:

> Níor chaitheas píosa lae riamh do b'fhearr liom 'ná an aimsear chaitheas annso. Bíonn mo dhinnéar agam 'ch uile lá 'sa tseachtmhain, acht ní raibh a leithéid seo ar siubhal ághainn riamh roimhe seo.[68]

Faoin mbliain 1901, d'áitigh Ní Fhaircheallaigh: 'Is annamh bean san oileán anois nach bhfuil i n-ann litear, a bheag nó a mhór, do sgríobhadh, nó píosa Gaedhilge, ar a laighead, do léigheamh'.[69]

Ba í Craobh na mBan an chéad tionscnamh feabhsúcháin shóisialta a chuir Ní Fhaircheallaigh ar bun. Tríd an gcraobh seo, chuir sí cuid mhaith dá hidéil chun cinn: an Ghaeilge, aontacht na ndaoine, agus thar aon ní eile, fuascailt na mban tríd an oideachas. Mar ab eol di, thug an t-oideachas cumhacht sa bhreis do mhná, óir chuir sé lena bhféinmhuinín chun páirt ghníomhach a ghlacadh sa phobal agus chuir sé scileanna úra ar fáil dóibh a ligfeadh dóibh saol sóisialta an phobail a fheabhsú. Bhí Ní Fhaircheallaigh á n-ullmhú le haghaidh ról nua na mban i sochaí Ghaelach. Bhí máithreacha, a raibh léamh agus scríobh na Gaeilge acu, in ann a bpáistí a theagasc, agus nuair a chuaigh Ní Fhaircheallaigh ar cuairt chuig Inis Meáin sa bhliain 1900, scríobh sí litir chuig Eoin Mac Neill, á chur ar an eolas faoi fhorbairt agus fheabhsú an oideachais ann:

> If you visit Inis Meadhon this year, I am quite sure your heart will be lifted with joy when you see the work they are doing there. Many a boy on the island is able now to read and write Irish correctly. To think that there wasn't as much

as one of them capable of doing so when you began to teach Máirtín eight years ago.[70]

Craobh na mBan

Cé nach ndeachaigh Ní Fhaircheallaigh go hInis Meáin ach uair sa bhliain, chuimhnigh sí ar mhná Inis Meáin, agus chuir litir mhisnigh chucu, ag impí orthu freastal ar an gcraobh, in ainneoin na drochaimsire agus a gcúraimí teaghlaigh, fiú nuair a bhí sí i mbun staidéir sa *Sorbonne* i bPáras ag deireadh na bliana 1899.[71]

Mhaígh Belinda de Buitléir, deirfiúr Mháire de Buitléir, go raibh an-chion ag muintir an oileáin ar Ní Fhaircheallaigh:

> [she] was wonderfully popular with the islanders, and I think this was due to the tactful way she conducted her propaganda work for the language and her love for the little children.[72]

Thacaigh *An Claidheamh Soluis* leis an dearcadh seo agus tuairiscíodh ann: '[nár] tháinig fear ná bean annso riamh a thaitnigheanns chomh mór lé muintir na h-áite'.[73]

Nuair a d'fhill Ní Fhaircheallaigh ar Inis Meáin an samhradh i ndiaidh di Craobh na mBan a chur ar bun, scríobh sí litir chuig a cara ollscoile Hanna Sheehy, ag tabhairt cur síos ar an gcaoi ar fearadh fáilte roimpi:

> My heart rose with delight when the corrach was pitched landward on the top of a big wave and I heard the first sound of the island Gaelic showering out welcomes and blessings.
>
> You should have seen that crowd, old men and old women and children and buachaills and colleens. They were nearly the death of me with the heartiness of their welcome. They kissed my hand or kissed me outright – don't be shocked – it was the old women and we formed a long procession up the 'bohreen' to the house.[74]

Tugann litir Ní Fhaircheallaigh léargas ar an ardurraim a thug na hoileánaigh di agus ar an difríocht idir an fháilte Ghaelach agus an fháilte theoranta Victeoiriach, dar léi, a raibh taithí aici féin agus ag Hanna Sheehy uirthi.

I lár mhí Iúil 1900, thug *An Claidheamh Soluis* le fios 'the time for holding the Aran Feis is now drawing near. It is to be held on Inismeadhon, the most Irish-speaking place in Ireland'.[75] Ar an 22 Iúil, Lá na Feise, bhain curacha ó Inis Mór agus Inis Oírr an t-oileán amach, le hoileánaigh is conraitheoirí iontu. Bhí Máire de Buitléir, a thaistil ó Inis Oírr, ina measc agus chuir sí craobh den chonradh ar bun ar Inis Oírr ní ba dheireanaí an samhradh sin.[76] D'eagraigh Ní Fhaircheallaigh, Tomás Ó Concheanainn agus an tAthair Mícheál Ó hÍcí Feis Inis Meáin agus bhí ról an-tábhachtach ag feis den chineál seo le smaointeachas is idéil an Chonartha a chraobhscaoileadh. Ghlac na conraitheoirí leis an tuairim 'The fact of seeing well-dressed, educated men and women coming a great distance to join in Irish competitions has already proved itself a great influence amongst the poorer people'.[77] (Shoiléirigh an ráiteas seo an éagothroime idir na hoileánaigh agus na conraitheoirí óir thuig siad go raibh na conraitheoirí saibhir i gcomparáid leo féin). Tugadh áit lárnach do chomórtais na bpáistí le linn na feise, agus bronnadh duaiseanna orthu le haghaidh 'a letter on the kelp industry, handwriting, reading, singing and dancing'.[78] Is cosúil go raibh cur chuige an 'Irish Fireside Club' mar fhoinse inspioráide do na comórtais seo agus thagair Ní Fhaircheallaigh do na páistí agus iad á réiteach féin le haghaidh na gcomórtas: 'a gcuid leabhrán i n-a láimh aca le haghaidh na gcomórtas, agus iad ag comhrádh go meidhreach le chéile'.[79]

In *Smuainte ar Árainn,* scríobh Ní Fhaircheallaigh gurbh í seo 'an chéad fheis do bhí 'san oileán le cian d'aimsir;'[80] ach ar ócáid eile, mhaígh sí: 'Never in the memory of living man was there anything like it on the islands'.[81] Ba mhinic a rinne Conradh na Gaeilge iarracht an Fheis a dhlisteanú mar chuid ársa agus dhúchasach de chultúr na nGael, cé gur bhain sí leis an saol comhaimseartha ag casadh an chéid mar mhodh bolscaireachta leis an gcultúr Gaelach a chur chun cinn. Chruthaigh an Fheis aontacht i measc na ndaoine agus bronnadh luaíocht ar na daoine ba chumasaí, rud a thug spreagadh dóibh leis an gcultúr Gaelach a chothú sa chéad ghlúin eile. Shamhlaigh Ní Fhaircheallaigh an Fheis mar cheangal idir an aimsir chaite agus an t-am le teacht óir mheas sí gur léirigh an Fheis

> gach a mbaineann le binneas na teangadh agus cleachta ar sinnsear i n-allód; gach a mbaineann le spioraid na nGaedheal ag teacht ar ais chugainn agus sinn ag dul isteach ar an bhficheadh aois do'n domhan![82]

In *The Invention of Tradition,* déanann Eric Hobsbawm cur síos ar an gcaoi a ndéanann 'traidisiúin' nua, cosúil leis an bhfeis, iarracht 'to establish continuity with a suitable historic past', rud a rinne Conradh na Gaeilge go minic agus é ag iarraidh údaracht an chultúir ársa

Ghaelaigh a chur chun cinn in Éirinn.[83] Níor shéan na conraitheoirí go raibh siad ag iarraidh an aimsir chaite a cheangal leis an am a bhí le teacht. Mar a dúirt Máire de Buitléir tráth 'The Gaelic League looks backward and forward. It looks to the past with pride, to the future with hope and confidence'.[84]

Rinne Seoirse Ó Muanáin, 'col ceathar' Ní Fhaircheallaigh ón 'Irish Fireside Club', suimiú suas ar an gceangal idir an aimsir chaite agus an aimsir láithreach i smaointeachas an Chonartha in alt dar teideal 'The Spirit of the Gaelic League':

> It insists that the Irish nation of the past and the Irish nation of to-day is essentially one and the same in character, in temper and in blood; that we must maintain our connection with that historic nation and preserve our continuity of tradition if we are to progress and develop in all fields of national life on lines that are best suited to the Irish character and best calculated to bring forth all that is latent in the Irish intellect.[85]

Agus í ag tagairt d'Fheis Inis Meáin, mhaígh Ní Fhaircheallaigh:

> Is só-léir é gur dlúth í an bhaint atá ag an gcruinniughadh so le hóige an domhain sul ar bhuail an chruadhacht um chroidhe an duine agus sul már bhuadhuigh gnótha an tsaoghail seo ar bheathaidh na hintleachta.[86]

Bhí sí ag caitheamh i ndiaidh íonghlaineacht is fhoirfeacht na haimsire caite sa ráiteas seo, agus í den tuairim go raibh bochtaineacht spioradálta ag baint lena tír dhúchais ag an *fin de siècle*.[87] Ba mhinic a rinne sí cur síos ar Inis Meáin mar oileán a raibh boigiúlacht agus suaimhneas ag baint leis agus thagair sí don mhíntír mar áit fhuar, chrua. Nuair nach raibh 'traidisiúin' le feiceáil ar Inis Meáin, chruthaigh Ní Fhaircheallaigh agus na conraitheoirí eile iad agus rinne siad iarracht iad a chur chun cinn mar chuid de chultúr ársa an oileáin. Mhaígh

Haddon agus Browne beagnach deich mbliana roimhe sin go raibh na hoileánaigh 'distinctly non-musical, as is evidenced by the fact that there is no piper, fiddler or musician of any sort on the islands', ach theastaigh ón gConradh dearcadh ilghnéitheach den chultúr Gaelach a bhrú chun tosaigh.[88] Dá bhrí sin, cuireadh comórtais amhránaíochta ar bun ann agus tugadh cuireadh do phíobairí Chonamara chuig ócáidí speisialta ar na hoileáin.[89]

De réir Belinda de Buitléir a d'fhreastail ar an bhFeis:

> Úna bravely made her speech, but as she was not yet a fluent speaker, Dr. O'Hickey stood beside her and discreetly whispered words of correction whenever needful; then Úna distributed the prizes to the satisfaction of all the competitors.[90]

Tugann sé seo léargas ar cheanndánacht Ní Fhaircheallaigh agus í ag iarraidh páirt lárnach a ghlacadh san ócáid, fiú mura raibh a cuid Gaeilge thar mholadh beirte ag an tráth sin. Agus í ag cuimhneamh siar ar an lá sin, dúirt Ní Fhaircheallaigh:

> It was a great event this meeting of ours – a red-letter day in the simple annals of Inishmeadhon. There were prizes for songs and stories and collections of old prayers and poems. There were prizes for dancing too, though you could never hear the rhythm of an Aranman's dancing for the soft tread of the pampooties.[91]

Thug Máirtín Mac Donnchadha, mac Bhríd Mhic Dhonnchadha, léargas ar dhearcadh na n-oileánach i litir a scríobh sé chuig J.M. Synge a bhí i bPáras ag an am:

> There was a great Feis in this island two weeks ago, and there was a very large attendance from the South island [Inis Oírr], and not very many from the North [Inis Mór].[92]

Le linn shamhradh na bliana 1902, bheartaigh Ní Fhaircheallaigh Aeraíocht a chur ar bun faoi scáth an Chonartha toisc gur éirigh thar barr leis an bhFeis a chuir sí ar bun cúpla bliain roimhe sin agus chuidigh conraitheoir eile, Edith Drury, léi.[93] Tionóladh an Aeraíocht ar 'Lá le Muire Beag',[94] agus tuairiscíodh sa *Freeman's Journal*:

> Being the first Aeridheacht held in the island, it excited great interest amongst the residents, and little else was talked of for days previously [...] Practically the entire population assembled on the rocks at the hour fixed for the opening of proceedings.[95]

Leagadh an-bhéim ar chomórtais do pháistí i rith na hAeraíochta seo freisin, de bharr chreideamh Ní Fhaircheallaigh gur

> orra-san as mó bhéas leas na Gaedhilge ag seasamh 'san am atá le teacht agus dá bhrígh sin ní ceart é faill ar bith do leigint thart gan iad do bhrostughadh agus misneach do thabhairt dóibh.[96]

Tugadh milseáin agus leabhair mar dhuaiseanna dóibh siúd i measc an aosa óig a ghlac páirt sna comórtais amhránaíochta, damhsa agus léitheoireachta. Léirigh Ní Fhaircheallaigh a sástacht i dtaobh fhorbairt scileanna léitheoireachta na bpáistí.[97] Mhaígh sí: 'Cé go raibh na buachaillí go maith 'sa léightheóracht le haghaidh an aos' óig, dob' iad na cailíní do bhí thar bharr ar fad'.[98] Thug an ócáid seo an deis do Ní Fhaircheallaigh údaracht ársa Ghaelach Inis Meáin a chur chun cinn in athuair: 'San oileán uaigneach so i gceartlár an aigéin tá na sean-aimseara againn arís'.[99]

D'eascair teannas agus aighneas as an Aeraíocht seo áfach, idir an sagart paróiste an tAthair Ó Fearachair agus Conradh na Gaeilge. Cé go raibh baint ag an Athair Ó Fearachair le bunú Chraobh Chill Rónáin den Chonradh ar Inis Mór sa bhliain 1898,[100] tugadh le fios san *United Irishman* i ndiaidh Fheis Inis Meáin sa bhliain 1900: 'there was one feature which was strikingly evident, and that was the absence of the local clergy'.[101]

An bhliain dár gcionn, cheistigh Eoghan Ó Neachtain, eagarthóir *An Claidheamh Soluis*, ról shagairt Árann i gcothú agus i gcur chun cinn na Gaeilge. Ba léir go raibh Ní Fhaircheallaigh míshásta le sagairt Árann freisin. In *Smuainte Ar Árainn*, rinne sí trácht ar sheanmóir Bhéarla a chuala sí ar Aifreann ar Inis Meáin agus labhair sí go lom díreach ina coinne:

> Do b'fhearr é i bhfad trí nó ceithre focail i dteangaidh na ndaoine ioná an tseanmóir bádh bhreaghtha 'sa domhan i dteangaidh nach dtuigfeadh siad, agus ní mór do shagartaibh na hÉireann é sin do thuisgint.[102]

De réir thuairisc Ní Fhaircheallaigh agus Drury, d'iarr siad cead an Athar Uí Fhearachair chun 'open-air meeting', a reáchtáil ar Inis Meáin i samhradh na bliana 1902 agus dúirt sé 'he would never sanction a Feis held under Gaelic League auspices, and that he would thwart the Gaelic League in every way'; ach lig sé dóibh Aeraíocht a eagrú, cé nár lig sé do mhúinteoirí Inis Meáin freastal uirthi.[103] Tugann na scoláirí Regina Uí Chollatáin agus Timothy G. McMahon an-chur síos ar 'The Aran Controversy', a thit amach idir sagairt Árann agus an Conradh, Eoghan Ó Neachtain ach go háirithe, roimh agus i ndiaidh na hAeraíochta, a raibh teannas, cúiseamh agus míthuiscintí mar chuid lárnach den chonspóid.[104] Tháinig 'The Aran Controversy', chun tosaigh toisc go raibh ionadaithe ón dá eagraíocht chumhachtacha in Éirinn, an Eaglais Chaitliceach agus Conradh na Gaeilge, ag iarraidh lámh in uachtar a fháil ar a chéile ar Inis Meáin. Ach níorbh ionann polasaí oifigiúil na hEaglaise Caitlicí is an Chonartha agus seasamh Uí Fhearachair is Uí Neachtain agus rinne an dá eagraíocht iarracht an t-aighneas a réiteach.[105] Bhí tacaíocht na hEaglaise ríthábhachtach do Chonradh na Gaeilge agus é ag iarraidh aontacht na ndaoine a chinntiú ionas go bhféadfadh gach conraitheoir a bheith ag obair as lámh a chéile chun leasuithe sóisialta is oideachasúla a chur i gcrích.[106] Tháinig teannas chun solais idir an Eaglais agus Conradh na Gaeilge go minic ina dhiaidh sin, ach bheartaigh an Coiste Gnó an Eaglais a cheansú chomh fada agus ab fhéidir agus bhí ról tábhachtach ag Ní Fhaircheallaigh mar idirghabhálaí idir an Conradh agus an Eaglais sna blianta a bhí le teacht.[107]

Foilsíodh *Smuainte ar Árainn,* dialann taistil Ní Fhaircheallaigh i bhfoirm sraithe den chéad uair in *An Claidheamh Soluis* i Mí na Nollag 1901.[108] Níorbh í siúd an chéad duine a bhreac síos a cuid smaointe faoi Oileáin Árann óir rinne an tAthair Eoghan Ó Gramhnaigh an rud céanna breis is deich mbliana roimhe sin in *Irisleabhar na Gaedhilge.*[109] Scríobh Mary Banim *Here and There Through Ireland,* sraith a foilsíodh sa *Weekly Freeman* sa bhliain 1890, ina ndearna sí cur síos ar a cuairt chuig Oileáin Árann.[110] Dhá bhliain ina dhiaidh sin, foilsíodh *Grania: the Story of an Island,* ó pheann an scríbhneora Angla-Éireannaigh, Emily Lawless, scéal a bhí lonnaithe ar Inis Meáin agus a thug cur síos ficseanúil ar shaol Ghráinne Ní Mháille.[111] In ainneoin fhicsean an leabhair seo, ar glaodh 'a rare proto-feminist gem' air, tugann sé léargas cuimsitheach ar chultúr is nósanna Inis Meáin mar a chonaic Lawless iad.[112] I dteannta na ndaoine seo, scríobh an bhanaltra Hedderman sraith faoina saol in Árainn don *Connacht Tribune* go luath san fhichiú haois a cuireadh i gcló i bhfoirm leabhair dar teideal *Glimpses of my life in Aran: some experiences of a district nurse in these remote islands off the west coast of Ireland,* sa bhliain 1917.[113] Tagann struchtúr *Smuainte ar Árainn,* faoi thionchar chuntas Uí Ghramhnaigh ach go háirithe; ach theastaigh ó Ní Fhaircheallaigh cuntas a thabhairt ar an dul chun cinn a bhí déanta ar an oileán ag a comhghleacaithe sa Chonradh chomh maith le léiriú a thabhairt ar an gcultúr Gaelach. Déanfar trácht ar ról Ní Fhaircheallaigh i bhforbairt nualitríocht na Gaeilge sa chéad chaibidil eile, ach is fiú breathnú ar an gcaoi a ndearna sí cur síos ar na hoileáin agus ar na hoileánaigh in *Smuainte Ar Árainn* ag an bpointe seo.

In aiste dar teideal 'The Politics of Photography: Travel Writing and the Irish Countryside 1900–1914', díríonn Spurgeon Thompson ar an mborradh faoi sheánra na ndialann taistil in Éirinn ag tús an fhichiú haois agus ar bhuntáistí an cheamara úr láimhe a lig do scríbhneoirí grianghraif a chur i gcló taobh lena gcuntais.[114] Thóg Haddon agus Browne grianghraif agus iad i mbun oibre seachtraí in Árainn; ach dhírigh na grianghraif seo ar aghaidheanna na n-oileánach fireann go príomha toisc go raibh spéis ag na cuairteoirí san antraipeolaíocht.[115] Glacadh leis an ngrianghrafadóireacht mar mhodh oibiachtúil le híomhánna ón saol réadúil a athchruthú ag an tráth seo, seachas mar chineál ealaíne, agus bhí cumhacht ag baint le grianghraf nach raibh ag an bhfocal suibiachtúil clóite.[116] Is ábhar suntais é cuntas J.M. Synge ar a chur chuige agus é ag tógáil grianghraif d'oileánach:

> We nearly quarreled because he wanted me to take his photograph in his Sunday clothes from Galway, instead of his native homespuns that become him far better, though he does not like them as they seem to connect him with the primitive life of the island.[117]

Theastaigh ó Synge agus ón oileánach íomhánna cultúrtha difriúla a dhearbhú sa ghrianghraf seo: dheimhnigh 'native homespuns' an cultúr Gaelach in intinn Synge ach b'ionann 'Sunday clothes from Galway' agus measúlacht is gluaiseacht i dtreo na nua-aimsearthachta i súile an oileánaigh. Bhí sé tábhachtach don bheirt acu go léireodh an íomhá seo réaltacht an tsaoil; ach is ríléir nárbh ionann a dtuiscintí ar réaltacht an tsaoil in Oileáin Árann. Taispeánann an eachtra seo go raibh sé an-deacair idirdhealú a dhéanamh idir an léiriú idé-eolaíoch a tugadh ar na hoileáin agus réaltacht an tsaoil laethúil. Ní raibh conraitheoirí áirithe róthógtha le scríbhinní Synge bunaithe ar Oileáin Árann. Nuair a d'fhoilsigh sé 'The Last Fortress of the Gael' in *The Gael* sa bhliain 1901, cáineadh é in *Irisleabhar na Gaedhilge*. Cuireadh ina leith:

> Mr. J.M. Synge, whoever he be, appears to be inclined to look down at the natives of Arann from a very high eminence indeed. He discourses of them in a quasi-learned style, as if they were some tribe of Central Africa, instead of Irish-Irelanders of simple and unaffected manners.[118]

Chreid na conraitheoirí, Ní Fhaircheallaigh ina measc, gur bhain na héadaí nua-aimseartha a chaith oileánaigh áirithe le tionchar na hiasachta. Fearacht Synge, bhí súil acu go bhfanfadh na hoileánaigh dílis dá gcuid éadaigh dhúchasaigh, ar mhaithe lena gcultúr agus chun tacú leis an tionscal baile. In *Smuainte ar Árainn*, thaispeáin Ní Fhaircheallaigh a dearcadh féin faoi seo agus léirigh sí an chaoi a ndeachaigh idé-eolaíocht an Chonartha i bhfeidhm ar na hoileánaigh:

> Ní mheasaid muinntear Inismeadhoin gur oireamhnach an rud é éadaighe bhaineas le háiteacha eile bheith dhá gcaitheamh acu. 'Ní ceart ná foileamhnach an rud é hata bheith ar éan-chailín 'san oileán seo', a deirtí liom go minic; agus chualas fear óg ag rádh éan-uair amháin nach bpósfadh sé cailín as Inismeadhon dá bhfeiceadh sé hata uirri ar nós na gcoimhthigheach.[119]

Thóg Ní Fhaircheallaigh grianghraif fad is a bhí sí in Árainn agus cuireadh i gcló iad in *An Claidheamh Solais* agus in *Smuainte ar Árainn*. Is cosúil go dtugann siad seo léargas oibiachtúil ar shaol laethúil Inis Meáin ag casadh an chéid, ach cur i gcéill atá iontu, sa mhéid is go dtugann siad léargas ar dhearcadh an Chonartha i dtaobh Inis Meáin i ndáiríre. Léiríonn grianghraif áirithe séadchomharthaí ársa Gaelacha cosúil le 'Dún

Aonghusa' agus conablach na Críostaíochta ar nós 'Sean Teampall ar Inisthoir', a léirigh go raibh stair chráifeach is Ghaelach na haimsire caite fós beo i dtimpeallacht chomhaimseartha na n-oileánach. Tugadh le fios go raibh cultúr Gaelach Árann údarach agus tionsclach i ngrianghraif ar nós 'Bean ag Sníomhachán' agus 'Curach dá Dhéanamh'; ach, fearacht ghrianghrafadóireacht Synge, d'fhéadfaí a rá go raibh cur i láthair cultúrtha seachas léargas oibiachtúil ar Oileáin Árann le feiceáil sna grianghraif seo. Léirigh cuid de ghrianghraif Ní Fhaircheallaigh imeachtaí Chonradh na Gaeilge ar Inis Meáin, a leag béim ar an aontacht (trí ghrúpaí a léiriú), ar áit agus ról na mban agus ar áit lárnach na hOllscoile ar an oileán. Is spéisiúil an léirmheas a scríobhadh ar *Smuainte ar Árainn* san *Irish Times*. Thug an léirmheastóir le fios: 'The book has a number of illustrations, which bring one nearer to the life of the people. It is a pity that they are from photographs and not from drawings'.[120]

Rinne Ní Fhaircheallaigh iarracht stair agus cultúr Gaelach na n-oileán a dhearbhú i dtéacs na dialainne taistil chomh maith, taobh le léiriú a thabhairt ar an bhforbairt is ar ghníomhartha feabhsúcháin an Chonartha. Cuntas maoithneach atá ann ar aistear Ní Fhaircheallaigh ó oileán smolta na hÉireann chuig oileáin íonghlana ina raibh na 'fíor-Ghaedheala' ag maireachtáil.[121] Tugann sé léiriú ar mhórimeachtaí is athruithe a thit amach ar na hoileáin chuile shamhradh a raibh Ní Fhaircheallaigh ag cur fúithi ar chósta an iarthair. Luann sí ainmneacha baiste na n-oileánach agus na gconraitheoirí sa dialann seo, gan trácht ar a sloinnte, ar mhaithe le léargas a thabhairt ar Inis Meáin mar dhlúthphobal caidreamhach, aontaithe, agus aithne mhaith ag chuile dhuine ann ar a chéile. Chuile sheans gur mheas Ní Fhaircheallaigh go mbainfí úsáid as an leabhar seo mar ábhar léitheoireachta i gcraobhacha an Chonartha, in Árainn fiú amháin, agus ní leasc léi cur síos a dhéanamh ar na hoileánaigh féin mar dhaoine spioradálta, flaithiúla, a bhfuil saibhreas cultúrtha ag baint leo.[122]

Cuireann Ní Fhaircheallaigh na hoileáin os comhair an léitheora mar dhomhan iomlán iontu féin agus cuma dhifriúil ar na daoine iontu, ní hamháin i dtaobh na teanga de, ach i dtaobh a nósanna is éadaí:

> [bhí] flainín nó éadach olna gorm ar na fearaibh agus flainín dearg ar na mnáibh [...] bróga orra do chroicionn mhart nár baineadh an fionnadh dhe, acht é ar a gcosaibh díreach mar d'fhás sé ar na beathadhachaibh.[123]

In áit na hoileáin a cheangal leis an gcultúr Gaelach amháin, cruthaíonn agus meascann sí na hoileáin le híomhánna na miotaseolaíochta, go háirithe nuair a dhéanann sí cur síos ar imeachtaí sóisialta Chonradh na Gaeilge, cosúil leis an bhfeis. Deir sí i dtaobh na feise: 'Ní gábhadh dhúinn acht ar súile do dhúnadh agus chítear dhúinn go bhfuil tionól nó dáil na sean-Éireannach os ár gcomhair. Tá na draoithe nó na naoimh ann i measg an tsluaigh'.[124] Mar a deir John Rennie Short in *Imagined Country*:

> The life of the primitive other became a poignant contrast with the spiritual impoverishment and crude materialism of the contemporary. Where the classicists saw men no different from beasts, the romantics perceived the people of a golden age and a vision of life before the fall.[125]

Baineann Ní Fhaircheallaigh úsáid as dearcadh buachalla ón taobh amuigh, Séamas Beag as contae Mhaigh Eo, chun claontaí mhuintir na míntíre i leith na n-oileánach a scrúdú. Deir Séamas Beag gur 'daoine fiadháin' iad na hoileánaigh. Ligeann an ráiteas seo do Ní Fhaircheallaigh aineolas na ndaoine ón míntír a léiriú agus suáilcí mhuintir Inis Meáin a léiriú: 'fíor-threabh na tíre, gan truailliughadh gan chlaochlódh'.[126]

Thug daoine ón míntír ar nós J.M. Synge agus na banaltra Hedderman tuairisc ar bhochtaineacht Inis Meáin ach in áit bhochtaineacht is neamhthorthúlacht na háite sin, dhírigh Ní Fhaircheallaigh ar an saibhreas spioradálta a bhain leis agus a bhí ceangailte leis an seansaol Gaelach ann, dar léi.[127] D'áitigh sí go raibh an t-ocras agus an tart 'ag gabháil do dheagh-laochaibh ar dtíre mar Chonán Maol agus Chúchulainn féin'; bhain an fhulaingt fhisiciúil leis an laochas mar sin.[128] Sheas an saibhreas ábhartha don saol nua-aimseartha caipitlíoch ar theastaigh uaithi éalú uaidh agus í ag dul go hOileáin Árann. Bhain a hardurraim don saibhreas spioradálta leis an teagasc Críostaí agus ba mhinic a rinne sí cur síos ar ghnéithe den saibhreas spioradálta i dtéarmaí na Críostaíochta in *Smuainte ar Árainn*. Nuair a chuala sí an Ghaeilge á labhairt den chéad uair ar an gCladach in nGaillimh, rinne sí cur síos air 'Díreach mar fhíon do dhuine gan neart nó mar uisge do dheoraidhe 'sa bhfásach do b'eadh fuaim na Gaedhilge dhamh-sa'.[129] D'fhéadfaí a rá go bhfuil cosúlachtaí idir Oileáin Árann, mar a rinne na conraitheoirí cur síos orthu, agus Gairdín Éidin, an bunmhiotas útóipeach. Rinne na conraitheoirí iarracht íonghlaineacht an chultúir Ghaelaigh a athghabháil ar Inis Meáin, rud a cailleadh ar an míntír nuair a leathnaigh tionchar Shasana amach, lena 'droch-ghnása' go léir.[130]

Tugann Ní Fhaircheallaigh cur síos an-ghairid ar bhainis agus ar an gcaoineadh ag deireadh *Smuainte ar Árainn*. De réir na banaltra Hedderman, 'a commercial bargain' thar 'an affair of the heart' a bhí sa phósadh in Oileáin Árann, rud a thugann le fios gur thuig na hoileánaigh tábhacht an tsaibhris, fiú mura raibh mórán airgid acu.[131] Ní dhíríonn Ní Fhaircheallaigh ar an ngné seo den phósadh áfach; leagann sí béim ar aontacht is ról an phobail sa bhainis, chomh maith lena ról féin: 'As Gaedhilg pósadh an lánamha, agus gach duine 'san oileán beagnach do láthair 'sa teampall bheag. Mise do ghearr an bhulóg os cionn an bhruinnill ar an mbanais i-n dhiaidh sin'.[132] Arís, ní theastaíonn uaithi díriú ar chaoineadh an linbh seachas an méid seo a rá: 'Is minic cluinim-se fós fuaim an chaoinidh im' chluasaibh – an fhuaim ba bhrónaighe dár chualas riamh'.[133] In áit a bheith ag díriú ar an mbás, cuireann sí béim ar láidreacht fhisiciúil, áilleacht agus óige na n-oileánach. Labhraíonn sí faoi dhathúlacht na mban agus lúfaireacht na bhfear agus iad ag rince – rud a chuireann cumas na bhfear sna Cluichí Oilimpeacha ársa i gcuimhne di, cluichí a athbhunaíodh sa Ghréig sa bhliain 1896.[134]

Cé gur shleamhnaigh an t-am thart ar Oileáin Árann, cosúil le chuile áit eile, mheas na cuairteoirí nárbh ionann cúrsaí ama ar na hoileáin agus ar an míntír. De bharr réabhlóid na tionsclaíochta agus bhláthú na nuachtán laethúil sa naoú haois déag, leagadh an-bhéim ar líneacht an ama ar an mórthír, ach ba bheag an tionchar a bhí acu sin ar an gcaoi ar shamhlaigh na hoileánaigh cúrsaí ama.[135] Sa bhliain 1906, tuairiscíodh san *Irish Independent* nach raibh a leithéid de rud agus Lá Saoire Bainc in Oileáin Árann:

> There was no hurry-driven toil of man or beast, no stupefying din of machinery. At the noisiest moment nothing drowned the skirl of the seagull, the carol of the skylark, or even the elfin call of the cuckoo from a grove that filled one sheltered corner.[136]

Mar a luadh cheana, mhaígh Synge 'here it would be useless to fix an hour, as the hours are not recognized', agus mheas Ní Fhaircheallaigh go raibh síoraíocht ag baint leis an saol ar an oileán. Dúirt sí i dtaobh na feise: 'Ar feadh seacht n-uair an chluig is eadh tá an fheis ar siubhal anois, acht ní airigheann éan-duine an aimsear ag sleamhnughadh uaidh'.[137] Cé gur choinnigh sise súil ar an uaireadóir, uirlis a bhí ag teastáil don saol ar an mórthír, bhí na hoileánaigh in ann an t-am a thomhas agus iad ag breathnú ar an solas. Ar an mbealach céanna, ba mhór an difríocht idir tuiscint na gcuairteoirí ar an stair agus tuiscint na n-oileánach. Sa bhliain 1901, foilsíodh an t-alt seo a leanas san *United Irishman*:

> San samhradh freisin is gnáthach leo [muintir Inis Meáin] gach Dómhnach cruinniughadh taobh amuigh de'n séipéal tar éis an Aifrionn agus sin í áit closfá nuaidheacht na seachtmhaine, an ionghtas is mó ar a raibh trácht go deidheanach, cia an uair tiocfaidh an Franc anuas ar Shachsan (mar creideann muinntir Inismeádhon go dtiocfaidh lá fós má's fada nó gearr é nuair fheicfidh siad na Franncaigh teacht anall chum Sachsan agus a bhfuil aici cur ar leath-taobh) ... Glaoidheann siad 'Bliadhain na bhFranncaigh ar bhliadhain Nócha hOcht.[138]

Is cosúil go raibh caidreamh cómhalartach idir Ní Fhaircheallaigh agus muintir Inis Meáin. Mhúin na hoileánaigh an Ghaeilge di agus chuir siad fáilte roimpi ar an oileán agus rinne sise iarracht feabhas a chur ar a saol sóisialta chomh maith le hábhar ón míntír, cosúil le leabhair, a sholáthar dóibh ó am go ham.[139] Réitigh sí go maith leis na páistí óga toisc gur thuig sí teanga idirnáisiúnta na 'milseán'. Nuair a thug sí milseáin do na páistí, labhair siad léi, ag ligean di a cuid Gaeilge a chleachtadh. Tugann an eachtra dheireanach in *Smuainte Ar Árainn* an léargas is fearr don léitheoir ar an gcaoi ar chuir Ní Fhaircheallaigh na hoileánaigh chun cinn. Insíonn sí scéal faoi chailín óg a tháinig chuici nuair a bhí sí ag fágáil slán ag a cuid cairde ar Inis Meáin. Shín an cailín óg amach a lámh, chun 'fáinne beag deas leath-chaithte [...] 'sa teaghlach aca ó na sean-aimsearaibh anuas'[140] a thabhairt mar bhronntanas di.[141] Mhaígh an cailín gur 'Chuir mo mháthair chugat an fáinne beag seo, agus is mór a ghoilleanns sé uirri nach bhfuil rud éigin níos deise aici gur b'fhiú a thabhairt duit'.[142] Níor ghlac Ní Fhaircheallaigh leis an bhfáinne toisc go raibh an teaghlach bocht, bhí an mháthair tinn agus ba é an fáinne an rud ba luachmhaire dá raibh acu ar an saol, ach d'úsáid sí an eachtra seo mar shampla de 'f[h]laitheamhlacht na nGaedheal': bhí an cairdeas ní ba thábhachtaí ná an saibhreas sa chás seo.[143] D'fhéadfaí gníomh na máthar seo a cheistiú, go háirithe agus í ag tabhairt bronntanais do bhean a bhain le haicme ní b'airde, ach an rud is tábhachtaí ná gur ghlac Ní Fhaircheallaigh leis an ngníomh mar shampla den fhlaithiúlacht seachas cuing a chuirfeadh brú uirthi aire a thabhairt don bhean bhocht ar bhealach éigin. Níor thóg Ní Fhaircheallaigh an fáinne, rud a léiríonn an aicmíocht idir an cuairteoir agus an t-oileánach, aicmíocht nach bhféadfaí a shárú in ainneoin fhís útóipeach neamhaicmeach na gconraitheoirí.

Fad is a bhí Ní Fhaircheallaigh ar Inis Meáin, chuir sise chomh maith lena comhghleacaithe sa Chonradh, athruithe oideachasúla is sóisialta ar bun, agus an Ghaeilge chun cinn ar mhaithe le constaicí a chur roimh fhorleathadh thionchar Shasana is Mheiriceá. Níorbh aon ionadh é gur bheartaigh na conraitheoirí, le cur chuige 'dreaming' agus 'practical', tionscnaimh feabhsúcháin shóisialta a chur ar bun ar an míntír nuair a d'fhág siad Inis Meáin den uair dheireanach, óir thug a n-iarrachtaí ar Inis Meáin misneach agus spreagadh dóibh. Thuig na conraitheoirí go mbeidís ag tosú as an nua agus iad ag cur shíolta na físe Gaelaí ar an míntír agus chuir cuid acu tús le tionscnaimh bheaga oideachasúla a mbeadh tionchar ríthábhachtach acu ar thodhchaí na míntíre: bhunaigh Pádraic Mac Piarais scoil do bhuachaillí ar a nglaofadh sé 'Scoil Éanna', i gcuimhne ar phátrún na n-oileán; bhí ról lárnach ag Máire de Buitléir i gColáiste Charraig an Chobhaltaigh i gCo. an Chláir agus ghlac Ní Fhaircheallaigh le ról an phríomhoide i gColáiste Uladh, i nGaeltacht Thír Chonaill.[144] Theastaigh uathu físeanna Gaelacha a chruthú agus a chothú in áiteanna teoranta ar an míntír ionas go mbeadh sé ní b'fhusa na físeanna a leathnú amach ar fud na tíre, rud nach bhféadfaí a dhéanamh ar an gcaoi chéanna agus iad lonnaithe ar Inis Meáin. I suíomh teoranta agus iargúlta Choláiste Uladh, a raibh an Ghaeilge timpeall air, choinnigh Ní Fhaircheallaigh uirthi ag cur oideachas na mban, tábhacht aontacht an phobail, agus an íonghlaineacht Ghaelach chun cinn mar chodanna lárnacha dá fís útóipeach, óir tugadh misneach di nuair a chonaic sí na nithe sin ag teacht faoi bhláth in '[an] atmosphere of high thoughts and fair dreams', mar a thagair sí d'Inis Meáin le linn a hóige.[145]

Nótaí

1 John Wilson Foster, 'Certain set Apart: the Western Island in the Irish Renaissance', in *Studies: An Irish Quarterly Review*, 66.264 (Geimhreadh 1977), 265-266.

2 O'Brennan, 'Dr. Agnes O'Farrelly', 8.

3 Ní Fhaircheallaigh chuig Mac Néill, 27/07/1898. Páipéir Mhic Néill, LNÉ, Lámhscríbhinn 10,882.

4 Ní Fhaircheallaigh chuig Mac Néill, 28/07/1898. Páipéir Mhic Néill, LNÉ, Lámhscríbhinn 10,882.

5 O'Brennan, 'Dr. Agnes O'Farrelly', 8.

6 Ibid.

7 Dame Columba Butler O.S.B., *The Life of Mary E.L. Butler*, LNÉ, Lámhscríbhinn 7321.

8 Ibid.

9 Ibid.

10 Féach Brenda Garrett, 'England, Colonialism and the Land of Cokaygne', in *Utopian Studies*, 15.1 (2004), 1–12.

11 Ba mhinic a chuir Ó hÍcí béim ar an nasc idir an ghné bhrionglóideach agus an ghné phraiticiúil a bhain le pearsantachtaí lucht na hathbheochana, ach mhaígh sé freisin go ndeachaidh sé seo níos faide siar agus go raibh sé mar dhlúthchuid de phearsantacht eiseamláireach Thomáis Dáibhis: 'Davis was no mere enthusiast, no mere dreamer of idle dreams. An enthusiast he was, and a dreamer too, but

above and beyond all he was a practical and tireless worker.' Féach O'Hickey, *The True National Idea*, 7; Mac Fhinn, *An tAthair Micheál P. Ó hIceadha*, 142.

12 Levitas, *The Concept of Utopia*, 199.

13 Ó Torna, *Cruthú na Gaeltachta 1893–1922*, 29.

14 *An Claidheamh Soluis*, 14/07/1900, 278. Bhain an smaointeachas seo le hoileáin eile cosúil le hOileán Thoraí agus Oileán Acla. Tugadh le fios san *United Irishman*: 'The need for the preservation of these places will be best understood when one finds that they represent the purest founts whence a knowledge of the language may be drawn', *United Irishman*, 30/09/1899, 1.

15 Bhí George Petrie, John O'Donovan, William Wakeman, Sir William Wilde agus Sir Samuel Ferguson ina measc seo, agus lean Heinrich Zimmer, Kuno Meyer, Holger Pedersen agus Franz Nikolaus Finck go hÁrainn iad ní ba dhéanaí sa chéad. Le haghaidh eolais faoi chóras taistil an iarthair, féach Ó Torna, *Cruthú na Gaeltachta 1893–1922*, 78–79; Fraser MacHaffie, 'Facilities for Transit: the Congested Districts Board and Steamship Services', in *Irish Geography*, 28.2 (1995), 91–94.

16 Féach A.C. Haddon, agus C. R. Browne, 'The Ethnography of the Aran Islands, County Galway', in *Proceedings of the Royal Irish Academy*, 2.3 (1893), 768–830.

17 Féach Haddon agus Browne, 'The Ethnography of the Aran Islands, County Galway', 781.

18 Ibid., 803.

19 Féach *An Claidheamh Soluis*, 07/10/1899, 472.

20 John Rennie Short, *Imagined Country: Environment, Culture and Society* (London: Routledge, 1991), 6.

21 *The Galway Vindicator and Connaught Advertiser*, 19/07/1899, 3.

22 Is spéisiúil go raibh Béarla líofa ag an '[g]col ceathar' seo. *Weekly Freeman*, 22/05/1897, 11.

23 Úna Ní Fhaircheallaigh, *The Reign of Humbug* (Dublin: Gaelic League, 1901), 3.

24 Úna Ní Fhaircheallaigh, *Smuainte Ar Árainn* (Baile Átha Cliath: Connradh na Gaedhilge, 1902), 10.

25 *United Irishman*, 11/08/1900, 1.

26 Féach Úna Ní Fhaircheallaigh, *An Cneamhaire* (Baile Átha Cliath: An Cló-Chumann, 1902).

27 J.M Synge, *The Aran Islands,* eag. Tim Robinson (London: Penguin, 1992), xxiii. Cuireadh an leabhar seo i gcló den chéad uair sa bhliain 1907.

28 'Girl Graduates' Chat', in *St. Stephen's: A Record of University Life,* 1.12 (Meitheamh 1903), 258.

29 Eoghan Ó Gramhnaigh, 'Ára na Naomh', in *Irisleabhar na Gaedhilge,* 3.32 (1889), 126.

30 Mac Néill chuig Seosamh Laoide, 03/06/1893, Bailiúchán Stiofáin Bairéid, G3 / 664, Cartlann Ollscoil na hÉireann, Gaillimh.

31 Ní Fhaircheallaigh, *Smuainte Ar Árainn,* 17.

32 Synge, *The Aran Islands,* 12.

33 Ní Fhaircheallaigh, *Smuainte Ar Árainn,* 18.

34 Butler, *The Life of Mary E. L. Butler,* LNÉ, Lámhscríbhinn 7321.

35 Synge, *The Aran Islands,* 31; Butler, *The Life of Mary E. L. Butler,* LNÉ, Lámhscríbhinn 7321.

36 Féach Ní Fhaircheallaigh, *Smuainte Ar Árainn,* 54.

37 Dame Columba Butler O.S.B., 'Agnes O'Farrelly And Aran: Some Memoirs', 474.

38 Féach *Weekly Freeman,* 20/08/1898, 11; *Fáinne an Lae,* 27/08/1898, 58.

39 Féach *Weekly Freeman,* 27/08/1898, 11.

40 Ibid.

41 Eoghan Ó Gramhnaigh, 'Ára na Naomh', in *Irisleabhar na Gaedhilge,* 4.35 (1890), 46.

42 *Weekly Freeman,* 12/11/1898, 10; *Fáinne an Lae,* 03/12/1898, 172.

43 *Fáinne an Lae,* 03/12/1898, 172; Thacaigh Éilis Ní Mhaolagáin agus Anna Johnston, eagarthóirí an *Shan Van Vocht* leis an bhfeachtas leabharlainne seo freisin. Féach *Shan Van Vocht,* 3.12, 12/12/1898, 225.

44 Féach *Fáinne an Lae,* 04/02/1899, 39.

45 Féach *Weekly Freeman,* 21/04/1894, 6.

46 Fraser MacHaffie, 'Facilities for Transit: the Congested Districts Board and Steamship Services', 92; *Irish Independent,* 19/09/1912, 3.

47 Kuno Meyer chuig Whitley Stokes agus é in Árainn sa bhliain 1889. Féach Seán Ó Lúing, *Kuno Meyer 1858–1919: A Biography* (Dublin: Geography Publications, 1991), 7.

48 B.N. Hedderman, *Glimpses of My Life in Aran: some experiences of a district nurse in these remote islands off the west coast of Ireland, Part I* (Bristol: John Wright, 1917), 11.

49 Ní Fhaircheallaigh, *Smuainte Ar Árainn*, 41.

50 *Irish Independent*, 13/09/1906, 7; Richard J. Kelly, *The Arran Islands* (Dublin: Catholic Truth Society of Ireland, 1902), 2.

51 Eoghan Ó Gramhnaigh, 'Ára na Naomh', in *Irisleabhar na Gaedhilge*, 4.35 (1890), 47.

52 *Fáinne an Lae*, 03/12/1898, 172.

53 Féach *Fáinne an Lae*, 26/11/1898, 166–167; *Fáinne an Lae*, 17/12/1898, 186.

54 Ní Fhaircheallaigh, *Smuainte Ar Árainn*, 22.

55 Ibid.

56 Haddon agus Browne, 'The Ethnography of the Aran Islands, County Galway', 800.

57 Féach *An Claidheamh Soluis*, 12/08/1899, 338–340.

58 *An Claidheamh Soluis*, 12/08/1899, 338.

59 Ibid.

60 *An Claidheamh Soluis*, 28/10/1899, 522.

61 Féach Haddon agus Browne, 'The Ethnography of the Aran Islands, County Galway', 796.

62 Féach Ní Chinnéide, *Máire de Buitléir: Bean Athbheochana*, 49.

63 'Inis Meadhoin (Craobh Aignéas Ní Fhaircheallaigh)', in *An Claidheamh Soluis*, 19/08/1899, 358–359.

64 Synge, *The Aran Islands*, 68.

65 Ní Fhaircheallaigh, *Smuainte Ar Árainn*, 23.

66 *Irish Independent*, 04/06/1906, 4.

67 Haddon agus Browne, 'The Ethnography of the Aran Islands, County Galway', 800.

68 Ní Fhaircheallaigh, *Smuainte Ar Árainn*, 24.

69 Ibid., 22.

70 Ní Fhaircheallaigh chuig Mac Néill, 14/08/1900, Páipéir Mhic Néill, LNÉ, Lámhscríbhinn 10,882. Tá sí ag trácht ar Mháirtín Mac Donnchadha, mac le Páidín agus Brighid, agus múinteoir Gaeilge J.M. Synge nuair a tháinig sé ar cuairt go hInis Meáin.

71 *An Claidheamh Soluis*, 23/12/1899, 647.

72 Butler, 'Agnes O'Farrelly And Aran: Some Memoirs', 476.

73 *An Claidheamh Soluis*, 15/07/1899, 274.

74 Ní Fhaircheallaigh chuig Hanna Sheehy, 18/07/1900, Páipéir Sheehy Skeffington, LNÉ, Lámhscríbhinn 41,177/37.

75 *An Claidheamh Soluis*, 14/07/1900, 277.

76 *An Claidheamh Soluis*, 11/08/1900, 846.

77 Muiris Ua Dubhda, 'For the Purpose of Promoting Irish', in *The Annual Report of the Gaelic League 1901–2 and Proceedings of the Árd-Fheis, 1902* (Dublin: The Gaelic League, 1902), 92.

78 *An Claidheamh Soluis*, 21/07/1900, 293.

79 Ní Fhaircheallaigh, *Smuainte Ar Árainn*, 36.

80 Ibid., 40.

81 Butler, *The Life of Mary E.L. Butler*, LNÉ, Lámhscríbhinn 7321 (réamhrá le hÚna Ní Fhaircheallaigh).

82 Ní Fhaircheallaigh, *Smuainte Ar Árainn*, 35.

83 Eric Hobsbawm agus Terence Ranger (eag.), *The Invention of Tradition* (Cambridge: Cambridge University Press, 2003), 1.

84 *United Irishman*, 27/02/1904, 6.

85 *Connacht Tribune*, 05/03/1910, 9.

86 Ní Fhaircheallaigh, *Smuainte Ar Árainn*, 42.

87 Ibid.

88 Haddon agus Browne, 'The Ethnography of the Aran Islands, County Galway', 800.

89 Ní Fhaircheallaigh chuig Hanna Sheehy, 18/07/1900, Páipéir Sheehy Skeffington, LNÉ, Lámhscríbhinn 41,177/37.

90 Butler, 'Agnes O'Farrelly And Aran: Some Memoirs', 476.

91 Butler, *The Life of Mary E. L. Butler*, LNÉ, Lámhscríbhinn 7321.

92 Synge, *The Aran Islands*, 77–78.

93 D'athraigh Edith Drury (1870–1962) a hainm go Eileen Costello. Féach Diarmuid Breathnach agus Máire Ní Mhurchú, *1882–1982: Beathaisnéis a Dó* (Baile Átha Cliath: An Clóchomhar, 1990), 31.

94 An 15 Lúnasa Lá Fhéile Muire Beag. Ceiliúradh é ar an Domhnach, 17 Lúnasa an bhliain áirithe seo. Féach Tomás Ó Máille, *An Béal Beo* (Baile Átha Cliath: Comhlucht Oideachais na hÉireann, 1936), 21.

95 *Freeman's Journal*, 26/08/1902, 6.

96 Ní Fhaircheallaigh, *Smuainte Ar Árainn*, 46.

97 Ibid., 51.

98 Ibid.

99 Ibid., 49.

100 *Weekly Freeman*, 20/08/1898, 11.

101 *United Irishman*, 11/08/1900, 1.

102 Ní Fhaircheallaigh, *Smuainte Ar Árainn*, 50.

103 *An Claidheamh Soluis*, 15/11/1902, 603; *An Claidheamh Soluis*, 01/11/1902, 566–567.

104 Féach Uí Chollatáin, *An Claidheamh Soluis agus Fáinne an Lae 1899–1932*, 53–55; Timothy G. McMahon, *Grand Opportunity: The Gaelic Revival and Irish Society, 1893–1910* (Syracuse, NY: Syracuse University Press, 2008), 57–59.
105 Féach Uí Chollatáin, *An Claidheamh Soluis agus Fáinne an Lae 1899–1932*, 54.
106 Féach Kevin Collins, *Catholic Churchmen and the Celtic Revival in Ireland, 1848–1916* (Dublin: Four Courts Press, 2002), 176.
107 Féach *Autobiography of the Ruairí O More Branch of the Gaelic League, Portarlington* (Baile Átha Cliath: An Cló-Chumann, 1906); Aodán Mac Póilín, 'An Chrois agus an Chúis (Conradh na Gaeilge agus an Chléir), in *Comhar*, 15.8 (Lúnasa 1993), 24-37.
108 *An Claidheamh Soluis*, 21/12/1901, 651–655.
109 Féach Eoghan Ó Gramhnaigh, 'Ára na Naomh', in *Irisleabhar na Gaedhilge*, 3.32 (1889), 126–128.
110 Féach *Weekly Freeman*, 06/09/1890, 9; *Weekly Freeman*, 13/09/1890, 9; *Weekly Freeman*, 20/09/1890, 10.
111 Emily Lawless, *Grania: the Story of an Island* (London: Smith, Elder & Co., 1892).
112 James M. Cahalan, *The Irish Novel: A Critical History* (Dublin: Gill and Macmillan, 1988), 82.
113 *Connacht Tribune*, 25/09/1909, 7.
114 Féach Spurgeon Thompson, 'The Politics of Photography: Travel Writing and the Irish Countryside 1900–1914', in *Images, Icons and the Irish Nationalist Imagination*, eag. Lawrence W. McBride (Dublin: Four Courts, 1999), 113–114.
115 Haddon agus Browne, 'The Ethnography of the Aran Islands, County Galway', 768–830, pláta XXII–XXIV.
116 Féach Lorraine Daston agus Peter Galison, 'The Image of Objectivity', in *Representations*, 40 (Fómhar 1992), 81–128.
117 Synge, *The Aran Islands*, 85.
118 *Irisleabhar na Gaedhilge*, 2.128 (1901), 95.
119 Ní Fhaircheallaigh, *Smuainte Ar Árainn*, 38.
120 *Irish Times*, 31/01/1903, 4.
121 Ní Fhaircheallaigh, *Smuainte Ar Árainn*, 8.
122 Féach *United Irishman*, 17/01/1903, 1.
123 Ní Fhaircheallaigh, *Smuainte Ar Árainn*, 12.
124 Ibid., 40.
125 John Rennie Short, *Imagined Country: Environment, Culture and Society* (London: Routledge, 1991), 10.
126 Ní Fhaircheallaigh, *Smuainte Ar Árainn*, 32.

127 Féach Hedderman, *Glimpses of My Life in Aran: some experiences of a district nurse in these remote islands off the west coast of Ireland, Part I.*
128 Ní Fhaircheallaigh, *Smuainte Ar Árainn*, 44.
129 Ibid., 9.
130 Ibid., 8.
131 Hedderman *Glimpses of My Life in Aran*, 100.
132 Féach Ní Fhaircheallaigh, *Smuainte Ar Árainn*, 53.
133 Ibid.
134 Ibid., 37, 43.
135 Le haghaidh eolais faoi chúrsaí ama in Éirinn féach C. Mangan, 'Greenwich Time in Ireland', in *Catholic Bulletin*, 8.2 (1918), 390–395.
136 *Irish Independent*, 04/06/1906, 4.
137 Ní Fhaircheallaigh, *Smuainte Ar Árainn*, 43.
138 *United Irishman*, 16/11/1901, 2.
139 Ní Fhaircheallaigh, *Smuainte Ar Árainn*, 21.
140 Ní Fhaircheallaigh, *Smuainte Ar Árainn*, 54.
141 Ibid.
142 Ibid.
143 Ibid.
144 Finola O'Kane, 'Nurturing a Revolution: Patrick Pearse's School Garden at St Enda's', in *Garden History*, 28.1 (2000), 74.
145 Butler, *The Life of Mary E.L. Butler*, LNÉ, Lámhscríbhinn, 7321.

III

LITRÍOCHT BHANÚIL NA HATHBHEOCHANA

Tháinig athrú suntasach ar shaol Ní Fhaircheallaigh idir samhradh na bliana 1898 nuair a bhain sí Inis Meáin amach den chéad uair agus deireadh na bliana 1902 nuair a cuireadh *Smuainte ar Árainn* i gcló. Bhain sí a céim B.A. amach ón Ollscoil Ríoga sa bhliain 1899.[1] Ina dhiaidh sin chláraigh sí le haghaidh céim M.A. sa litríocht agus chaith sí téarma sa *Sorbonne* i bPáras, áit a raibh cúrsa á mhúineadh ag an Professeur D'Arbois de Jubainville, an tOllamh le Ceiltis mór le rá, cé go raibh sé lonnaithe sa *Collège de France*.[2] Ba í an chéad bhean a roghnaigh an Cheiltis mar ábhar M.A. agus bhain sí a céim amach ag deireadh na bliana 1900.[3] Thagair Belinda de Buitléir don tráth seo, nuair a bhí teach Úna Ní Fhaircheallaigh, ar Shráid Holles, mar chroílár shaol sóisialta an Chonartha:

> When Úna and her brother got their M.A. degree, their house in Dublin was constantly the scene of pleasant informal gatherings where one met many interesting people. All the leaders of Irish-Ireland knew and esteemed her. Douglas Hyde was, of course, an intimate friend, so was Dr. Sigerson, Eoin Mac Neill, many members of the Irish Texts Society in London, and the Great German Celtologist and philologist, Dr. Kuno Meyer.[4]

Faoin am sin, bhí Ní Fhaircheallaigh an-ghníomhach in Ard-Chraobh Chonradh na Gaeilge, d'fhreastail sí ar chruinnithe na craoibhe, ghlac sí páirt i ndíospóireachtaí na bhfear agus í ag cur aithne shúl ar chuid dá sean 'col ceathracha' ón 'Irish Fireside Club'. Taobh istigh de bhliain, bhí sí ag múineadh na Gaeilge san Ard-Chraobh[5] agus i gColáiste Alexandra na mban,[6] chomh maith le Coláiste Loreto na mban.[7] Ach ag an am céanna, bhí fuadar chun pinn fúithi agus chuir sí dua uirthi féin agus í ag saothrú na litríochta Gaeilge a bhí an-ghann ag an am.

I rith mhí na Nollag 1900, thug Ní Fhaircheallaigh caint ghríosaitheach náisiúnaíoch dar teideal 'The Reign of Humbug' ag Acadamh Liteartha a h*alma mater*, Coláiste Mhuire, Baile Átha Cliath.[8] Thug an chaint seo léargas ar a creideamh agus ar a tuairimí mar chonraitheoir agus bhean taca na hÉireann-Éireannaí agus chinntigh sé go mbeadh sí i dteideal ról an urlabhraí bhaininn sa Chonradh as sin amach. Fearacht D.P. Moran, a chreid 'the nineteenth century had been for Ireland mostly a century of humbug', bhí Ní Fhaircheallaigh den tuairim go raibh fadhbanna móra le réiteach ag muintir na hÉireann sa chéad bhliain den fhichiú haois.[9] Cháin sí 'Humbug' na linne sin chomh maith le 'a vague something called "cosmopolitanism"', ar theastaigh uaithi fáil réidh leo, rudaí a bhain go dlúth le tionchar na Breataine in Éirinn nó 'West-Britonism', mar a thugann Philip O'Leary air.[10] Rinne sí cur síos ar thionchar na Breataine in Éirinn i dtéarmaí an diostóipeachais, ag tabhairt le fios nach raibh cultúr dúchasach le feiceáil in Éirinn, nach raibh sa tír ach íobartach ghalar tógálach chultúr na Breataine. Chreid sí go raibh a tír féin:

> hideous in the tawdy trumpery of England's outworn garments; hideous in the vulgarity of its thoughts and aims – thoughts and aims already grown old in the heart of another people; hideous in its hypocrisy and its sham.[11]

Teanga chorraitheach a d'úsáid sí, go háirithe agus í ag tagairt do 'the evils of commercialism' agus do thionchar na Breataine mar 'cancer' ag marú na tíre seo. Rinne *An Claidheamh Soluis* aithris ar a cuid cainte nuair a foilsíodh 'The Reign of Humbug' i bhfoirm paimfléid, ag insint don léitheoir:

> Miss O'Farrelly touches on all the evils that made the old order the evil thing it was – our easy-going compliance, our want of individualism, our sodar le sálaibh an tSasanaigh, our sham Irish sentiment and the vulgar pretence of our upper classes.[12]

Bhí tionchar truaillitheach na gcathracha i Meiriceá, a raibh dlúthbhaint acu leis an nua-aimsearthacht, ag déanamh imní di freisin agus go leor de mhuintir na hÉireann ag dul ar imirce. Chreid sí go raibh contúirt ann go mbeadh 'many a spotless Irish soul [...] stained in the great cities of the growing States'.[13]

'Thirty Thousand a Year', Léaráid ó *Sinn Féin*, 30/07/1910

Cé gur ionsaigh Ní Fhaircheallaigh tionchar coilíneach Shasana agus fadhbanna Mheiriceá, thapaigh sí an deis saintréithe a físe útóipí Éireannaí féin a chur chun tosaigh sa chaint chéanna. Ba de dhlúth agus d'inneach na físe sin aontacht na ndaoine agus cur chun cinn na tionsclaíochta baile mar ba léir ón tréimhse a chaith sí ar Inis Meáin. Bhí sí den tuairim go gcuirfeadh an tionsclaíocht bhaile fostaíocht ar fáil in áiteanna iargúlta agus mar thoradh air sin, rachadh ráta na himirce, 'a death-rate to Ireland', i léig.[14] Theastaigh uaithi deireadh a chur le haicmíocht ionas go mbeadh lucht an tsaibhris agus an daibhris ag obair ar son na cúise céanna agus mhaígh sí go raibh dualgas dosheachanta náisiúnta ar mhuintir na hÉireann 'to learn that language, which should have been ours from the cradle; placing it side by side with English'.[15] Nuair a bhainfí na spriocanna sin amach bheadh féiniúlacht Ghaelach go smior in Éirinn arís agus bheadh an tír 'ready to stretch the hand of friendship to all men', de réir Ní Fhaircheallaigh.[16]

Cé gur cháin Ní Fhaircheallaigh tionchar agus cultúr Shasana an t-am uilig, bhí an-dúil aici i bhfilíocht an Rómánsachais agus rinne sí corrthagairt do scríbhinní an fhile uasaicmigh George Gordon Byron le linn a cainte. Is léir mar sin, gur thaitin ardlitríocht Shasana léi ach bhí drochmheas aici ar litríocht 'neamhghlan' an ghnáthphobail:

> Look at the book-stalls in the city, at the railway stations, in the country towns – everywhere you go through the length and breadth of the land – English books and English journals, not the best or the second best of English literature. Think of it and all it portends – the purity of the Celtic mind coming in contact with London's exhalations. The philosophic spirit of the thinking Irishman being nourished on the third-rate literature of England.[17]

Murab ionann is 'third-rate literature' an Bhéarla a raibh fáil uirthi ar fud na hÉireann ag casadh an chéid, ba dheacair teacht ar litríocht sa Ghaeilge. Theastaigh ó Chonradh na Gaeilge an teanga labhartha a chaomhnú agus a chur chun cinn go príomha, ach bhí áit lárnach ag 'the study and publication of existing Gaelic literature, and the cultivation of a modern literature in Irish', i mbunreacht an Chonartha chomh maith.[18] Dá bhrí sin, bheartaigh Conradh na Gaeilge litríocht na Gaeilge a chruthú agus a chothú as an nua. Fiú sular ghlac Ní Fhaircheallaigh páirt sa Chonradh, chuir an Coiste Gnó béim ar fhorbairt na litríochta béil, bhí feiseanna á reáchtáil aige, agus bhí comórtais an Oireachtais, a bunaíodh sa bhliain 1897, ag bailiú nirt. Ach bhí canóin liteartha ag teastáil chomh maith ar mhaithe le hábhar a chur ar fáil do lucht foghlama na Gaeilge i ranganna an Chonartha. Cuireadh Coiste na bhFoilseachán, fochoiste den Choiste Gnó ar bun ag deireadh na bliana 1899 agus bliain go leith ina dhiaidh sin, nuair a toghadh Ní Fhaircheallaigh mar bhall den Choiste Gnó den chéad uair, thosaigh sí ag léiriú spéise i dtionscnaimh an choiste sin.[19] Bhí Pádraic Mac Piarais mar rúnaí oinigh an choiste agus bhí na conraitheoirí eile cosúil le hEoin Mac Néill, Stiofán Bairéad agus Seosamh Laoide, chomh maith le daoine eile, ag cuidiú leis i mbun na hoibre. Bhí sé mar aidhm acu litríocht úrnua a chruthú *ab initio*: bhí orthu leabhair oideachasúla a fhoilsiú d'fhoghlaimeoirí a d'fhreastail ar ranganna an Chonartha ar fud na tíre agus leabhair chruthaitheacha a fhoilsiú do dhaoine a raibh an Ghaeilge ar a dtoil acu iad féin agus do chuid de na cainteoirí dúchais.[20] Foilsíodh sraith paimfléad bolscaireachta sa Bhéarla le haird a dhíriú ar ghnéithe éagsúla an náisiúnachais, 'The Reign of Humbug', ina measc.[21] Ina leabhar *Confessions of a Young Man*, scríobh George Moore cuntas faoi fhoghlaimeoirí na Gaeilge inar thug sé léargas ar an easpa leabhar sa Ghaeilge:

> It was a pathetic sight in Dublin in 1900 to see the people trying to learn their language in school, out of books,

grammars, and dictionaries, and it was pathetic to hear them say: 'We have learned to read Irish, but there is nothing for us to read in Irish'.[22]

Cuireadh Coiste na bhFoilseachán ar bun chun fadhbanna den chineál sin a shárú agus chuaigh Ní Fhaircheallaigh i mbun pinn ar mhaithe le hábhar liteartha a chur ar fáil do dhaoine.

De réir Dhubhghlais de Híde, ba iad an litríocht, an teanga, an ceol, aontacht na ndaoine agus an tírghrá na bunchlocha i bhfís an Chonartha, a chuideodh go mór leis agus é ag múnlú 'a future Irish nation'.[23] Bhí Ní Fhaircheallaigh ar aon intinn leis agus chreid sí go diongbháilte go dtiocfadh litríocht na Gaeilge faoi bhláth in athuair sa todhchaí mar gheall ar iarrachtaí na gconraitheoirí agus iad ag treabhadh i ngort na litríochta. Ní hamháin sin, ach shíl sí go raibh go leor den tseanlitríocht fós faoi cheilt. Sa bhliain 1911, rinne sí an óráid a leanas:

> Many of our gems are still uncut; much of our gold is yet in the ore. Our gems and our gold have happened on a time when reverent workmen are prepared to handle them and set them before the world as the legacy of one sturdy Western race which neither bowed the knee before a Roman Caesar nor bent the head in homage of the classic tradition.[24]

Rinne sise iarracht ceann de sheoda na litríochta Gaeilge a 'ghearradh' agus í mar eagarthóir ar an leabhar *Filidheacht Sheagháin Uí Neachtain*, a foilsíodh sa bhliain 1908.[25] Scoláire agus scríobhaí ba ea Ó Neachtain agus bhí dlúthbhaint aige le ciorcal liteartha i mBaile Átha Cliath sa chéad leath den ochtú haois déag i dteannta a mhic, Tadhg Ó Neachtain.[26] Léirigh Ní Fhaircheallaigh suim san fhiontar sin den chéad uair sa bhliain 1901, mar is léir ó litir a scríobh sí chuig Eoin Mac Néill. Bhí ní ba mhó spéise aici i bhfilíocht Uí Neachtain mar áis do dhaoine eile thar a suim féin san ábhar sin agus theastaigh uaithi díriú ar 'the sort of literature wanting at present and most likely to do good'.[27] Seacht mbliana a chaith sí ag cur dhá dhán déag de chuid Uí Neachtain i gcló agus rinne sí iarracht í féin a chosaint i réamhrá an leabhair, ag insint don léitheoir:

> Má tá orm mo leithsgéal do ghabháil fa gan é sin a dhéanamh roimhe seo 's é adeirim gur riachtanaighe i bhfad mar obair do gach duine againn go dtí seo iarraidh a dhéanamh fá'n nGaedhilg do chongbháil beó ná cruth do chur ar fhilidheacht dá fheabhas gé go bhfuil gábhadh leis an obair seo fós.[28]

Má bhí an leabhar sin mall, ní raibh Ní Fhaircheallaigh díomhaoin idir an dá linn. Agus í ag déanamh iarrachta an teanga scríofa a choinneáil beo beathach, dhírigh sí ar an scríbhneoireacht chruthaitheach agus litríocht na bolscaireachta: scríobh sí ceithre leabhar agus gearrscéal, *Smuainte ar Árainn* ina measc, fad is a bhí sí ag cur eagair ar fhilíocht Uí Neachtain.

Bhí grúpa beag de mhná gníomhach sa Chonradh ag casadh an chéid, Proinsias Ní Dhonnabháin, Norma Bhortuic agus Mairéad Ní Raghallaigh ina measc, ach ba í Ní Fhaircheallaigh an t-aon bhean amháin ar Choiste na bhFoilseachán. Ós rud é go raibh spéis aici siúd in oideachas na mban, bheartaigh sí litríocht a chumadh a bheadh tarraingteach do mhná ag foghlaim Ghaeilge na leabhar, cosúil le mná Inis Meáin. Roghnaigh sí seánra an úrscéilín nó an nóibhille mar fhráma dá scéalta *Grádh agus Crádh* (1901) agus *An Cneamhaire* (1902) mar glacadh leis ag an tráth sin go raibh scéalta gearra ní b'oiriúnaí ná úrscéalta do mhná toisc gur chuir cúraimí clainne is tí isteach ar a gcuid léitheoireachta go rialta. Go deimhin, b'shin an cineál saoil a bhí ag mná Inis Meáin, cosúil leis an mbean a ndearna Ní Fhaircheallaigh tagairt di in *Smuainte ar Árainn,* le 'naoidheanán aici ar a baclainn, agus leabhrán Gaedhilge aici dá léigheamh ag dul go dtí an tobar'.[29] Fearacht an bhanléitheora, níorbh fhéidir leis an mbanscríbhneoir díriú ar an scríbhneoireacht an t-am uilig mar gheall ar a cúraimí tí. Thacaigh Virginia Woolf leis an tuairim sin in *A Room of One's Own*. Mhaígh sí:

> at a venture one would say that women's books should be shorter, more concentrated than those of men, and framed so that they do not need long hours of steady and uninterrupted work. For interruptions there will always be.[30]

Ba iad na mná meánaicmeacha agus ardaicmeacha a fuair an deis peann a chur ar pár óir bhí an t-am acu le haghaidh caitheamh aimsire murab ionann is na mná bochta.[31] Ba léir go raibh tuiscint ag Ní Fhaircheallaigh ar struchtúr an úrscéilín: i litir a sheol sí chuig a cara ón ollscoil Hanna Sheehy, rinne sí tagairt don *Princess Novelette* ar mhaithe le spraoi.[32] Rinne James Joyce tagairt don *Princess Novelette* in *Ulysses* chomh maith: foilseachán Sasanach do mhná óga a bhí ann, a raibh téama an ghrá go smior ann.[33] Nuair a bhí Ní Fhaircheallaigh ag fás aníos, tháinig 'The Novel of the Modern Woman', mar a thugtar air, chun tosaigh i Sasana, seánra scríofa ag mná, faoi mhná, do mhná, trí shúile na mban, a thug cur síos ar an stádas íseal agus srianta sóisialta a brúdh ar mhná sa tsochaí Victeoiriach.[34] Ní raibh eiseamláir bhaineann le leanúint ag Ní Fhaircheallaigh mar bhanscríbhneoir Gaeilge nuair a thosaigh sí ag scríobh. Dá bhrí sin, bhain sí úsáid as múnla agus téamaí litríocht na mban Sasanach, go háirithe an t-úrscéilín, agus í ag cumadh scéalta don phobal trí mheán na Gaeilge. Is dócha, mar sin, nár cheap sí gur bhain litríocht na mban leis an 'third-rate literature' a raibh drochmheas aici uirthi. Os a choinne sin, níorbh ionann litríocht den chineál sin agus an ardlitríocht mar cuireadh cor i bplota an ghrá san ardlitríocht nuair a foilsíodh *Madame Bovary*, scríofa ag Gustave Flaubert, sa bhliain 1856.[35]

Ag tús an fhichiú haois, bhí dornán ban gafa le múnlú na nua-litríochta Gaeilge. Bhí Máire Ní Shíthe[36] agus Máire Ní Chinnéide, a scríobh drámaí do pháistí agus dhaoine fásta, ina measc.[37] Chum Máire Ní Chillín gearrscéalta trí mheán na Gaeilge a foilsíodh san *United Irishman*,[38] agus bhunaigh Norma Bhortuic agus Mairéad Ní Raghallaigh, a raibh baint acu beirt leis an gConradh, an comhlacht foilsitheoireachta 'Muintir na Leabhar Gaeilge' sa bhliain 1900.[39] Bhí sruth borrtha faoi Mháire de Buitléir fosta: nuair a bhí de Buitléir fós ina foghlaimeoir Gaeilge, d'aistrigh Tomás Ó Concheanainn, trí cinn dá gearrscéalta ó Bhéarla go Gaeilge, faoin teideal *Blátha Bealtaine* (1901).[40] Ina theannta sin, bhí sí i mbun 'Éire Óg', colún do pháistí sa *Weekly Independent*, ó 1901–1903, faoin ainm cleite 'Seanmháthair'. Bunaíodh an colún ar mhúnla an 'Irish Fireside Club' sa *Weekly Freeman*, ach ba dheachtóir seachas oideachasóir í 'Seanmháthair'. Dhírigh sí ar na botúin a rinne a 'gariníonacha' is 'garmhic' go minic agus d'impigh sí orthu gealltanas a thabhairt nach rachaidís ar imirce ná le hArm na Breataine agus go gceannóidís earraí de dhéantús na hÉireann.[41] Murab ionann is 'Uncle Remus', a chuir fáilte roimh dhaoine óga ó chuile thír, bhí ciníochas le feiceáil i dtuairimí 'Seanmháthair' nuair a chuir sí comórtais ar bun, ar nós: 'Best description of the characteristics which should distinguish an Irish girl or boy from a British one'.[42] Lean de Buitléir uirthi ag cumadh scéalta faoin ngluaiseacht Éire-Éireannach, cosúil le *The Ring of Day* (1906) atá bunaithe ar imeachtaí agus ar chaidrimh a múnlaíodh taobh istigh de Chonradh na Gaeilge,[43] ach tá a beathaisnéisí, Máiréad Ní Chinnéide, den tuairim nár chum sí scéalta sa Ghaeilge nuair a tháinig breis feabhais ar a cumas Gaeilge mar chuir na hionsaithe a rinneadh ar shaothar

Ní Fhaircheallaigh, a phléifear ar ball, lagmhisneach uirthi.[44] I dteannta na mban seo, scríobh Éilis Ní Mhaolagáin agus Ethna Carbery go leor faoi stair agus faoi théamaí athbheochan na Gaeilge trí mheán an Bhéarla.[45] Tá sé íorónta gur cháin Máire de Buitléir na banscríbhneoirí seo agus í den tuairim:

> No matter how admirable from the literary point of view, or useful from the national standpoint their work may be, these writers are not engaged in the task of building up an Irish literature.[46]

Ba léir ó thuairiscí sna nuachtáin ag an tráth sin gur theastaigh ó chuid de bhanfhoghlaimeoirí na Gaeilge scéalta a léamh bunaithe ar

> present-day happenings in Irish-Ireland, with pictures of country life and Feiseanna and Ceilidhithe and Sgoruidheachta and so on, with a bit of love and laughter to link it all together.[47]

Chreid Pádraic Mac Piarais go raibh géarghá le scéalta den chineál seo cé nach raibh lucht léinn na Gaeilge ar fad ar aon intinn leis.[48] In eagrán de *An Claidheamh Soluis*, mhaígh sé go raibh:

> sgéalta ag baint leis an ngrádh i n-easnamh orainn. Nó b'fhearr linn a rádh go bhfuil sgéalta ag baint le gnáthshaoghal an lae indiu i n-easnamh orainn; agus dár ndóigh, cuid de ghnáthshaoghal an lae indiu an grádh agus an crádh, an sólás agus an dólás, an sonas agus an donas.[49]

Ba nós le fir an Chonartha, Pádraic Mac Piarais agus Pádraic Ó Conaire ach go háirithe, a seasamh agus bhfealsúnacht i dtaobh na scríbhneoireachta a mhíniú don phobal Gaelach go minic. Thug a ráitis faoi threo na litríochta Gaeilge tacaíocht dá modhanna agus dá stíleanna scríbhneoireachta féin, agus iad ag teacht faoi thionchar litríocht nua-aimseartha na hEorpa.[50] Cé nárbh ionann stíl Pheadair Uí Laoghaire a bhí préamhaithe i '[g]caint na ndaoine' agus stíl na beirte réamhluaite, mhínigh seisean a sheasamh go poiblí chomh maith. Ghlac Ní Fhaircheallaigh páirt lárnach i ndíospóireachtaí éagsúla an Chonartha, agus bhí céim M.A. sa Nualitríocht aici, ach níor phléigh sí a cuid scríbhneoireachta ná a fealsúnacht i dtaobh na litríochta go poiblí. Ba í Máire Ní Chinnéide an t-aon bhanscríbhneoir a ghlac páirt i ndíospóireachtaí litríochta, ach b'annamh sin.[51] Thug Ní Fhaircheallaigh le fios, áfach, gur thaitin *Íosagán agus Sgéalta Eile*, a scríobh Pádraic Mac Piarais agus a bhain le soineantacht is íonghlaineacht an pháiste agus le hidéalachas na Gaeltachta, go mór léi.[52] Ba léir ó scríbhinní Ní Fhaircheallaigh gur aontaigh sí le tuairim Mhic Phiarais:

> we would have our literature modern not only in the sense of freely borrowing every modern form which it does not possess and which it is capable of assimilating, but also in texture, tone, and outlook.[53]

Cé gur mhol Mac Piarais litríocht na Fraince, na Rúise, na hUngáire agus na hIorua, ba léir gur ghlac sé lena chomhairle féin agus 'freely borrowing' ar siúl aige ó litríocht an Bhéarla anois is arís. Mar a deir Ruth Dudley-Edwards: '*Íosagán* has close affinities with Oscar Wilde's 'The Selfish Giant'' ach tugann Declan Kiberd léargas níos doimhne ar an gcaidreamh idir an dá scéal agus iad fréamhaithe i mbéaloideas Iarthar na hÉireann, dar leis.[54] Cháin Mac Piarais agus Ní Fhaircheallaigh tionchar Shasana go han-mhinic ach dá ainneoin sin, níor éirigh leo éalú ó thionchar litríocht an Bhéarla. Bhain siad triail as modhanna nua sa Ghaeilge ach bhain siad beirt úsáid as struchtúr litríocht an choilínigh i ndáiríre.

Tá go leor cosúlachtaí idir *Grádh agus Crádh* (1901), *An Cneamhaire* (1902) agus an gearrscéal Béarla dar teideal 'Sorcha', a d'fhoilsigh Ní Fhaircheallaigh in eagrán Lá Fhéile Pádraig den *Weekly Freeman* sa bhliain 1903.[55] Tá feidhm na bolscaireachta le feiceáil iontu go léir, tá siad dírithe ar mhná óga, tugann siad léargas ar an bhfís útóipeach Ghaelach a chruthaigh Ní Fhaircheallaigh, agus na fadhbanna neamhréitithe a bhaineann leis an bhfís chéanna. Tagann bunchlocha na físe sin, a léiríodh in 'The Reign of Humbug', chun solais ina cuid litríochta arís is arís, ceisteanna faoi chúrsaí inscne, aicmíochta, oideachais, imirce, aontachta, faoin íonghlaineacht agus faoin bhféinchothaitheacht.

Bhain *Grádh agus Crádh* le scéal dúnmharaithe a thit amach i gCo. an Chabháin ag tús an naoú haois déag agus a bhí mar chuid den bhéaloideas áitiúil nuair a bhí Ní Fhaircheallaigh ag fás aníos. Cuireadh an scéal seo i gcló in *Irisleabhar na Gaedhilge* i mí Aibreáin 1901, gan ach ocht leathanach ann.[56] Roimh dheireadh na bliana sin, d'fhoilsigh Conradh na Gaeilge é i bhfoirm 'úrscéilín' fiche a hocht leathanach, le cúpla athrú beag gramadaí. Thug sé seo ardú stádais do *Grádh agus Crádh* agus glacadh leis mar 'an tarna úrscéal a foilsíodh sa Ghaeilge', de réir Bhriain Uí Chonchubhair, ag teacht i ndiaidh *Cormac Ua Conaill* (1901) ó pheann Uí Dhuinnín.[57] Díríonn plota an scéil ar an ngrá neamhcheadaithe idir Eibhlíse, iníon an Chaiptín Uí Raghallaigh, an tiarna talún áitiúil, agus Conall Ua Raghallaigh, an fíorGhael. Éalaíonn na leannáin óga ó shrianta na sochaí cruálaí ar bhonn sealadach nuair a théann siad chuig oileán i Loch Ramhar ar mhaithe le sólás agus saoirse a bheith acu. Ach cuireann dúnmharú an Chaiptín isteach ar a suirí, go háirithe nuair a chúisítear Conall sa choir. Cé go n-éiríonn le hEibhlíse cruthúnas a fháil nach raibh Conall ciontach sa choir, téann sí as a meabhair le hualach na trombhuartha. In *An Cneamhaire,* atá lonnaithe ar Inis Meáin, déantar cur síos ar dhóchas is éadóchas an phríomhcharachtair Máire Ní Fhlaithbheartaigh, iníon bhocht baintrí, agus í ar tí imeacht ar imirce go Meiriceá. Creideann sí go gcaithfidh sí imeacht le hairgead a shaothrú, mar níl spré aici lena grá geal Peadar a phósadh, ach impíonn seisean uirthi fanacht ar an oileán.[58] Nuair a chloiseann sí scéal 'an chneamhaire', (seanfhear a mhaireann ar imeall an phobail), faoin saol i Meiriceá, athraíonn sí a hintinn agus beartaíonn sí go bhfanfaidh sí ar Inis Meáin, in ainneoin na bochtaineachta.[59] In 'Sorcha', a scríobhadh as Béarla, tá an tOireachtas nó 'the feast-time of the Gaedhils', mar chúlra an scéil.[60] Díríonn plota an scéil seo ar an gcaidreamh rómánsach idir Sorcha, 'a Connemara lass brought up amongst the heather' agus scoláire Meiriceánach, Mr. Carty, a fhreastalaíonn ar imeachtaí an Oireachtais i mBaile Átha Cliath. Fearacht *An Cneamhaire,* tugann an gearrscéal 'Sorcha' léargas ar an bhféiníobairt agus ar an tírghrá a bhain leo siúd a ghlac leis na hidéil Éire-Éireannacha a chuir lucht an Chonartha chun cinn.

Díríonn na scéalta seo go léir ar na heachtraí is constaicí a bhain le saol na mban óg sular phós siad sa ré Victeoiriach in Éirinn. Ag tús na scéalta, tá cosúlachtaí idir na príomhcharachtair bhaineanna agus Ní Fhaircheallaigh féin óir tá siad uilig óg, singil agus soineanta agus tá saoirse is neamhspleáchas ag baint leo sula bpósann siad. Is ionann óige na mban agus dóchas na todhchaí. Mar a deir Mr. Carty in 'Sorcha:' 'to be young is very Heaven'.[61] Is leagan de líne filíochta ó *The Prelude,* ó pheann Wordsworth an ráiteas seo, a léiríonn a dhóchas faoin todhchaí ag tús Réabhlóid na Fraince.[62] Is léir mar sin, go bhfuil Ní Fhaircheallaigh ag déanamh comparáide idir Réabhlóid na Fraince agus athbheochan na Gaeilge. Ní fheictear mná pósta go rómhinic i scéalta Ní Fhaircheallaigh toisc nach raibh cumhacht ná ról poiblí ag mná pósta go hiondúil ag an tráth sin. Is eisceacht í seanmháthair Shorcha áfach, bean a bhfuil an teanga agus an cultúr Gaelach go smior inti ó dhúchas: '[she] retained her maiden name according to Irish custom, and laughed at the strangers who called her Mrs Flynn', a deir an reacaire linn.[63] Seasann seanmháthair Shorcha don ré réamhchoilíneach in Éirinn i súile Ní Fhaircheallaigh agus tugann gáire na seanmháthar le fios go raibh áiféis ag baint leis an nós patrarcach Sasanach a chinntigh ról íochtaránach na mban faoi chuing an phósta.

Tá neamhspleáchas intinne agus saoirse de chineálacha éagsúla ag baint leis na príomhcharachtair bhaineanna i scéalta Ní Fhaircheallaigh agus feidhmíonn siad mar mhná idéalacha. In *Grádh agus Crádh,* ní bhaineann drochthréithe an Chaiptín Uí Raghallaigh (a neamhthrócaireacht agus a chruáltacht), a shamhlaítear le coilínigh, lena iníon Eibhlíse ar chor ar bith mar is bean lách chineálta í. Tagann sise faoi thionchar an traidisiúin Ghaelaigh, traidisiún a thréig a hathair, mar is léir nuair a thosaíonn sí ar ghabháil fhoinn agus 'do b'iad puirt a sean ⁊ a sinnsear do ghabh sí'.[64] Tá saoirse aici sa mhéid is go bhfuil cead aici dul ag rámhaíocht agus fanacht amuigh san oíche ach tá sí srianta ar bhealach eile toisc nach ligfeadh a hathair di Conall a phósadh. In *An Cneamhaire,* seasann Máire Ní Fhlaithbheartaigh le haghaidh dhea-thréithe na mban: tá sí álainn, soláthrach, cráifeach agus grámhar ach teastaíonn uaithi dul ar imirce chun airgead a shaothrú mar tá sí beo bocht agus tá spré á lorg ag athair Pheadair.[65] Dá bhrí sin, sa dá úrscéilín, is é an t-athair a bhfuil dúil san airgead, sa chumhacht agus san aicmíocht aige, an té a chuireann isteach ar shaoirse agus ar phósadh na leannán. I gcomparáid leis na haithreacha, cuirtear na fir óga trasna ar an léitheoir mar dhaoine uaisle, grámhara, a bhfuil meas acu ar na mná óga: siombail an dóchais do thodhchaí na mban in Éirinn.

Téann *Grádh agus Crádh* i ngleic le ceisteanna faoi dhaoirse agus faoi fhulaingt na mban ar bhealach níos doimhne agus níos cuimsithí ná na scéalta eile. Nuair a thagann buime Eibhlíse go dtí cás cúirte Chonaill chun fianaise a thabhairt thar ceann Eibhlíse, ní ligtear di an fhianaise sin a thabhairt. Ach nuair a bhuaileann seansearbhónta an Chaiptín isteach sa chúirt gan fógra a thabhairt d'éinne, ligtear dó fianaise a thabhairt agus cruthaíonn sé go bhfuil Conall neamhchiontach sa choir.[66] Tugann sé seo le fios nach bhfuil cumhacht ag mná taobh istigh de theach na cúirte óir baineann an áit sin le saol poiblí na patrarcachta agus siombal de chumhacht Shasana chomh maith. Go deimhin, ní ligtear do mhná a gcuid tuairimí ná a gcuid mothúchán a nochtadh sa saol poiblí sin. Is duine láidir í Eibhlíse agus ise a chruthaíonn nach bhfuil Conall ciontach sa choir ar an gcéad dul síos, cé go ndeirtear linn 'Níor b'fhuruisde sin do dhéanamh ⁊ gach ní ag dul i n-a coinne'.[67] Ach ní féidir léi scaoileadh lena mothúcháin: déanann sí iarracht iad a choimeád faoi smacht agus cailleann sí a féiniúlacht dá bharr. Feictear é seo trí shúile Chonaill ach go háirithe: 'Do chuaigh Conall d'fheicsin a ghrádha, acht níor aithin sí é. Do chaitheadh sí an lá ag imtheacht thall agus i bhfus agus í ag baint phamhsaer agus ag gabháil fhuinn'.[68]

Baineann mire Eibhlíse le móitíf choitianta i litríocht Victeoiriach na mban: 'The Mad Woman In The Attic' mar a thugtar air, ag tagairt do *Jane Eyre* (1847), scríofa ag Charlotte Bronte. Tá dianstaidéar déanta ag Gilbert agus Gubar ar an móitíf seo.[69] Móitíf inscneach is ea 'mire na mban', i ndomhan na patrarcachta: is í an mhire an t-aon bhealach éalaithe amháin do mhná lena mothúcháin a scaoileadh agus iad féin a chur in iúl.[70] Ach ní hamháin banscríbhneoirí Sasanacha a d'úsáid an mhire mar mhodh caolchúiseach leis an bpatrarcacht a cháineadh, mar tá sé mar chuid de bhéaloideas na hÉireann fosta, má chuimhnítear ar scéal Mhis, inar tháinig 'fiabhras gealtachais' ar Mhis agus í ag caoineadh bhás a hathar.[71] In ainneoin na gcosúlachtaí seo, ní hionann cinniúint Mhis agus cinniúint Eibhlíse mar tagann biseach ar Mhis nuair a chasann sí le Dubh Rois. Ní féidir le hEibhlíse éalú ón mire áfach, agus faigheann sí bás truamhéalach ag deireadh *Grádh agus Crádh*. Tá sé intuigthe gur de dheasca na mire a fhaigheann sí bás (cé nach luaitear é sin go hoscailte) agus ós rud é go bhfeictear a spiorad os cionn an locha oícheanta gealaí, is léir nár ligeadh isteach sna flaithis í de bharr pheaca an fhéinmharaithe. Fágtar an bhean taobh amuigh den chineál neimhe a chuir Eaglais na patrarcachta chun cinn. Cé go bhfuil neamhspleáchas ag baint le carachtar Eibhlíse ag tús an scéil, scriosann domhan na patrarcachta, idir a hathair agus an Eaglais, neamhspleáchas na mná de réir a chéile.

Baineann teideal an scéil chomhaimseartha 'Sorcha' leis an matrarc luath, bean Abraham i Leabhar Genesis sa Sean-Tiomna agus bhí spéis ag Ní Fhaircheallaigh sa scéal faoi 'the heaven-blessed Sarah'.[72] Cruthaíonn sí nasc idir 'Sarah' an tSean-Tiomna agus matrarc úr, idéalach, na hÉireann-Éireannaí. Sa scéal seo, déantar cur síos ar dhráma a léiríodh le linn an Oireachtais chun rólanna na bhfear is na mban sa tsochaí a scrúdú is a threascairt. Insítear dúinn go mbaineann an dráma le:

> a man who thought his wife had too good a time housekeeping, whilst he slaved out on the land. They agreed to change places for a day, but the poor man gets more than he bargained for. The pig upsets the cradle and the churn of milk, the cow breaks into the garden, and the house is all topsy-turvy when the good woman returns from the field, to the great relief of the repentant husband.[73]

Sa scéal 'Sorcha', déanann na mná a bhfuil dúil acu i nósanna na Breataine iarracht na carachtair bhaineanna eile a choinneáil faoi smacht sa saol poiblí. Deir Miss Dowd le Miss Rorke: 'a woman has no business appearing in public drawing the eyes of everyone on her. Her proper place is home', agus admhaíonn Miss Rorke: 'these forward women ought to be suppressed'. Ach is fimínigh iad na mná seo agus iad ina seasamh i lár an halla le go dtabharfaidh daoine eile faoi deara iad. Teastaíonn uathu a bheith páirteach sa saol poiblí. Agus í den tuairim gur chóir do mhná staonadh ón saol poiblí, cuireann Miss Rorke le dearcadh na patrarcachta. I réamhrá *The Life of Mary E.L. Butler,* cuimhníonn Ní Fhaircheallaigh ar:

> the first language procession where she [Máire de Buitléir] and I discussed gravely whether our natural disinclination to appear in public should not be sacrificed to our duty to the language as members of the Executive.[74]

Chreid an bheirt acu go raibh siad i mbun 'féiníobartha' nuair a thug siad faoi chúraimí poiblí an Chonartha toisc nárbh ionann é sin agus idéal Victeoiriach is Caitliceach na mban a bhain leis an saol príobháideach. Cé go raibh Máire de Buitléir gníomhach sa saol poiblí, thacaigh sí leis an dearcadh patrarcach gur bhain ról na mban leis an máithreachas agus le cúraimí tí. I bpaimfléad bolscaireachta dar teideal *Irish Women and the Home Language,* a d'fhoilsigh Conradh na Gaeilge, mhaígh sí 'woman reigns as an autocrat in the kingdom of her home'.[75] Ina theannta sin, chreid sí: 'to most Irish people it is extremely distasteful to see a woman mount a platform and hold forth in public'.[76] Cé gur thuig Ní Fhaircheallaigh tábhacht agus tionchar na mná tí ar a clann i gcothú an náisiúnachais chultúrtha, bhí dearcadh ní b'fhairsinge aici i dtaobh ról na mban sa saol poiblí.

Tagann ceisteanna aicmíochta chun solais i ngach ceann de scéalta Ní Fhaircheallaigh ach téann sí i ngleic leo ar bhealaí difriúla. Feictear a dímheas ar an gCaiptín Ua Raghallaigh go luath in *Grádh agus Crádh,* óir seasann sé d'aicme na bhfothíoránach in Éirinn. Insíonn an reacaire dúinn 'gur iompuigh cuid do threibh Uí

Raghallaigh i n-a Sacsanchaibh' in aimsir Shibéal. 'Do thréigeadar a muinntear agus a gcreideamh agus níorbh fhada dhóibh mar soin go rabhadar chomh Sacsanach leis na Sacsanchaibh féin'.[77] Tá an Caiptín Ua Raghallaigh ceangailte go dlúth leis an gcoilíniú agus tionchar Shasana ag déanamh éagóra ar mhuintir na hÉireann. Is drochfhear cumhachtach é an Caiptín agus is ionann é agus a shinsear a bhí 'ar shlighidh na bréige'. Díshealbhaíonn sé na daoine bochta, gabhann sé daoine a bhíonn ag fiach ar a thalamh agus mar gheall ar a stádas sóisialta, ní ligeann sé dá iníon Conall a phósadh. Seasann Conall do na 'fíor-Ghaedhealaibh', nár ghéill do luachanna Shasana riamh agus deirtear linn go mbeadh muintir Chonaill 'i n-a dtaoiseachaibh os cionn treibhe Ua Raghallaigh, dá mbéadh a gceart aca'.[78] In anailís Bhriain Uí Conchubhair ar *Grádh agus Crádh*, ardaíonn sé ceist faoi 'p[h]ósadh Eibhlíse le gaol dá cuid féin', ach ní thugtar le fios sa scéal go bhfuil gaol *gairid* eatarthu.[79] D'fhéadfaí a rá gur roghnaigh Ní Fhaircheallaigh 'Ua Raghallaigh' mar shloinne na beirte le tabhairt le fios go bhfuil aicmíocht bhréagach le feiceáil sa scéal mar thoradh ar an gcoilíneacht. Déantar cur síos diúltach ar an gCaiptín Ua Raghallaigh tríd an scéal, ach ní fheicimid é go dtí tar éis a dhúnmharaithe agus é sínte amach marbh ar urlár a thí féin. Seo comhartha den té a raibh cos ar bolg á himirt ag an gCaiptín air, ag éirí amach in aghaidh na daoirse.

Is léir go bhfilleann an feall ar an bhfeallaire, an Caiptín Ua Raghallaigh, sa scéal seo toisc gur thug a shliocht droim láimhe don chultúr dúchasach. Leagann an t-úrscéilín seo béim ar chlaonsmacht na dtiarnaí talún ar shliocht díshealbhaithe na nGael agus an fhulaingt i ngach aicme, a tharlaíonn mar gheall ar an bhforleathnú coilíneach. Cosúil le hEibhlíse, níl Conall in ann éalú ón drochchinniúint atá i ndán dó: ní hamháin go bhfuil sé faoi dhaoirse ach cúisítear é i ndúnmharú an Chaiptín agus cailleann sé a leannán de bharr ghalar na mire. Nuair a thuigeann sé nach bhfuil aon cheo fágtha aige gan Eibhlíse, téann sé thar lear chun troid a dhéanamh ar son na hÉireann. Déantar codarsnacht idir Conall agus an Caiptín d'aon ghnó: tá Conall bocht ach uasal, ridiriúil, goilliúnach, grámhar agus tírghrách. Tugann a ghníomhartha le fios go mbeadh sé an-oiriúnach mar thaoiseach na treibhe, murab ionann is an Caiptín. Cé go bhfuil Conall beo bocht, feictear difríocht aicmíochta idir é agus Pádruig, searbhónta an Chaiptín. Is piseogaí é Pádruig agus luann sé ainm Dé go han-mhinic le linn a chuid cainte. Tugtar a easpa éirime faoi deara nuair a labhraíonn Eibhlíse leis faoi bhás a hathar agus í ag iarraidh fianaise a bhailiú le tabhairt le fios go raibh Conall neamhchiontach sa choir. Murab ionann is muintir Uí Raghallaigh, ní luaitear sloinne Phádruig riamh sa scéal, rud a thugann le fios nach bhfuil tábhacht ag baint leis sa tsochaí seo, cé go dtugann seisean fianaise sa teach cúirte go bhfuil Conall neamhchiontach.

In *An Cneamhaire,* déanann Ní Fhaircheallaigh cur síos níos réadúla ar Inis Meáin ná mar a rinne sí ina dialann taistil *Smuainte ar Árainn,* mar aithníonn sí fadhbanna an bhochtanais ar an oileán. Tugtar léargas ar idirspleáchas an phobail sa scéal seo agus iad uilig bocht, ach éiríonn leis an saibhreas is lú deighilt a dhéanamh idir na hoileánaigh. Ní cheapann Máire go bhfuil sí sách maith toisc nach bhfuil cóta deas aici agus bíonn sí ag brionglóidigh faoi na héadaí a chaithfidh sí nuair a bhainfidh sí Meiriceá amach.[80] Tá athair Pheadair ag lorg spré ó Mháire lena mhac a phósadh ionas go mbeidh sé in ann an spré cheannann chéanna a thabhairt dá iníon, Cáit, cé nach bhfuil fonn ar Cháit an fear a roghnaigh sé di a phósadh.[81] Mar a thugann Aisling Ní Dhonnchadha agus Máirín Nic Eoin le fios in *Ar an gCoigríoch*: 'Ba mhodh éalaithe agus fuascailte ó laincisí baile agus pobail é an imirce do mhórán ban Éireannach', agus is amhlaidh an cás do Cháit.[82] Deirtear linn go bhfuil an cneamhaire féin saibhir ach tá sé scoite amach ar imeall an phobail mar ní theastaíonn uaidh a shaibhreas a roinnt. Is é Peadar an t-aon charachtar amháin sa scéal nach bhfuil gafa le saibhreas agus stádas sóisialta.

In 'Sorcha', cuireann Ní Fhaircheallaigh a fís den tsochaí neamhaicmeach trasna ar an léitheoir, óir feictear an chléir agus an tuath, seandaoine agus daoine óga i gcomhluadar a chéile agus iad ag freastal ar an Oireachtas. Thug Máire de Buitléir cur síos ar smaointeachas an Chonartha faoin aicmíocht ag an tráth sin nuair a dúirt sí 'we cared not whether our comrades were rich or poor, gentle or simple, all we asked was that they should be Gaels'.[83] Cé go bhfuil Sorcha bocht agus gur mac an cheannaí é Mr. Carty, a d'fhreastail ar Ollscoil Harvard agus a sheasann do rathúlacht Mheiriceá dá bharr, ní thagann cúrsaí aicmíochta chun cinn eatarthu ar chor ar bith: is macalla é seo ar iarrachtaí an Chonartha daoine ó chuile aicme a thabhairt le chéile ar son cúise amháin.[84]

In ainneoin na daoirse agus na fulaingthe i scéalta Ní Fhaircheallaigh, tá rian an útóipeachais le sonrú iontu agus áit lárnach tugtha do shuímh útóipeacha. Mar a tugadh le fios sa réamhrá, bhí an-tóir ar sheánra an útóipeachais i measc na mban Sasanach ag deireadh na ré Victeoirí, toisc gur lig sé dóibh éalú ó shrianta an tsaoil go sealadach agus thug sé an deis dóibh saol idéalach a shamhlú dóibh féin.[85] Ar bhealach, bhí cosúlachtaí idir an seánra seo agus útóipithe teibí an bhéaloidis cosúil le Tír na nÓg. Tugann Philip O'Leary agus Caitríona Ó Torna le fios freisin go raibh an saol útóipeach Gaelach lárnach i ngearrscéalta an Phiarsaigh agus áitíonn Ó Torna gur theastaigh óna leithéid 'todhchaí a chruthú ar pháipéar mar sprioc don náisiún'.[86] In *Grádh agus Crádh,* baineann an t-útóipeachas leis an oileán i Loch Ramhar. Téann Eibhlíse ag rámhaíocht ar an loch agus í ag iarraidh éalú ó iarmhairtí na staire agus ó dhrochghníomhartha a hathar. Próiseas an tsaorghlanta atá san aistear seo agus gach rud ag lonrú faoi sholas an lae: 'do thógbhadh sí a ceann le breathnughadh ar na spéarthaibh – áit nach raibh fiú an néill le feicsin innte'.[87] Seasann 'an néall' do smacht a hathar ar shaol Eibhlíse, cosúil leis an smacht atá aige ar a chuid tionóntaí. Nuair a bhaineann Eibhlíse an t-oileán amach, éiríonn léi scaoileadh lena smaointe agus a cuid mothúchán. Léiríonn sí a grá don dúchas Gaelach agus rann ó 'De Bharr na gCnoc', le Seán Clárach Mac Domhnaill á rá os ard aici. Déanann an dán Seacaibíteach seo pearsantú ar Éirinn agus í ag fanacht ar a slánaitheoir atá thar sáile. Canann Conall rann eile den amhrán nuair a shroicheann sé an t-oileán agus deirtear linn go bhfuil sé cosúil le 'macalla'.[88] Is léir go seasann Conall agus Eibhlíse mar shiombail d'aontacht na nÉireannach agus iad ar an oileán. Bíonn aontacht eatarthu ar an mórthír chomh maith toisc go bhfuil siad beirt ag maireachtáil faoi shrianta na sochaí – tá Eibhlíse srianta de bharr a hinscne agus tá Conall srianta mar gheall ar a stádas sóisialta. Is áit iargúlta, íonghlan, phríobháideach é an t-oileán, áfach, agus tá saoirse acu ann a ngrá a chur in iúl dá chéile toisc nach gcaithfidh siad cloí le héilimh an phobail ann.

Tagann scáil an Chaiptín Uí Raghallaigh aniar aduaidh ar atmaisféar suaimhneach an oileáin nuair a deir Conall le hEibhlíse gur iarr sé cead air a iníon a phósadh ach dhiúltaigh an Caiptín dó. Tá sé intuigthe go bhfaigheadh Conall cuid de mhaoin an Chaiptín dá bpósfadh sé Eibhlíse, ag tosú le hathshealbhú na talún, rud nach gceadódh an Caiptín choíche. Ar an oileán útóipeach, deirtear linn: 'nuair bhíos fuineadh na gréine thart, tig ciúineas i n-aimsir an éadarsholuis, agus i n-éinfheacht le ciúineas an domhain nádúrtha tig socracht agus síothcháin i gcroidhe an duine'.[89] Ach briseann fuaim urchair ghunna ón mórthír isteach ar shíocháin an oileáin, nuair a chaitear urchar leis an gCaiptín, agus tagann saol poiblí na mórthíre salach ar spás príobháideach na leannán. Deirtear linn ag deireadh an scéil go bhfeictear spiorad Eibhlíse os cionn an locha oícheanta gealaí, rud a léiríonn an coibhneas spioradálta a mhair idir í agus an t-oileán útóipeach, áit a raibh sí ar a suaimhneas.

In 'Sorcha', baineann an t-útóipeachas le lucht na hÉireann-Éireannaí go príomha agus feictear a shuáilcí trí shúile an Mheiriceánaigh, Mr. Carty. Tá an 'dead century' thart, mar a thugann an reacaire ar an naoú haois déag agus tá daoine dóchasach faoi fhéidearthachtaí an fhichiú haois. Tagann ardú anama is intleachta ar Mr. Carty nuair a théann sé thar thairseach na hÉireann-Éireannaí mar feiceann sé pobal aontaithe, glan, fuinniúil, timpeall air agus iad uilig ag treabhadh ar aghaidh ar son na cúise céanna. Bhí a réamhthuairimí faoin tír agus faoin nGaeilge mícheart: chreid sé nach raibh sa Ghaeilge ach 'a corrupt patois broken up by the boundaries of parishes – intelligible only to peasants within a narrow range – a poor, decrepid weakling soon to be laid aside for ever', ach athraíonn sé a intinn le linn an Oireachtais.[90] Baineann na daoine a dhéanann freastal ar an Oireachtas le chuile aicme, le chuile chearn den tír agus tagann siad le chéile sa phríomhchathair chun ceiliúradh a dhéanamh ar an gcultúr dúchasach. Feiceann siad uilig 'The vision of a nation's rebirth', agus deir an reacaire linn gur rud é seo atá 'undreamt of in Harvard philosophy'. De réir mar a chuireann Mr. Carty aithne ar na Gaeil agus ar thimpeallacht iargúlta na hÉireann, tuigeann sé go bhfuil 'paradise' timpeall air, 'unimagined in all the days of his day-dreams'. Déanann sé iarracht féiniúlacht Éireannach a chruthú dó féin agus glacann sé leis an leagan Gaelach dá shloinne:

'MacCarthy'. Cosúil le hEibhlíse agus Conall in *Grádh agus Crádh,* seasann Mr MacCarthy agus Sorcha mar shiombail de thodhchaí na hÉireann. Tá Gaeilge ón gcliabhán ag Sorcha, tá sí óg, soineanta is tírghrách agus déantar idéalú uirthi ar an gcaoi chéanna a ndéanann Pádraic Mac Piarais idéalú ar pháistí na Gaeltachta in *Íosagán agus Sgéalta Eile.* Measann Declan Kiberd go bhfuil an páiste ina 'agent of redemption, bearing messages to a fallen adult world', i saothar Mhic Phiarais agus d'fhéadfaí a áiteamh gurb ionann é sin agus ról Shorcha sa scéal seo.[91] Ina theannta sin, is duine éirimiúil agus tuisceanach é Mr MacCarthy agus deirtear linn 'they will do good to the soul of Ireland', agus iad pósta.

Tá codarsnacht shuntasach idir an t-útóipeachas a thagann chun solais i scéalta Ní Fhaircheallaigh agus íomhánna an diostóipeachais iontu go léir. In 'Sorcha', cruthaítear Éire mar thír thairngire agus Meiriceá mar áit ifreanda. Deir an reacaire i dtaobh Mr. Carty:

> To a man brought up in the bustle of American city life the language festival comes as a revelation of a condition of things utterly impossible in the New World, with its medley of peoples and its rush for power.

(murab ionann is íonghlaineacht chine na nGael de réir dealraimh). Tar éis dó seal a chaitheamh in Éirinn, samhlaíonn Mr. Carty go bhfuil a bhaile dúchais, Chicago, cosúil le: 'a hideous monster breathing forth a thick black smoke, and in the city's din afar off he can hear nought but the cry of damned souls'. Cé nach raibh Sorcha riamh i Meiriceá, b'fhearr léi fanacht in Éirinn ná Mr. Carty a phósadh agus imeacht go Meiriceá in éineacht leis:

> 'America! America!' She cries in a frightened way as she looks at her American scholar. 'I forgot that! It can never be! I could not live out of Ireland! Anything else; but I can't do that'.[92]

Ní bhíonn uirthi a tír dhúchais a roghnú thar Mr. Carty áfach, mar níl fonn air a shaol a chaitheamh i Meiriceá a thuilleadh, i ndiaidh dó áilleacht na hÉireann a fheiceáil. Cé go gcáineann Ní Fhaircheallaigh dúil iomarcach na n-imirceach i maoin an tsaoil go han-mhinic, admhaíonn sí trí charachtar Mr. Carty 'American dollars won't do this poor country any harm'.[93]

Fearacht 'Sorcha', tá feidhm na bolscaireachta le feiceáil go smior in *An Cneamhaire* agus déanann carachtair an scéil seo cur síos ar Mheiriceá i dtéarmaí an diostóipeachais chomh maith. Glacann Máire leis go mbeadh a saol oibre ní b'fhusa i Meiriceá ná mar atá sé ar Inis Meáin. Mar a deir sí: 'ní bhíonn éan-sglábhaidheacht orra i nAimeiriocá mar bhíonns 'san áit seo!'[94] I dtosach báire, déanann Peadar iarracht athchomhairle a chur uirthi agus é ag insint di gur chuala sé 'nach bhfuil sclábhuidhe 'sa domhan mór acht an cailín aimsire bocht 's na bailtibh móra ann [i Meiriceá]'.[95] Ach is é an cneamhaire, an seanfhear críonna, a thugann le fios di óna thaithí féin nach raibh ach droch-chinniúint i ndán dóibh siúd a d'imigh go Meiriceá. 'Aimeiriocá! Mo sheacht míle mallachtan ort mar Oileán Úr', ar sé agus é ag insint do Mháire gur chaith sé a óige ag carnadh na bpinginí i Meiriceá fad is a bhí a ghrá ag fáil bháis leis an ocras in Éirinn.[96] Tá sé fós gafa le galar tógálach na sainte agus admhaíonn sé go mbíonn 'an t-airgead mar fuil os comhair mo dhá shúil – go dearg, go dearg i gcomhnuidhe'.[97] Tuigeann sé drochthionchar an airgid a chuir isteach air den chéad uair nuair a d'imigh sé go Meiriceá. Cé go bhfuil airgead anois aige, ní fiú é gan ghrá is gan chomhluadar. Is duine coimhthíoch, cantalach anois é, rud a shoiléiríonn an bhearna chultúrtha idir an pobal a d'fhan agus na himircigh a d'fhill abhaile tar éis blianta a chaitheamh i Meiriceá: téama a ndéanann Máirtín Ó Cadhain forbairt air sa scéal 'An Taoille Tuile' in *An Braon Broghach*.[98]

Pobal idirspleách a mhaireann ar Inis Meáin ach tugtar le fios go mbíonn gach duine ag obair ar mhaithe leo féin i Meiriceá: tugann Ní Fhaircheallaigh le fios go mbíonn na hÉireannaigh ag obair do dhaoine eile mar chineál sclábhaithe i Meiriceá ach go mbíonn siad ag obair ar son a muintire agus an phobail ina n-áit dhúchais.[99]

Baineann *An Cneamhaire* le seánra frithimirceach na litríochta a bhí ag bailiú nirt in Éirinn ag tús an fhichiú haois taobh istigh den ghluaiseacht Éire-Éireannach. Tá bolscaireacht ann ar mhaithe le polasaí na féinchothaitheachta Éireannaí a chur chun cinn agus na mná óga, máithreacha na chéad ghlúine Gael eile, a choimeád in Éirinn. Chum Lily Ní Fhaircheallaigh, deirfiúr óg Úna, scéalta frithimirceacha an tráth sin,[100] agus b'amhlaidh a rinne Máire Ní Chillín agus Máire de Buitléir agus iad ag scríobh don *United Irishman*, do *An Claidheamh Soluis* agus don *Irish Independent*.[101] Ag an am céanna, bhí baint ag na conraitheoirí P.J. Keawell agus Peadar Ua Laoghaire leis 'An Cumann Frith-Imirceach', ar cuireadh tús leis i mBaile Átha Cliath i mí na Bealtaine 1903. Bhí sé mar aidhm ag an gcumann seasamh in éadan na himirce, go háirithe an imirce ó cheantair a raibh an Ghaeilge labhartha beo iontu.[102] Cuireadh tús le feachtas frithimirceach agus baineadh úsáid as sleamhnáin laindéir ('Magic Lanterns' a tugadh orthu sa Bhéarla) chun saol crua na n-imirceach i Meiriceá a léiriú. Bhí tuairimí láidre frithimirceacha ag Ní Fhaircheallaigh dar ndóigh. In *The Reign of Humbug,* mhaígh sí:

> We shudder to think of all the big ships sailing away from our shores with all that freight of human flesh and blood which is to build up the strength of another country.[103]

De réir ailt in *An Claidheamh Soluis* bhí sé de dhualgas ar chuile chonraitheoir 'To discourage emigration amongst Gaels'.[104] Bhí go leor daoine óga ag dul ar imirce ag tús an chéid, mná óga ach go háirithe.[105] Dá bhrí sin, ba chinnte go raibh feidhm na bolscaireachta ag baint le *An Cneamhaire* agus Ní Fhaircheallaigh ag impí ar mhná óga fanacht sa bhaile. Deirtear linn nach bhfuil aon bhean óg eile chomh maith céanna le Máire ar an oileán: 'Cailín stuamdha do b'eadh í Máire, agus deireadh na sean-daoine nach mbeadh a leithéid do mhnaoi tighe ins na trí hoileánaibh ar ball'.[106] Léiríonn sé seo go mbeadh an pobal áitiúil thíos leis dá n-imeodh an bhean ab fhearr san áit ar imirce. Creideann Máire gur 'toil Dé' atá ann agus í ag imeacht ach insíonn Peadar di: 'Ní hé sin toil Dé ach toil an duine atá ann'.[107] Ar an mbealach seo, tugann Ní Fhaircheallaigh le fios go bhfuil rogha ag mná fanacht sa bhaile agus tírghrá a léiriú nó dul ar imirce i dtreo an ábharachais. Nuair a chloiseann Máire scéal an chneamhaire agus an fhírinne faoi Mheiriceá, roghnaíonn sí a baile féin. Deir sí nach bhfuil

> duine 'sa domhan a thuigeanns níos fearr 'ná mise chomh trom agus a bhíonns an ganntar agus an bhochtanacht ag gabháil do mhuinntir Árann – acht 'n-a dhiaidh sin féin fanfad 'sa bhaile i n-ainm Dé.[108]

Seo an dea-dheireadh a chruthaíonn Ní Fhaircheallaigh, an baile spioradálta ag fáil an ceann is fearr ar ghránnacht Mheiriceá agus scoth na mban ag fanacht ar an oileán le cinntiú go mairfidh an chéad ghlúin eile de chainteoirí dúchais slán. Teastaíonn ó Ní Fhaircheallaigh cultúr cianaosta Inis Meáin a chaomhnú mar chuid lárnach d'ath-Ghaelú na míntíre. Cé go bhfuil Máire agus Peadar sona sásta ag deireadh an scéil, ní mór a lua go ngéilleann athair Pheadair don phósadh toisc go n-íocann an cneamhaire spré Mháire i ngan fhios di. Baintear leas as airgead an tseanfhir sa chás seo agus cúitíonn an mhaith an t-olc ann. Mar sin féin, tarraingítear amhras ar an dea-dheireadh agus airgead ó Mheiriceá ag teastáil chun é a bhaint amach. Tá sé íorónta nach bhféadfaí fís útóipeach Ní Fhaircheallaigh ná an Chonartha a bhaint amach gan cúnamh ó Mheiriceá. Bhailigh Dubhghlas de Híde airgead agus é ar camchuairt i Meiriceá sa bhliain 1906 chun cath na Gaeilge sa chóras oideachais a throid in Éirinn[109] agus d'íoc cumainn Mheiriceánacha as 'Sochraid an Athar Eoghan', i bhfómhar na bliana 1903.[110]

Theastaigh ó na conraitheoirí a chaith tréimhsí fada ar Inis Meáin ag foghlaim scoth na Gaeilge, íonghlaineacht na teanga agus na háite sin a choimeád slán ó thionchar truaillitheach na hiasachta. Fearacht Inis Meáin, tá íonghlaineacht ag baint leis an oileán in *Grádh agus Crádh* agus le ginealach Gaelach Chonaill 'duine de shean-phór Uí Raghallaigh'. Leagtar béim ar ghlaineacht na mban óg ar an gcaoi chéanna sna scéalta seo. Déantar cur síos rómánsach ar áilleacht is ar shuáilcí Eibhlíse agus í 'cosamhail le maighdin mara nó le mnaoi ó Thír na n-Óg'.[111] Is amhlaidh an cur síos a dhéantar ar Mháire Bhán in *An Cneamhaire.* Ach seasann 'Sorcha' d'íonghlaineacht is do shoineantacht na hóige:

> She was small and very pretty, in a soft childish way, with fresh colouring and masses of wavy brown hair; but her chief charm lay in the frank expression of her fearless grey eyes.

Cosúil le Conall in *Grádh agus Crádh,* tá ginealach Gaelach aici, murab ionann is Mr. Carty. Is macalla é íomhá na mban seo ar thábhacht na híonghlaineachta sa tsochaí Victeoiriach agus mar shampla d'fhoirfeacht na nGael freisin. Níorbh í Ní Fhaircheallaigh an t-aon duine amháin a chuir béim air seo mar is léir ó *Íosagán agus Sgéalta Eile: Studies of Child Character,* a foilsíodh sa bhliain 1907, go raibh Pádraic Mac Piarais gafa le híonghlaineacht na hóige ach go háirithe.

Cuireann Ní Fhaircheallaigh idéil Éire-Éireannacha éagsúla chun cinn trína saothar bolscaireachta. In *The*

Reign of Humbug, d'iarr sí ar dhaoine 'to give Irish Manufacture a fair trial', ionas go gcuirfeadh an fhostaíocht úr deireadh le 'the snatching of men and women from the temptations of the great cities, West or South'.[112] Tá tábhacht na tionsclaíochta baile luaite in 'Sorcha', nuair a deir cailín óg a fhreastalaíonn ar an Oireachtas le cách 'that her dress was of Irish material'. Insítear dúinn go bhfuil an cailín seo ag foghlaim na Gaeilge i gclochar i mBaile Átha Cliath agus is siombail í de rath na gluaiseachta. Ag an am céanna, tapaíonn Ní Fhaircheallaigh an deis buanna na litríochta Gaeilge a shoiléiriú sa scéal seo. Deir sagart sa scéal 'the loves and the fears and the hopes of our whole people have crystallised themselves into our folk-tales', agus cé gur chreid Mr. Carty ar dtús '[that] modern Irish [...] was hopeless for the purposes of literature', thuig sé go luath go raibh dul amú air.

Scríobh Ní Fhaircheallaigh scéalta sa Ghaeilge agus sa Bhéarla ar mhaithe lena teachtaireacht faoin athbheochan a chur trasna ar léitheoirí difriúla agus chuir sí an Ghaeilge chun cinn i ngach ceann díobh. In *Grádh agus Crádh,* labhraítear trí mheán na Gaeilge cé go mbaineann an scéal seo le suíomh Angla-Éireannach go pointe. Tugann sí le fios go bhfuil an Ghaeilge oiriúnach do chuile aicme ar an gcaoi seo, ní do na daoine bochta amháin. Éiríonn léi cumhacht úr a cheangal leis an nGaeilge agus í á labhairt ag na húdaráis i dteach na cúirte, siombail de choilíniú Shasana. Ach ba mhó an difríocht idir an ficsean seo agus fíorstádas na Gaeilge: cúig bliana tar éis di an scéal seo a chur i gcló, thug sí fianaise os comhair cúirte faoi cheannaí guail ar gearradh fíneáil air toisc go raibh a ainm as Gaeilge scríofa ar a chairt agus cuireadh ina leith go raibh an t-ainm sin doléite dá bharr.[113] In *An Cneamhaire,* baineann Ní Fhaircheallaigh úsáid as carachtar an chneamhaire chun a tuairimí féin i dtaobh na teanga a thabhairt le fios. Insíonn sé scéal faoi bhean Ghaelach a labhraíonn droch-Bhéarla seachas Gaeilge bhlasta le daoine, ach bíonn siadsan ag fonóid fúithi agus ní bhíonn meas ag éinne uirthi. Ceistíonn an cneamhaire dílseacht na n-oileánach don Ghaeilge: 'mbeidh náire oraibh faoi'n nGaedhilge 'labhairt agus gan ach Béarla briste agaibh 'n-a leabaidh?'[114] Ba chóir go mbeadh feidhm reitriciúil ag baint leis an gceist seo tar éis do na hoileánaigh scéal an chneamhaire a chloisteáil agus go leanfaidís leo ag labhairt na Gaeilge. Ag an bpointe seo, tagann carachtar úr isteach sa scéal, Ruaidhrí Beag Mac Donnchadha ar mhaithe le tuairimí Ní Fhaircheallaigh i dtaobh an Bhéarla a bhrú níos faide. Deir an buachaill óg go '[m]Béidh an Béarla againn 'n-a cheart nuair a mhúinfear thríd an nGaedhilge dhúinn é'.[115] Bhain an smaointeachas seo le feachtas an Chonartha chun na hábhair acadúla a mhúineadh trí Ghaeilge sna scoileanna Gaeltachta.

Chuir Ní Fhaircheallaigh 'Sorcha' i gcló sa *Weekly Freeman* chun atmaisféar is idé-eolaíocht na hÉireann-Éireannaí a chur ina luí ar léitheoirí an Bhéarla, óir bhí tionchar ní ba leithne ag baint leis an nuachtán sin ná mar a bhí ag a húrscéilíní sa Ghaeilge. Tá saibhreas cainte le feiceáil in 'Sorcha' nach bhfeicimid ina cuid úrscéilíní toisc nach raibh sí ach ag foghlaim na Gaeilge le ceithre bliana ag an tráth sin. Bhí spéis ag lucht léitheoireachta *Grádh agus Crádh* agus *An Cneamhaire* sa Ghaeilge cheana féin ach theastaigh uaithi léitheoirí 'Sorcha' a earcú le páirt a ghlacadh i ngluaiseacht na teanga. D'fhéadfadh an léitheoir taobh amuigh den ghluaiseacht ionannú a dhéanamh leis an strainséir Meiriceánach, Mr. Carty, a thiteann i ngrá leis an teanga agus leis an gcailín Éireannach le linn an scéil. Cuireadh go leor de litríocht bholscaireachta an Chonartha i gcló sa Bhéarla ag tús an chéid, ó phaimfléid go colúin *An Claidheamh Soluis* agus i nuachtáin Bhéarla, idir náisiúnta agus logánta, an ama sin. Bhí orthu craobhscaoileadh a dhéanamh trí mheán an Bhéarla chun daoine nua a earcú óir níorbh fhéidir le formhór na nÉireannach an Ghaeilge a léamh ag tús na hathbheochana. Cé gur theastaigh ón gConradh a chinntiú go mbeadh an Ghaeilge i réim mar phríomhtheanga na hÉireann sa todhchaí, bhí air an Béarla a úsáid go han-mhinic chun an sprioc sin a chur chun cinn go ceann i bhfad.

Is cinnte go bhfuil laigí le feiceáil i struchtúr scéalta Ní Fhaircheallaigh a scríobhadh sa tríú pearsa. De réir Alan Titley agus é ag déanamh anailíse ar *Grádh agus Crádh*: 'ní leasc léi a ladhar a chur isteach mar údar ar an tseanslí siar agus ar an nós nua ag fáinneáil timpeall ar ais'.[116] Tá *cliché*anna go forleathan i ngach cur síos rómánsach ar áilleacht na mban óg ach luíonn sé sin le réasún agus Ní Fhaircheallaigh fós ina foghlaimeoir. Tugann an léirmheastóireacht a rinneadh ar a scéalta nuair a foilsíodh iad go leor le fios faoi staid na léirmheastóireachta Gaeilge le linn na hathbheochana. Mhol an *United Irishman* Ní Fhaircheallaigh go hard nuair a eisíodh *Grádh agus Crádh*, agus scríobhadh go raibh sé seo 'hopeful for the progress of Irish scholarship', toisc go raibh Ní Fhaircheallaigh óg agus gur éirigh léi an Ghaeilge a fhoghlaim go gasta, comhartha go bhféadfadh daoine óga eile an rud ceannann céanna a dhéanamh agus go mbeadh an teanga slán dá bharr.[117] Mhaígh an tAthair Ó hÍcí gurbh é *Grádh agus Crádh* an t-aon leabhar a d'fhoilsigh Coiste na bhFoilseachán sa Ghaeilge gan botún cló a bheith ann (bhí seisean i mbun na heagarthóireachta).[118] Agus é ar cuairt ag Craobh Locha Ramhar i gCo. an Chabháin, suíomh *Grádh agus Crádh*, mhol sé do mhuintir na háite an scéal seo, ar ar thug sé '[a] very charming story in Gaelic' a léamh ionas go bhfeicfidís 'the high literary skill which she had applied to her subject'. Ní dhearna éinne anailís chriticiúil ar an úrscéilín, ach ba léir go raibh éileamh de chineál éigin ar an leabhar mar cuireadh an dara heagrán i gcló cúpla mí i ndiaidh an chéad chló.[119] Nuair a foilsíodh *An Cneamhaire,* moladh Ní Fhaircheallaigh arís sna nuachtáin, ach bhí an anailís chriticiúil chomh gann céanna. Theastaigh ó Chonradh na Gaeilge misneach a thabhairt do na scríbhneoirí óga ach níor chuir éinne comhairle orthu faoin gcaoi ab fhearr le snas a chur ar a gcuid scríbhneoireachta. Mar shampla, scríobhadh i dtaobh Ní Fhaircheallaigh in *Irisleabhar na Gaedhilge* go raibh 'feabhas ag teacht ar an ughdar, acht n-a dhiaidh soin is uile n'íl 'An Cneamhaire' gan locht, agus dar ndóigh n'íl saoi gan locht'.[120] Ós rud é go bhfuil comharthaí athfhriotail timpeall 'An Cneamhaire' tá an abairt débhríoch: ní féidir a bheith cinnte an bhfuil an leabhar nó an carachtar i gceist.

I litir chuig *An Claidheamh Soluis* sa bhliain 1902, thug an tAthair Pádraig Ó Duinnín le fios 'The Irish language [...] is entirely barren in the field of critical literature'; bhí sé den tuairim nach bhféadfaí an fhadhb sin a shárú go héasca mar gheall ar an 'entire absence in modern Irish of the technical terms which are the ordinary stock-in-trade of the literary historian and critic'.[121] Ina theannta sin, chreid sé nach raibh léirmheastóirí maithe ann, óir: 'a great critic is as rare a being as a great poet or a great prose writer', agus ní raibh file ná scríbhneoir maith próis tagtha chun cinn sa Ghaeilge ag an bpointe sin.[122]

Ní dheachaigh ach criticeoir comhaimseartha amháin i ngleic le haon ghné de shaothar Ní Fhaircheallaigh, is é sin Risteard de Hindeberg, sagart Caitliceach, a scríobh sraith cháiliúil dar teideal 'Revival Irish' in *The Leader*. Sa tsraith seo, cháin sé scríbhneoirí is scríbhneoireacht nua-aimseartha na Gaeilge. Thar chúig seachtaine ó mhí na Nollag 1908 go deireadh mhí Eanáir 1909, dhírigh sé ar ghnéithe de *An Cneamhaire,* mar ba shárshampla é *An Cneamhaire,* de réir de Hindeberg, de chuile locht a bhain le litríocht na hathbheochana, agus rinne sé ionsaí fíochmhar air. I measc ghearáin an tsagairt, bhí ról lárnach théama an ghrá sa scéal:

> the love ingredient of modern books represents foreignism, the fellest and direst in kind and degree and our very elemental instincts should warn us that that thing we must kill, or die.[123]

Ghoill an rómánsachas i bhfoirm bogha cheatha a ndearna Ní Fhaircheallaigh cur síos air go mór ar an sagart, óir ní raibh ann ach 'applied tinsel having no connection whatsoever with the plot, and of course unendurable in Irish composition'.[124] I dtaobh struchtúr an scéil: 'It frankly out-Englishes English'.[125] Shíl sé go raibh áit do shaothar Ní Fhaircheallaigh in irisí na mban amháin.[126] Sa tsraith seo, theastaigh ó de Hindeberg a léiriú '[that] Revival Irish [...] is a failure in that it lacks the first essential of continuity with the past'.[127] Níl aon amhras faoi ach gur tháinig Ní Fhaircheallaigh faoi thionchar litríocht Shasana a raibh drochmheas aici uirthi ach tugann cáineadh ainmheasartha de Hindeberg claontaí coimeádacha le fios, ní hamháin i dtaobh na nua-litríochta ach i dtaobh litríocht na mban freisin. Thug sé sonc do *Íosagán agus Scéalta Eile* i ndiaidh *An Cneamhaire* agus áitíodh in *An Claidheamh Soluis* gur cháin de Hindeberg 'all our young authors', cé nach ndearna sé aon iarracht 'to compete for laurels with even the youngest of our writers'.[128] Cháin de Hindeberg *An Cneamhaire* toisc nach raibh sé 'in line with any Irish literature that ever was before', ach d'aithin criticeoirí eile ó shin go raibh Ní Fhaircheallaigh ag déanamh iarrachta dul i dtreo nua scríbhneoireachta.[129] 'Dob inspéise na hiarrachtaí fé úirsgéalaidheacht na nua-aimsireachta iad' scéalta Ní Fhaircheallaigh de réir Mhuiris

Uí Dhroighneáin.[130] Tá comhthéacsú cuimsitheach déanta ag Brian Ó Conchubhair ar *Grádh agus Crádh* le déanaí agus is léir dó gur 'iarracht é chun scéal mná óige in Éirinn a thuiscint'.[131]

Tugann Máirtín Ó Cadhain le fios in *Páipéir Bhána Agus Páipéir Bhreaca* nár ghlac de Hindeberg le haon ghné den nua-litríocht:

> Ní hé amháin nach nglacfadh Henebry le caint nua-aimsire ach ní ghlacfadh sé le nua-aosacht ar bith, le scéalaíocht ná le hinseacht ná le ábhar nua-aimsire taobh amuigh den bhéaloideas.[132]

Mhaígh de Hindeberg 'Irish linguistic purity [...] shall be my only standard', agus níorbh fhéidir é a shásamh mar bhíodh an teanga de shíor ag athrú, ag forbairt agus ag teacht faoi thionchar na hiasachta.[133] Níor bhain an meon seo le de Hindeberg amháin: chuir an tAthair Peadar Ua Laoghaire leis an tuairim go raibh litríocht íon ag teastáil sa Ghaeilge, agus mhaígh sé in *Mo Scéal Féin* gur theastaigh uaidh leabhar a scríobh 'a mbeadh caint ann a bheadh glan ó na lochtanna a bhí i bhformhór chaint na bhfilí'.[134] *Séadna* a bhí mar thoradh ar an iarracht sin. Bhí conraitheoirí eile sa tóir ar an nGaeilge labhartha íon chomh maith agus iad ag caitheamh a gcuid laethanta saoire ar Inis Meáin, ach mar sin féin, bhí leithéidí Mhic Phiarais agus Ní Fhaircheallaigh toilteanach múnlaí liteartha na hiasachta, cinn an Bhéarla san áireamh, a úsáid. Cé nár aontaigh lucht na Gaeilge faoin gcaoi ab fhearr le litríocht nua a chumadh, bhí siad uilig ar aon intinn go raibh ról na litríochta ríthábhachtach i gcruthú na féiniúlachta nua Éireannaí.

Cé is moite d'úrscéilíní is de ghearrscéal, bhí baint ag Ní Fhaircheallaigh le mórshaothar amháin ag tús an fhichiú haois: *Leabhar an Athar Eoghan: The O'Growney Memorial Volume*. Foilsíodh an leabhar dátheangach seo i mí na Bealtaine 1904 agus Ní Fhaircheallaigh mar eagarthóir air. Bhí difríocht ollmhór idir an leabhar seo agus a cuid scéalta cé go bhfuil a scileanna bolscaireachta le sonrú sa saothar seo chomh maith.[135] Thug an leabhar cuimhneacháin seo fianaise scríofa ar shaol an Athar Uí Ghramhnaigh, comhbhunaitheoir an Chonartha, agus ar chumhacht an Chonartha in Éirinn. Mhaígh Ní Fhaircheallaigh i réamhrá an leabhair: 'The Story of O'Growney is the story of our language movement' agus tá a bheathaisnéis agus an ghluaiseacht fite fuaite lena chéile tríd an leabhar.[136] D'áitigh *Irisleabhar na Gaedhilge* gurbh é seo 'an leabhar is mó, ar cheist ag baint le Connradh na Gaedhilge, dár cuireadh i gcló fós'.[137] Dá bhrí sin, bhí feidhm sa bhreis ag baint leis an leabhar seo chomh maith le scéal a insint: léiriú ar mhóréileamh is rath na gluaiseachta Éireann-Éireannaí a bhí ann. Thug sé fianaise don léitheoir faoi thionchar is chumas an Chonartha agus é ag slógadh na nÉireannach le páirt a ghlacadh sa ghluaiseacht seo. Thug sé athdheimhniú do na conraitheoirí féin go raibh ag éirí go maith lena gcúis. Ina theannta sin, chruthaigh agus chinntigh an leabhar seo áit lárnach an Chonartha agus Uí Ghramhnaigh i stair chomhaimseartha na hÉireann.

Theastaigh ó Ní Fhaircheallaigh go seasfadh *Leabhar an Athar Eoghan* mar 'the genuine product of Irish Ireland', is go dtabharfadh sé le fios do mhuintir na hÉireann go bhféadfaidís a bheith féinchothaitheach dá mba mhian leo. Táirge de dhéantús 'purely native materials' na hÉireann a bhí ann: clóbhuaileadh é ar pháipéar de dhéantús na hÉireann i mBaile Átha Cliath agus mhaígh Ní Fhaircheallaigh nach raibh sé furasta a leithéid a dhéanamh ag an am sin.[138] Ba é buntáiste an dátheangachais go bhféadfadh lucht an Bhéarla, nach raibh tuiscint acu ar an ngluaiseacht, léargas a fháil ar a suáilcí agus a bheith báúil léi dá bharr. D'aontaigh na conraitheoirí mór le rá gur ghlac Ó Gramhnaigh páirt an-tábhachtach sa ghluaiseacht ag tús a ré mar ba é an chéad scoláire a rinne iarracht an Ghaeilge a chraobhscaoileadh i measc an ghnáthphobail, nuair a cuireadh a *Simple Lessons* i gcló sa *Weekly Freeman* sa bhliain 1894.[139] Bhí súil ag Ní Fhaircheallaigh go mbeadh tionchar fairsing ag *Leabhar an Athar Eoghan* ar mhuintir na hÉireann, mar a tharla i gcás *Simple Lessons* ó pheann Uí Ghramhnaigh. Bhreathnaigh sí i dtreo na todhchaí Gaelaí le dóchas agus d'áitigh sí '[s]ome day, when O'Growney's message will be welcomed by all his people, the proud privilege may be given me of re-telling the story in the language we love'.[140]

Roghnaigh Conradh na Gaeilge bean mar eagarthóir ar leabhar cuimhneacháin Uí Ghramhnaigh agus ba léiriú é seo ar a mheon fadradharcach, a ghlac le mná mar chuid thábhachtach den tsochaí úr Ghaelach. Cé gur scríobh breis is dosaen fear ailt don leabhar seo, ba í Ní Fhaircheallaigh an t-aon bhean amháin a bhí páirteach san fhiontar toisc nach raibh na cáilíochtaí eagarthóireachta cuí ag formhór na mban le linn na tréimhse sin. Tionscnamh ollmhór a bhí in *Leabhar an Athar Eoghan,* mar a thug Ní Fhaircheallaigh le fios i litir chuig Hanna Sheehy i mí na Bealtaine, 1904. 'My life has not been my own since Christmas with this book', ar sí.[141] Tá fianaise ann go raibh comhfhreagras áirithe idir Ní Fhaircheallaigh agus Ó Gramhnaigh cúpla bliain sula bhfuair seisean bás, ach níor chas sí riamh leis mar d'imigh sé go Meiriceá sa bhliain 1894 mar gheall ar a dhrochshláinte.[142] Is léir ó cháipéisí Ní Fhaircheallaigh gur lean sí litreacha agus tuairiscí faoi shaol Uí Ghramhnaigh sna nuachtáin nuair a d'imigh sé thar lear ach chomh dócha lena athrach, chuir sí aithne cheart ar Ó Gramhnaigh trí na scéalta a d'inis muintir Inis Meáin di.[143] Dúradh ina thaobh 'his labours were of the silent sort; he avoided wholly the propaganda of noise'; ach a mhalairt a bhí le feiceáil le linn a shochraide poiblí in Éirinn agus in *Leabhar an Athar Eoghan* féin.[144]

Nuair a d'éag an tAthair Eoghan Ó Gramhnaigh in San Francisco sa bhliain 1899, cuireadh tús le feachtas i measc na nGael le go dtabharfaí a chorp ar ais go hÉirinn, rud a cuireadh i gcrích ar an 25 Meán Fómhair 1903.[145] Bhí na sluaite i láthair ag an tsochraid a d'imigh ó Chorcaigh go Maigh Nuad agus rinne na nuachtáin réigiúnacha agus náisiúnta an-chur síos uirthi. Dá bhrí sin, léiriú ar aontacht an Chonartha a bhí ann agus ar a chumas daoine a thabhairt le chéile agus chuidigh stádas Uí Ghramhnaigh mar shagart Caitliceach leis an aontacht sin. Níorbh aon ionadh é gur bheartaigh an Conradh buaicphointe a chuid oibre a thaifead i bhfoirm leabhair óir ráiteas láidir náisiúnaíoch a bhí ann. Cheangail an Conradh a chúis féin le cúis na hEaglaise Caitlicí agus iad ag ceiliúradh 'the apostle of Gaeldom', tar éis dó filleadh abhaile.[146] De réir Ní Fhaircheallaigh, tháinig Ó Gramhnaigh 'from the land of the Béarla and his mission was one of unity and brotherhood through the common language of the country'.[147] Mar mhacalla air seo, d'fhreastail daoine ó chuile eagraíocht náisiúnaíoch ar a shochraid: lucht na hEaglaise, an Chonartha, Cumann Lúthchleas Gael, an saibhir agus an daibhir. Nó, mar a dúirt Ní Fhaircheallaigh: 'bishops and priests and people – all mingled as one in the funeral [...] for this was Ireland – the Ireland that is of every class'.[148] Cruthaíodh aontacht shamhailteach idir na daoine a d'fhreastail ar an tsochraid, idir Gaeil na hÉireann agus Gaeil Mheiriceá. Eagraíodh searmanais in San Francisco, Chicago agus Nua-Eabhrac fad is a bhí corp Uí Ghramhnaigh sna cathracha sin ar an mbealach go hÉirinn, agus chuir na cumainn Ghaelacha i Meiriceá na searmanais sin chun cinn 'with all the pageantry associated with their great public displays'.[149] Tháinig corp Uí Ghramhnaigh i dtír i gcuan Bhaile na Ríona (An Cóbh) agus gníomh siombalach a bhí ann óir samhlaíodh an Cóbh leis an imirce ag an tráth sin. De réir Mháire de Buitléir: 'It is the outlet through which flows a ceaseless stream of the nation's life-blood'.[150] Cuireadh Ó Gramhnaigh i Maigh Nuad, a dheimhnigh an nasc idir an Ghaeilge agus an Caitliceachas ag an tráth sin.[151]

Roinn Ní Fhaircheallaigh an leabhar seo i dtrí chuid agus cuireann sí Conradh na Gaeilge chun tosaigh ann óir baineann an chéad chuid le tábhacht is fairsinge an Chonartha. Beathaisnéis an tsagairt atá sa dara cuid agus baineann an tríú cuid le scríbhinní Uí Ghramhnaigh. Tugann an chéad chuid den leabhar eolas don léitheoir ar an gcaoi ar shocraigh Coiste Gnó an Chonartha corp Uí Ghramhnaigh a thabhairt abhaile agus tráchtann ar aistear an choirp ó Mheiriceá go hÉirinn. Tugann Ní Fhaircheallaigh mionchur síos ar an atmaisféar agus ar an bhfáilte a fearadh roimh Ó Gramhnaigh nuair a shroich an long ina raibh a chorp cuan Chorcaí:

> It was a time indescribable in its mingled feelings; but ever present was the pride and the sadness of our Sagart's return. There in the midst of all was the casket in its massive case of oak clasped in copper, and with bated breath we watched them move it into the Tender.
>
> Then we gathered around what remains to us of Father Eugene, and we turned our faces from the West, for the West had given up to us what was the holiest and best beloved of all her great Dead.[152]

Is mór an difríocht idir an cur síos rómánsach agus idéalaithe a rinne Ní Fhaircheallaigh ar chaoineadh poiblí a bháis agus an cur síos a rinne an drámadóir Seán Ó Cathasaigh ar an ócáid úd ina dhírbheathaisnéis:

> What a flutter there was when *his* body was brought all the way from California to be buried in Maynooth College [...] All the Gaelic chiefs from Cork and Kerry were there, with Oona Fearally and Edward Martyn, freshly tonsured, broadly belted with holy beads, his little boxed-up soul safe

> for the time being in the midst of the clerical cargo present on the cold quay. Out they went in the jumpy tender to watch the coffin being lowered from the great Campania, a rich affair – as Hyde tells us himself – costing a couple of hundred pounds or thereabouts.[153]

Cé gur cuntas aorach é seo, léiríonn sé go raibh drámaíocht mar chroílár bholscaireacht an Chonartha le linn shochraid phoiblí Uí Ghramhnaigh.

In *Leabhar an Athar Eoghan,* baineann an cur síos a dhéanann Ní Fhaircheallaigh ar an Athair Ó Gramhnaigh lena fís útóipeach féin do thodhchaí na hÉireann thar aon ní eile. Cuireann sí an tAthair Ó Gramhnaigh os comhair na léitheoirí mar 'a seer of visions'; físeanna a bhain an Conradh amach i ndiaidh a bháis.[154] Áitíonn sí gur roghnaigh sé an fhéiníobairt ar son na teanga mar de bharr a chuid oibre ar a son 'his health was undermined, and his life was only prolonged by an exile of some years beyond the western mountains of America'.[155]

Rinne Ó Gramhnaigh cinneadh an Ghaeilge a fhoghlaim gan cabhair ó éinne agus bhunaigh sé féin agus scata beag díograiseoirí teanga Conradh na Gaeilge agus constaicí ollmhóra le sárú acu, óir 'everything was against them'.[156] Labhraíonn sí faoin sagart a fuair bás in aois a mhaitheasa i dtéarmaí na mairtíreachta agus tá sé mar chuspóir aici an ceangal idir fís Uí Ghramhnaigh agus fís an Chonartha a chur chun cinn. Ag an tráth sin, bhí an Conradh ag troid ar son na Gaeilge sa chóras oideachais agus mhaígh sí:

> he was a dreamer but his [dreams] were such as brighten the hopes of a nation. His ideal was intellectual freedom, and this ideal may be ours if we will'.[157]

Conraitheoirí ag tabhairt chónra an Athar Uí Ghramhnaigh i dtír i gcuan Bhaile na Ríona sa bhliain 1903. Tá Úna Ní Fhaircheallaigh, Dubhghlas de Híde agus Eoin Mac Néill le feiceáil sa phictiúr seo a céadfhoilsíodh in *Leabhar an Athar Eoghan*

Foilsíodh i bhfad ní ba mhó léirmheasanna ar *Leabhar an Athar Eoghan* ná mar a foilsíodh i gcás úrscéilíní Ní Fhaircheallaigh, toisc go raibh lucht an Bhéarla in ann é a léamh. Dhírigh cuid de na léirmheasanna ar an tsochraid féin agus d'áitigh an *United Irishman*:

> From the days of King Dathi [sic], save when the chivalrous MacManus was brought home dead, there has been no such funeral procession as that of the priest whose name ten years ago was unknown to nine-tenths of his people.[158]

Leag an *Irish Times* béim ar 'the pioneer [...] of the Irish language movement',[159] agus mhol an *Celtic Review* Ní Fhaircheallaigh go hard:

> Miss O'Farrelly, herself a tireless worker for Gaelic, has done excellently what must have involved much labour and care, and the result shows that her heart as well as her brain and hand shared in the work.[160]

Fearacht Ní Fhaircheallaigh, bhí súil ag lucht *Irisleabhar na Gaedhilge* go ngríosódh beathaisnéis Uí Ghramhnaigh an lucht léitheoireachta leis an teanga a chur chun cinn:

> badh cheart do gach fíor-Ghaedheal an cuntas so ar bheathaidh, ar shaothar is ar thréithibh an Athar Eoghan a léigheann is a mheabhrughadh, agus aithris a dhéanamh ortha i n-a bheathaidh féin.[161]

Glacadh leis gur éirigh le Ní Fhaircheallaigh 'the genuine product of Irish Ireland', a chur os comhair an phobail agus tuar dóchais a bhí sa mhéid sin go bhféadfaí tionsclaíocht na hÉireann a chothú is a fhorbairt.[162] An Cló-Chumann a chuir an leabhar seo i gcló agus a chuir *An Claidheamh Soluis* i gcló fosta. Nuair ba léir go raibh fadhbanna airgeadais ag baint leis an teach clódóireachta seo, cheannaigh Conradh na Gaeilge é.[163] De réir Dhubhghlais de Híde in *Mise agus an Connradh*:

> Do chuir Úna Ní Fhaircheallaigh agus Tomás Bán i bhfad níos mó ann ná do chuir mise. Bhí súil aca is dóigh nach gcaillfeadh siad a gcuid airgid, ach bhí mise cinnte ó thús go gcaillfinn mo chuid féin. Agus is mar sin thárla … do chaill mé féin agus gach duine eile gach uile phingin do chuireamar ann![164]

Sa bhliain 1908, cuireadh comhlacht príobháideach dar teideal 'Clódhanna Teoranta' ar bun chun foilseacháin an Chonartha a chlóbhualadh. Cheannaigh Ní Fhaircheallaigh scaireanna sa chomhlacht úr ach chaill sí airgead san fhiontar sin chomh maith.[165] Thug Ní Fhaircheallaigh airgead d'fhiontair an Chonartha go han-mhinic agus is cosúil gur íoc sise as cuid de chostais *Leabhar an Athar Eoghan*.[166] Ach chreid sí i gcónaí go raibh nithe eile ní ba thábhachtaí ná an t-airgead:

> the contributions in money towards Language purposes are as nothing compared to the lavish contributions in time and energy – I might also say in life-blood – which went to build the organization.[167]

B'fhéidir gurbh í Eibhlín Ní Niocaill an té a rinne an cur síos ab fhearr ar dhearcadh an Chonartha i leith litríocht na Gaeilge. In alt dar teideal 'Some thoughts about the future of Irish literature', a foilsíodh in *An Claidheamh Soluis* i mí an Mheithimh 1909, dhá mhí sular bádh í, mhaígh sí i dtaobh na gconraitheoirí:

> All their thoughts are centred on the goal, [of] an Irish-speaking Ireland, holding her due place amongst the nations. To all but these, the idea of a future Irish literature is an absurdity; to them there is no subject of more absorbing interest.[168]

Tar éis di *Leabhar an Athar Eoghan* a chur in eagar, d'iompaigh spéis Ní Fhaircheallaigh i dtreo an oideachais. Múinteoir a bhí inti agus chuaigh sí i mbun feachtais ar son chomhionannas na mban san ollscoil agus ghlac sí páirt i gcath na Gaeilge sa chóras oideachais. Cé nach raibh an t-am aici chun litríocht a chruthú a thuilleadh, lean sí uirthi ag déanamh staidéir ar litríocht na Gaeilge, á múineadh agus á cur chun cinn. Bhí baint aici le cumainn éagsúla liteartha, cosúil leis an 'National Literary Society', a chuir George Sigerson ar bun sa bhliain 1892 chun litríocht, ceol agus ealaín na hÉireann a chur chun cinn.[169] Ó thús an fhichiú haois, bhí sí gníomhach sa chumann seo, toghadh ar an gcoiste í sa bhliain 1907 agus bhí baint aici leis go dtí go bhfuair Sigerson bás.[170] D'eagraigh Sigerson 'Sunday evening dinner-parties' ina theach fad is a mhair sé, 'where so much of Literary Ireland used to be present'.[171] Bhí cuimhne mhaith ag Joseph Holloway, an díograiseoir amharclainne, ar na laethanta sin:

> the many happy Sunday evenings I passed at No. 3 Clare Street where I used to meet at dinner Con Curran, Agnes O'Farrelly, Mary Hayden, old John O'Leary [...] and Mr. and Mrs. (Dora) Shorter, whenever they visited town.[172]

Beagnach fiche bliain ina dhiaidh sin, chuir Ní Fhaircheallaigh peann ar pár arís chun filíocht a chumadh agus bhí an-chosúlacht idir téamaí a físe Gaelaí san fhilíocht sin agus téamaí a cuid úrscéilíní ag tús an chéid.

Nótaí

1 *Freeman's Journal*, 28/10/1899, 6.
2 *Fáinne an Lae*, 11/06/1898, 6.
3 *Freeman's Journal*, 27/10/1900, 6; Charles Welsh (eag.), *Irish* Literature, X (Philadelphia: John D. Morris & Co., 1904), 4026.
4 Butler, 'Agnes O'Farrelly And Aran: Some Memoirs', in *The Capuchin Annual* (1952), 477.
5 Féach Páipéir Bhriain Mhic Giolla Phádraig, Clúdach 5, Acadamh Ríoga na hÉireann, Baile Átha Cliath.
6 *St. Stephen's: A Record of University Life*, 1.3 (Nollaig 1901), 50.
7 *Irish Times*, 11/06/1902, 6.
8 Féach Sister M. Benevenuta, O.P., 'St. Mary's University College', in *University Review*, 3.4 (1963), 42.
9 D. P. Moran, *The Philosophy of Irish Ireland*, 98; *An Claidheamh Soluis*, 29/04/1899, 105–106.
10 Philip O'Leary, *The Prose Literature of the Gaelic Revival 1881–1921* (Pennsylvania: The Pennsylvania State University Press, 1994), 53.
11 Úna Ní Fhaircheallaigh, *The Reign of Humbug* (Dublin: Gaelic League, 1901), 5.
12 *An Claidheamh Soluis*, 11/05/1901, 134.
13 Ní Fhaircheallaigh, *The Reign of Humbug*, 11.
14 Ibid., 10.
15 Ibid., 9.
16 Ibid., 2.
17 Ibid., 6.
18 'The Gaelic League': paimfléad curtha i gcló i mí Dheireadh Foghmhair 1896. (Cóip i Leabharlann Náisiúnta na hÉireann, Baile Átha Cliath.)
19 *Annual Report of the Gaelic League 1901–2 and Proceedings of the Árd-Fheis, 1902* (Dublin: The Gaelic League, 1902), 13; Ruth Dudley Edwards, *Patrick Pearse: The Triumph of Failure*, 41–44.

20 *Freeman's Journal*, 13/02/1901, 6.

21 Donncha Ó Súilleabháin, *Athbheochan na Gaeilge – Cnuasach Aistí* (Baile Átha Cliath: Conradh na Gaeilge, 1998), 87.

22 George Moore, *Confessions of a Young Man* (Harmondsworth: Penguin, 1939), 268.

23 Douglas Hyde, *The Gaelic League And Politics* (Dublin: Cahill & Co., 1914), 7.

24 *An Claidheamh Soluis*, 11/02/1911, 8.

25 Úna Ní Fhaircheallaigh (eag.), *Filidheacht Sheagháin Uí Neachtain: Cuid a hAon* (Baile Átha Cliath: Connradh na Gaedhilge, 1908).

26 Féach Diarmuid Breathnach agus Máire Ní Mhurchú (eag.), *1560–1781: Beathaisnéis* (Baile Átha Cliath: An Clóchomhar, 2001), 161–163; Breandán Ó Buachalla, *Aisling Ghéar* (Baile Átha Cliath: An Clóchomhar, 1996), 269.

27 Ní Fhaircheallaigh chuig Mac Néill, 21/11/1901, Páipéir Mhic Néill, LNÉ, Lámhscríbhinn 10,882.

28 Ní Fhaircheallaigh (eag.), *Filidheacht Sheagháin Uí Neachtain*, 2.

29 Ní Fhaircheallaigh, *Smuainte Ar Árainn*, 23.

30 Virginia Woolf, *A Room of One's Own* (London: The Hogarth Press, 1974), 117.

31 Ibid., 6.

32 Ní Fhaircheallaigh chuig Hanna Sheehy, 18/07/1900, Páipéir Sheehy Skeffington, LNÉ, Lámhscríbhinn 41,177/37.

33 Féach James Joyce, *Ulysses*, eag. Hans Walter Gabler (London: The Bodley Head, 2002), 286.

34 Féach Lyn Pykett, *Engendering Fictions: The English Novel in the Early Twentieth Century* (London: Edward Arnold, 1995), 55.

35 Féach Gustave Flaubert, *Madame Bovary* (London: Penguin Books, 1995); Alison Finch, *Women's Writing in Nineteenth-Century France* (Cambridge: Cambridge University Press, 2000), 81.

36 Féach Diarmuid Breathnach agus Máire Ní Mhurchú (eag.), *1882–1982: Beathaisnéis a Dó* (Baile Átha Cliath: An Clóchomhar, 1990), 157.

37 *Gleann na Sidheog* (1902), *An Dúthchas* (1908), *Sidheoga na mBláth* (1909).

38 Féach *United Irishman*, 04/10/1902, 2; *United Irishman*, 21/10/1902, 2.

39 Bhí dlúthbhaint ag Norma Bhortuic le Conradh na Gaeilge ag deireadh an naoú haois déag, ach chuaigh an bhaint sin i léig i rith laethanta luatha na haoise nua. Féach Diarmuid Breathnach agus Máire Ní Mhurchú (eag.), *1882 – 1982: Beathaisnéis a hAon* (Baile Átha Cliath: An Clóchomhar, 1986), 93-94; Breathnach agus Ní Mhurchú (eag.), *1882-1982: Beathaisnéis a Dó*, 22.

40 Ní Chinnéide, *Máire de Buitléir: Bean Athbheochana*, 145.

41 Ibid., 39–43.

42 *Weekly Independent and Nation*, 04/07/1903, 19.

43 Mary E.L. Butler, *The Ring of Day* (London: Hutchinson, 1906).

44 Ní Chinnéide, *Máire de Buitléir: Bean Athbheochana*, 145.

45 Feictear cuid den ábhar a chum Ní Mhaolagáin agus Anna Johnston (nó Ethna Carbery mar ab fhearr aithne uirthi) in *The Shan Van Vocht* (1896–1899). Féach Karen Steele, *Women, Press, and Politics During the Irish Revival* (New York: Syracuse University Press, 2007), 27–65.

46 *United Irishman*, 27/02/1904, 6.

47 Féach *Irish Peasant*, 12/05/1906, 1.

48 Níor aontaigh an criticeoir Risteard de Hindeberg leis. Féach *The Leader*, 09/01/1909, 492–493.

49 Féach *An Claidheamh Soluis*, 19/05/1906, 6.

50 Féach Pádraic Ó Conaire, 'Seanlitríocht na nGael agus Nualitríocht na hEorpa', in *Aistí Phádraic Uí Chonaire*, eag. Gearóid Denvir (Indreabhán: Cló Chois Fharraige, 1978), 42–52; Michael Cronin, *Translating Ireland: Translations, Languages, Cultures* (Cork: Cork University Press, 1996), 146–50.

51 Féach Máire Ní Chinnéide, 'Nuadh-Litridheacht na nGaodhal agus Cionnus is fearr í chur chum cinn', in *Irisleabhar na Gaedhilge* (Eanáir 1909), 610-618; *Irisleabhar na Gaedhilge* (Feabhra 1909), 73-80.

52 *An Claidheamh Soluis*, 10/06/1916, 9.

53 *An Claidheamh Soluis*, 26/05/1906, 7.

54 Ruth Dudley Edwards, *Patrick Pearse: The Triumph of Failure*, 96; Declan Kiberd, 'Patrick Pearse: Irish Modernist', in *The Life and Afterlife of P.H. Pearse: Pádraic Mac Piarais Saol agus Oidhreacht*, eag. Róisín Higgins, Regina Uí Chollatáin (Dublin: Irish Academic Press, 2009), 73.

55 Agnes O'Farrelly, 'Sorcha', in *Weekly Freeman*, 14/03/1903, 11.

56 Seamus Lynch, 'The Assassination of Captain O'Reilly – 1814', in *Munterconnaught: A History, 1847–1997*, eag. Declan Cooney (Cavan: Knocktemple History Committee, 1997), 119–21; *Irisleabhar na Gaedhilge*, 11.127 (Aibreán 1901), 70–78.

57 Brian Ó Conchubhair, *Meath na hEorpa: An Athbheochan mar Aisfhreagra na hÉireann* (Ollscoil na hÉireann, Gaillimh: Tráchtas PhD neamhfhoilsithe, 2002), 338.

58 Tagann ceist an *mariage de convenance* chun cinn in *Grania: the Story of an Island* scríofa ag Emily Lawless chomh maith. Féach Lawless, *Grania: the Story of an Island*, 22.

59 Feictear téama na himirce i ndrámaí na hathbheochana chomh maith. Féach Éadaoin Ní Mhuircheartaigh agus Nollaig Mac Congáil (eag.), *Drámaí Thús na hAthbheochana* (Gaillimh: Arlen House, 2008), 21–22.

60 Agnes O'Farrelly, 'Sorcha', in *Weekly Freeman*, 14/03/1903, 11.

61 Ibid.

62 Féach Roger Lundin, *The Culture of Interpretation* (Michigan: Wm. B. Eerdmans Publishing, 1993), 57.

63 O'Farrelly, 'Sorcha', 11.

64 Úna Ní Fhaircheallaigh, *Grádh agus Crádh* (Baile Átha Cliath: Connradh na Gaedhilge, 1901), 8.

65 Úna Ní Fhaircheallaigh, *An Cneamhaire* (Baile Átha Cliath: An Cló-Chumann, 1902), 17.

66 Ní Fhaircheallaigh, *Grádh agus Crádh*, 25.

67 Ibid., 19.

68 Ibid., 27.

69 Féach Sandra M. Gilbert agus Susan Gubar, *The Madwoman in the Attic: the Woman Writer and the Nineteenth-Century Literary Imagination* (New Haven; London: Yale University Press, 1979).

70 Lizbeth Goodman, (eag.), *Literature and Gender* (London: Routledge, 1996), 110.

71 Angela Bourke et al. (eag.), *The Field Day Anthology of Irish Writing, Vol. 4, Irish Women's Writing and Traditions* (Cork: Cork University Press, 2002), 238–241.

72 Úna Ní Fhaircheallaigh (eag.), *Leabhar an Athar Eoghan: The O'Growney Memorial Volume* (Baile Átha Cliath: M.H. Gill, 1904), 3.

73 O'Farrelly, 'Sorcha', 11.

74 Féach Butler, *The Life of Mary E.L. Butler*, LNÉ, Lámhscríbhinn 7321.

75 Mary E.L. Butler, *Irish Women and the Home Language* (Dublin: The Gaelic League, 1900), 2.
76 Ibid.
77 Ní Fhaircheallaigh, *Grádh agus Crádh*, 5.
78 Ibid., 7.
79 Ó Conchubhair, *Meath na hEorpa: An Athbheochan mar Aisfhreagra na hÉireann*, 339.
80 Ní Fhaircheallaigh, *An Cneamhaire*, 13, 18.
81 Ibid., 17.
82 Aisling Ní Dhonnchadha agus Máirín Nic Eoin (eag.), *Ar an gCoigríoch: Díolaim Litríochta ar Scéal na hImirce* (Indreabhán: Cló Iar-Chonnachta, 2008), 12.
83 Cuimhní Cinn Mháire de Buitléir, 14.19, Mainistir St. Michel de Kergonana, Plouharnel, An Fhrainc. Tá mé buíoch de Mháiréad Ní Chinnéide as an tagairt seo.
84 Cuimhne Chinn Dhubhghlais de Híde, 4.18–19 (Aibreán 1918), Cartlann an Bhéaloidis, An Coláiste Ollscoile, Baile Átha Cliath.
85 Beaumont, *Utopia Ltd.: Ideologies of Social Dreaming in England 1870–1900*, 87–98.
86 Ó Torna, *Cruthú na Gaeltachta 1893–1922*, 158; O'Leary, *The Prose Literature of the Gaelic Revival 1881–1921*, 124.
87 Ní Fhaircheallaigh, *Grádh agus Crádh*, 7.
88 Ibid., 9.
89 Ibid., 11.
90 O'Farrelly, 'Sorcha', 11.
91 Féach Declan Kiberd, 'Patrick Pearse: Irish Modernist', 73.
92 O'Farrelly, 'Sorcha', 11.
93 Ibid.
94 Ní Fhaircheallaigh, *An Cneamhaire*, 14.
95 Ibid.
96 Ibid., 9.
97 Ibid., 32.
98 Máirtín Ó Cadhain, *An Braon Broghach* (Baile Átha Cliath: Oifig an tSoláthair, 1968).
99 Ní Fhaircheallaigh, *An Cneamhaire*, 13–14.
100 Lily O'Farrelly, 'Patsy: For the Old Love's Sake', in *Irish Packet*, 1.18, 30/01/1904, 417–418.
101 Féach *United Irishman*, 14/06/1902, 2; *United Irishman*, 16/07/1904, 3; *An Claidheamh Soluis*, 30/05/1903, 5; *Irish Independent*, 16/05/1906, 7.

102 Bhí sé mar chuspóir ag an gCumann '[to] combat emigration, especially emigration from the Irish-speaking districts' cf. 'The Anti-Emigration Society', in *Freeman's Journal* 02/02/1904, 2.
103 Ní Fhaircheallaigh, *The Reign of Humbug*, 10.
104 *An Claidheamh Soluis*, 21/01/1908, 1.
105 Féach Janet A. Nolan, *Ourselves Alone: Women's Emigration from Ireland, 1885–1920* (Lexington: University Press of Kentucky, 1990), 49.
106 Ní Fhaircheallaigh, *An Cneamhaire*, 17.
107 Ibid., 13.
108 Ní Fhaircheallaigh, *An Cneamhaire*, 32.
109 An Craoibhín Aoibhinn, *Mo Thuras go hAmerice* (Baile Átha Cliath: Oifig Díolta Foilseacháin Rialtais, 1937), 182–183; *An Claidheamh Soluis*, 20/01/1906, 7.
110 Ní Fhaircheallaigh (eag.), *Leabhar an Athar Eoghan: The O'Growney Memorial Volume*, 18.
111 Ní Fhaircheallaigh, *Grádh agus Crádh*, 6.
112 Ní Fhaircheallaigh, *The Reign of Humbug*, 11.
113 *Irish Independent*, 10/05/1906, 7.
114 Ní Fhaircheallaigh, *An Cneamhaire*, 25.
115 Ibid., 27.
116 Alan Titley, *An tÚrscéal Gaeilge* (Baile Átha Cliath: An Clóchomhar, 1991), 573.
117 *United Irishman*, 13/04/1901, 1.
118 Ó hÍcí chuig Muiris Ó Faoláin, 07/08/1901, Páipéir Uí Fhaoláin, Lámscríbhinn 8, Cartlann Chnoc Mheilearaí, Port Láirge. Féach www.isos.dias.ie/
119 *An Claidheamh Soluis*, 15/03/1902, 9.
120 *Irisleabhar na Gaedhilge*, 13. 154 (Iúil 1903), 349.
121 *An Claidheamh Soluis*, 01/11/1902, 561.
122 Ibid.
123 *The Leader*, 09/01/1909, 492.
124 *The Leader*, 16/01/1909, 524.
125 *The Leader*, 02/01/1909, 470.
126 Ibid.
127 *The Leader*, 16/01/1909, 522–523.
128 *An Claidheamh Soluis*, 27/11/1909, 10; *The Leader*, 30/01/1909, 564.
129 *The Leader*, 23/01/1909, 544.

130 Muiris Ó Droighneáin, *Taighde i gComhair Stair Litridheachta na Nua-Ghaedhilge ó 1882 Anuas* (Baile Átha Cliath: Muinntir Chathail, 1936), 52.
131 Brian Ó Conchubhair, *Meath na hEorpa: An Athbheochan mar Aisfhreagra na hÉireann*, 342.
132 Máirtín Ó Cadhain, *Páipéir Bhána Agus Páipéir Bhreaca* (Baile Átha Cliath: An Clóchomhar, 1969), 20.
133 *The Leader*, 14/11/1908, 302–303.
134 Peadar Ua Laoghaire, *Mo Scéal Féin* (Baile Átha Cliath: Cló Thalbóid, 1999), 146–147.
135 Ní Fhaircheallaigh (eag.), *Leabhar an Athar Eoghan: The O'Growney Memorial Volume*.
136 Ibid., v.
137 *Irisleabhar na Gaedhilge*, 14.165 (Meitheamh 1904), 579.
138 Ní Fhaircheallaigh (eag.), *Leabhar an Athar Eoghan: The O'Growney Memorial Volume*, vii.
139 *Freeman's Journal*, 09/04/1902, 5.
140 Ní Fhaircheallaigh (eag.), *Leabhar an Athar Eoghan: The O'Growney Memorial Volume*, v.
141 Ní Fhaircheallaigh chuig Hanna Sheehy Skeffington, 14/05/1904, Páipéir Sheehy Skeffington, LNÉ, Lámhscríbhinn 33,610 (3).
142 Féach Pádraig Ó Fiannachta, 'Eoghan Ó Gramhna 1863–1899', in *Léachtaí Cholm Cille XXIII* (1993), 231.
143 Páipéir Úna Ní Fhaircheallaigh, LNÉ, Uimhir Admhála 6643 (2); Ní Fhaircheallaigh (eag.), *Leabhar an Athar Eoghan: The O'Growney Memorial Volume*, 213–214.
144 Féach P. O'Brien, 'Father O'Growney and his Work', in *The New Ireland Review*, 21 (Iúil 1904), 277.
145 *Meath Chronicle*, 03/10/1903, 3.
146 Ní Fhaircheallaigh (eag.), *Leabhar an Athar Eoghan: The O'Growney Memorial Volume*, v.
147 Ibid.
148 Ibid., 50.
149 *Meath Chronicle*, 03/10/1903, 3.
150 *United Irishman*, 16/07/1904, 3.
151 Féach McMahon, *Grand Opportunity: The Gaelic Revival and Irish Society, 1893–1910*, 9–11. Tháinig deacrachtaí chun solais idir lucht na Gaeilge agus an Eaglais Chaitliceach i Maigh Nuad cúpla bliain ina dhiaidh sin, a bhain le ceist na Gaeilge éigeantaí san ollscoil agus seasamh an Athar Uí Ící ina taobh.

Féach Uí Chollatáin, *An Claidheamh Soluis agus Fáinne an Lae 1899–1932*, 101–102.

152 Ní Fhaircheallaigh (eag.), *Leabhar an Athar Eoghan: The O'Growney Memorial Volume*, 48.

153 Sean O'Casey, *Autobiography Vol. III: Drums Under The Window* (London: Pan Books, 1972), 140.

154 Ní Fhaircheallaigh (eag.), *Leabhar an Athar Eoghan: The O'Growney Memorial Volume*, 141.

155 Ibid.

156 Ibid., 216.

157 Ibid., 142.

158 *United Irishman*, 04/06/1904, 2.

159 *Irish Times*, 4/06/1904, 22.

160 *Celtic Review*, 1 (Iúil 1904), 93.

161 *Irisleabhar na Gaedhilge*, 14.165 (Meitheamh 1904), 579.

162 Ní Fhaircheallaigh (eag.), *Leabhar an Athar Eoghan: The O'Growney Memorial Volume*, vii.

163 Féach Denvir (eag.) *Aistí Phádraic Uí Chonaire*, 257.

164 Dubhghlas De Híde, *Mise agus an Connradh (go dtí 1905)* (Baile Átha Cliath: Oifig an tSoláthair, 1937), 123–124.

165 Ó Súilleabháin, *Athbheochan na Gaeilge – Cnuasach Aistí*, 93–95; Uí Chollatáin, *An Claidheamh Soluis agus Fáinne an Lae 1899–1932*, 44–45.

166 *United Irishman*, 04/06/1904, 2.

167 *An Claidheamh Soluis*, 19/12/1914, 6.

168 *An Claidheamh Soluis*, 12/06/1909, 10.

169 *Irish Times*, 19/11/1892, 5.

170 *Freeman's Journal*, 17/02/1903, 7; *Freeman's Journal*, 24/02/1903, 2; *Irish Times*, 01/08/1907, 6.

171 *The Leader*, 01/08/1942, 10.

172 Robert Hogan agus Michael J. O'Neill (eag.), *Joseph Holloway's Irish Theatre Vol.III: 1938–1944* (California: Proscenium Press, 1968), 96.

IV

Fís na hOllscoile Gaelaí

Ba léir ó na tréimhsí a chaith Ní Fhaircheallaigh san 'Ollscoil' ar Inis Meáin, go raibh spéis as cuimse aici i gcúpla gné den oideachas: forbairt oideachas na mban agus stádas na Gaeilge mar ábhar léinn sa chóras oideachais ach go háirithe. Nuair a bhí sí fós ina hiníon léinn, chruthaigh sí fís d'ollscoil idéalach na todhchaí, institiúid lárnach a físe útóipí, ina mbeadh comhionannas inscne le feiceáil, rud a bhain lena fís phearsanta mar bhean, agus an Ghaeilge ar comhchéim leis an mBéarla, a bhain le fís phoiblí an Chonartha chomh maith lena fís útóipeach féin. Ach ní raibh cothromaíocht bainte amach ag mná ná ag an nGaeilge sna hollscoileanna Éireannacha ag tús an fhichiú haois agus dá bhrí sin, thosaigh Ní Fhaircheallaigh i mbun agóidí in aghaidh an chórais sheasta ionas go gcuirfí leasuithe i gcrích. Thuig sí go raibh aos eagna agus ceannairí na todhchaí ag freastal ar ollscoileanna na tíre lena linn agus mheas sí go raibh sé tábhachtach go mbeadh mná ina measc ionas go gcuirfí síolta an chomhionannais inscne i saol poiblí na hÉireann. Bhí cearta bunúsacha na mban ní ba thábhachtaí di ná aon rud eile ag an tráth sin: bhain na cearta sin le riachtanais na haimsire láithrí chomh maith le fís útóipeach na todhchaí. Dhírigh sí ar an nGaeilge sa chóras oideachais freisin óir theastaigh uaithi go gcothófaí an Ghaeilge i measc na scoláirí ab fhearr in Éirinn.

Chuir banchéimithe feachtais ar bun chun aird a dhíriú ar stádas na mban agus b'amhlaidh a rinne Conradh na Gaeilge i dtaobh stádas na Gaeilge, ach ghlac Ní Fhaircheallaigh, Máire Ní Aodáin agus Máire

Ní Chinnéide páirt sa dá eagraíocht agus an nasc eatarthu á neartú acu. Feachtais fhada, chrua a bhí iontu óir bhí neart constaicí le sárú ag gluaiseacht na Gaeilge agus ag gluaiseacht na mban araon agus daoine ag cur ina gcoinne. Le linn 'Cath na Gaeilge sa Chóras Oideachais', mar a thugann scoláirí cosúil le Donncha Ó Súilleabháin ar fheachtas Chonradh na Gaeilge, thug an Coiste Gnó, a raibh lear mór oideachasóirí air, le fios '[that] the power of education is the greatest power possible to men'.[1] Ach ag an am céanna, thuig Ní Fhaircheallaigh 'the struggle for national expression in education is, or was until recently, the striving of the idealist against the indifference of the mass'.[2] Bhí borradh faoin 'idealist' i ngluaiseacht an náisiúnachais in Éirinn ag tús an fhichiú haois agus cuireadh leasuithe sóisialta fadtéarmacha i gcrích mar thoradh ar ghníomhartha na n-idéalaithe.

Thuig Ní Fhaircheallaigh nach bhfuair glúin a máthar na deiseanna céanna le mná óga ar comhaois léi féin, go háirithe i dtaobh an oideachais. Bhí stádas na mban ag feabhsú de réir a chéile agus ba léir di go raibh féidearthachtaí iontacha os comhair na mban óg, cé go raibh fadhbanna fós le réiteach. In *St. Stephen's: A Record of University Life,* irisleabhar na mac léinn san Ollscoil Ríoga, bhain sí úsáid as a hainm cleite 'Uan Uladh' den chéad uair, agus í ag scríobh faoi chumhacht úr na mban agus an chaoi a gcuideodh sé seo le fís Chonradh na Gaeilge agus sochaí na hÉireann i gcoitinne:

> Tá na mná ag éirghe as a dtrom-shuan fá dheireadh [...] Tá an fhuil ag sgaipeadh tré n-ár bhfeithibh – an fhuil do bhí ag teacht le cian d'aimsir. Ta misneach i n-ár gcroidhthibh anois, óir tá na mná le n-ár dtaoibh.[3]

Níorbh aon ionadh é go raibh dearcadh an-dearfach aici i dtaobh na mban óir lig an tAcht Rialtais Áitiúil, 1898, do mhná Éireannacha vóta a chaitheamh i dtoghcháin áitiúla: tuar dóchais go gcuirfí leis an gcomhionannas inscne sa tsochaí sna blianta a bhí le teacht.[4] In ainneoin dhóchas is sceitimíní Ní Fhaircheallaigh faoi mhúscailt na mban, ba léir di agus í ina hiníon léinn i gColáiste Mhuire, go raibh claontacht inscne go forleathan i saol na hollscoile agus nach raibh cearta bunúsacha faighte ag mná óga na hollscoile. Murab ionann is Coláiste na Tríonóide, nár ghlac le hiníonacha léinn ag an tráth sin, chuir an Ollscoil Ríoga fáilte rompu.[5] Ach bhí deighilt idir na mic léinn agus na hiníonacha léinn san Ollscoil Ríoga óir Ollscoil Scrúdúcháin amháin a bhí inti: bhronn sí céimeanna ar na scoláirí ach níor ligeadh do na mic léinn agus na hiníonacha léinn freastal ar na léachtaí le chéile.[6] Bhí an deighilt chéanna le feiceáil i Scoil an Leighis san Ollscoil Chaitliceach i mBaile Átha Cliath mar socraíodh seomraí speisialta 'a special dissecting-room, with waiting-room attached' do na hiníonacha léinn amháin nuair a ligeadh isteach sa Scoil iad i bhfómhar na bliana 1897.[7] Ba bheag iníon léinn a rinne staidéar ar an Leigheas ar dtús: rinne formhór na mban óg céim B.A. sa nualitríocht cosúil le Ní Fhaircheallaigh agus a cara Hanna Sheehy a bhí in aon rang léi i gColáiste Mhuire.[8] Nuair a bhain Ní Fhaircheallaigh a céim M.A. amach sa bhliain 1900, níor bronnadh an chéim sin ach ar bheirt bhan agus ar bheirt fhear eile.[9] Mar a áitíonn Eibhlin Breathnach: 'The predominance of language and literature in girls' secondary schools largely predetermined the subject options at university level'.[10] Bhí feidhm an-phraiticiúil ag baint leis an nualitríocht d'iníonacha léinn cosúil le Ní Fhaircheallaigh mar rachadh cuid mhaith díobh i dtreo na múinteoireachta i ndiaidh na céime toisc nach raibh mórán deiseanna fostaíochta eile oscailte do mhná léannta.[11]

Tar éis di céim M.A. a bhaint amach ag casadh an chéid, chuir Ní Fhaircheallaigh isteach ar chomhaltacht na hOllscoile Ríoga ionas go bhféadfadh sí leanúint ar aghaidh lena taighde acadúil agus mhol sí dá cara Máire Ní Aodáin, a bhí ag múineadh i gColáiste Mhuire, cur isteach ar an gcomhaltacht shinsearach.[12] De réir cosúlachta, mhol cara a muintire, an tAthair Patrick Finnegan, di '[to] go for the 'fellow' and leave the 'ship' alone', ach níor ghlac sí lena chomhairle.[13] Tugann dialann Mháire Ní Aodáin le fios nach raibh sí ag súil le comhaltacht a fháil agus í den tuairim '[that] all opinions are discouraging; everyone says that the choice lies with Dr Delaney and he *won't* have a woman'.[14] Bhí an Dr Delaney ina uachtarán ar an Ollscoil Ríoga, agus dhiúltaigh sé iarratas Ní Aodáin ar an gcúinse 'that the statutes exclude women', ach d'áitigh Ní Aodáin nach raibh sé sin fíor.[15] I litir chuig *St. Stephen's: A Record of University Life*, mhaígh an feimineach mór le rá, Francis Skeffington 'women are at present excluded from Fellowships, not by statutory provision, but by the anti-feminist interpretation of the Charter's vagueness'.[16] Bhí sé mar chúram ar an té a bhain comhaltacht shinsearach amach léachtaí a thabhairt agus ní raibh an Dr Delaney ná Seanad na hOllscoile Ríoga sásta go mbeadh mná ag léachtóireacht os comhair na mac léinn.[17] Níor bhain Ní Fhaircheallaigh comhaltacht amach ach an oiread ach fuair a deartháir Alphonsus, a bhain M.A. Céad Onóracha amach san Fhisic Thrialach agus Cheimic sa bhliain 1900, comhaltacht san Eolaíocht Thrialach.[18] Thug ceist na gcomhaltachtaí le fios go raibh claontacht inscne go smior i saol acadúil na hollscoile, ach níorbh é sin an t-aon chlaonadh amháin a tháinig chun solais ag an am. I gcolúin an *United Irishman* ag tús na bliana 1903, pléadh conspóid a bhain le hAlphonsus agus é ag tosú amach mar léachtóir i gColáiste Ríoga na hEolaíochta. Tugadh le fios go raibh cáilíochtaí den scoth aige ach nach bhfuair sé an post a bhí tuillte aige toisc go raibh sé ina Chaitliceach.[19]

Sheas Ní Fhaircheallaigh go láidir i gcoinne chinneadh an Dr Delaney i dtaobh na gcomhaltachtaí agus chuir sí brú leanúnach ar Mháire Ní Aodáin an rud céanna a dhéanamh. Mhol sí dá cara intleachtúil 'to try for the Inspectorship', cé nár cheap Ní Aodáin go nglacfaí lena hiarratas.[20] Ar an 14 Márta 1902, cuireadh Cumann Banchéimithe Ollscoileanna na hÉireann ar bun ag cruinniú in Óstán an Gresham, Baile Átha Cliath, chun aghaidh a thabhairt ar an gclaontacht inscne sna hollscoileanna agus ba bhaill iad Ní Fhaircheallaigh agus Ní Aodáin den chéad choiste den chumann.[21] Ba é seo an chéad chumann baineann Éireannach a throid ar son na mban sa chóras oideachais agus lig sé do mhná fearacht Ní Fhaircheallaigh agus Ní Aodáin, a throid ina n-aonar roimhe sin, gréasán tacaíochta a chothú i measc a gcomhghleacaithe.

Cúpla bliain roimhe sin a thosaigh mná náisiúnaíocha ag obair i gcomhar lena chéile i ngluaiseacht an náisiúnachais chultúrtha chun feabhas a chur ar shaol sóisialta agus oideachas na bpáistí ach go háirithe, agus iad ag leanúint eiseamláir na mban Protastúnach Aontachtach in Éirinn.[22] Chuir Inghinidhe na hÉireann ranganna ar siúl do pháistí Bhaile Átha Cliath inar fhoghlaim siad faoi ghnéithe den náisiúnachas: an Ghaeilge, stair agus ceol na hÉireann.[23] D'eascair an eagraíocht seo as Coiste na mBan a d'eagraigh an 'Patriotic Children's Treat', do bhreis is 30,000 páiste i bPáirc Chluain Torc ar an 1 Iúil 1900. Déanann Janette Condon cur síos ar an ócáid mar 'a decidedly political and counter-hegemonic gesture', a eagraíodh i ndiaidh ócáid eile do pháistí a d'eagraigh Coiste na mBan Aontachtach ar mhaithe le cuairt na Banríona Victoria a cheiliúradh i bPáirc an Fhionnuisce i mí Aibreáin na bliana sin.[24] Ghlac mná éagsúla páirt in Inghinidhe na hÉireann, cumann a raibh Maud Gonne ina hUachtarán air: bhí seanbhaill de Chonradh Talún na mBan cosúil le

Siobhán Bean an Phaoraigh gníomhach sa chumann úr seo, chomh maith le baill de Chonradh na Gaeilge cosúil le Máire Ní Chillín, Máire Ní Chinnéide, Éilis Ní Mhaolagáin, Anna Johnston, agus Sinéad Ní Fhlannagáin.[25] Thug Liam Ó Maolruanaidh agus Art Ó Gríofa, bunaitheoirí an *United Irishman,* agus fir an Chonartha an-tacaíocht do na hInghinidhe freisin.[26] Cé gur fhreastail Ní Fhaircheallaigh ar chruinniú luath de Choiste na mBan, bhí sí ar Inis Meáin nuair a socraíodh an 'Patriotic Children's Treat'.[27] Ag an tráth sin, bhí an comhionannas inscne fíorthábhachtach di, mar ba léir óna baint le Craobh na mBan agus a feachtais sa chóras oideachais.

Bhí 200 ball páirteach i gCumann Banchéimithe Ollscoileanna na hÉireann taobh istigh de thrí mhí i ndiaidh a bhunaithe. Roghnaíodh Ní Fhaircheallaigh agus Miss Annie McElderry, Príomhoide Ardscoil Rutland, mar ionadaithe an Chumainn le cás na mban sa chóras oideachais a chur os comhair an Choimisiúin Ríoga (nó Coimisiún an Iarla Robertson) ar an 10 Meitheamh 1902, a raibh sé mar aidhm aige cúrsaí ollscolaíochta in Éirinn a fhiosrú.[28] Nuair a thug siad fianaise don Choimisiún, léirigh siad go raibh an comhionannas inscne uathu. Bhí fonn orthu freastal ar léachtaí na hollscoile taobh leis na mic léinn agus i gcás an leighis, theastaigh uathu bheith ag obair sna saotharlanna céanna leis na mic léinn. Bhí comhionannas uathu i dtaobh na scoláireachtaí is na gcomhaltachtaí ollscoile freisin. Mhaígh Ní Fhaircheallaigh:

> We want women to give university lectures [...]. If they win Fellowships, they should lecture, if lecturing is to be, as at present in the Royal University, part of the work of a Fellow. If they win on an equal test with men, why should they be distinguished from them afterwards? If a woman beat a man in open competition, why not give her equality in a general college?[29]

Ina tráchtas dar teideal *A History of the Movement for Women's Higher Education in Dublin, 1860–1912*, áitíonn Eibhlin Breathnach gur chruthaigh Ní Fhaircheallaigh 'a certain stir' le linn a fianaise nuair a mhol sí go mbeadh iníonacha léinn a bhainfeadh comhaltachtaí amach mar léachtóirí ag na mic léinn.[30] Mhol Ní Fhaircheallaigh agus McElderry go gcuirfí deireadh le coláistí na mban fearacht Choláiste Mhuire agus Choláiste Loreto ar mhaithe leis an gcomhionannas inscne, ionas go bhfreastalódh na hiníonacha léinn ar na léachtaí céanna leis na mic léinn as sin amach.[31] Thug Máire Ní Aodáin fianaise don Choimisiún ní ba mhoille, thar ceann Choláiste Mhuire, agus dhírigh sise ar an neamh-chomhionannas i dtaobh cheist na gcomhaltachtaí ollscoile.[32]

I mí Feabhra 1903, ag an gcéad chruinniú cinn bhliana de Chumann Banchéimithe Ollscoileanna na hÉireann, thagair Hanna Sheehy don dul chun cinn a bhí déanta ag an gcumann agus í ag maíomh:

> in the first Blue Book of the Royal University Commission, women's interests had received little attention, but [...] in the third volume remarkable change was seen. The women's case had had at last a hearing, and the very importance laid before the Commission by the representatives of the Association was frequently referred to by subsequent witnesses'.[33]

Foilsíodh tuarascáil an Iarla Robertson, agus moladh ann go gcuirfí an comhionannas inscne chun cinn dá mbunófaí ollscoil nua, ach ní raibh aon tionchar ná impleachtaí ag an tuarascáil ar stádas na mban san ollscoil a bhí ann.[34] Ba mhór an tacaíocht a thug cuid de na mic léinn don Chumann, Alphonsus Ó Faircheallaigh, Pádraic Mac Piarais agus Francis Skeffington ina measc, ach dá n-ainneoin, bhí deighilt inscne le sárú ag mná an Chumainn sa saol poiblí chomh maith.[35] I mí Eanáir 1904, nuair a d'eagraigh Ard-Mhéara Chathair Bhaile

Átha Cliath cruinniú poiblí chun ceist na hollscolaíochta a phlé, cháin Hanna Sheehy Skeffington 'medieval segregation' an chruinnithe óir bhí ar na mná dul chuig 'a separate gallery in the quality of mere spectators, instead of allowing them to enter the body of the hall and to record their votes on the various resolutions'.[36] Cé go ndearna na mná dul chun cinn éigin sa chóras oideachais le linn na tréimhse seo, ba bheag an chumhacht a bhí acu i saol poiblí na bhfear.

Nuair a bunaíodh an Coimisiún Ríoga (Coimisiún Fry) chun Coláiste na Tríonóide agus Ollscoil Bhaile Átha Cliath a scrúdú, ainmníodh Ní Fhaircheallaigh mar thoscaire an Chumainn in athuair agus léirigh sí na tuairimí céanna arís faoin gcomhionannas inscne le linn a cuid fianaise:

> We believe it to be of the utmost importance to the nation that the women of Ireland should be highly trained and cultured, and that they should be given every opportunity to broaden their outlook on life.[37]

Níor bhain an Coimisiún Ríoga seo le stádas na n-iníonacha léinn taobh amuigh de Choláiste na Tríonóide, agus níor bhain iníonacha léinn ó choláistí eile stádas sa bhreis amach go dtí gur fógraíodh Acht nua na hOllscoile sa bhliain 1908.[38] Nuair a cuireadh tús leis an ollscoil nua an bhliain dár gcionn, fuair Ní Fhaircheallaigh agus Ní Aodáin post mar léachtóirí agus, dar ndóigh, gníomh siombalach a bhí sna ceapacháin sin.[39] Lean spéis agus díograis na mban seo sa chomhionannas inscne san ollscoil ach chuaigh cuid dá gcomhghleacaithe, cosúil le Hanna Sheehy Skeffington, i dtreo eile. Chuir sise an 'Irish Women's Franchise League' ar bun ag deireadh na bliana 1908 chun ceart vótála do mhná a bhaint amach.[40] Cé go ndeachaigh na banghníomhaithe seo i dtreonna difriúla, tháinig siad agus sheas siad le chéile minic go leor nuair a rinneadh ionsaí ar stádas is ar chearta na mban Éireannach san am a bhí le teacht.

Bhí Ní Fhaircheallaigh gafa leis an gcomhionannas inscne sa chóras oideachais agus thapaigh sí gach deis chun a tuairimí a chur in iúl do dhaoine eile. Ba é Conradh na Gaeilge an t-aon eagraíocht do dhaoine fásta a chuir fáilte roimh mhná ar an gcéim chéanna le fir agus a lig mná isteach sna ranganna teanga taobh leo ag casadh an chéid seo caite agus léirigh Ní Fhaircheallaigh spéis ann dá bharr sin.[41] Ach chuir sise go mór le polasaí an Chonartha i bhfabhar an chomhionannais inscne agus fuair sí tacaíocht ón gConradh nuair a chuaigh sí i mbun feachtais thar ceann na n-iníonacha léinn sna hollscoileanna. Scríobh Dubhghlas de Híde litir chuici i mí an Mhárta 1902, cúpla seachtain sular bunaíodh Cumann Banchéimithe Ollscoileanna na hÉireann, inar dheimhingh sé: 'Bhí mé i gcomhnuidhe im ghaifsidheach láidir ag iarraidh comhtroim iomláin do na mnáibh leis na fearaibh agus is minic lubhan mé na nidh sin'.[42] Mheall Conradh na Gaeilge Máire Ní Aodáin chomh maith agus tugann a dialann le fios gur chaith sí féin agus Ní Fhaircheallaigh an-chuid ama ag troid ar son chearta na mban, ach nuair nach raibh siad i mbun na hoibre sin chaith siad a gcuid ama ag freastal ar chruinnithe an Choiste Gnó is ag cur na Gaeilge agus an chomhionannais inscne chun cinn ag imeachtaí éagsúla an Chonartha.[43]

Rinne Ní Fhaircheallaigh iarracht leanúnach tacaíocht a fháil ó fhir an Chonartha i dtaobh an chomhionannais. Is léir nár chuir a hiarrachtaí isteach orthu óir bhí gnaoi an Chonartha uirthi: sna blianta 1903 agus 1904, nuair a eagraíodh toghchán an Chonartha, fuair sí níos mó vótaí ná éinne eile ar an gCoiste Gnó.[44] Ba dhuine de na daoine ba theanntásaí agus ba dhíograisí sa Chonradh sa tráth sin í. Mar a thugann Timothy G. McMahon le fios:

'between 1903 and 1913, Agnes O'Farrelly attended more than 81 percent of the executive-committee meetings', agus d'fhreastail de Híde ar 43 faoin gcéad díobh.[45] Sa bhliain 1905, nuair a d'áitigh na Comhairlí Contae go gcuirfidís scoláireachtaí do mhic léinn ar fáil chun freastal a dhéanamh ar na hollscoileanna, d'iarr sí ar an gCoiste Gnó meabhrachán a shíniú le cinntiú nach bhfágfaí na hiníonacha léinn ar lár. Bhí sí buartha nach síneodh de Híde an meabhrachán ar eagla '[that] it might commit him to a political attitude',[46] ach ní raibh aon ghá leis an eagla sin, mar a mhínigh sí i litir chuig Hanna Sheehy Skeffington:

> The memorial was not so terribly bad after all was it – and it will serve its purpose – namely, to keep public bodies from confining scholarships to men. I congratulate myself on the idea of getting our Executive to endorse it. Fortunately there was a monthly meeting on Tuesday and I got Rev. Mr Hannay to propose it. Out of the 30 members only one went against it. I am proud of the Gaelic League. It is the most progressive body in the country. Only the memorial was worded as it was we could never have got such varied and important signatures.[47]

Bhí tionchar Ní Fhaircheallaigh le feiceáil ar mholtaí Chonradh na Gaeilge i dtaobh an Ardoideachais in Éirinn.[48] Ag tús mhí na Nollag 1905, roghnaíodh Ní Fhaircheallaigh agus Ní Aodáin mar bhaill de thoscaireacht an Chonartha a d'fhreastail ar chruinniú Chomhairle Ghinearálta na gComhairlí Contae. Bhí sé mar aidhm ag an toscaireacht '[to] make it an essential condition that whenever a Scholarship was founded the teaching of Irish should be compulsory'. Ach bhí éileamh eile ag na mná. Tuairiscíodh san *Irish Independent* gur thacaigh Ní Aodáin le tábhacht na Gaeilge i dtaobh na scoláireachtaí ach thug sí le fios freisin:

> the Scholarships should be so framed that girls should be able to take advantage of them, and that they should have the same privileges as boys in passing from the Primary Schools to the Secondary and from the Secondary Schools to the University Colleges [...] for the sake of future generations.[49]

Ba léir go raibh Ní Aodáin, fearacht Ní Fhaircheallaigh, ag iarraidh córas an neamh-chomhionannais a leasú lena linn ionas go mbeadh deiseanna nua ann do chailíní cliste na chéad ghlúine eile, deiseanna a ligfeadh dóibh ról lárnach a ghlacadh i saol poiblí na hÉireann.

Ba dheacair do Ní Fhaircheallaigh an comhionannas inscne a neartú sa chóras oideachais, agus b'amhlaidh an scéal i dtaobh chur chun cinn na Gaeilge sa chóras sin. D'admhaigh sí 'The path of the Gaelic League has more often been the warpath, not that we love storm rather than calm, but because war is forced on us'.[50] Ar an lá a thug Ní Fhaircheallaigh fianaise don Choimisiún Ríoga i mí an Mheithimh 1902, thug de Híde fianaise freisin thar ceann an Chonartha. Mhaígh sé gur theastaigh ón gConradh ó thús a ré:

> to bring about a revolution in the Primary Schools, and [it] has been successful. It next set itself to reform the system of Intermediate education with regard to the national language, and has been happy enough to have induced the Intermediate Board to see the matter as it did [...]. Now, as the Primary Schools feed the Intermediate, and the Intermediate the University, any new University must make the amplest provision for this.[51]

Ba chinnte go raibh dul chun cinn déanta ag an gConradh i dtaobh stádas na Gaeilge sa chóras oideachais ach níor luaigh de Híde deacrachtaí agus constaicí a bhain leis an gcóras oideachais a bhí fós le sárú ag an gConradh: theastaigh uaidh íomhá dhearfach agus cumhacht an Chonartha a thabhairt le fios chun tacaíocht a fháil dá fhís den ollscoil úr Ghaelach.[52]

Agus Ní Fhaircheallaigh ina múinteoir i gColáiste Alexandra agus Loreto na mban, d'ullmhaigh sí iníonacha léinn do scrúdú na Meánteistiméireachta agus scrúduithe na hollscoile, agus thuig sí deacrachtaí theagasc na Gaeilge ag an dá leibhéal sin. Sa bhliain 1904, d'éirigh sí as an múinteoireacht chun post a ghlacadh mar scrúdaitheoir comhairleach na Ceiltise leis an mBord Idirmheánach Oideachais, agus ghlac Mac Piarais a háit i gColáiste Alexandra.[53] Ba léir, roimh i bhfad, go raibh frustrachas ag baint lena post nua agus d'áitigh sí 'the examiners can do little more under the current system of examination than check the tendency and point out the results'.[54] Scríobh sí tuarascálacha cáinteacha faoi mhúineadh na Gaeilge sna meánscoileanna agus bhí dhá fhadhb mhóra le ceartú sa chóras dar léi: easpa traenála i measc na múinteoirí agus an iomarca béime ar Ghaeilge na leabhar.[55] Chreid sí go raibh an locht ar an mBord Oideachais nár chothaigh an Ghaeilge ná múinteoirí na Gaeilge agus shíl sí nach ndéanfaí dul chun cinn i leith na teanga sna meánscoileanna go dtí go dtiocfadh an Bord Oideachais ar mhalairt intinne.[56] Scrúdú scríofa a bhí sa Mheánteistiméireacht, a rinne 5,885 mac léinn sa bhliain 1908;[57] ach theastaigh uaithi scrúdú cainte a chur ar bun ionas go gcuirfí an Ghaeilge chun cinn sna scoileanna mar theanga bheo labhartha.[58] Sa bhliain 1909, laghdaíodh meánmharcanna sa Ghaeilge i scrúdú na Meánteistiméireachta agus d'áitigh daoine nach raibh báúil leis an teanga go mbíodh 'spoon-feeding' ar siúl ag scrúdaitheoirí na Gaeilge sna blianta roimhe sin. Cháin Ní Fhaircheallaigh an tuairim sin go géar agus mhaígh sí 'Irish is very much better taught than any other modern language in this country', cé go raibh easpa múinteoirí cáilithe agus áiseanna teoranta ag múinteoirí na

Gaeilge.[59] Léirigh sí a dímheas ar Bhord an Oideachais tamall de bhlianta ina dhiaidh sin agus í ag cur síos air mar 'A network of Education Boards – shadowy shapes armed with rules and regulations tied up in neat bundles with red tape'.[60]

Sa bhliain 1907, glacadh le Ní Fhaircheallaigh mar chathaoirleach Choiste Oideachais an Chonartha, tar éis di éirí as a post mar scrúdaitheoir comhairleach na Ceiltise.[61] Cé go raibh an Dr. Seaghan P. Mac Énrí, Eibhlín Ní Dhonnabháin, Eoghan Ó Neachtain, Mícheál Smidic, Máire Ní Aodáin agus Pádraig Ó hAichir ar an gcoiste in éineacht léi, ghlac sise le cúraimí an phríomh-idirghabhálaí óir ba mhinic a d'éirigh easaontas idir an Conradh agus an Eaglais Chaitliceach agus d'eascair teannas inmheánach sa Chonradh faoi pholasaithe an oideachais ó am go chéile freisin. De réir Ruairí Mhic Easmuinn, ba í Ní Fhaircheallaigh a chuir tábhacht an chláir dhátheangaigh sna bunscoileanna ina luí ar Choimisinéir an Oideachais Náisiúnta, an Dr Starkie, clár a cuireadh ar bun sa bhliain 1904.[62] I litir chuig Ní Fhaircheallaigh, mhaígh Mac Easmuinn go raibh an Dr Starkie:

> full of your praises – and full of interest in the bilingual programme and belief in it too [...] Ireland owes you a real debt of gratitude for your sense and tact in winning him over [...] Dr Starkie told me that he now loved to find himself in an Irish-speaking district with a Bi-lingual school to visit – that they were the brightest schools he visited. Isn't this a fine thing for you to have brought about?[63]

Chreid Ní Fhaircheallaigh go raibh sé ríthábhachtach dea-chaidreamh a chothú le daoine cumhachtacha an chórais oideachais. I litir chuig *An Claidheamh Soluis*, mhínigh sí a seasamh:

> Were we, on our side, to neglect the opportunity of such friendliness in a body of Irishmen who have to a large measure the fate of our primary schools in their hands we

should be wanting in our duty to the language and to those who elected us to look after its interests.[64]

In ainneoin spéis an Dr Starkie sa chlár dátheangach, bhí an-chuid oibre le déanamh agus feachtais le cur ar bun ag Coiste an Oideachais le cinntiú go n-éireodh leis an gclár sna scoileanna náisiúnta: throid an Coiste go láidir ionas nach rachadh ach cigirí a raibh Gaeilge acu chuig na scoileanna dátheangacha agus leag sé béim ar thábhacht na dtéacsleabhar oiriúnach Gaeilge mar chuid riachtanach den chlár dátheangach.[65]

Nuair a ceapadh Ní Fhaircheallaigh mar chathaoirleach Choiste an Oideachais, bhí táillí do mhúineadh na Gaeilge mar ábhar breise sna scoileanna náisiúnta chun tosaigh ar chlár oibre an Choiste. Bhí súil ag an gCoiste go ngríosódh na táillí sin na múinteoirí chun an Ghaeilge a fhoghlaim agus a mhúineadh mar d'ardódh na táillí tuarastal íseal an mhúinteora.[66] I mí Dheireadh Fómhair 1906, d'fhreastail Ní Fhaircheallaigh ar chruinniú poiblí i dTeach an Ard-Mhéara, Baile Átha Cliath, a d'eagraigh Conradh na Gaeilge chun gearán a dhéanamh faoi pholasaí nua Státchiste Shasana chun na táillí do mhúineadh na Gaeilge a tharraingt siar. D'áitigh de Híde go raibh na táillí sin ag teastáil go géar ar an gcúinse 'That the recognition of Irish as an 'ordinary subject' is illusory, so long as knowledge of Irish is not placed on a level with other teaching qualifications'.[67] Ach i mí Feabhra 1908, d'fhógair Coimisinéirí an Oideachais Náisiúnta go mbeadh ar scoláirí a raibh fonn orthu freastal ar na coláistí traenála do mhúinteoirí scrúdú a dhéanamh i dteanga eile, chomh maith leis an mBéarla ó 1911 ar aghaidh. Mar sin, bheartaigh an Conradh deireadh a chur lena fheachtas le haghaidh na dtáillí agus díriú ar leathnú an Chláir Dhátheangaigh i mbunscoileanna na tíre ina áit.[68] Chreid Mac Piarais go ndéanfadh cuid mhaith de na scoláirí scrúdú sa Ghaeilge agus iad ag dul isteach sna coláistí traenála agus nach n-éireodh leo mura mbeadh Gaeilge mhaith acu. Chreid sé go mbeadh scoláirí den chineál sin go maith in ann an Ghaeilge a mhúineadh mar ghnáthábhar taobh istigh den ghnáthchuraclam scoile agus nach mbeadh gá le táillí a thuilleadh. Ach chuir tuairimí sin Mhic Phiarais a léirigh sé in *An Claidheamh Soluis* isteach ar bhaill áirithe den Chonradh, Cathal Brugha ina measc: d'áitigh Mac Piarais go raibh ról lárnach aige féin i ndul chun cinn na Gaeilge sa chóras oideachais agus rinne sé díspeagadh ar dhearcadh Chraobh an Chéitinnigh, ar theastaigh uaithi táillí a thabhairt do mhúinteoirí chun an Ghaeilge a theagasc mar ghnáthábhar.[69]

Rinne Ní Fhaircheallaigh iarracht míshuaimhneas Chraobh an Chéitinnigh a mhaolú agus i litir chuig *An Claidheamh Soluis,* mhaígh sí gur tháinig athrú ar pholasaí Choiste an Oideachais i dtaobh na dtáillí mar 'As circumstances change our methods of working change'.[70] D'áitigh Ní Fhaircheallaigh gurbh é an dátheangachas an 'ultimate object in view' i bplean an Chonartha do scoileanna náisiúnta na hÉireann agus chreid sí '[that] Irish will come in time to take its place as the native language'. Thug sí le fios:

> What we are aiming at and what we may very soon see accomplished is the taking up of the bilingual programme in a few English-speaking districts as an experiment. After that it will spread like fire on a heath.[71]

Ní minic a d'éirigh léi a mianta i dtaobh stádas na Gaeilge sa chóras oideachais a léiriú mar chuid dá fís útóipeach Ghaelach. Mar a thug Éilis Ní Mhaolagáin le fios in *The Leader*: 'Miss O'Farrelly in her proper sphere, [was] not fighting boards, and passing resolutions, but diffusing light and learning to students from all quarters of Cúig [sic] Uladh'.[72] Déanfar tagairt do Choláiste

Uladh, 'proper sphere' Ní Fhaircheallaigh, sa chéad chaibidil eile.

Sa bhliain 1905, nuair a tháinig ceist na hollscoile Gaelaí chun cinn ag Ard-Fheis an Chonartha, ba léir go raibh fís na hollscoile sin cruthaithe ag Ní Fhaircheallaigh: ollscoil ina mbeadh an comhionannas inscne agus an Ghaeilge curtha chun cinn agus a léireodh cáilíochtaí an 'Oideachais Ghaedhealaigh'. Thacaigh sí le moladh Eoin Mhic Néill 'Gurb é ár mbaramhla-na go mbadh cheart do mhuinntir na hÉireann Ollsgoil Ghaedhealach do chur ar bun dóibh féin agus é sin gan mhoill'.[73] Nuair a d'áitigh Máire Ní Aodáin gur chóir airgead a chaitheamh ar an mbunoideachas, seachas cúrsaí ardoideachais, d'fhreagair Ní Fhaircheallaigh:

> gur dhóigh le Máire Ní hAodáin ná bainfeadh an Ollsgoil leis an nGaedhilg, ach mar theangan liteardha. Acht dá mbeadh an Ollsgoil ar bun bhainfeadh sé an ghaoth as an ngléas oideachais a bhí i bhfeidhm fá láthair agus a bhí ag iarraidh an Ghaedhealtacht a sgriosadh agus sprid náisiúnta na tíre a lagughadh agus a mhilleadh agus thaispeánfadh an Ollscoil Ghaedhealach, cad is Oideachas Gaedhealach ann.[74]

Ag Ard-Fheis 1905, léirigh Ní Fhaircheallaigh spéis i moladh Énrí Uí Mhuirgheasa go gcuirfí Acadamh Gaelach ar bun ina mbeadh 'about 12 or 15 of the greatest living Irish scholars [...] elected as the nucleus of an Irish Academy'.[75] Ghlacfadh an tAcadamh sin le ról Boird Scrúduithe agus bhronnfadh sé céimeanna ar scoláirí uile na Gaeilge. Ní thiocfadh sé faoi thionchar chóras oideachais Shasana agus bheadh saoirse ag Conradh na Gaeilge ábhar agus caighdeán an léinn a leagan amach. Rinne tuairisceoir ón *Irish Independent* comparáid idir an tAcadamh seo agus an *Académie Française* a bhunaigh Richelieu sa bhliain 1635 agus d'áitigh sé go raibh an-rath ar pholasaí na Fraince

> [which] simply transformed a private association of poets into this new institution which was to render, as its founder hoped, the French language pure, eloquent, and capable of treating the arts and sciences. These are just the very things which we wish our new Academy to do for the language of Ireland.[76]

Thug scoláirí agus scríbhneoirí aitheanta na Gaeilge fearacht Kuno Meyer, de Híde, Mhic Néill, Mhic Phiarais agus Ní Fhaircheallaigh le fios go mbeidís toilteanach seasamh sa toghchán don Acadamh nua seo ach theip ar an scéim ag deireadh na bliana 1905 toisc nár chuir go leor scoláirí agus scríbhneoirí eile isteach air.[77]

I dtaobh fheachtas an Chonartha chun an Ghaeilge a chur chun cinn san ollscoil, tugadh céim siar dó nuair a shocraigh Coláiste Phádraig i Maigh Nuad ábhar roghnach seachas éigeantach a dhéanamh den Ghaeilge. Cháin Pádraic Mac Piarais polasaí an Choláiste i leith na Gaeilge go géar in eagarfhocal *An Claidheamh Soluis* agus de réir Ruth Dudley Edwards in *Patrick Pearse: The Triumph of Failure*, 'Pearse went straight for the throat of the president, Monsignor Mannix'.[78] Chuir ionsaí Mhic Phiarais isteach ar an gcléir, go háirithe ar an Ardeaspag Walsh, a bhí ina Choimisinéir ar Bhord an Oideachais Náisiúnta agus a chuidigh leis an gConradh chun stádas na Gaeilge a ardú sna scoileanna náisiúnta.[79] Nuair a scríobh Ní Fhaircheallaigh chuige ar ábhar an bhunoideachais, fuair sí freagra géar uaidh a cháin tuairimí Mhic Phiarais.[80] Rinne sí iarracht é a shuaimhniú láithreach le cinntiú nach gcaillfeadh an Conradh a thacaíocht agus thug sí le fios nárbh ionann dearcadh Mhic Phiarais agus dearcadh chuile dhuine eile ar an gCoiste Gnó i gcónaí, cé go raibh sé ina eagarthóir ar uirlis bholscaireachta an Chonartha:

> May I point out to Your Grace that *Claidheamh Soluis* has never advocated compulsion as such. It has only cried out against a retrograde step and one which may endanger all

the hard work of years – and it has been cruelly hard work at times. The manner in which the details have been gone into has not pleased many members of the Coisde Gnotha – but a committee cannot edit a paper.[81]

Thug sí le fios don Ardeaspag 'the Coisde Gnó recognises that if the priests of Ireland are not with them in the work of the language it is almost hopeless to proceed'.[82] Cuireadh lena tuairim ag Ard-Fheis Speisialta an Chonartha faoi cheist na hollscolaíochta ar an 9 Meitheamh 1908, nuair a moladh 'the future realisation of an Irish-Ireland is absolutely impossible without the hearty co-operation and the example of the Irish Priesthood', chun tacaíocht na cléire a fháil ar ais i ndiaidh ionsaí Mhic Phiarais.[83] Bhí cosúlachtaí áirithe idir an chonspóid seo agus 'the Aran Controversy', a luadh i gcaibidil a dó, a d'eascair idir sagart paróiste Inis Meáin agus Conradh na Gaeilge. Mar a tharla le Conspóid Árann, chuir eagarthóir *An Claidheamh Soluis* (Mac Piarais seachas Ó Neachtain an babhta seo) go mór leis an easaontas idir an dá eagraíocht fad is a rinne baill eile den Choiste Gnó iarracht an chléir a chóiriú ar an tuiscint go raibh tacaíocht na cléire ríthábhachtach do na feachtais agus do na leasuithe sóisialta ar theastaigh ón gConradh iad a chur i bhfeidhm. Chuir an Conradh in éadan na sagart paróiste scaití, cosúil leis an Athair Ó Laoghaire i gCúil an tSúdaire a cháin polasaí an Chonartha fir agus mná a chur in aon rang amháin sa bhliain 1905, ach bhí drogall air cur i gcoinne na sagart cumhachtach fearacht an Ardeaspaig Walsh.[84]

Nuair a cuireadh deireadh le Coimisiún Ríoga Choláiste na Tríonóide agus Ollscoil Bhaile Átha Cliath (Coimisiún Fry), mhol an Príomh-Rúnaí Liobrálach, James Bryce, plean nua ollscoile, ach cháin Seanad na hOllscoile Ríoga an plean sin go géar.[85] I mí Eanáir 1907 tháinig Augustine Birrell, saineolaí ar chúrsaí oideachais, i gcomharbacht ar Bryce.[86] Go luath an bhliain dár gcionn, mhol Birrell comhréiteach sásúil ar phlean ollscoile Bryce agus d'fhógair sé Bille na hOllscoile nua. Chuir Conradh na Gaeilge a mholtaí féin i dtaobh na hollscoile chuig Birrell go grod ina dhiaidh sin. Chuir an Conradh na pointí seo a leanas faoina bhráid:

> (1) As a step towards Bilingualism, that the Irish language, both oral and written, be made an essential subject for Matriculation, and up to the point where specialization begins, in the proposed new Universities.
>
> (2) That in each College of the two new Universities there shall be Chairs of (a) Old and Middle Irish, (b) Modern Irish, (c) Irish History and Archaeology, (d) Irish literature.[87]

Thug rúnaí Birrell le fios nár bhain na moltaí sin le Birrell féin, ach le Coimisinéirí agus Seanadóirí na n-ollscoileanna. Bhí cuid de na conraitheoirí ina mbaill de Sheanad an Choláiste Ollscoile, Baile Átha Cliath, ach ní raibh ionadaí ag an gConradh ar Sheanad Choláiste na Ríona. Dá bhrí sin, chuir Ní Fhaircheallaigh, mar Ultach, feachtas ar bun le cinntiú go mbeadh an Ghaeilge mar ábhar máithreánach agus mar ábhar acadúil i gColáiste na Ríona ach níor éirigh lena hiarrachtaí.[88]

Le linn Ard-Fheis an Chonartha i mí Lúnasa 1908, mhol Ní Fhaircheallaigh rún go ndéanfadh an Conradh iarracht spriocanna na hArd-Fheise speisialta i dtaobh na Gaeilge san ollscoil nua a bhaint amach.[89] Ach níor thosaigh feachtas an Chonartha i ndáiríre go dtí gur eagraíodh an chéad chruinniú de Chumann Gaelach an Choláiste Ollscoile, Baile Átha Cliath. Ag an gcruinniú úd, d'iarr Ní Fhaircheallaigh ar Uachtarán an Choláiste, an Dr William Delany, bheith i láthair i measc na mac léinn, 'to stay and encourage them by his presence even though he took no part in the proceedings'.[90] Ach labhair an Dr Delany ag an gcruinniú agus thug sé le fios nach raibh sé i bhfabhar na Gaeilge éigeantaí san ollscoil. Ghlac an Conradh leis gurbh ionann dearcadh an Dr

Delaney agus dearcadh cuid mhaith de na Seanadóirí Ollscoile eile agus thosaigh lucht an Chonartha agóid le cinntiú go mbeadh an Ghaeilge éigeantach san ollscoil.

Ar an 8 Nollaig, chuir an Conradh tús lena fheachtas le cruinniú poiblí sa Rotunda, an halla ba mhó i mBaile Átha Cliath an tráth sin. Glacadh le spriocanna na hArd-Fheise speisialta a tionóladh leathbhliain roimhe sin.[91] Leathnaigh feachtas an Chonartha ar fud na tíre agus tháinig méadú ar fhoilseacháin bholscaireachta na gconraitheoirí. Taobh le bolscaireacht *An Claidheamh Soluis*, cuireadh paimfléid is aistí i gcló, cosúil le *An Irish University or Else,* leis an Athair Mícheál Ó hÍcí agus *Irish in the National University of Ireland: A Plea for Irish Education* scríofa ag Eoin Mac Néill. Chuaigh baill den Choiste Gnó ar camchuairt ar fud na tíre chun tacaíocht na ndaoine a fháil don Ghaeilge san ollscoil. Thug Ní Fhaircheallaigh faoin gcraobhscaoileadh freisin agus ag tús mhí Feabhra 1909, bhailigh tuairim is 10,000 duine ag cruinniú a d'eagraigh Comhairle Contae na Gaillimhe i dTuaim, chun éisteacht le teachtaireacht de Híde agus Ní Fhaircheallaigh. Le linn a hóráide, rinne sí trácht ar oidhreacht uasal scolártha na nGael a bhain le Cluain Ard agus Cluain Mhic Nóis. De réir a tuairime:

> They [muintir na hÉireann] wanted to get back that wonderful intangible thing which had nearly passed out of our lives and wanting which we were poor indeed. They wanted in fine, intellectual freedom – a freedom without which, even though they made laws for their own government, and administered their own affairs, they were no better than slaves – very serfs in thought and in action. And they were going to win. Their cause was the cause of Ireland a nation.[92]

Labhair Ní Fhaircheallaigh faoi fhéidearthachtaí na saoirse go minic le linn an fheachtais seo: 'freedom on the part of the people of Ireland to shape their educational systems'.[93] In alt dar teideal 'Irish in the

National University', in *New Ireland Review*, thug sí le fios gurbh í an Ghaeilge an t-aon difríocht amháin idir ollscoileanna na hÉireann agus ollscoileanna an domhain agus go raibh tábhacht ag baint léi dá bharr:

> The Irish language as a necessary element will be the only distinctive mark of our University system – and as such we may hope that it will form a great attraction to students – to Irish students because of its appeal, and to foreign students because of its intrinsic worth as a subject.[94]

San alt seo, d'admhaigh Ní Fhaircheallaigh gur thug na Comhairlí Contae an-tacaíocht don Chonradh i mbun a fheachtais; ach méadaíodh ar an teannas idir an Conradh agus an Eaglais Chaitliceach nuair a chuir an Eaglais i gcoinne na Gaeilge éigeantaí.[95] Cháin an tAthair Ó hÍcí dearcadh an Dr Delany agus na cléire ina taobh agus scríobh sé litreacha cáinteacha a léadh amach ag cruinnithe poiblí an Chonartha ach cuireadh iallach air éirí as a phost mar Ollamh le Gaeilge i Maigh Nuad mar thoradh ar a sheasamh in aghaidh na hEaglaise.[96] Ba bhuanchairde iad Ó hÍcí agus Ní Fhaircheallaigh, agus d'fhan sé le hÚna agus Alphonsus ar feadh tamaill, i 65A Sráid Líosáin Uachtarach, nuair a tugadh bata is bóthar dó.[97] Feachtas crua, achrannach a bhí ann do chuile dhuine ar an gCoiste Gnó agus bhí siad ag éirí tuirseach de faoi shamhradh na bliana 1909: scríobh Ní Fhaircheallaigh litir chuig Eoin Mac Néill agus í i gColáiste Uladh ag tabhairt le fios go raibh sé tráthúil le haghaidh: 'Settling the fate of the language in the University one way or another'.[98] Cúpla mí roimhe sin, i mí Aibreáin, bhí sí páirteach i dtoscaireacht an Chonartha a chuir éilimh an fheachtais os comhair an Choimisiúin Reachtúil; ach thug an Coimisiún le fios nár bhain na héilimh sin lena théarmaí tagartha.[99]

Fiú sular réitíodh ceist na Gaeilge éigeantaí, tugadh post do de Híde, Mac Néill agus Ní Aodáin san ollscoil nua i mBaile Átha Cliath. Níor léirigh Ní Fhaircheallaigh spéis ollmhór sa phost mar léachtóir sa Ghaeilge ann cé gur chuir sí isteach air. Scríobh sí litir chuig Mac Néill inar mhaígh sí:

> I merely sent in a list of qualifications and the necessary testimonials. I am not going to canvas directly or indirectly – if they want me – that is if they think I am the best candidate, let them appoint me.[100]

Fuair sí an post cé gur chuir Piaras Béaslaí, ball de Chraobh an Chéitinnigh, isteach air chomh maith.[101] Scríobh de Híde teistiméireacht ar a son inar thug sé le fios 'there is no other candidate that I know of who would fill the post more suitably'.[102] Nuair ba léir go bhfuair conraitheoirí mór le rá poist san ollscoil nua, rinne Mac Piarais iarracht iad a chosaint, óir, de réir a thuairime:

> Many of the Chairs have gone to prominent workers in our movement. This is no matter of surprise, for they were appointed on their merits, and we have long known that some of the country's very best brain and thought was to be found in our ranks.[103]

Níorbh ionann é sin agus tuairim shearbhasach George Moore a rinne cur síos ar de Híde

> [paddling] the old dug-out of the Gaelic League up from the marshes through many an old bog, lake and river, reaching at last Portobello Bridge, where he took on board two passengers, Agnes O'Farrelly and Mary Hayden, and, having placed them in the stern, he resumed the paddle, and a grand figure he cut in the bow paddling the dug-out right up to the steps of the National University. He gallantly handed them up the steps, and so amazed were the three at the salaries that were offered to them that they forgot the old dug-out; and worn and broken and water-logged, it has drifted back to the original Connemara bog-hole, to sink under the brown water.[104]

'Well, Are You Going to Adopt Him?' Léaráid ó *Sinn Féin*, 04/06/1910

Cé go raibh post buan faighte ag na conraitheoirí réamhluaite sa Choláiste Ollscoile, Baile Átha Cliath, níor socraíodh ceist na Gaeilge éigeantaí go dtí mí an Mheithimh 1910 nuair a ghlac Seanad na hOllscoile go mbeadh an Ghaeilge mar ábhar éigeantach máithreánach ó 1913 ar aghaidh.[105] Cé gur bhain an Conradh a sprioc amach, bhí an feachtas sin tubaisteach sa chaoi ar caitheadh le Ó hÍcí agus chaill an Conradh tacaíocht na hEaglaise lena linn chomh maith, mar a thugann Donncha Ó Súilleabháin agus Regina Uí Chollatáin le fios.[106] Níorbh é sin cath deireanach an Chonartha sa chóras ollscolaíochta ach an oiread: i mí na Nollag 1911, tharraing Ní Fhaircheallaigh aird ar ábhair na céime B.A. agus í den tuairim nach raibh an stádas céanna ag an nGaeilge le hábhair eile na céime. Ag cruinniú den Choiste Gnó, mhol sí an rún 'That we request the authorities of University College to place Irish on an equal footing with French and German in the Modern

Language Group for the B.A. Examination', agus glacadh leis.[107] Ach an bhliain dár gcionn, chuaigh an Conradh i mbun feachtais is bolscaireachta arís, nuair a d'fhógair Augustine Birrell scéim úr scoláireachta do mhic léinn ag dul isteach sna meánscoileanna.

Bhí ardmheas ag conraitheoirí agus ag baill den Chumann Banchéimithe ar Augustine Birrell tar éis dó Acht na hOllscoile a fhógairt. Thagair an Cumann Banchéimithe do 'the splendid work effected by Mr. Birrell in the cause of University Education in Ireland',[108] agus mheas Ní Fhaircheallaigh '[that] as a Minister he was responsible for a great University Act. His sympathy has been with Ireland in many ways'.[109] I lár na bliana 1912 áfach, tamall sular cuireadh tús leis an nGaeilge éigeantach i scrúdú an mháithreánaigh, fógraíodh Scéim Scoláireachta Birrell. Deontas £10,000 in aghaidh na bliana a bhí sa chiste scoláireachta a ligfeadh do pháistí éirimiúla ó scoileanna náisiúnta na tíre freastal ar an meánscoil. Ach chreid Ní Fhaircheallaigh go raibh an scéim seo 'in the form of a bribe'.[110] Scríobh sí paimfléad bolscaireachta, *School Scholarships: Mr. Birrell's Anti-Irish Proposal,* faoi seo agus an fhadhb ba mhó a bhain leis an scéim ná nach raibh an Ghaeilge ag teastáil ó na páistí chun scoláireacht a bhaint amach. Dá bhrí sin, shíl Ní Fhaircheallaigh go raibh an bonn á bhaint ón nGaeilge sa chóras oideachais: d'fhéadfadh páistí éirimiúla dul tríd an gcóras iomlán gan aon Ghaeilge a fhoghlaim agus freastal ar Choláiste na Tríonóide nó Ollscoil na Ríona, áiteanna nach raibh riail na Gaeilge éigeantaí curtha i bhfeidhm.[111] Chuaigh Ní Fhaircheallaigh agus a comhghleacaithe sa Chonradh ar camchuairt ar fud na tíre agus 'Birrell's Bribe' á cháineadh acu. Thug a cara, an tAthair Maitiú Mag Uidhir cuireadh di labhairt ag cruinniú poiblí i gCill Scíre, Co. Thír Eoghain, áit ar chruthaigh sé féin pobal beag Éire-Éireannach,[112] agus mhaígh sí:

> we shall not accept a grant bound up with such insulting conditions. We shall gladly take it [na scoláireachtaí] if they amend the scheme, but if not, it is our duty to reject it.[113]

Tar éis do Ní Fhaircheallaigh agus de Híde óráid a thabhairt ar an Muileann gCearr, áit a raibh craobh de Choláiste Laighean faoi lánseol, tuairiscíodh gur thacaigh an Chomhairle Contae leo agus theastaigh uaithi a chinntiú go mbeadh an Ghaeilge ina 'essential subject within school hours in all grades of education'.[114] Thacaigh Comhairle Ghinearálta na gComhairlí Contae leis an bhfeachtas seo chomh maith agus dhiúltaigh sí do Scéim Birrell, cé nach raibh gach Comhairle Contae báúil lena cur chuige.[115] Ag léirsiú na teanga ar Lá Fhéile Pádraig 1913, d'áitigh Ní Fhaircheallaigh:

> this scholarship question is, in a way, a minor matter – a mere bagatelle – except for the problems it brings us up against – problems looming more and more on the national vision.[116]

Níor cuireadh scéim scoláireachta Birrell i bhfeidhm ach tháinig ceisteanna achrannacha oideachasúla eile chun solais a ndeachaigh Ní Fhaircheallaigh i ngleic leo ionas nach dtiocfaidís salach ar a 'national vision'. Ón mbliain 1913 ar aghaidh, tháinig ceist na polaitíochta chun cinn i gConradh na Gaeilge, mar a léireofar i gcaibidil a sé, rud a laghdaigh fuinneamh agus am na gconraitheoirí chun díriú ar leasuithe sa chóras oideachais.

Chaith Ní Fhaircheallaigh breis is tríocha bliain mar léachtóir le Gaeilge sa Choláiste Ollscoile, Baile Átha Cliath, agus bhí baint aici le gnéithe éagsúla de shaol na hollscoile le linn na tréimhse sin. Chreid sí go raibh an t-oideachas ní ba leithne ná cúrsaí acadúla amháin, agus léirigh sí an dearcadh seo trína baint leanúnach leis an gCumann Banchéimithe Náisiúnta agus le Club Camógaíochta na hOllscoile, a scrúdófar i gcaibidil a hocht agus a naoi, chomh maith leis an bpáirt ghníomhach a ghlac sí sa Chumann Gaelach agus sa Chumann Liteartha. De réir tuairisce, mheas sí go mba cheart ábhair éagsúla ollscoile a chur ar fáil do na mic léinn trí mheán na Gaeilge agus tugadh le fios in *Ar Aghaidh* sa bhliain 1951:

> Bhí sé ina ráfla i measg na mac léighinn gur éirigh díosbóireacht faoi sin idir í agus Liam Mac Aonghusa ... 'Cé an Ghaedhilge' ars an Caonghusach, 'a chuirfeá ar 'the thought totality of the empirical finite?' ... B'é an freagra a thug Úna, idir shúgradh is dáiríre, dho réir an ráfla, nach mbeadh seafóid mar sin i gceist nuair bhéadh an t-ádhbhar dhá mhúnadh tríd an nGaedhilge.[117]

Chaith sí tréimhsí fada mar bhall de bhord rialaithe na hOllscoile ó ceapadh í ar dtús go dtí an bhliain 1949 ach theip uirthi a bheith tofa do Sheanad na hOllscoile sa bhliain 1919, mar a tharla i gcás de Híde, Sigerson agus an Athar Finlay. Mhaígh sí le cara léi, E.T. John, gur bhain an toradh sin le cúrsaí polaitiúla sa tír:

> We do not feel any stigma attaching to our rejection. It was a purely political vote and in no way personal – it was not fought on personal merits at all nor on educational work.[118]

Sa bhliain 1923, toghadh í in athuair agus sheol cara léi, Nano Dillon, litir chuig a deartháir, an scoláire Myles Dillon, ag insint dó: 'The Lamb of Ulster is quivering with great expectations. The elections for the Senate of the University take place in a few days, and the students have nominated her'.[119]

Nuair nach raibh 'Uan Uladh' i mbun feachtais, ba bhean shuaimhneach í. Bhí gean na mac léinn uirthi go minic toisc gur léirigh sí spéis i bhfiontair na ndaoine óga agus d'eagraigh sí cóisirí dóibh ar bhonn rialta ina teach féin. Thug duine dá mic léinn an cuntas seo a leanas uirthi:

> Ba duine lághach cineálta í le na mic léighinn agus chuireadh sí an-tsuim i n-a gcuid saothair. Cé go mba an-

> bheag an tuarastal a bhí aici an t-am sin, b'é croidhe na féile í. Minic go leor thugadh sí na sgoláirí i n-a rang le chéile ag tae i n-a teach fhéin.[120]

Chuimhnigh mac léinn eile, John Mowbray, ar 'the lovable Agnes O'Farrelly, that spinster lady whose family embraced practically the entire University role. She could always be assured of the deepest respect even of the most irreverent'.[121]

Ba iad céimithe na hollscoile a roghnaigh Ní Fhaircheallaigh mar ionadaí ar bhord rialaithe na hollscoile agus dá bhrí sin, sheas sí fód na mac léinn ar an mbord: mhol sí go gcuirfí iris na mac léinn ar bun agus go rachfaí i ngleic le deacrachtaí na mac léinn lóistín oiriúnach a fháil.[122] Ní raibh ach beirt bhan, Ní Fhaircheallaigh agus Ní Aodáin, ar an mbord rialaithe ar feadh na mblianta agus chuir siad leas na n-iníonacha léinn chun tosaigh go minic.[123] Ag cruinnithe den Chumann Gaelach, bhí sé de nós aici comhairle a chur ar na hiníonacha léinn i dtaobh gairmeacha beatha agus suáilcí na bunmhúinteoireachta a chur ina luí orthu.[124] Trí chabhair Ní Fhaircheallaigh agus de Híde a d'eagraigh an Cumann Liteartha agus an Cumann Gaelach céilithe agus léachtaí le haoichainteoirí mór le rá.[125] Nuair a foilsíodh iris bhliantúil an Chumainn Ghaelaigh, *An Réult*, den chéad uair sa bhliain 1920, mhaígh Ní Fhaircheallaigh go bródúil lena cara Breatnach E.T. John:

> It is completely run and edited by the students themselves and with the exception of three or four contributions (Dr. Hyde, J. Mac Neill and myself) all the matter is written by them.[126]

Bhronn Ní Fhaircheallaigh bonn ar an gcainteoir Gaeilge ab fhearr i measc na mac léinn chuile bhliain i gcomhpháirtíocht leis an gCumann Liteartha; sa bhliain 1927, bhuaigh Donn Piatt an bonn úd, mac Hester

Sigerson, nó 'Uncle Remus', mar ab fhearr aithne uirthi i measc ghlúin Ní Fhaircheallaigh, agus garmhac George Sigerson.[127]

Chaith Ní Fhaircheallaigh agus de Híde go leor ama i dteannta a chéile san ollscoil féin agus taobh amuigh di. Thug Máire Mhac an tSaoi, iníon léinn san ollscoil ó 1937–1940, idéalachas na beirte faoi deara agus d'áitigh sí 'fiú amháin agus mé an-óg d'aithníos go raibh an ré inar chreid siadsan caite'.[128] De réir Dunleavy agus Dunleavy, 'the students enjoyed speculating about the nature of their friendship. Had they once been sweethearts?'[129] Bhí Ní Fhaircheallaigh agus de Híde ar an eolas faoi ráflaí na mac léinn agus bhain de Híde spraoi as: nuair a bhí sé le bheith as láthair ó léacht, deireadh sé 'tiocfaidh Úna Ní Fhaircheallaigh i mo leaba', agus bhaineadh na mic léinn an-sásamh as sin.[130] Thagair Ní Fhaircheallaigh do de Híde go rímhinic ina litreacha chuig baill na Comhdhála Ceiltí sna 1920í agus léiríonn na tagairtí seo go raibh ardmheas agus an-chion aici air. Feictear a gcomhbhá sna dánta molta a chum siad dá chéile agus a foilsíodh i gcnuasach filíochta Ní Fhaircheallaigh, *Áille an Domhain*, sa bhliain 1927.[131] Feidhmíonn 'D'Uan Uladh' ó pheann de Híde mar réamhrá an chnuasaigh. Dán éadrom, scríofa i bhfoirm na leathrann is ea 'D'Uan Uladh', ina molann sé filíocht agus pearsantacht Ní Fhaircheallaigh a 'rinn cion dá-réag / Chun caint na h-Éireann thabhairt ón éag / Nár stop is nár staon do ló nó d'oidhche / Ón obair thréin do chuir sí roimpi'.[132] Tá níos mó doimhneachta ag baint le 'Don Chraoibhín', cumtha ag Ní Fhaircheallaigh. Déanann sí ceiliúradh ar fhís uathúil de Híde agus ar a chumas mar thaoiseach na nGael nuair a bheartaigh sé 'Tír do shaoradh ón mí-threoir'.[133] Bhí ardmheas ag de Híde ar fhuinneamh agus sheasmhacht físe Ní Fhaircheallaigh: sa bhliain 1919, nuair a cuireadh tús le feachtas toghchánaíochta Ní Fhaircheallaigh do bhord rialaithe na hOllscoile, d'áitigh sé: 'The chief trait in Miss O'Farrelly's character which had made her work on the Governing Body so valuable was her indefatigable, self-sacrificing enthusiasm'.[134] Bhí ardmheas ag Ní Fhaircheallaigh ar de Híde mar gheall ar a chumas nádúrtha, dar léi, chun gluaiseacht na hathbheochana a threorú. Sna 1930í, bhí Ní Fhaircheallaigh ina hiontaobhaí ar 'C[h]iste an Chraoibhín Aoibhinn', agus bronnadh an chéad duais liteartha ón gciste seo ar *Peig* sa bhliain 1936, leabhar a chuir seanchara Ní Fhaircheallaigh, Máire Ní Chinnéide, in eagar.[135]

Thug Ní Fhaircheallaigh léachtaí ar fhilíocht chlasaiceach is chomhaimseartha na Gaeilge do mhic léinn B.A. agus bhí a leabhar ar fhilíocht Sheáin Uí Neachtain mar théacsleabhar don tríú bliain.[136] Ach de réir cosúlachta, níorbh í an léachtóireacht príomhbhua Ní Fhaircheallaigh. Chuimhnigh an scríbhneoir Kate O'Brien ar 'The kindergarten of Agnes O'Farrelly', rang a rinne sí a dícheall a sheachaint agus í sa chéad bhliain san ollscoil.[137] Scríobh O'Brien ina dhiaidh sin:

> Sometimes I am asked what lectures and lecturers were like in my time. And turning over my surprisingly clear recollections under the two headings, I begin with remembering that *twice* in the summer term of my first year the President sent for me, to tell me, with icy indifference, that my non-attendance at the lectures of Douglas Hyde and Agnes O'Farrelly might bar me from sitting for the First Arts examination in June.[138]

Chuimhnigh mac léinn eile dá cuid ar a feisteas léachtóireachta: '[she] always arrived late still dressed in her outdoor clothes, even to her gloves'.[139] Ba nós léi éadaí aisteacha a chaitheamh toisc go raibh sí ag tacú le héadaí de dhearadh agus dhéantús na hÉireann, rud a tharraing an-aird uirthi i measc na mac léinn.[140]

Ó 1929–1934, rinne Brian Ó Nualláin freastal ar an gColáiste Ollscoile agus bhí Ní Fhaircheallaigh mar léachtóir aige.[141] De réir a dhearthár, roghnaigh sé í mar stiúrthóir a thráchtais M.A. toisc go raibh sí ina 'easy-going person', seachas duine dáiríre cosúil le hOsborn Bergin.[142] Theip air pas a fháil don tráchtas M.A., bunaithe ar an dúlra i bhfilíocht na Gaeilge, an chéad uair, ach thosaigh sé ráfla ina dhiaidh sin gur chlóscríobh sé an tráchtas céanna amach focal ar fhocal ar pháipéar de dhath eile agus d'éirigh leis, cé nach raibh sé sin fíor.[143] Rinne Ó Nualláin ceap magaidh de Ní Fhaircheallaigh agus de Híde mar scoláirí agus mar léachtóirí. De réir Mháire Mhac an tSaoi, a raibh aithne mhaith aici ar Ó Nualláin, chum sé ráflaí greannmhara faoin gcaoi ar láimhseáil Ní Fhaircheallaigh a páipéir scrúdaithe:

> Nuair a bhí páipéirí scrúdaithe le ceartú aici, gur chuir sí iad go léir in airde le peigí ar an líne ins an ghairdín cúil, agus iad san a shéideadh chun siúil, theipeadh orthu agus an chuid eile, d'éiríodh leo.[144]

Mar atá tugtha faoi deara ag Breandán Ó Conaire, baineadh 'Úna Oirialla', duine de na 'fíor-Ghaeil fíor-Ghaelacha', amach as lámhscríbhinn *An Béal Bocht*, sular cuireadh an leabhar i gcló.[145] Cé gur áitigh Ó Nualláin 'It was a shock to find that Douggie Hyde spoke atrocious Irish, as also did Agnes O'Farrelly', mhaígh sé 'the two hearts were of gold'.[146]

Cé nach raibh Ní Fhaircheallaigh ina léachtóir róspreagúil, chuidigh a fuinneamh, flaithiúlacht agus díograis, na cáilíochtaí a raibh meas ag de Híde orthu, le cath an chomhionannais inscne agus na Gaeilge a throid ar bhealach éifeachtach sa chóras oideachais. Bean thábhachtach a bhí inti i limistéar an oideachais ó thús go lár an fhichiú haois. Bhí an Ghaeilge mar ábhar éigeantach don scrúdú máithreánach de bharr iarrachtaí na gconraitheoirí agus tugadh cearta sa bhreis d'iníonacha léinn lena linn, cé nach bhfuair ach dornán beag ban poist shinsearacha san ollscoil (níor bronnadh ollúnacht ar Ní Fhaircheallaigh féin go dtí an bhliain 1932, in ainneoin gur moladh rún ag cruinniú den Bhord rialaithe go dtabharfaí an t-ardú céime sin di sa bhliain 1912).[147] Ní raibh comhionannas inscne le feiceáil taobh amuigh den ollscoil áfach, agus dá bhrí sin, choinnigh Ní Fhaircheallaigh agus a comhghleacaithe sa Chumann Banchéimithe i mbun agóidí leanúnacha thar ceann na mban, ábhar a fhiosrófar i gcaibidil a hocht. Mhaígh duine dá cuid mac léinn:

> Ag deireadh na bliadna, le linn scrúdaidhthe an tSamhraidh, theidheadh sí thart go réidh suimhneach a' tabhairt cóip an duine do na sgoláirí de chlár Coláiste Samhraidh Chloch Cheann Fhaolaidh.[148]

Níor éirigh le Ní Fhaircheallaigh a fís den 'Ollscoil Ghaelach', institiúid lárnach a físe móire Gaelaí, a bhaint amach go huile is go hiomlán go luath san fhichiú haois, ach bhí toradh níos fearr ar a hiarrachtaí i gColáiste Uladh i nGaeltacht Thír Chonaill, áit ar chaith sí a laethanta saoire chuile bhliain. Thar aon áit eile, bhí Coláiste Uladh 'dear to her heart'.[149]

Nótaí

1 The Gaelic League, *Irish in the National University: Manifesto of the Gaelic League* (Baile Átha Cliath: An Cló-Chumann, gan dáta), 4.

2 D. Rhys Phillips, *Transactions of the Third Celtic Congress, 1920* (Perth: Milne, Tannahill & Methven, 1921), 118.

3 Uan Uladh, 'Sgéala ón Chonnradh', in *St. Stephen's*, 1.2 (Samhain 1901), 35.

4 Féach *Irish Times*, 03/12/1898, 9.

5 Donal McCartney, *UCD A National Idea: The History of University College, Dublin* (Dublin: Gill & Macmillan, 1999), 75.

6 P.J. Dowling, *A History of Irish Education* (Cork: Mercier Press, 1971), 171.

7 *The Annual Report of the Medical Faculty: Catholic University School of Medicine – Governing Body Minute Book*, 1, 20/05/1898, Cartlann an Choláiste Ollscoile, Baile Átha Cliath. D'fhreastail an chéad bhean ar Scoil an Leighis sa bhliain 1896. Féach Mary J. Hogan, *Cumann Banchéimithe C[h]oláiste na h-Ollscoile Baile Átha Cliath 1902–1982* (Dublin: UCDWGA, 1983), 9.

8 Féach *Freeman's Journal*, 28/10/1899, 6.

9 Ibid.; *Freeman's Journal*, 27/10/1900, 6.

10 Eibhlin Breathnach, 'Charting New Waters: women's experience in higher education, 1879–1908', in *Girls Don't Do Honours: Irish Women in Education in the 19th and 20th Centuries*, eag. Mary Cullen (Dublin: Women's Education Bureau, 1987), 77.

11 Ibid.

12 Eibhlin Breathnach, *A History of the Movement for Women's Higher Education in Dublin, 1860–1912* (UCD: M.A. neamhfhoilsithe, 1981), 135; Conan Kennedy (eag.), *The Diaries of Mary Hayden 1878–1903: Volume V 1899–1903* (Killala: Morrigan, 2006), 2134.

13 Uí Mhéalóid, 'Agnes O'Farrelly: Crusader for a Gaelic Ireland, 1874–1951', 845.

14 Kennedy (eag.), *The Diaries of Mary Hayden 1878–1903: Volume V 1899–1903*, 2135.

15 Ibid.

16 *St. Stephen's: A Record Of University Life*, 1.12 (Meitheamh 1903), 252–253.

17 Mary J. Hogan, *Cumann Banchéimithe C[h]oláiste na h-Ollscoile Baile Átha Cliath 1902–1982*, 15.

18 *St. Stephen's: A Record of University Life*, 1.2 (Samhain 1901), 23.

19 Féach *United Irishman*, 07/02/1903, 4; *United Irishman*, 21/02/1903, 4.

20 Kennedy (eag.), *The Diaries of Mary Hayden 1878–1903: Volume V 1899–1903*, 2177.

21 Ibid., 2202. 'The Irish Association of Women Graduates and Candidate Graduates (IAWGCA)', a tugadh ar an gcumann seo ag tús a ré.

22 Féach Oonagh Walsh, 'Protestant Female Philanthropy in Dublin in the Early Twentieth Century', in *History Ireland*, 5.2 (1997), 27–31.

23 *Freeman's Journal*, 09/10/1900, 6; *Freeman's Journal*, 11/12/1900, 7.

24 Janette Condon, 'The Patriotic Children's Treat: Irish Nationalism and Children's Culture at the Twilight of Empire', in *Irish Studies Review*, 8. 2 (2000), 173.

25 Féach *Freeman's Journal*, 22/10/1900, 3; *Inghinidhe na h-Éireann First Annual Report Session 1900–1901* (Dublin: O'Brien & Ards, 1901).

26 *Freeman's Journal*, 28/11/1900, 7.

27 *United Irishman*, 12/05/1900, 8.

28 *Irish Times*, 11/06/1902, 6; *Royal Commission on University Education in Ireland. Appendix to the Third Report: Minutes of Evidence* (1902), 318.

29 *Royal Commission on University Education in Ireland. Appendix to the Third Report: Minutes of Evidence* (1902), 321.

30 Breathnach, *A History of the Movement for Women's Higher Education in Dublin, 1860–1912*, 163.

31 Hogan, *Cumann Banchéimithe C[h]oláiste na h-Ollscoile Baile Átha Cliath 1902–1982*, 13.

32 *Royal Commission on University Education in Ireland. Appendix to the Third Report: Minutes of Evidence* (1902), 357.

33 *Irish Times*, 14/02/1903, 14.

34 Hogan, *Cumann Banchéimithe C[h]oláiste na h-Ollscoile Baile Átha Cliath 1902–1982*, 17.

35 *Irish Times*, 24/03/1905, 5; déantar cur síos ar an gcaidreamh idir Ní Aodáin agus Mac Piarais in Joyce Padbury, ''A young schoolmaster of great literary talent': Mary Hayden's friend, Patrick Pearse', in *The Life and Afterlife of P.H. Pearse: Pádraic Mac Piarais Saol agus Oidhreacht*, eag. Róisín Higgins, Regina Uí Chollatáin, 33–44.

36 *Freeman's Journal*, 03/02/1904, 6.

37 *Royal Commission on Trinity College and the University of Dublin, Appendix to the Final Report: Minutes of Evidence and Documents* (1907), 268.

38 Ibid., 266.

39 Hogan, *Cumann Banchéimithe C[h]oláiste na h-Ollscoile Baile Átha Cliath 1902–1982*, 17.

40 Féach Joanne Mooney Eichacker, *Irish Republican Women in America: Lecture Tours 1916–1925* (Dublin: Irish Academic Press, 2003), 8.

41 Féach Ní Chinnéide, 'Conradh na Gaeilge agus Fuascailt na mBan', 5.

42 Dubhghlas de Híde chuig Ní Fhaircheallaigh, 03/05/1902, Páipéir Bhriain Mhic Giolla Phádraig, Clúdach 7, Acadamh Ríoga na hÉireann, Baile Átha Cliath. Tá an pheannaireacht anseo beagnach doléite.

43 Kennedy (eag.), *The Diaries of Mary Hayden 1878–1903: Volume V 1899–1903*, 2217, 2229.

44 *Irish Times*, 30/05/1903, 20; *An Claidheamh Soluis*, 13/08/1904, 3.

45 McMahon, *Grand Opportunity: The Gaelic Revival and Irish Society, 1893–1910*, 96.

46 Litir ó Ní Fhaircheallaigh chuig Hanna Sheehy Skeffington, 29/04/1905, Páipéir Sheehy Skeffington, LNÉ, Lámhscríbhinn 41,177/37.

47 Litir ó Ní Fhaircheallaigh chuig Hanna Sheehy Skeffington, 18/11/1905. Páipéir Sheehy Skeffington, LNÉ, Lámhscríbhinn 41,177/37.

48 *Irish Independent*, 16/11/1905, 4.

49 *Irish Independent*, 09/12/1905, 6.

50 *An Claidheamh Soluis*, 03/08/1912, 8.

51 Royal Commission on University Education in Ireland, *Irish in university education: evidence given before The Royal Commission on University Education, 1902* (Dublin: Gaelic League, 1902), 12.

52 Ibid., 13; Féach Séamas Ó Buachalla, 'Educational Policy and the Role of the Irish Language from 1831 to 1981', *European Journal of Education*, 19. 1 (1984), 75–92.

53 Féach Anne V. O'Connor agus Susan M. Parkes, *Gladly Learn And Gladly Teach: Alexandra College and School 1866–1966* (Dublin: Blackwater Press, 1983), 58.

54 *Derry Journal*, 08/11/1907, 8.

55 *An Claidheamh Soluis*, 23/11/1907, 7.

56 Ibid.

57 Féach *Freeman's Journal*, 25/11/1909, 7.

58 *Derry Journal*, 08/11/1907, 8.

59 *Irish Independent*, 30/10/1909, 6.

60 *An Claidheamh Soluis*, 03/08/1912, 8.

61 *Derry Journal*, 17/06/1907, 8.

62 Bernard Fitzpatrick, *Bilingualism as a factor in Education, with application to the language question in Ireland* (UCD: Tráchtas M.A. neamhfhoilsithe, 1918), 29; T.J. O'Connell, *History of the Irish National Teachers' Organisation 1868–1968* (Dublin: Irish National Teachers' Organisation, 1969), 404–405.

63 Litir ó Mac Easmuinn chuig Ní Fhaircheallaigh, 16/10/1907, Comhfhreagras Mhic Easmuinn / Ní Fhaircheallaigh, LNÉ, Lámhscríbhinn 31,723.

64 Úna Ní Fhaircheallaigh chuig *An Claidheamh Soluis*, 18/04/1908, 10.

65 Féach Miontuairiscí Choiste Oideachais Chonradh na Gaeilge, 1909–1914, LNÉ, Lámhscríbhinn 9798.

66 Féach Ó Súilleabháin, *Cath na Gaeilge sa Chóras Oideachais, 1893–1911*, 11.

67 *Freeman's Journal*, 24/10/1906, 8.

68 *An Claidheamh Soluis*, 15/02/1908, 9; Úna Ní Fhaircheallaigh chuig *An Claidheamh Soluis*, 18/04/1908, 10.

69 Féach *An Claidheamh Soluis*, 04/04/1908, 9.

70 Úna Ní Fhaircheallaigh chuig *An Claidheamh Soluis*, 18/04/1908, 10.

71 Ibid.

72 *The Leader*, 13/06/1908, 267.

73 *Tuarasgabháil Bliadhna Chonnradh na Gaedhilge 1904–5 agus Cunntas ar Árd-Fheis 1905* (Baile Átha Cliath: Connradh na Gaelige, 1905), 133.

74 Ibid., 136.

75 Ibid., 131.

76 *Irish Independent*, 14/11/1905, 4.

77 *The Leader*, 23/12/1905, 298.

78 Dudley Edwards, *Patrick Pearse: The Triumph of Failure*, 75; *An Claidheamh Soluis*, 09/11/1907, 7; 16/11/1907, 7; 23/11/1907, 7; 30/11/1907, 7.

79 Séamas Ó Buachalla, 'Educational Policy and the Role of the Irish Language from 1831 to 1981', 80.

80 An tArdeaspag Walsh chuig Ní Fhaircheallaigh, 27/11/1907, Comhfhreagras an Ardeaspaig Walsh, Cartlann Dheoiseach Bhaile Átha Cliath.

81 Ní Fhaircheallaigh chuig an Ardeaspag Walsh, 28/11/1907, Comhfhreagras an Ardeaspaig Walsh, Cartlann Dheoiseach Bhaile Átha Cliath.

82 Ibid.

83 Ó Súilleabháin, *Cath na Gaeilge sa Chóras Oideachais, 1893–1911*, 50. Chun léargas níos doimhne a fháil ar ról Mhic Phiarais agus ról Chraobh an Chéitinnigh sa chonspóid seo, féach Uí Chollatáin, *An Claidheamh Soluis agus Fáinne an Lae 1899–1932*, 96–102.

84 Féach 'Portarlington, The Church and Irish-Ireland', *Irish Peasant*, 12/05/1906, 4; McMahon, *Grand Opportunity: The Gaelic Revival and Irish Society, 1893–1910*, 62–68; Uí Chollatáin, *An Claidheamh Soluis agus Fáinne an Lae 1899–1932*, 100–102; *Autobiography of the Ruairí O More Branch of the Gaelic League, Portarlington* (Baile Átha Cliath: An Cló-Chumann, 1906).

85 *Irish Times*, 05/02/1907, 9.

86 *Irish Times*, 26/01/1907, 6.

87 Ó Súilleabháin, *Cath na Gaeilge sa Chóras Oideachais, 1893–1911*, 51–52.

88 *Irish Independent*, 17/02/1909, 7; *An Claidheamh Soluis*, 27/02/1909, 11.

89 Ó Súilleabháin, *Cath na Gaeilge sa Chóras Oideachais, 1893–1911*, 52.

90 Thomas J. Morrissey, *Towards a National University: William Delany (1835–1924): An Era of Initiative in Irish Education* (Dublin: Wolfhound Press, 1983), 322.

91 *Irish Times*, 08/12/1908, 7.

92 *An Claidheamh Soluis*, 06/02/1909, 11.

93 *An Claidheamh Soluis*, 29/05/1909, 12.

94 Ní Fhaircheallaigh, 'Irish in the National University', *New Ireland Review* (Bealtaine 1909), 133.

95 Féach McMahon, *Grand Opportunity: The Gaelic Revival and Irish Society, 1893–1910*, 77–80.

96 Féach Uí Chollatáin, *An Claidheamh Soluis agus Fáinne an Lae 1899–1932*, 101–102.

97 Lucy McDiarmid, *The Irish Art of Controversy* (New York: Cornell University Press, 2005), 237–238, f/n 88.

98 Ní Fhaircheallaigh chuig Mac Néill, 23/07/1909, Páipéir Mhic Néill, LNÉ, Lámhscríbhinn 10,882.

99 *Irish Times*, 26/04/1909, 6; Ó Súilleabháin, *Cath na Gaeilge sa Chóras Oideachais, 1893–1911*, 55.

100 Ní Fhaircheallaigh chuig Mac Néill, 01/09/1909, Páipéir Mhic Néill, LNÉ, Lámhscríbhinn 10,882.

101 Athair Bhéaslaí chuig Piaras Béaslaí, 23/10/1909, Páipéir Phiarais Béaslaí, LNÉ, Lámhscríbhinn 33,971(15); Pádraig Ó Siadhail, *An Béaslaíoch: Beatha agus Saothar Phiarais Béaslaí* (Baile Átha Cliath: Coiscéim, 2007), 180.

102 McCartney, *UCD A National Idea: The History of University College, Dublin*, 29.

103 *An Claidheamh Soluis*, 30/10/1909, 9.

104 George Moore, *Hail & Farewell, Vale* (London: William Heinemann, 1947), 179.

105 Ó Súilleabháin, *Cath na Gaeilge sa Chóras Oideachais, 1893–1911*, 56.

106 Ibid.; Uí Chollatáin, *An Claidheamh Soluis agus Fáinne an Lae 1899–1932*, 101–102.

107 Miontuairiscí Choiste Oideachais Chonradh na Gaeilge, LNÉ, Lámhscríbhinn 9798.

108 Féach Bailiúchán an Chumainn Bhanchéimithe (NUWGA), Cáipéis 1, Cartlann an Choláiste Ollscoile, Baile Átha Cliath.

109 *An Claidheamh Soluis*, 03/08/1912, 8.

110 Ibid.

111 Féach Úna Ní Fhaircheallaigh, *Secondary School Scholarships: Mr. Birrell's Anti-Irish Proposal* (Dublin: Devereux, Newth & Co., 1912).

112 McMahon, *Grand Opportunity: The Gaelic Revival and Irish Society, 1893–1910*, 113.

113 *An Claidheamh Soluis*, 03/08/1912, 8.

114 *An Claidheamh Soluis*, 24/05/1913, 7.

115 *Irish Times*, 11/02/1913, 8; *Irish Times*, 26/02/1913, 7.

116 *An Claidheamh Soluis*, 19/04/1913, 9.

117 P.E. Mac Fh., 'Úna Ní Fhaircheallaigh', in *Ar Aghaidh* (Nollaig 1951), 2.

118 Litir ó Ní Fhaircheallaigh chuig E.T. John, ar an 2/11/1919. Páipéir E.T. John 2396, LNBB.

119 Litir ó Nano Dillon chuig Myles Dillon, ar an 11/01/1923. Joachim Fischer agus John Dillon (eag.), *The Correspondence of Myles Dillon 1922–1925* (Dublin: Four Courts Press, 1999), 75–76.

120 Mac Fh., 'Úna Ní Fhaircheallaigh', 2.

121 John Mowbray 'Curfew (1916–23)', in *Centenary History of the Literary and Historical Society of UCD 1855–1955*, eag. James Meehan (Tralee: The Kerryman, 1955), 181.

122 Leabhar Miontuairiscí Bhord Rialaithe an Choláiste Ollscoile, Baile Átha Cliath, 25/04/1911, Cartlann an Choláiste Ollscoile, Baile Átha Cliath; *Irish Press*, 01/10/1948, 4.
123 Eibhlin Breathnach, 'Charting New Waters: Women's Experience in Higher Education, 1879–1908', 77.
124 Mac Fh., 'Úna Ní Fhaircheallaigh', 2.
125 *The National Student*, 4.3 (Aibreán 1916), 20.
126 Ní Fhaircheallaigh chuig E.T. John, 12/06/1920, Páipéir E.T. John 2583, LNBB.
127 *Irish Times*, 25/05/1927, 8.
128 Máire Mhac an tSaoi faoi agallamh, 03/10/2006. Cóip den agallamh ag an údar.
129 Dunleavy agus Dunleavy, *Douglas Hyde: A Maker of Modern Ireland* (Berkley: University of California Press, 1991), 361.
130 Máire Mhac an tSaoi faoi agallamh, 03/10/2006.
131 Úna Ní Fhaircheallaigh, *Áille an Domhain* (Baile Átha Cliath: Brún agus Ó Nóláin, 1927).
132 Ibid., 3.
133 Ibid., 20.
134 *Evening Telegraph*, 25/12/1919, 3.
135 *Irish Times*, 24/07/1937, 6.
136 Féach *University College, Dublin: Session 1934–35: Faculties of Arts, Philosophy and Celtic Studies Handbook* (Dublin: Browne & Nolan, 1934), 197.
137 Kate O'Brien, 'UCD As I Forget It (1916–19)', in *University Review*, 3.2 (1963), 9.
138 Ibid., 8.
139 Lorna Reynolds, 'Hereditary Martyrs', in *From Newman to New Woman: UCD Women Remember*, eag. Anne Macdona (Dublin: New Island, 2001), 23.
140 Féach Dunleavy agus Dunleavy, *Douglas Hyde: A Maker of Modern Ireland*, 361.
141 Féach Risteárd Ó Glaisne, *Dúbhglas de h-Íde (1860–1949): Náisiúnach Neamhspleách 1910–1949* (Baile Átha Cliath: Conradh na Gaeilge, 1993), 538.
142 Anthony Cronin, *No Laughing Matter: The Life and Times of Flann O'Brien* (Dublin: New Island, 2003), 66.
143 Ibid.; Máire Mhac an tSaoi faoi agallamh ar an 03/10/2006.
144 Máire Mhac an tSaoi faoi agallamh, 03/10/2006.
145 Féach Breandán Ó Conaire, 'Flann O'Brien, *An Béal Bocht* and Other Irish Matters', in *Irish University Review*, 3.2 (1973), 135.

146 John Mowbray, 'Curfew (1916–23)', 241.

147 Leabhar Miontuairiscí Bhord Rialaithe an Choláiste Ollscoile, Baile Átha Cliath, 21/05/1912, Cartlann an Choláiste Ollscoile, Baile Átha Cliath; *Irish Times*, 09/07/1932, 11.

148 Mac Fh., 'Úna Ní Fhaircheallaigh', 2.

149 O'Brennan, 'Dr. Agnes O'Farrelly', 8.

V

Coláiste Uladh agus an tOideachas Gaelach: 'A Unique Educational Mission'

> The future holds great things for our little island [...] I am referring to the re-awakening of Ireland to things Irish – to her language, her civilization, her music – this new, independent, progressive spirit which will not be driven out again, and which, if well-directed, is strong enough to lead us to the realization of those hopes and ideals which the Gael has unflinchingly cherished during seven long, dark, weary centuries of oppression and misrule.[1]

Cuireadh tús oifigiúil le hArdscoil Cholmcille, coláiste Gaeilge samhraidh do mhúinteoirí i gCloch Cheann Fhaolaidh, i nGaeltacht Thír Chonaill, ar an Máirt, an 28 Lúnasa 1906. Ceapadh Úna Ní Fhaircheallaigh mar phríomhoide don chéad seisiún a mhair ar feadh sé seachtaine. Cúpla seachtain roimh thús an chúrsa, chuaigh Éilis Ní Mhaolagáin, timire Chonradh na Gaeilge, ar cuairt chun na háite sin agus d'áitigh sí: 'The Gaelic League could find here a glorious opportunity for a unique educational mission'.[2] Ceantar Gaelach, iargúlta agus bocht a bhí i gCloch Cheann Fhaolaidh, tobar na teanga is an chultúir Ghaelaigh, agus is ansin a rinne Ní Fhaircheallaigh iarracht a fís útóipeach Ghaelach a chothú is a fhorbairt ar feadh dhá scór bliain. Theastaigh uaithi suíomh oideachais a chur ar bun agus scolaíocht den chéad scoth a chur ar fáil do mhic léinn na hArdscoile, ionas nach mbeadh deacrachtaí acu an teanga a fhoghlaim. Dá bhrí sin, baineadh úsáid as téacsleabhair, modheolaíocht agus córas foghraíochta nua-aimseartha san Ardscoil. Troscán de dhéantús na háite a ceannaíodh don Ardscoil, chun fostaíocht áitiúil a fhorbairt.[3] Ina theannta sin, theastaigh ó Ní Fhaircheallaigh uchtach agus ardú meanma a thabhairt do mhuintir na háite, ionas go mbeadh meas acu ar a n-oidhreacht Ghaelach agus go mbeadh siad toilteanach í a roinnt leis na mic léinn. Ar an gcaoi sin, bhí súil ag Ní Fhaircheallaigh go mbainfeadh na mic léinn leas as an timpeallacht agus teanga Ghaelach agus go mbainfeadh muintir na háite leas as airgead na mac léinn. Leis an gcur chuige sin, bhí atmaisféar agus dea-thoil á chruthú aici i measc na ndaoine ionas go mbeidís báúil lena fís Ghaelach agus sásta a bheith ag comhoibriú léi ar son na físe sin. Murab ionann is cás na hollscoile, ba í an Ghaeilge teanga labhartha na hArdscoile seo agus níor ardaíodh ceist an chomhionannais inscne inti mar caitheadh leis na hiníonacha léinn ar an gcaoi cheannann chéanna leis na mic léinn.

Bhí neart cosúlachtaí idir an cur síos a rinne conraitheoirí éagsúla ar Chloch Cheann Fhaolaidh agus Inis Meáin. Tugann cuntas dar teideal 'In Cloughaneely: A Pic-nic by Moonlight', a foilsíodh sa *Derry Journal,* nuair a bhí an Ardscoil níos lú ná mí ar an bhfód, é seo le fios:

> In a star-dotted sky, the silvery moon shot out over mountain, vale and glen, smiling and frowning as each tuft of cloud shadowed or cleared from her path [...]. Around the big turf fire a number of addresses were delivered in fluent Gaelic – some of the speakers dwelling on the historic past, and some on the living present, but all agreed that come weal or woe, on, on, the cause must go until Ireland was Irish-speaking once again. The speeches over, out of the distant darkness comes the bold figure of Finn MacCoumhal, clad in his ancient garb, with his sword by his side, and immediately after the figures of Dermod and Grania. Having gone through a number of quaint evolutions, they departed as they came – into the mist of the night, leaving not a trace of their reincarnation. Dancing and singing soon took the place of the ghostly visitors, and

> remarkable indeed was the spectacle of the Irish dance [...] viewed from beneath through the mists and the smoke, as the mystic forms of the boys and the girls swirled through the different steps, it reminded you out [sic] of the fairy carnivals depicted in the books of childhood. As you got nearer you soon see the form of the Queen – not the queen of the fairy spirits, but the 'Queen of the Gaels' as Miss O'Farrelly has been appropriately named.[4]

Níorbh ionann an cur síos rómánsach seo ar scléip na nGaeilgeoirí agus an cineál siamsaíochta a samhlaíodh le muintir na Gaeltachta ag tús an fhichiú haois. Tugann tuairisceoir an *Derry Journal* le fios go raibh an íomhá thuasluaite *invraisemblable* agus go raibh an radharc cosúil le 'fairy carnivals depicted in the books of childhood'. De réir Michael A. Peters agus John Freeman-Moir, údair an leabhair *Edutopias*, 'Imagination sustains utopia and is in turn best sustained by relatively unstructured childhood activity'.[5] Is léir gur tugadh áit lárnach don 'unstructured childhood activity' taobh amuigh den seomra ranga in Ardscoil Cholmcille fad is a bhí Ní Fhaircheallaigh i gceannas air. Chuir Ní Fhaircheallaigh siamsaíocht shamhlaíoch chun cinn in Ardscoil Cholmcille ar mhaithe le hoideachas sóisialta gach duine sa cheantar: chun na mic léinn is muintir na háite a mhealladh agus a spreagadh. Bhí sé de cháil uirthi gur eagraigh sí picnicí ar Chnoc na Bealtaine agus cois abhann i gcomhpháirtíocht leis na múinteoirí eile, chomh maith le céilithe, ceolchoirmeacha faoin aer, turais go Toraigh, tinte cnámh agus cluichí iománaíochta ag am lóin.[6]

Bhain *tableaux vivants* le siamsaíocht nua-aimseartha na gconraitheoirí freisin agus b'shin an rud a bhí i gceist le híomhá Fhinn, Dhiarmada agus Ghráinne an oíche úd. Bhí rian Éilis Ní Mhaolagáin ar imeachtaí na hoíche agus í i mbun na *tableaux vivants* don ócáid. Bhí seantaithí ag Ní Mhaolagáin ar léiriú íomhánna na miotaseolaíochta ar an gcaoi sin óir thosaigh sí i mbun na ceirde sin sa bhliain 1898 nuair a chuir craobh Bhéal Feirste den Chonradh roinnt *tableaux vivants* os comhair an phobail.[7] Chruthaigh Conradh na Gaeilge an 'traidisiún' seo, chomh maith leis an bhfeis agus aeraíocht, ach chuaigh na *tableaux vivants* céim níos faide sa mhéid is gur chuir siad íomhánna na bhfabhalscéalta os comhair an phobail, ag ligean orthu uaireanta go raibh fírinne stairiúil sna híomhánna sin.

Níorbh í Ardscoil Cholmcille, nó Coláiste Uladh mar is fearr aithne air, an chéad choláiste Gaeilge a cuireadh ar bun do mhúinteoirí is do dhíograiseoirí teanga: bhí an coincheap sin á fhorbairt ag conraitheoirí éagsúla ó chasadh an chéid. D'eagraigh Eoin Mac Néill turais Ní Fhaircheallaigh go dtí 'An Ollscoil' ar Inis Meáin fad is a bhí sí ina hiníon léinn, ach socrú neamhfhoirmiúil a bhí ann. De réir tuairisce san *Irish Times*, ní raibh áit léinn ar bith inchurtha le hInis Meáin an tráth sin: 'For the student there is no more valuable as well as delightful place to spend a holiday'.[8] Ach tugadh le fios ag Ard-Fheis an Chonartha 1901 gur chuir Craobh Londain tús le 'scoileanna saoire' an bhliain roimhe sin ar mholadh Sheáin Uí Bheoláin M.P., a chonaic a leithéid de scoil i Meiriceá.[9] I mí Lúnasa 1901, thug an *Weekly Independent and Nation* cur síos ar chur chuige agus suíomh 'scoileanna saoire' na bliana sin:

> Beidh na sgoileanna so i nDún na nGall, i nGaillimh, i gCondae an Chláir, i gCorcaigh, i bPort Lairge, agus an chuid is mó díobh i gCondae Chiarraidhe. Is cinnte go ndéanfaidh siad obair mhaith. Beidh múinteoir ar leith, a bhfuil an Ghaedhilge go binn blasta ó'n gcliabhán aige, ag múineadh i ngach sgoil. Thug muinntear Connartha na Gaedhilge i Lundún os cionn céad punt chum na sgoileanna saoire do chothughadh agus do chur chum chinn, acht íocfaidh gach aon sgoil aisti féin, gan amhras. Táid chum tosnughadh anois.[10]

Chreid lucht an Chonartha go dtabharfadh a leithéid de thionscnamh an deis do ghnáthfhoghlaimeoirí Gaeilge mhaith a fhoghlaim, nó i bhfocail eile: 'a much needed opportunity for obtaining an acquaintance with Irish at the very fountain head'.[11] Tuairiscíodh gur éirigh go maith leis na scoileanna saoire seo san *Annual Report of the Gaelic League 1901–2 and Proceedings of the Árd-Fheis, 1902,* ach d'áitigh Donncha Ó Súilleabháin '[nár] éirigh go rómhaith leis an scéim'.[12] Mar sin féin, ba é seo an chéad uair a léiríodh spéis i bhféidearthacht na turasóireachta teanga ar bhonn eagraithe.

Bhí baint ag Ní Fhaircheallaigh agus conraitheoirí óga eile leis an gcéad chéim eile i bhforbairt an tionscnaimh seo, ach An Cumann Ceilteach seachas Conradh na Gaeilge a bhí ina bhun. I mí na Bealtaine 1902, foilsíodh alt dar teideal 'The Connemara Colony', in *Celtia,* iris an Chumainn Cheiltigh, a chuir E.E. Fournier D'Albe in eagar. Cur síos ar thionscnamh de chuid an Chumainn a bhí ann:

> [the] experiment of conveying a party of Irish students to Connemara for a fortnight, and giving them an opportunity of acquiring the spoken language from the mouths of the people.[13]

Tugann teideal an ailt le fios nach raibh tuiscint rómhaith ag Fournier D'Albe ar smaointeachas an Chonartha óir bhí an Conradh glan in éadan choincheap agus theanga an choilíneachais, a samhlaíodh le drochthionchar Shasana (cé go bhféadfaí a rá go raibh coilíniú neamhurchóideach i gceist le scoileanna samhraidh sna Gaeltachtaí).[14] Ghlac Fournier D'Albe, Pádraic Mac Piarais, Éamon Ó Néill agus Máire Ní Aodáin páirt san 'experiment' seo agus tugann dialann Mháire Ní Aodáin le fios gur chaith muintir Uí Fhaircheallaigh (Úna, Alphonsus agus Lily) cúpla lá ina dteannta fad is a bhí siad ag foghlaim na Gaeilge ar an gCaiseal.[15] Agus feabhas tagtha ar an gcóras traenach go dtí an t-iarthar, d'éirigh leis an ngrúpa Sraith Salach a bhaint amach taobh istigh de shé huaire an chloig ar an traein ó Bhaile Átha Cliath agus d'fhan siad sa 'Zetland Arms Hotel'.[16] Cuireadh rialacha i bhfeidhm le linn 'experiment' an Chumainn: beartaíodh 'that during meal times no English was to be spoken' agus go ngearrfaí pionós ar an té a bhrisfeadh an riail sin. Eagraíodh 'readings and conversational lessons, practice with native Irish speakers, and excursions to other Irish-speaking districts'.[17] Theastaigh ó na díograiseoirí teanga seo léargas a fháil ar phobal na Gaeltachta agus chuaigh siad chuig tórramh Meiriceánach, chuig an gCúirt Ghearr i gCarna agus chuig Teach na mBocht i nGaillimh ar an mbealach abhaile dóibh (áiteanna a raibh scoth na Gaeilge le cloisteáil de réir Ní Aodáin).[18] Thrascríobh Ní Fhaircheallaigh amhrán Gaeilge ó sheanbhean i dTeach na mBocht an lá sin, a sheol sí isteach chuig *Irisleabhar na Gaedhilge*.[19] Mhaígh Fournier D'Albe go raibh an-rath ar an gcuairt seo go Conamara.[20] Bhí an 'Connemara Colony' seo mar réamhtheachtaí ar choláistí traenála an Chonartha ach bhí difríocht amháin eatarthu: bheartaigh an Conradh lóistín a shocrú do na mic léinn i dtithe sna ceantair Ghaeltachta, seachas in óstán, ionas go bhféadfaidís an teanga labhartha a fhoghlaim ó chainteoirí dúchais agus go saothródh muintir na háite roinnt airgid.

De réir mar a mhéadaigh feachtas poiblí agus bolscaireacht an Chonartha chun aitheantas a fháil don Ghaeilge mar chuid lárnach den ghnáthchóras oideachais, ba léir go raibh múinteoirí le cáilíocht sa Ghaeilge ag teastáil go géar leis an ábhar a mhúineadh.[21] Tháinig fás ollmhór ar líon na scoileanna náisiúnta ina raibh an Ghaeilge mar ábhar léinn taobh istigh de bheagán ama: 88 scoil sa bhliain 1900 agus 1,983 i 1904.[22] Sa bhliain chéanna, ghéill Coimisinéirí an Bhoird

Náisiúnta d'éileamh leanúnach an Chonartha agus cuireadh córas dátheangach ar bun i gcuid de na scoileanna náisiúnta i gceantair Ghaeltachta.[23]

Cé go raibh an Ghaeilge mar ábhar roghnach sna gnáth-choláistí traenála ó 1897 ar aghaidh, níor tugadh mórán tacaíochta di iontu.[24] Sa bhliain 1905, tuairiscíodh in *An Claidheamh Soluis* 'the students in Drumcondra and Carysford have been following exactly the same Irish course as the twelve-year-old youngsters in the John Street National Schools!'[25] De réir Ní Fhaircheallaigh féin: 'The training colleges fail to give us regular teachers capable of teaching Irish'.[26] Dá bhrí sin, bhí géarghá le teagasc cuí a sholáthar do mhúinteoirí na Gaeilge agus do mhúinteoirí ar theastaigh uathu í a fhoghlaim as a stuaim féin. Bhí tionchar láidir ag na múinteoirí bunscoile ach go háirithe ar pháistí na hÉireann agus bhí formhór na gconraitheoirí ar aon intinn leis an Athair Ó Gramhnaigh a thug le fios tráth:

> nach bhfuil duine i nÉirinn a dhéanfadh obair ba mhó sochar agus leas do'n aos óg, agus obair ba mhó tír-ghrádh innte féin, 'ná an t-oide scoile a thosóchadh go misneamhail ag múnadh na Gaedhilge.[27]

Chreid Ní Fhaircheallaigh go raibh sé ríthábhachtach go mbeadh tuiscint ag an gcéad ghlúin eile de mhuintir na hÉireann ar an nGaeilge agus ar stair na hÉireann óir 'orra-san as mó bhéas leas na Gaedhilge ag seasamh 'san am atá le teacht'.[28] Bhain sé seo lena fís útóipeach: tír ath-Ghaelaithe a mbeadh féiniúlacht dá cuid féin aici. Rinne Eibhlín Ní Niocaill cur síos ar sheasamh oideachasúil an Chonartha ina paimfléad bolscaireachta *Nationality in Irish Education,* inar scríobh sí:

> It is the function of education to transmit to the children, who are to be the men and women of the future, the heritage of the past, and to develop in them those faculties that will enable them to take their part in the march of

> progress, and to hand on a richer and nobler tradition to their descendants.[29]

Thacaigh de Híde agus na conraitheoirí eile le tuairim Eibhlín Ní Niocaill go mbeadh oidhreacht na haimsire caite mar uirlis chun dul chun cinn a dhéanamh agus 'richer and nobler tradition' a chruthú sa todhchaí, le cúnamh ó leasuithe sóisialta an Chonartha. Nuair a thug de Híde caint i nGaillimh ag deireadh na bliana 1907, tuairiscíodh sa *Galway Observer* gur chreid sé:

> the future of Ireland lies with the children of Ireland and above all others it lies with the teachers of Ireland. He looked to the teachers of Galway to bring up a race of Irish-speaking children in their schools.[30]

Ar mholadh Shan Uí Chuív, osclaíodh an chéad choláiste traenála, Coláiste na Mumhan, i mBéal Átha an Ghaorthaidh i mí Iúil 1904.[31] Leag Coláiste na Mumhan múnla amach do choláistí eile, ar theastaigh uathu freastal a dhéanamh ar riachtanais mhúinteoirí agus cuireadh coláistí traenála ar bun ar fud na tíre taobh istigh de bheagán ama: bunaíodh Iolscoil na Mumhan sa Rinn; Coláiste Chomhghaill i mBéal Feirste (Coláiste Geimhridh) agus Coláiste Chonnacht i dTuar Mhic Éadaigh an bhliain dár gcionn. Bhí baint ag Ní Fhaircheallaigh le Coláiste Chonnacht ón tús agus ghlac sí le cúraimí an scrúdaitheora sheachtraigh don Choláiste sa bhliain 1908.[32] Cuireadh Coláiste Uladh ar bun, chomh maith le Coláiste Laighean (Coláiste Geimhridh), i mBaile Átha Cliath sa bhliain 1906. Cé gur bhunaigh cuid de na conraitheoirí na coláistí thuasluaite, agus gur thug Coiste Gnó an Chonartha an-tacaíocht dóibh, 'independent bodies unconnected with, and uncontrolled by, the Gaelic League', a bhí iontu, mar a thug Seoirse Ó Muanáin le fios tráth.[33] Lig an neamhspleáchas sin do na coláistí traenála fanacht slán ó chonspóidí agus ó pholaitíocht an Chonartha a tháinig chun solais timpeall na bliana 1913. Ós rud é nach raibh na coláistí traenála faoi smacht an Chonartha ná na mBord Oideachais, bhí saoirse agus féidearthachtaí ag stiúrthóirí agus oideachasóirí na gColáistí, cosúil le Ní Fhaircheallaigh, a múnlaí oideachais féin a chruthú is a chur chun cinn sna chéad choláistí traenála. Léireodh cur chuige na gcoláistí traenála córas easnamhach an stáit agus chuirfidís múinteoirí oilte Gaeilge ar fáil ionas go mbeidís réidh don uair a bheadh cath na Gaeilge sa chóras oideachais buaite ag an gConradh. Chreid oideachasóirí éagsúla sa Chonradh go mbeadh teagasc na Gaeilge don aos óg, an ghlúin ba thábhachtaí i gcruthú Éire-Éireannach, ag brath ar na múinteoirí a d'fhreastalódh ar chúrsaí sna coláistí seo.

Bhí Ní Fhaircheallaigh an-bhródúil as a hoidhreacht Ultach agus bhí sí ag baint úsáide as an ainm cleite 'Uan Uladh' faoin am ar thosaigh sí ag léiriú spéise i dtionscnamh Dháil Uladh, a mbeadh Ardscoil Cholmcille mar thoradh air. Sa bhliain 1905, chaith sí roinnt mhaith ama ag taisteal ar fud oirdheisceart chúige Uladh, ag freastal ar imeachtaí na gcraobhacha ann thar ceann an Choiste Gnó.[34] Ó thús an chéid, bhí sí an-ghníomhach ag cur na teanga chun cinn ina háit dhúchais i gCo. an Chabháin. Tuairiscíodh sa *Freeman's Journal* sa bhliain 1902 'Miss Agnes O'Farrelly has practically restored an Irish-speaking district in County Cavan'.[35] Shocraigh sí poist do chúpla bean óg Ghaelach ó Chonamara ina háit dhúchais ionas go bhféadfaidís an teanga a labhairt is a chur chun cinn ann.[36] Agus bhí a muintir an-ghníomhach i ngluaiseacht na hathbheochana ar bhonn áitiúil chomh maith: bhí a deartháir Peter, a bhí ina chomhairleoir contae ag an am, mar ionadaí chraobh Bhaile Locha Ramhair den Chonradh agus bhí a deirfiúr Lily páirteach ann freisin. Chuaigh go leor de na conraitheoirí mór le rá ar cuairt chuig teach a muintire, Raffoney House, áit a raibh máthair Úna fós ag cur fúithi.[37]

In ainneoin rath na gcraobhacha láidre ar nós chraobh Bhaile Locha Ramhair, ní raibh aon údarás láir i gCúige Uladh leis an ngluaiseacht a stiúradh agus Gaeilge Uladh a chur chun cinn ar an mbealach céanna le Gaeilge na Mumhan. Mar a thug *The Leader* le fios: 'In Ulster the scattered units have never been brought in touch with one another'.[38] Nuair a chuir Coláiste na Mumhan a bheart i gcrích, bheartaigh ionadaithe ó Chúige Uladh an sampla sin a leanúint. Ar an gcaoi sin a tháinig Dáil Uladh ar an bhfód, ar bhonn neamhoifigiúil ar dtús, i ndiaidh Ard-Fheis Chonradh na Gaeilge sa bhliain 1905.[39] Mheas Dáil Uladh go raibh a taobhsa tíre ligthe i ndearmad ag lucht na hathbheochana go dtí sin agus theastaigh uaithi an fhadhb sin a réiteach. Léirigh Ní Fhaircheallaigh spéis i spriocanna na Dála agus ar Lá Fhéile Stiofáin 1905, ghlac sí páirt i mórchruinniú i nDoire, ag ar beartaíodh Coláiste Gaeilge Ultach a chur ar bun.[40]

Ó thús an tsamhraidh 1906, bhí Íde Nic Néill, a roghnaíodh mar rúnaí Choláiste Uladh, i mbun bolscaireachta sna nuachtáin áitiúla agus náisiúnta chun mic léinn a mhealladh chun na hArdscoile. Mhaígh sí nach raibh aon áit inchurtha le Cloch Cheann Fhaolaidh agus leag sí béim ar íonghlaineacht na timpeallachta sin in alt amháin:

> The sight of the grand mountains must inspire determination and high thoughts in the minds of those living near them. They will carry away from here a purer, nobler mental atmosphere, and be better able to fight the degrading surroundings of the towns in which so many of us are forced to live.[41]

Cuireadh go leor alt i gcló ag déanamh tráchta ar oscailt oifigiúil an Choláiste sa bhliain 1906, óir ócáid mhór cheiliúrtha is bholscaireachta a bhí in oscailt Choláiste Uladh: filleadh an bhróid Ghaelaigh go dtí an ceantar inar mhair na hIarlaí. Bhí imeachtaí uaillmhianacha beartaithe don lá, lón agus óráid le Dubhghlas de Híde agus céilí i ndiaidh na hóráide, le haird na nGael a dhíriú ar Thír Chonaill.[42] Chuir an 'Londonderry and Lough Swilly Railway Company' seirbhís traenach sa bhreis ar fáil an mhaidin sin ó Dhoire go dtí an Fál Carrach agus stáisiún Chaiseal na gCorr dhá mhíle go leith ó Chloch Cheann Fhaolaidh, le freastal ar an seasca mac léinn agus ar na díograiseoirí teanga ar theastaigh uathu dul ann ar thuras lae.[43] Tharraing Dubhghlas de Híde siar ag an nóiméad deireanach, ach ghlac an tAthair Éamonn Maguidhir, Uachtarán Dháil Uladh, a áit agus cuireadh tús leis an gColáiste 'amid scenes of great enthusiasm'.[44]

Ardscoil Cholmcille, 1906. Tá Úna Ní Fhaircheallaigh ina seasamh taobh thiar den chlár dubh

Thaistil Úna Ní Fhaircheallaigh go Tír Chonaill cúpla lá sular thosaigh an cúrsa traenála le socrú síos agus dul i dtaithí ar an gcontae. Ba é seo an chéad uair di i dTír Chonaill, cé go raibh a deirfiúr óg Lily, a bhí an-ghar di, ag cur fúithi i Leitir Ceanainn, áit a raibh sí ina hionadaí craoibhe den Chonradh.[45] Bhí suim ag Úna Ní Fhaircheallaigh i stair an chontae óir ó chríochnaigh sí *Leabhar an Athar Eoghan* sa bhliain 1904, bhí sí ag obair ar lámhscríbhinn a scríobh séiplíneach na nIarlaí sa bhliain 1609. Bhí an lámhscríbhinn i dtaisce i leabharlann Mhainistir na bProinsiasach, Cé na gCeannaithe, Baile Átha Cliath, ach chaith Ní Fhaircheallaigh seal i Londain chun eolas sa bhreis a bhailiú.[46] Bhí sé ar intinn aici a cuid taighde a chur i gcló i sraith leabhar de chuid an 'Irish Texts Society', a bunaíodh i gcomhpháirtíocht leis an 'Irish Literary Society', i Londain sa bhliain 1898,[47] le comóradh 300 bliain a dhéanamh ar imeacht na nIarlaí. In ainneoin fógraí sna nuachtáin faoi fhoilsiú an leabhair, níor éirigh léi é a chur i gcrích ach thug sí léacht ar Theitheadh na nIarlaí i gColáiste nua na gCeithre Máistrí i Leitir Ceanainn ar an 26 Lúnasa. Bhí deireadh ag teacht le seisiún Choláiste na gCeithre Máistrí, faoi phátrúnacht an Easpaig, ag an tráth sin agus cuireadh tús le seisiún Ardscoil Cholmcille ina dhiaidh ionas nach mbeidís ag teacht salach ar a chéile.[48]

Theastaigh ó Ní Fhaircheallaigh pobal idéalach Gaelach, mionsamhail dá fís náisiúnta, a chur ar bun i gCloch Cheann Fhaolaidh agus dhírigh sí ar réimse an oideachais ar dtús, a raibh tuiscint mhaith aici air. Scéim bheag athghiniúna a chuir sí ar bun, chun féinmhuinín a chothú i measc Ghaeil Uladh. Ba mhinic a thagair sí d'oidhreacht scolártha na nGael, 'Cluain Ard' agus 'Cluain Mhic Nóis' mar shamplaí de scoth an oideachais Ghaelaigh inar ligeadh do scoláirí saoirse intleachta a bhaint amach.[49] Theastaigh uaithi na heiseamláirí sin a leanúint agus de bhrí gur thug Dáil Uladh 'Ardscoil Cholmcille' ar an gcoláiste traenála, ceanglaíodh ré órga na scoláirí Gaelacha le ré na hathbheochana. Bhí íomhá

Cholm Cille fós ina 'vital, living force with this simple homely peasantry' i gceantar Chloch Cheann Fhaolaidh óir bhí Tobar Naomh Colm Cille ann agus théadh daoine ar oilithreacht chuig an tobar ag casadh an chéid.[50]

D'fhoghlaim Ní Fhaircheallaigh a cuid Gaeilge ar Inis Meáin gan téacsleabhair chuí, gan cúrsa léinn ceart leagtha amach, a chuirfeadh leis an dul chun cinn nádúrtha a rinne sí agus í i measc na gcainteoirí dúchais. Dá bhrí sin, thuig sí go maith go raibh go leor buntáistí ag baint le Coláiste Uladh don fhoghlaimeoir. D'inis sí do na mic léinn tráth:

> the work done here – I have no hesitation in saying – saves you years of toil at the language. I have been through the mill, and I know it. I am one of those who struggled unaided, and without even suitable books, in an effort to learn the national language in a purely Irish-speaking district, and I now look back with impatience on the amount of time and energy I had perforce to spend on the endeavour [...] your way has been made smooth, for you are the lucky heirs of the work of the pioneers.[51]

Ní raibh mórán difríochta idir curaclam Choláiste Uladh ag tús a ré agus curaclam na gcoláistí traenála eile. Bhí Séamus Ó Searcaigh, duine den fhoireann múinteoireachta, ina shaineolaí ar chúrsaí na gcoláistí eile óir d'fhreastail sé ar Choláiste na Mumhan i samhradh 1904, agus ar Choláiste Chonnacht an chéad bhliain eile sula bhfuair sé post i gColáiste Uladh.[52] Theastaigh ó Ní Fhaircheallaigh úsáid a bhaint as modheolaíocht agus córas foghraíochta nua-aimseartha ar nós 'an modh díreach' (a chuir Berlitz agus Gouin chun cinn ar an mór-roinn) mar chuid de theagasc na Gaeilge san Ardscoil.[53] Bhain an modh díreach leis an bhfoghlaim trí chumarsáid labhartha in áit an foghlaimeoir a bheith i mbun staidéir go príobháideach. Mhaígh Ní Fhaircheallaigh blianta ina dhiaidh sin:

> We were firmly convinced that the direct method – largely a phrase method in the working-out – would be the salvation of the language. All the old ideas about language teaching had to be scrapped. We set out, very inexperienced, but full of faith and enthusiasm, and we kept trying new ideas.[54]

Leagadh béim ar an 'tuaimeolas' chomh maith agus chuir Séamus Ó Grianna síos ar aon ghné amháin den ábhar:

> D'inis an máistir dóibh cad é an dóigh a raibh úll an sceadamáin i ndiaidh a chéile – go raibh téadaí agus bacáin ann agus dá réir sin. Is cuma cé acu, níor fhág sé leithead pionna ón scornach amach go barr na teanga nár mhínigh sé uilig. Nuair a thigeadh an ghaoth fríd na rópaí a bhí sa sceadamán, níodh siadsan glór.[55]

Bhí scéalaíocht, léitheoireacht, scríbhneoireacht agus amhránaíocht ar an sean-nós á gcleachtadh ag na mic léinn chuile lá, agus cé gur ligeadh dóibh imeacht chuig a dtithe lóistín don lón, d'fhanadh cuid de na fir thart le cluiche iománaíochta a imirt. Baineadh úsáid as *Smuainte ar Árainn* mar cheann de na ceithre théacsleabhar a bhí ar shiollabas an ardranga, rud a thugann cumas teanga an ardranga le fios.[56] Chuir Ní Fhaircheallaigh rang sa bhreis ar bun do na mic léinn ab fhearr ar theastaigh uathu ullmhú don ardteastas, an teastas ab airde dá raibh sa choláiste. Mhúin sí an tSean, an Mheán agus an Nua-Ghaeilge Mhoch dóibh mar chuid lárnach den ullmhúchán.[57] Mhaígh scoláire amháin a d'fhreastail ar an gColáiste go mbíodh Ní Fhaircheallaigh 'here, there, and everywhere, advising the easy ones, spurring the lazy ones, and cheering the uneasy ones on to the front'.[58] Dúirt duine eile ina taobh:

> whilst a strict disciplinarian in the school, outside business hours she enters into the life of all the pastimes and amusements with a will, and encourages every kind of harmless recreation.[59]

D'fhreastail an conraitheoir Shane Leslie (Angla-Éireannach a d'iompaigh i dtreo an Chonartha) ar Choláiste Uladh i mí Mheán Fómhair 1911 agus rinne sé suimiú suas ar smaointeachas Ní Fhaircheallaigh: 'The method is education; the purpose is a nation', ráiteas a bhain le roinnt mhaith polasaithe oideachasúla náisiúnaíocha ag an tráth sin ón 'Irish Fireside Club' go Scoil Éanna.[60] Thar aon ní eile, theastaigh ó Ní Fhaircheallaigh na mic léinn agus turasóirí chuig Cloch Cheann Fhaolaidh a spreagadh is a ghríosú leis an teanga a chur chun cinn ar fud na hÉireann. Chreid sí go diongbháilte gurbh iad 'the enthusiasm they bring away with them, the love of the language and the burning desire to do their part, each in his own district in its revival', na nithe ba thábhachtaí a d'fhéadfaí a chothú trí mhodh oideachais na gcoláistí traenála.[61] Bhí sé mar aidhm ag Coláiste Uladh, fearacht na gcoláistí traenála eile, scileanna teanga na mac léinn a fhorbairt sa chaoi is go mbeadh múinteoirí cumasacha Gaeilge i mbun teagaisc i scoileanna na tíre agus i ranganna an Chonartha. Aidhm fhadradharcach a bhí inti óir bhain sí le páistí na hÉireann, an chéad ghlúin eile, a bheadh freagrach as todhchaí na teanga. Bhí forbairt an idéil náisiúnta ag brath ar na múinteoirí de réir Ní Fhaircheallaigh:

> Train the teachers thoroughly – one good teacher is worth a dozen indifferent or even moderately good ones – and soon generation after generation of children will feed the language revival onwards, and all the labour will be past.[62]

Chreid Ní Fhaircheallaigh go raibh fairsinge agus beocht ag baint leis an oideachas:

> Education is not a thing of books and figures and statistics. It is a living, vital thing; mind in contact with mind, human thought trying to hand on its expression and the result of its labour.[63]

Dá bhrí sin, mhol sí do mhic léinn an choláiste páirt a ghlacadh in imeachtaí éagsúla nár bhain leis an seomra ranga i gcónaí. Tugadh áit lárnach do dhíospóireachtaí sa choláiste agus cuireadh síos ar dhíospóireacht amháin sa chéad seisiún, sa *Derry Journal,* ar an rún 'Should women wear hats.' Mhol Pádraic Mac Piarais (a bhí ar cuairt ann) do mhná na háite 'to use Irish shawls and Irish material in their dresses, and cease buying foreign blouses and fancy hats with the birds on the top'. Ní raibh Ní Fhaircheallaigh ar aon intinn leis, agus í ag tabhairt le fios 'She herself wore both [blouses and fancy hats with the birds on the top], but if she did, they were Irish made'.[64]

B'fhéidir gurbh í an ghné ba thábhachtaí faoi theagasc Choláiste Uladh ná an chaoi ar éirigh leis na mic léinn aithne a chur ar mhuintir na háite. Murab ionann is na pobail útóipeacha nó 'utopian communities' Mheiriceá, ar nós 'Brook Farm' agus 'New Harmony' a d'fhás agus a d'éag go gasta sa naoú haois déag, ní raibh *tabula rasa* i gceist le Cloch Cheann Fhaolaidh, a raibh cultúr saibhir ársa go smior ann chomh maith le cultúr nua-aimseartha a chothaigh Ní Fhaircheallaigh. Tumoideachas a bhí roimh na mic léinn a d'fhreastail ar an gcoláiste. Bhí múinteoirí cáilithe á dteagasc taobh istigh den seomra ranga agus muintir na háite á dteagasc taobh amuigh de.

Ceantar iargúlta i gcroílár Ghaeltacht Thír Chonaill, a bhí i gCloch Cheann Fhaolaidh, sléibhte ar thaobh amháin agus an Mhuir Atlantach ar an taobh eile. Fearacht Inis Meáin, d'fhan an áit saor ó thionchar an choilínithe: ní raibh sé éasca an áit a bhaint amach go dtí 1903, nuair a tháinig an chéad traein go dtí an Fál Carrach ó Leitir Ceanainn.[65] Tugann daonáireamh 1901 le fios go raibh 6,160 duine ina gcónaí i gceantar Chloch Cheann Fhaolaidh ar fheirmeacha beaga neamhthorthúla den chuid is mó.[66] Ní raibh ach rian den

Bhéarla á labhairt ann, agus mheas Éilis Ní Mhaolagáin: 'It is doubtless owing to the inconstant attendance at school that the people of this part of Donegal grow up with so little English'.[67] Murab ionann is áiteanna eile i dTír Chonaill, ní dheachaigh mórán de mhuintir Chloch Cheann Fhaolaidh ar imirce shéasúrach go hAlbain chun airgead a thuilleamh. De réir Chiara Breathnach:

> people in exceptionally poor areas (such as Cloughaneely) had a lethargic attitude towards work at home, very few migrated, they were lazy about improving their condition and were resigned to a life of poverty [...] As a result Cloghaneely contained some of the poorest families in the congested districts who were always on the brink of starvation.[68]

Ardú meanman, cothú an fhéinmheasa agus forbairt eacnamaíoch a bhí ag teastáil sa cheantar, de réir thuiscint Ní Fhaircheallaigh.

I súile Ní Fhaircheallaigh, bhí cosúlachtaí éagsúla idir Cloch Cheann Fhaolaidh agus Inis Meáin. '*Tír na nÓg* nua seo na Gaeltachta', a thug sí ar Chloch Cheann Fhaolaidh, áit a raibh modhanna nua oideachais fite fuaite leis an saol réamhchoilíneach.[69] Cheangail sí muintir Chloch Cheann Fhaolaidh leis an saol réamhchoilíneach Gaelach agus le Gairdín Éidin, bun-Útóipé na Críostaíochta:

> The Tirconaill people (and this is true on the whole of the other Irish-speaking communities) have in themselves and in their home life a never-ending fund of happiness, and they have more than the average share of independence. Their social life is gay and care-free as far as it keeps to native traditions [...] The fountains of mirth never dry in those valleys or on those hillsides. They have song and ceilidh and the joy in life of primitive peoples. Why transplant them to the stodgy existence of the plains or the crowded life of the cities? Give them a good livelihood in their own glens and by their rocky seacoast where the fresh air blows in from the Atlantic, and the world is still pretty much as God made it.[70]

Theastaigh ó Ní Fhaircheallaigh 'saol comhdhaonnach' a chur ar bun i gCloch Cheann Fhaolaidh le cinntiú go mbeadh 'good livelihood' ag muintir na háite: ionas go mbainfeadh chuile dhuine leas as Coláiste Uladh.[71] Ar an gcaoi sin, cé gur chuir sí muintir na háite in oiriúint dá fís Ghaelach, chuir sí gnéithe dá fís in oiriúint dóibhsean fosta. Sular cheannaigh Ní Fhaircheallaigh 'ArdMhuire' (teachín tuaithe dá cuid féin i gceantar an Fhál Charraigh), fuair sí lóistín le muintir Uí Dhónaill, i mBedlam, Gort an Choirce, áit a dtugadh sí cuireadh chun tae dá cuairteoirí, do na mic léinn agus do mhuintir na háite.[72] De réir Shéamuis Uí Shearcaigh:

> Bhí saol comhdhaonnach ag fás timpeall shaol na Coláiste. Chuidigh an cuspóir a chuir Úna Ní Fhaircheallaigh roimpi féin leis an tsaol chomhdhaonnach sin a mhéadú agus a leathnú. Shocraigh Úna ina hintinn iomlán na díolachta a gheibheadh sí on Ardollúnacht a chaitheamh ar obair na Coláiste. Bheireadh sí cuireadh ar tae do na mic léinn agus do na hollúna agus do strainséirí a thigeadh an bealach agus suim sa Ghaeilge acu. Chuidigh an caidreamh a d'éirigh idir na mic léinn dá bharr sin le feabhas a chur ar a gcuid oideachais.[73]

Thug cur chuige Ní Fhaircheallaigh misneach d'fhoghlaimeoirí agus do chainteoirí dúchais na Gaeilge agus is léir nár thug sí áit don aicmíocht i dtimpeallacht an cheantair ná taobh istigh den Ardscoil féin.[74] Tháinig méadú ar an ngeilleagar áitiúil le teacht na mac léinn, sna tithe lóistín agus in Óstán Mhic Pháidín ach go háirithe. Chuidigh an t-airgead agus an fhostaíocht le daoine a choimeád slán ón imirce agus leis an nGaeilge a choimeád slán dá bharr. Bhí súil ag Ní Fhaircheallaigh go bhfeicfeadh muintir na háite an t-ómós a léirigh Gaeil chéimiúla don teanga is luachanna Éire-Éireannacha agus go gcuirfeadh sé sin le meas na ndaoine áitiúla ar a n-oidhreacht. Thug Pádraic Mac Piarais cuairt ar Ardscoil

Cholmcille, sa chéad seisiún, agus scríobh sé cuntas ar a chuid eachtraí in *An Claidheamh Soluis* faoin teideal 'A Three Day's Diary', á mholadh mar 'an inspiration'.[75] Ag tús a ré chuaigh Ruairí Mac Easmuinn, a raibh dlúthbhaint aige leis an gColáiste, go Cloch Cheann Fhaolaidh beagnach chuile shamhradh, chomh maith le Gaeil Ultacha ar nós Éilis Ní Mhaolagáin agus Liam Mhic Giolla Bhríde. Thug Ní Fhaircheallaigh cuireadh dá cairde mór le rá i ngluaiseacht na Gaeilge agus an fheimineachais, cuairt a thabhairt ar an Ardscoil ar mhaithe le hardú meanma a thabhairt do na daoine ann. Thar na blianta, chuaigh de Híde, Maud Gonne, Máire de Buitléir agus Mona Douglas (díograiseoir teanga ó Oileán Mhanann) ann, chomh maith le baill na Comhdhála Ceiltí, ar impí Ní Fhaircheallaigh. D'inis sí do mhuintir na háite i dtaobh a gceantair dúchais: 'if not a royal road, at least a highroad to Irish'.[76] In *Rotha Mór an tSaoil,* thug Micí MacGabhann le fios go raibh an-tionchar ag na cuairteoirí cáiliúla ar na daoine áitiúla:

> Ón uair a cuireadh Coláiste Uladh ar bun is iomaí Gael iomráiteach dúthrachtach a chaith lá agus oíche faoi chleith mo thí. Bheadh lán leabhair i mo liodáin dá n-ainmnínn iad uilig, ach is mór an t-ábhar bróid liom go lá mo bháis a rá gur chroith mé lámh leis an laoch uasal sin, Pádraic Mac Piarais.[77]

Thuig Ní Fhaircheallaigh go raibh constaicí roimh mhic léinn éirimiúla ar bheagán deiseanna ón taobh sóisialta de, agus chinntigh sí, i gcomhpháirtíocht le Dáil Uladh, go gcuirfí deich scoláireacht ar fáil do mhic léinn i gcúige Uladh agus i gContae na Mí. Nuair a ghlac na mic léinn leis na scoláireachtaí bhí orthu gealltanas a thabhairt go múinfidís an Ghaeilge i scoil náisiúnta nó i ranganna an Chonartha nuair a d'fhillfidís abhaile.[78]

An Máistir Mac Giolla Cheara, an Br. Ó Maolmhaodhóg, Éamonn Ó Tuathail, Úna Ní Fhaircheallaigh, Séamus Ó Searcaigh agus Ruairí Mac Easmuinn i dTír Chonaill

Chuir sí moladh faoi bhráid Dháil Uladh freisin, go gcuirfí dhá scoláireacht ar fáil do mhic léinn as ceantar Chloch Cheann Fhaolaidh.[79] De thoradh an mholta sin a d'fhreastail Séamus Ó Grianna agus Fionn Mac Cumhaill, scríbhneoirí móra Ultacha na todhchaí, ar an gcoláiste agus chuidigh siad le foghlaimeoirí na Gaeilge taobh istigh den seomra ranga.[80] Níorbh é sin an t-aon chaoi ar éirigh le múinteoirí na háite na foghlaimeoirí a theagasc: bhí sé de nós ag Ní Fhaircheallaigh na mic léinn a thabhairt ar cuairt chuig an scoil náisiúnta i gCloch Cheann Fhaolaidh, 'where the bi-lingual programme was taught the best in Ireland', dar léi.[81] Theastaigh uaithi go bhfeicfidís féidearthachtaí an chórais sin agus go bhfoghlaimeoidís rudaí uaidh. Sa bhliain 1909, mhaígh an cigire áitiúil 'Donegal has made the most marked progress in bi-lingual education'.[82] Cé nár chuir oiread is scoil amháin an córas dátheangach i bhfeidhm sa bhliain acadúil 1906–1907, tugadh le fios go raibh 'one half of the bi-lingual schools in the country', lonnaithe i dTír Chonaill faoi mhí an Mheithimh 1908 (tuairim is 55 scoil dhátheangach sa chontae).[83] Ag cruinniú de Choiste Oideachais Chonradh na Gaeilge, tuairiscíodh gur inis Ní Fhaircheallaigh:

> conus mar a tasbáintear dos na múinteoirí sgoile a thagann go Coláisde Chloich Chinn Fhaolaidh conus mar ba cheart an Clár oibriughadh. Tugtar go dtí sgoil dá theangan sa gcomhursanacht iad & feiceann siad ar siubhal annsin é. Dubhradh go mba cheart iarraidh ar na Coláisdí Gaedhlacha eile an Clár mar a bíthear a déanamh i gColáisde Chloich Chinn Fhaolaidh.[84]

Agus cáil Choláiste Uladh ag leathnú ar fud na tíre mar ionad léinn, mhéadaigh tóir na mac léinn ar an Ardscoil. I dtuarascáil bhliantúil Dháil Uladh 1911, tugadh le fios gur fhreastail breis is trí huaire ní ba mhó mac léinn ar an Ardscoil sa bhliain 1910 ná sa bhliain 1906.[85] Faoin mbliain 1916, bhí seal caite ag 1,500 mac léinn sa Choláiste agus chaith siad tuairim is £600 sa cheantar chuile bhliain.[86] Tógadh halla paróiste sa bhliain 1910, agus bheartaigh Dáil Uladh go lonnófaí an Coláiste ann as sin amach. Bhailigh muintir na háite airgead leis an bhfoirgneamh úr a thógáil agus rinne Mac Easmuinn urraíocht air chomh maith.[87] Rinne Shane Leslie cur síos lúcháireach ar an bhfoirgneamh nua mar aon leis an Ardscoil in *The Leader* sa bhliain 1911. Thug a chuntas neart le fios faoi idéalachas na háite a chuaigh i gcion air féin:

> No civilizing government or alien philanthropist built this hall. It was built by self-sacrifice, and by the same elusive power it has been filled and staffed each year. From the brilliant Principal to the humblest beginner there is a similar spirit of painstaking enthusiasm. The monetary atmosphere is refreshingly absent. Both teachers and taught are travailing for Ireland and that is the best reward.[88]

Ag an tráth sin bhí Ní Fhaircheallaigh bródúil as an obair a bhí déanta ag lucht an Choláiste agus bhí sí an-dóchasach faoi thodhchaí na Gaeilge i gceantar Chloch Cheann Fhaolaidh. De réir a tuairime:

> Irish is in a much safer position now than it was six years ago. It is in much more ordinary use, its status in the schools is higher, and above all, its importance in the minds of the people has increased immeasurably.[89]

Bhí cáil an choláiste ag brath ar bholscaireacht agus ar an léiriú a thug cuntais sna nuachtáin air. 'The Gaelic League's Paradise' a ghlaoigh Shane Leslie ar an gcoláiste i gcuntas amháin. Thug sé le fios

> That a college, founded as a forlorn hope in one of the remotest parts of the Gaedhelacht [sic], should be able to draw students during their normal time of holiday from every class and profession, is one of the abrupter paradoxes of Irish life.[90]

Tuairiscíodh i gcuntas eile:

> Cloughaneely College [...] is most happily situated; and though nestling calmly beneath the shadow of the remote Tír Chonaill hills, it has exercised an influence upon the national life of Ulster in a measure that cannot be easily ascertained.[91]

Rinneadh cur síos fileata is samhlaíoch ar an Ardscoil in *Sinn Féin*, óir bhí sé lonnaithe in:

> [a] land of heroes and heroic deeds, which teem with traditions and memories of the great Celtic race of the past – the race which still populates those lonely hills and glens, as virile and unadulterated almost as it was a thousand years ago.[92]

Chuir Ní Fhaircheallaigh an coláiste chun cinn ar bhealaí éagsúla agus chuaigh sí i mbun na frithbholscaireachta anois is arís chomh maith. I ndiaidh don Ard-Leifteanaint Sasanach turas gluaisteáin a dhéanamh tríd an gcontae, rinne Ní Fhaircheallaigh, a deartháir Alphonsus, Mac Easmuinn agus Aodh Ó Dubhthaigh aithris ar thuras gluaisteáin an Ard-Leifteanaint ar fud Thír Chonaill.[93] Turas bolscaireachta a bhí ann óir rud neamhghnáth a bhí in íomhá an ghluaisteáin i dTír Chonaill ag an am sin, agus tarraingíodh an-aird air i measc bhunadh an chontae agus na nuachtán (sa bhliain chéanna inar cuireadh an chéad taispeántas gluaisteán ar siúl i gCumann Ríoga Bhaile Átha Cliath).[94]

Cé is moite d'Úna Ní Fhaircheallaigh, ní raibh príomhoide mná in aon cheann de na coláistí traenála Gaeilge sa ré thosaigh. Níor fostaíodh bean eile mar phríomhoide, go dtí gur bunaíodh deich gcinn de choláistí traenála nua sna blianta 1911–1912.[95] Ba í Neilí Ní Bhriain, an chéad bhan-phríomhoide eile. Gariníon William Smith O'Brien a bhí inti agus bhí sí an-ghníomhach i mbunú Choláiste Eoghain Uí Chomhraí, i gCarraig an Chobhaltaigh, Co. an Chláir.[96] Ghlac mná cumasacha le ról rúnaíochta, mar a rinne Íde Nic Néill, nó mar mhná tí, i gcás Mháire de Buitléir, a ghlac leis an gcúram sin nuair a chuidigh sí le Neilí Ní Bhriain i mbunú Choláiste Eoghain Uí Chomhraí.[97] In ainneoin thaithí agus cháilíochtaí Ní Fhaircheallaigh, rinne Dáil Uladh cinneadh conspóideach agus bean á fostú aici. Ba é a cinneadh gan tuarastal a lorg an rud ba mhó a chuidigh léi an post a fháil: 'she generously gives her services gratuitously' a tuairiscíodh san *Irish Peasant*.[98] Sa chéad seisiún, mná a bhí sa cheathrú cuid de na daoine a rinne freastal ar an gcúrsa agus ceann de na rudaí ba thábhachtaí ina fís Ghaelach, ná nach ndéanfaí idirdhealú ar bith idir na fir agus na mná. Chinntigh sí go dtabharfadh mná léannta, ar nós Mháire Ní Aodáin, léachtaí sa Choláiste, taobh leis na fir.[99] Ghlac na mná tí i gCloch Cheann Fhaolaidh go réidh le Ní Fhaircheallaigh agus bhí muinín acu aisti, mar a bhí ar Inis Meáin roimhe sin. Bua a bhí sa chaidreamh sin, mar a thug tuairisceoir an *Irish Press* le fios nuair a rinne sé tagairt do Ní Fhaircheallaigh: 'No mere man could go to the bean-a-tighe of every farmhouse and lay down a regimen which would give students comfort and happiness at moderate cost'.[100]

Leis an taithí a bhí ag Ní Fhaircheallaigh mar stiúrthóir Ardscoil Cholmcille nó Choláiste Uladh, ceapadh í mar Ard-Oide ar Choláiste Laighean i mBaile Átha Cliath i mí Mheán Fómhair 1910.[101] D'fhreastail an coláiste seo ar mhic léinn agus ar mhúinteoirí ar theastaigh uathu an Ghaeilge a fhoghlaim le linn na bliana acadúla. Tionóladh ranganna dhá uair sa tseachtain oibre agus ar an Satharn i mBaile Átha Cliath agus cuireadh ranganna ar bun sa Mhuileann gCearr chomh maith.[102] Níor tháinig a cuid oibre i gColáiste Laighean salach ar an ráithe a chaith sí ag riaradh Ardscoil Cholmcille chuile shamhradh. Bhí baint ag Ní Fhaircheallaigh, Mac Néill agus Pádraic Mac Piarais le réamhullmhúcháin an Choláiste áirithe seo sa bhliain 1905 tar éis don Ardeaspag Walsh litir a sheoladh chuig Eoin Mac Néill ag moladh dó a leithéid de Choláiste a chur ar bun sa phríomhchathair.[103] Bhí Seaghan P. Mac Énrí ina phríomhoide air go dtí gur ainmníodh Ní Fhaircheallaigh mar chomharba air.[104] Fearacht a cur chuige i gCloch Cheann Fhaolaidh, bhí fonn ar Ní Fhaircheallaigh caidreamh a chothú leis na mic léinn agus idir na mic léinn a d'fhreastail ar Choláiste Laighean. Cosúil le mná uaisle a linne, chleacht sí an fhlaithiúlacht mar bhealach le daoine a mhealladh agus a spreagadh leis an bhflaithiúlacht 'Ghaelach' chéanna a léiriú do dhaoine eile. D'eagraigh sí cóisirí do na mic léinn agus tuairiscíodh gur fhreastail na céadta ar chuid díobh.[105] Chuir Ní Fhaircheallaigh ardchúrsa litríochta ar bun i gColáiste Laighean, a úsáideadh ar feadh daichead bliain,[106] ach tháinig a cúraimí ollscoile salach ar a cuid oibre deonaí taobh istigh de chúpla bliain agus d'éirigh sí as a post i gColáiste Laighean i mí Iúil 1913.[107] Dá ainneoin sin, thug sí léachtaí ann ó am go chéile agus léirigh sí suim in imeachtaí an Choláiste go deireadh a saoil, go háirithe agus a dlúthchara, Brian Mac Giolla Phádraig, ag múineadh sa Choláiste agus ina phríomhoide air ó 1929 ar aghaidh.[108]

Níorbh é Coláiste Laighean an t-aon tionscnamh oideachasúil Gaelach i mBaile Átha Cliath ag an am óir bhí Pádraic Mac Piarais ag cothú na bpáistí i Scoil Éanna – 'Sgoil Ghaedhealach le haghaidh Gaedheal Óg' – a bunaíodh sa bhliain 1908. Áitíonn Elaine Sisson gur chuir Mac Piarais a scoil chun cinn ar an gcaoi is go mbeadh 'the microcosm of a utopian nation' ann.[109]

Ina cuimhní cinn déanann Máire de Buitléir, a raibh a fear céile Tomás P. Ó Nualláin ag múineadh i gColáiste Laighean, trácht ar an bhfuadar ard a bhí ar Phádraic

Mac Piarais nuair a bheartaigh sé scoil Ghaelach a chur ar bun:

> How well I remember the day he called at our house to tell my husband and me of this great new enterprise of his which he described as embarking on a perpetual adventure among souls. He looked radiantly happy that day – almost like a young monk who after some groping and spiritual strivings had at last found his vocation beyond and is uplifted by its beauty and grandeur.[110]

Thug Mac Piarais tacaíocht do Choláiste Uladh ag tús a ré agus thug Ní Fhaircheallaigh mar aon le daoine léannta eile ón ollscoil agus ó ghluaiseacht na Gaeilge an-tacaíocht do Scoil Éanna. D'fhreastail sí ar imeachtaí sóisialta sa Scoil agus thug sise agus a deartháir Alphonsus léachtaí do na buachaillí corruair.[111] D'fhreastail nia dá gcuid, Colm MacDonnell, ar an scoil agus chaith sé a chuid laethanta saoire i gCloch Cheann Fhaolaidh. In irisleabhar na mac léinn, *An Macaomh*, thagair Mac Piarais don 'delightful Tirconnell *blas*' a bhain le Gaeilge Choilm nuair a d'fhill sé ar scoil.[112]

Mhéadaigh spéis Mhic Phiarais i bpolaitíocht an náisiúnachais, go háirithe tar éis bhunú Óglaigh na hÉireann ag deireadh na bliana 1913. Léirigh Ní Fhaircheallaigh an-suim inti chomh maith, ach cé go raibh sí sáite sa pholaitíocht i mBaile Átha Cliath, theastaigh uaithi, chomh maith le díograiseoirí teanga eile, Cloch Cheann Fhaolaidh a chosaint ó theannas agus nimh na polaitíochta inmheánaí sa Chonradh agus sa ghluaiseacht go ginearálta. I mí Iúil 1914, tuairiscíodh go ndúirt Ní Fhaircheallaigh: 'Gaelic Leaguers would wish to put, as it were, a ring fence around Cloghaneely to prevent the ancient language from ever getting out of the place'.[113] Déanfar cur síos ar ról Ní Fhaircheallaigh mar chomhbhunaitheoir Chumann na mBan, an eite bhaineann d'Óglaigh na hÉireann, sa chéad chaibidil eile ach ní mór a rá nárbh ionann a fís do chraobh Chumann na mBan i gCloch Cheann Fhaolaidh agus a fís don Chumann i mBaile Átha Cliath, cuir i gcás. Bhí súil aici go gcuideodh mná na craoibhe áitiúla leis an 'ring fence' réamhluaite a thógáil agus go gcothóidís an Ghaeilge labhartha i measc a bpáistí.[114] Dá bhrí sin, bheadh an-chosúlacht idir craobh Chumann na mBan i gCloch Cheann Fhaolaidh agus craobh na mBan a chuir Ní Fhaircheallaigh ar bun ar Inis Meáin ag casadh an chéid. In *Cruthú na Gaeltachta 1893–1922*, áitíonn Caitríona Ó Torna gur bhain conraitheoirí úsáid as 'meafar an fhalla chosanta', go minic óir 'b'éifeachtach an íomhá í an falla cosanta lenar cuireadh leis an tuiscint gurbh áis luachmhar í an Ghaeltacht ar ghá í a chaomhnú agus a chosaint ar gach olc'.[115]

Cé go ndearna Ní Fhaircheallaigh iarracht Cloch Cheann Fhaolaidh a choimeád slán ó imeachtaí gránna na polaitíochta, ba dheacair é sin a dhéanamh, go háirithe nuair a daoradh Mac Easmuinn chun báis ag rialtas Shasana sa bhliain 1916. Bhí 'Ruaidhri na nGael', mar a tugadh air, lárnach in intinn na ndaoine mar bhí sé fial flaithiúil le muintir na háite sin.[116] Rinne sé urraíocht ar halla an pharóiste sa bhliain 1910 agus ba é an bronntóir airgid ba mhó ar an Ardscoil é, agus é ag seoladh seiceanna chuig Ní Fhaircheallaigh go rialta, ar an tuiscint go mbronnfadh sí iad mar dhuaiseanna ar na mic léinn agus ar scoth a saothar litríochta.[117] Ag searmanas cuimhneacháin a eagraíodh bliain i ndiaidh bhás Mhic Easmuinn, mhaígh Ní Fhaircheallaigh 'that they in the Cloghaneely College had nothing to do with politics'.[118] Ghoill bás Mhic Easmuinn agus Mhic Phiarais ar mhuintir Chloch Cheann Fhaolaidh. De réir Ní Fhaircheallaigh:

> The tide runs low on our shores today, and the heart of the people is sad: yet, for all that, the national spirit, the unquenchable soul of the nation, is strong and full of hope – I would say stronger and braver than ever.[119]

I gcruachásanna den chineál seo, tháinig an ról bolscaireachta a chleacht sí ó ghlac sí páirt in imeachtaí an Chonartha den chéad uair chun solais agus í ag iarraidh dóchas na todhchaí agus misneach a mhúscailt i measc mhuintir na Gaeltachta sin.

Le linn Chogadh na Saoirse in Éirinn, níorbh fhéidir le Ní Fhaircheallaigh Cloch Cheann Fhaolaidh a choimeád slán ó chúrsaí polaitíochta a thuilleadh, ach choinnigh sí Coláiste Uladh ar oscailt dá ainneoin sin. Faoi shamhradh 1920, bhí Cogadh na Saoirse ag dul i bhfíochmhaire sa cheantar. Ag tús mhí Lúnasa, rinne Óglaigh na hÉireann luíochán ar thriúr póilíní agus chuir siad bac leis an gcóras iompair, ghearr siad an córas teileagraif áitiúil, leag siad an stáisiún Marconi anuas agus chuir siad isteach ar an gcóras poist idir Cloch Cheann Fhaolaidh agus an domhan mór. In ainneoin na ndeacrachtaí, d'éirigh le Ní Fhaircheallaigh litir a sheoladh chuig a cara Breatnach, E.T. John, ag insint dó: 'We have a big group of friends and enthusiasts here and life full and interesting. The College is a wonderful success notwithstanding all difficulties. 100 students at present'.[120]

I mí Mheán Fómhair, tionóladh mórchruinniú i nGort an Choirce le tacaíocht a thabhairt do Tharlach Mac Suibhne, Ardmhéara Chorcaí, a bhí á choimeád ag rialtas na Breataine i bpríosún Brixton agus é ar stailc ocrais.[121] In ainneoin a polasaí cosanta roimhe sin, bhí Ní Fhaircheallaigh i mbun óráide ann, os comhair 4,000 duine, agus í corraithe go mór faoi chruachás Mhic Shuibhne.[122] Nuair a fuair Mac Suibhne bás taobh istigh de dhá mhí ina dhiaidh sin, d'fhoilsigh sí dán in ómós dó, á chur chun cinn mar mhairtíreach a d'fhulaing chun Éire a shaoradh.[123] Ach tháinig deacrachtaí sa bhreis chun tosaigh i gCloch Cheann Fhaolaidh nuair a dhóigh na Dúchrónaigh halla an Choláiste agus siopa an chomharchumainn taobh leis i mí na Samhna 1920.[124] Ní raibh mic léinn ag freastal ar an gColáiste ag an tráth sin den bhliain, ach bhí go leor de mhuintir na háite ag brath ar an gcomharchumann, go háirithe agus bac curtha leis an gcóras iompair. Le linn na míchaoithiúlachta agus na héagóra sin a léirigh Ní Fhaircheallaigh a cumas, ní hamháin mar phríomhoide an Choláiste, ach mar cheannaire na háite, tréithe dá cuid a raibh ardmheas ag lucht a linne orthu. D'inis sí don sagart paróiste: 'go bhféadfadh aon amadán tithe a leagadh ach nach féidir d'aoinne aigne na ndaoine a smachtú'.[125] Gheall sí nach gcuirfí deireadh le Coláiste Uladh: 'más gádh é, cuirfear na ranganna ar siúl fé'n spéir ar an mbliain seo chugainn!'[126] Ach an bhliain dár gcionn, bhí socrú déanta go dtionólfaí Coláiste Uladh i seanteach cúirte inar cuireadh dlí na Breataine i bhfeidhm le fada. Gníomh siombalach a bhí ann, agus bheartaigh Ní Fhaircheallaigh níos mó ná riamh roimhe sin, a fís a chur chun cinn. Mhaígh sí dá lucht éisteachta ag oscailt an Choláiste:

> The ideal is the same; the language is the same; the soul that animates our life here is the same. We are in no way dependent in this country on outward and material things to preserve the spirit of nationality. With us Irish it is an inward flame, sacred and indestructible, so that the loss of a mere building, however much it may hamper our work, cannot really impede our progress.[127]

Ag tús na 1920í, chreid Ní Fhaircheallaigh 'that the Gaelic Colleges were the cream of the Irish movement', óir bhí siad fós ag feidhmiú i gceart fad is a bhí an Conradh mífheidhmiúil de bharr na polaitíochta.[128] Nuair a tháinig an Saorstát ar an bhfód áfach agus a seanchairde ón gConradh i réim, bhí an Ghaeilge faoi chúram na Roinne Oideachais agus ní raibh an chumhacht chéanna ag Ní Fhaircheallaigh i bpróiseas pleanála na teanga a thuilleadh. Rinneadh ábhar éigeantach den Ghaeilge sna scoileanna agus sna gnáthcholáistí traenála.[129] Ag an tráth sin, bhí tuairimí láidre ag Ní Fhaircheallaigh maidir le cur chun cinn na Gaeilge, a raibh an Ghaeilge éigeantach mar chuid de. Thug sí an méid seo le fios agus í ag tabhairt cainte i gColáiste Uladh i samhradh na bliana 1926:

> Once the language becomes a task instead of an inspiration, the foundations of our movement give way. Continue making the language a task – above all, a dull task – and in time, and just through the operation of human nature, the whole fabric of the revival falls to the ground. In the old days the Gaelic social life of the College was a feature of the course and a constant attraction. Only those who tasted of that magic enchantment in this land of sea and mountains, can realise the bitterness of disillusionment. That has been the lot of the Gaelic enthusiast for some years past – and only such a one can feel with me tonight that the clouds are lifting, and the weight of oppression on the heart of the Gaedheal is lightening by the feeling of that life in Cloghaneely – the life in which our College is going back to its old joyousness.[130]

Mar a thugann Caitríona Ó Torna le fios, tháinig athrú ar chliantacht na gColáistí Gaeilge ina dhiaidh sin, Coláiste Uladh ina measc: 'Ba ar mhargadh an aosa óig a dhírigh na coláistí Gaeilge ar fad tar éis bhunú an tSaorstáit'.[131] Thosaigh páistí scoile thar ábhair mhúinteoirí ag freastal ar Choláiste Uladh: cuireadh tús leis an athrú seo i mBéal Átha an Ghaorthaidh, nuair a fógraíodh 'Campa na Féinne Ainglidhe', d'fhir agus do bhuachaillí sna 1920í luatha.[132] Ag an tráth sin, thug Ní Fhaircheallaigh faoi thionscnamh a bhain le hoideachas praiticiúil agus eacnamúil i gCloch Cheann Fhaolaidh, a mbeadh saoirse agus ról lárnach aici ann. Déanfar trácht ar an tionscnamh sin, a raibh An Cumann Sníomhacháin mar thoradh air, i gcaibidil a hocht.

D'éirigh Ní Fhaircheallaigh as a post mar phríomhoide ar Choláiste Uladh sa bhliain 1942, ach lean sí uirthi ag dul go Cloch Cheann Fhaolaidh chuile shamhradh agus chuireadh sí fáilte roimh chuairteoirí chuig a teach saoire ann.[133] Bhí fís útóipeach Ní Fhaircheallaigh ag brath ar Chloch Cheann Fhaolaidh, óir chuir sí síolta a físe ann. 'From the Gaedhealtacht must come the re-vitalisation of Irish as a living medium', a mhaígh sí.[134] Chreid sí nach mbeadh an teanga i mbaol dá leanfadh chuile dhuine a fealsúnacht féin: 'If each district said: 'Let us save the language in our own little corner', it would be saved'.[135] Áit ghlan agus neamhthruaillithe a bhí sa Ghaeltacht dar léi, murab ionann is cathair Bhaile Átha Cliath a samhlaíodh le hachrann, foréigean is fulaingt ó 1913 ar aghaidh agus a chuir constaicí móra roimh a fís útóipeach Ghaelach.

Nótaí

1 Óráid Úna Ní Fhaircheallaigh i gColáiste Uladh, Cloich Cheann Fhaolaidh, 22/09/1916. Féach *Derry Journal*, 29/09/1916, 7.

2 *Freeman's Journal*, 14/07/1906, 5.

3 *Derry Journal*, 31/08/1906, 5.

4 *Derry Journal*, 28/10/1906, 7.

5 Peters agus Freeman-Moir (eag.), *Edutopias: New Utopian Thinking in Education*, 3.

6 *An Claidheamh Soluis*, 06/10/1906, 8.

7 O'Brennan, 'Dr. Alice Milligan', *The Leader*, 05/12/1942, 371.

8 *Irish Times*, 31/01/1903, 4.

9 Féach Brian Mac Giolla Phádraig, *Feasta* (Márta 1952), 14.

10 *Weekly Independent and Nation*, 03/08/1901, 15.

11 *Annual Report of the Gaelic League 1901–2 and Proceedings of the Árd-Fheis, 1902* (Dublin: The Gaelic League, 1902), 7–8.

12 Donncha Ó Súilleabháin, *Athbheochan na Gaeilge: Cnuasach Aistí*, 108.

13 *Celtia* (Bealtaine 1902), 69.

14 Déanfar anailís ar chur chuige an Chumainn seo sa chaibidil dheireanach den leabhar ach ní mór a admháil go raibh baill áirithe den Chonradh amhrasach faoin gCumann seo toisc

gur bhain sé leis an ardaicme agus ceapadh go raibh a ghníomhartha ag teacht salach ar obair an Chonartha. Féach Dudley Edwards, *Patrick Pearse: The Triumph of Failure,* 31–36; Uí Chollatáin, *An Claidheamh Soluis agus Fáinne an Lae 1899–1932,* 46–51.

15 *Celtia* (Bealtaine 1902), 69; Kennedy (eag.), *The Diaries of Mary Hayden 1878–1903: Volume V 1899–1903,* 2206.

16 *Celtia* (Bealtaine 1902), 69.

17 Ibid., 70.

18 Kennedy (eag.), *The Diaries of Mary Hayden 1878–1903: Volume V 1899–1903,* 2206–2007.

19 *Irisleabhar na Gaedhilge,* 12.142 (Iúil 1902), 104–105.

20 *Celtia* (Bealtaine 1902), 69.

21 Féach Ó Súilleabháin, *Cath na Gaeilge sa Chóras Oideachais, 1893–1911.*

22 *71st Report of the Commissioners of National Education in Ireland, 1904* (Dublin: HMSO, 1905), 53.

23 Bernard Fitzpatrick, *Bilingualism as a factor in Education, with application to the language question in Ireland,* 29.

24 Féach Ó Buachalla, 'Educational Policy and the Role of the Irish Language from 1831 to 1981', 79.

25 *An Claidheamh Soluis,* 22/04/1905, 6.

26 *An Claidheamh Soluis,* 05/04/1913, 9.

27 Eoghan Ó Gramhnaigh, 'Ára na Naomh', in *Irisleabhar na Gaedhilge,* 4.35 (1890), 46.

28 Ní Fhaircheallaigh, *Smuainte Ar Árainn,* 46.

29 Eibhlín Ní Niocaill, *Nationality in Irish Education* (Dublin: M.H. Gill & Son, gan dáta), 4.

30 *Galway Observer,* 02/11/1907, 3.

31 Féach Breathnach agus Ní Mhurchú (eag.), *1882–1982: Beathaisnéis a Dó,* 92.

32 Féach Nollaig Mac Congáil, 'Stair na gColáistí Gaeilge agus Bunú Choláiste Uladh', in *Coláiste Uladh 1906–2006,* eag. Seosamh Ó Ceallaigh (Dún na nGall: Coiste Cuimhneacháin na Coláiste, 2006), 120; *An Connachtach,* 11/05/1908, 12.

33 *Irish Independent,* 16/07/1915, 3.

34 Féach *Meath Chronicle,* 21/01/1905, 5; *Meath Chronicle,* 11/02/1905, 7.

35 *Freeman's Journal,* 24/03/1902, 6.

36 *The Leader,* 21/01/1905, 367.

37 Féach *Meath Chronicle,* 13/04/1901, 2.

38 *The Leader*, 16/09/1905, 51.

39 *An Claidheamh Soluis*, 02/09/1905, 9.

40 *An Claidheamh Soluis*, 06/01/1906, 7.

41 *Derry Journal*, 06/08/1906, 3; *Irish Peasant*, 11/08/1906, 3.

42 D'fhill an Craoibhín óna thuras go Meiriceá tamall gearr roimhe sin ach bheartaigh sé gan cuairt a thabhairt ar Ardscoil Cholmcille ag an nóiméad deireanach. Féach 'The Home-Coming of An Craoibhin', *Irish Independent*, 23/06/1906, 4, 7.

43 *Irish News and Belfast Morning News*, 27/08/1906, 5.

44 *An Claidheamh Soluis*, 01/09/1906, 7.

45 *An Claidheamh Soluis*, 28/07/1906, 8.

46 *United Irishman*, 29/04/1905, 1.

47 *Irish Times*, 18/01/1898, 5.

48 Féach *Irish Peasant*, 28/04/1906, 4.

49 Féach *An Claidheamh Soluis*, 06/02/1909, 11.

50 Aodh S. O'Flaitlig, 'Cloch Chinn Fhaolaigh', *The Irish News and Belfast Morning News*, 19/10/1906, 8.

51 *Derry Journal*, 16/07/1920, 6.

52 Mac Congáil, 'Stair na gColáistí Gaeilge agus Bunú Choláiste Uladh', 129. Bhí Seán Mac an Bhaird ar an bhfoireann múinteoireachta an chéad bhliain agus iarradh ar an nGael Ultach Énrí Ó Muirgheasa múineadh ann, cé nár ghlac sé leis an bpost. Féach Comhfhreagras Énrí Uí Mhuirgheasa, Bailiúcháin Speisialta, Leabharlann James Joyce, An Coláiste Ollscoile, Baile Átha Cliath.

53 Féach Gerhard J. Stieglitz, 'The Berlitz Method', in *The Modern Language Journal*, 39.6 (1955), 300–310; Charles Hart Handschin, 'A Historical Sketch of the Gouin Series-System of Teaching Modern Languages and of its Use in the United States', in *The School Review*, 20.3 (1912), 170–175.

54 Féach *Derry Journal*, 16/07/1920, 6.

55 Féach Séamus Ó Grianna, *Castar na Daoine ar a Chéile*, eag. Nollaig Mac Congáil (Baile Átha Cliath: Coiscéim, 2002), 181–182.

56 Féach *An Claidheamh Soluis*, 29/06/1907, 9.

57 'Réamheolaire an Choláiste, 1911', in *Coláiste Uladh 1906–2006*, eag. Seosamh Ó Ceallaigh, 253.

58 *Derry Journal*, 30/08/1911, 2.

59 *Derry Journal*, 19/09/1906, 5.

60 *The Leader*, 07/10/1911, 185.

61 *Derry Journal*, 16/07/1920, 8.
62 *Freeman's Journal*, 25/05/1922, 3.
63 Agnes O'Farrelly, 'Educational Policy and Methods of Ireland', in *Transactions of the Third Celtic Congress, 1920*, eag. D. Rhys Phillips (Perth: Milne, Tannahill & Methven, 1921), 105.
64 *Derry Journal*, 03/10/1906, 8.
65 Féach Seosamh Ó Ceallaigh, 'Cloich Cheann Fhaolaidh ag tús an 20ú hAois', in *Coláiste Uladh 1906–2006*, 198.
66 Ibid., 196.
67 *Freeman's Journal*, 14/07/1906, 5.
68 Ciara Breathnach, *The Congested Districts Board of Ireland, 1891–1923* (Dublin: Four Courts Press, 2005), 118.
69 Úna Ní Fhaircheallaigh, 'Cuimhne' in *Coláiste Uladh 1906–2006*, eag. Seosamh Ó Ceallaigh, 19.
70 *Irish Independent*, 08/02/1924, 4.
71 Séamus Ó Searcaigh, 'Coláiste Uladh', in eag. Seosamh Ó Ceallaigh, *Coláiste Uladh 1906–2006*, 59.
72 Pádraig Ó Ceallaigh, 'Ruairí Mac Easmuinn: a bheatha, an Ghaeilge agus Cloich Cheann Fhaolaidh', in *Coláiste Uladh 1906–2006*, eag. Seosamh Ó Ceallaigh, 261.
73 Séamus Ó Searcaigh, 'Coláiste Uladh', in eag. Seosamh Ó Ceallaigh, *Coláiste Uladh 1906–2006*, 59.
74 Séamus Ó Searcaigh 'Coláiste Uladh', in *Coláiste Uladh: Leabhar Cuimhne Iubhaile Leith-Chéad Blian 1906–56*, eag. Séamus Ó Néill agus Bernárd Ó Dubhthaigh (Dún na nGall: Coiste na Coláiste, 1956), 12.
75 *An Claidheamh Soluis*, 06/10/1906, 8.
76 *Derry Journal*, 16/07/1920, 6.
77 Micí Mac Gabhann, *Rotha Mór an tSaoil* (Gaillimh: Cló Iar-Chonnachta, 1996), 227.
78 *Irish Peasant*, 14/07/1906, 6.
79 *Derry Journal*, 08/08/1906, 6.
80 Nollaig Mac Congáil, 'Scríbhneoirí Conallacha faoi Scáth Choláiste Uladh', in *Coláiste Uladh 1906–2006*, eag. Seosamh Ó Ceallaigh, 216–229.
81 *Derry Journal*, 24/04/1908, 5.
82 *Irish Times*, 08/03/1909, 5.
83 Ibid.
84 *Miontuairiscí Choiste Oideachais Chonnradh na Gaeilge*, 19/03/1909, LNÉ, Lámhscríbhinn 9798.

85 'Annual Report on the Work of the Dáil Uladh for year ended 31st March, 1911', in *Coláiste Uladh 1906–2006*, eag. Seosamh Ó Ceallaigh, 255.

86 'The Department Grants to Teachers' Classes – Statement Issued by Conference of Irish Colleges (1916)', Páipéir Bhriain Mhic Giolla Phádraig, Acadamh Ríoga na hÉireann, Baile Átha Cliath.

87 *Sinn Féin*, 30/05/1914, 7; Ó Ceallaigh, 'Ruairí Mac Easmuinn: a bheatha, an Ghaeilge agus Cloich Cheann Fhaolaidh', 260.

88 *The Leader*, 07/10/1911, 185.

89 Ní Fhaircheallaigh, *Secondary School Scholarships: Mr. Birrell's Anti-Irish Proposal*, 9.

90 *The Leader*, 07/10/1911, 185.

91 *Derry Journal*, 14/07/1916, 6.

92 *Sinn Féin*, 30/05/1914, 7.

93 *Derry Journal*, 01/07/1904, 2; *Derry Journal*, 18/09/1907, 7.

94 Féach Tony Farmar, *Ordinary Lives: Three Generations of Irish Middle Class Experience* (Dublin: Gill and Macmillan, 1991), 17.

95 Féach Ó Súilleabháin, *Athbheochan na Gaeilge: Cnuasach Aistí*, 129; Breathnach agus Ní Mhurchú, *1882–1982: Beathaisnéis a hAon*, 50–51.

96 Féach *Sinn Féin*, 16/05/1914, 7; R. Ó Glaisne, 'Neilí Ní Bhriain', in *Feasta* (Lúnasa 1979), 21–23; (Meán Fómhair 1979), 13–18; M. Seoige, 'Bunú Choláiste Eoghain Uí Chomhraí', in *Ómós do Eoghan Ó Comhraí*, eag. Padraig Ó Fiannachta (An Daingean, 1995) 96–115; Edel Ní Dhochartaigh, *Neilí Ní Bhriain agus Stair Choláiste Eoghain Uí Chomhraí* (Ollscoil na hÉireann, Gaillimh: Tráchtas M.A. neamhfhoilsithe, 2007).

97 Féach *Sinn Féin*, 16/05/1914, 7.

98 *Irish Peasant*, 09/06/1906, 3.

99 Féach *Derry Journal*, 25/07/1913, 4.

100 *Irish Press*, 04/09/1944, 2.

101 *Irish Times*, 26/09/1910, 11.

102 *Irish Times*, 10/10/1913, 11.

103 *Freeman's Journal*, 10/10/1922, 6.

104 *Irish Times*, 26/09/1910, 11.

105 Féach *Irish Times*, 01/03/1913, 2.

106 Brian Mac Giolla Phádraig, 'Úna Ní Fhaircheallaigh', in *Coláiste Uladh: Leabhar Cuimhne Iubhaile Leith-Chéad Blian 1906–56*, eag. Séamus Ó Néill agus Bernárd Ó Dubhthaigh, 27.

107 *An Claidheamh Soluis*, 09/07/1913, 8.

108 Féach Ó Súilleabháin, *Athbheochan na Gaeilge: Cnuasach Aistí*, 124.

109 *The Leader*, 24/10/1908, 235; Elaine Sisson, *Pearse's Patriots: St Enda's and the Cult of Boyhood*, 154.

110 Cuimhní Cinn Mháire de Buitléir, 3.12–13.

111 'An Irish-Ireland Boarding And Day School For Catholic Boys', an cur síos a thugann *The Leader* ar an scoil seo in alt ar an 29/08/1908, 39.

112 *An Macaomh*, 1.2 (Nollaig 1909), 57.

113 *Derry Journal*, 29/07/1914, 2.

114 Ibid.

115 Ó Torna, *Cruthú na Gaeltachta 1893–1922*, 122.

116 Féach *An Claidheamh Soluis*, 08/09/1917, 8.

117 Comhfhreagras Mhic Easmuinn / Ní Fhaircheallaigh, LNÉ, Lámhscríbhinn 31,723.

118 *Derry Journal*, 24/09/1917, 4.

119 *Derry Journal*, 29/09/1916, 5.

120 Ní Fhaircheallaigh chuig E.T. John, 19/08/1920. Páipéir E.T. John 2654, LNBB.

121 Féach Francis J. Costello, *Enduring the most: the life and death of Terence MacSwiney* (Dingle: Brandon, 1996).

122 *Derry Journal*, 01/09/1920, 3.

123 Féach *Freeman's Journal*, 28/10/1920, 6.

124 *Derry Journal*, 26/11/1920, 7.

125 Bearnárd Ó Dubhthaigh, 'Scéal Choláiste Uladh', in *Feasta* (Iúil 1956), 18.

126 Ibid.

127 *Derry Journal*, 19/08/1921, 6.

128 *Irish Independent*, 10/10/1922, 7.

129 Féach Ó Buachalla, 'Educational Policy and the Role of the Irish Language from 1831 to 1981', 86.

130 *Derry Journal*, 20/08/1926, 9.

131 Ó Torna, *Cruthú na Gaeltachta 1893–1922*, 95.

132 *The Leader*, 07/06/1923, 511; *The Leader*, 07/06/1924, 411.

133 *Irish Times*, 11/03/1938, 5.

134 *Derry Journal*, 25/07/1924, 5.

135 *Irish Independent*, 16/11/1915, 7.

VI

FRITHÚTÓIPEACHAS NA POLAITÍOCHTA

> The glorious incentive of a full language revival – the vision that kept us all full of hope and energy in the darkest hours of Gaelic League work – bids fair to depart for ever. This belief, which has been the consecration of Gaelic League work in the past is going rapidly in a twilight of distrust and politics and beneath the shadow of the world's martyrdom.[1]

Ceist achrannach agus chonspóideach a bhí sa pholaitíocht i measc conraitheoirí áirithe, cosúil le Ní Fhearcheallaigh agus de Híde. Nuair a bunaíodh Conradh na Gaeilge, cuireadh alt lena bhunreacht, ag tabhairt le fios nach mbainfeadh an eagraíocht 'le clampar creidimh nó poilitidheachta', agus chinntigh sé seo comhaontú na gluaiseachta ar feadh na mblianta.[2] Chonaic bunaitheoirí an Chonartha an t-easaontas agus nimh a lean an scoilt i bPáirtí Parlaiminteach na hÉireann le linn ré C.S. Parnell tamall gearr sular tháinig sé ar an bhfód. Dá dheasca sin, rinne na conraitheoirí luatha iarracht an pholaitíocht pharlaiminteach a sheachaint agus an náisiúnachas cultúrtha a chur chun cinn ina háit. Chreid de Híde go meallfadh seasamh an Chonartha in éadan na polaitíochta daoine ó aicmí agus chreidimh éagsúla.[3] Ina chuimhní cinn a scríobh sé sa bhliain 1918, nár foilsíodh riamh, mhaígh sé:

> my ambition had always been to use the language movement as a neutral field upon which all Irishmen might meet. It was upon that principle that the movement was built up in the early days.[4]

Go teoiriciúil, spás idéalach, frithpholaitiúil a bhí i 'neutral field' an Chonartha, inar cothaíodh comhaontú na nÉireannach. Mar a deir J.C. Davis in *Utopia and the Ideal Society*:

> All visualisers of ideal societies are concerned to maximize harmony and contentment [...] to produce a perfected society where social cohesion and the common good are not imperiled by individual appetite.[5]

Bhí fírinne sa ráiteas seo i dtaobh chur chuige Ní Fhaircheallaigh in Árainn agus i gColáiste Uladh ina dhiaidh sin, áit a ndearna sí iarracht 'saol comhdhaonnach' a chur ar bun i measc bhunadh na háite agus turasóirí, Caitlicigh agus Protastúnaigh. Ní raibh sé éasca 'social cohesion' a bhaint amach go forleathan ar fud na tíre ach chuir Ní Fhaircheallaigh agus de Híde an cuspóir sin rompu trí 'neutral field' an Chonartha. Bhrúigh siad ceist na polaitíochta faoi chois i ndáiríre ar mhaithe lena bhfís a bhaint amach. Agus é i mbun óráide i nGaillimh sa bhliain 1907, mhaígh de Híde:

> that the Gaelic League had no political propaganda whatsoever. They had all parties in the League; they had the Sinn Féiners in it as well as other parties who were opposed to them; they had members of every political party in the country. The League was above the dust and din of conflict that make up Irish life. In the language revival all parties can shake hands, they had obliterated past jealousies and animosities ...[6]

De réir a chéile áfach, tháinig ceist dheacair na polaitíochta chun cinn agus í ag cur constaicí i mbealach fhís Ghaelach de Híde agus Ní Fhaircheallaigh.

Tháinig cor nua i gcinniúint na hEorpa le linn shamhradh na bliana 1914 nuair a cuireadh tús leis an gCogadh Mór agus bhí tionchar nach beag ag imeachtaí na mór-roinne ar threo polaitiúil na hÉireann. Ag Ard-Fheis an Chonartha i gCill Airne i mí Iúil, dhírigh Ní Fhaircheallaigh ar cheist an oideachais agus mhol sí leasuithe sa chóras oideachais, agus í den tuairim go gcuirfí an rialtas baile ar bun in Éirinn go luath.[7] Chreid sí go bhfeicfeadh muintir na hÉireann athruithe ollmhóra sa tír agus go mbainfí a fís útóipeach Ghaelach amach nuair a chuirfí an rialtas baile ar bun.[8] Ardaíodh ceist na polaitíochta i mbunreacht an Chonartha ag an Ard-Fheis freisin, agus moladh an pholaitíocht a tharraingt isteach sa bhunreacht ach d'éirigh le de Híde, Ní Fhaircheallaigh agus baill eile an Conradh a choinneáil slán ón bpolaitíocht.[9] Ach bhí sé ag éirí ní ba dheacra dóibh an pholaitíocht a sheachaint i ngluaiseacht na Gaeilge mar bhí baint ag cuid mhaith de na conraitheoirí mór le rá le cúrsaí polaitíochta, go háirithe ó cuireadh Óglaigh na hÉireann ar bun i Samhain na bliana 1913. Bhí tábhacht pholaitiúil ag baint le hArd-Fheis na bliana 1914 sa mhéid is gur éirigh go maith le '[h]eite chlé' an Chonartha sa toghchán: an dream i bhfabhar na polaitíochta sa Chonradh agus leathnaíodh a dtionchar ar an eagraíocht.[10] Den chéad uair le breis is deich mbliana, níor toghadh Ní Fhaircheallaigh ar Choiste Gnó an Chonartha ach toghadh baill Chraobh an Chéitinnigh cosúil le Piaras Béaslaí agus Seán Ó Ceallaigh ina háit. Léirigh torthaí an toghcháin go raibh deighilt mhór ag teacht chun solais sa Chonradh, a bhain go dlúth le cúrsaí polaitíochta agus chruthaigh sí fadhbanna is baic ollmhóra d'fhís útóipeach Ní Fhaircheallaigh sna blianta a bhí le teacht óir bhí comhaontú na gconraitheoirí ag teastáil chun an fhís sin a bhaint amach.

Samhlaítear an pholaitíocht le heasaontas agus an deighilt idir daoine i gcónaí agus níor réitigh sí le sprioc na haontachta agus an 'social cohesion' a theastaigh ó Ní Fhaircheallaigh, de Híde (agus Mac Piarais sula ndeachaigh sé i dtreo an scarúnachais) a chur chun cinn i ngluaiseacht na Gaeilge.[11] In 'The Anti-Politics of Utopia', alt scríofa ag Gorman Beauchamp, déanann sé anailís ar an gcaidreamh idir an t-útóipeachas agus an pholaitíocht i litríocht útóipeach agus áitíonn sé nach bhfuil an pholaitíocht le sonrú mar chuid den útóipeachas 'because the utopian imagination is resolutely anti-political'.[12]

'An Craoibhín, Úna Ní Ógáin agus Úna Ní Fhaircheallaigh ag marcuigheacht i gCill Áirne', *An Claidheamh Soluis,* 08/08/1914.

Bhrúigh Ní Fhaircheallaigh agus de Híde an pholaitíocht faoi chois taobh istigh den Chonradh. Rinne siad iarracht ceisteanna a bhain léi a sheachaint agus dá bhrí sin, níor thug siad aon sainmhíniú poiblí ar an bhfocal 'polaitíocht', cé go ndúirt de Híde ina chuimhní cinn go raibh 'politics of the Wolf [sic] Tone or Fenian type' i gceist aige.[13] Toisc go raibh siad débhríoch faoi chiall an fhocail, bhí conraitheoirí eile in ann a gciall féin a bhaint as an téarma; chruthaigh sé seo deacrachtaí móra i gcás Ní Fhaircheallaigh ach go háirithe. Agus iad ag seachaint cheist na polaitíochta, agus ag lorg comhaontú iomlán seachas éagsúlacht sa Chonradh, thug de Híde agus Ní Fhaircheallaigh an chluas bhodhar do chonraitheoirí aitheanta eile a raibh fonn orthu an ghluaiseacht a stiúradh i dtreo eile. In *The Philosophy of Irish Ireland,* a foilsíodh sa bhliain 1905, leagann D.P. Moran béim ar dhrochthréithe an útóipeachais, dar leis: ionannas dearcaidh is físe na ndaoine, chomh maith le daoirse na ndaoine céanna de bharr an ionannais.[14] Murab ionann is cur chuige Ní Fhaircheallaigh agus de Híde, molann Moran éagsúlacht is deighilt idir na daoine, agus é den tuairim: 'the more we struggle amongst ourselves and compete against one another the better for the commonweal'.[15]

Ar an 10 Lúnasa 1914, taobh istigh de choicís i ndiaidh na hArd-Fheise, rinne Ní Fhaircheallaigh agus Liam Mac Giolla Bhríde óráid ag cruinniú d'Óglaigh na hÉireann i gCill Scíre, Co. Thír Eoghain. Mhol siad caint Sheáin Mhic Réamoinn i dTeach na dTeachtaí, Londain, an tseachtain roimhe sin, inar thug sé cuireadh don Bhreatain a saighdiúirí a tharraingt amach ón tír, ar an tuiscint go gcosnódh Óglaigh Uladh agus Óglaigh na hÉireann cósta na tíre. Moladh 'magnanimous' a bhí ann de réir Ní Fhaircheallaigh, óir ligfeadh sé don Bhreatain a saighdiúirí a chur chuig an mór-roinn, áit a raibh siad ag teastáil.[16] Thug baint Ní Fhaircheallaigh agus Mhic Giolla Bhríde le hÓglaigh na hÉireann le fios go raibh lámh ag lascadh agus lámh ag tarrtháil ag cuid mhaith de na daoine a bhain leis an gConradh 'frithpholaitiúil', agus ba dheacair an teorainn idir an dá eagraíocht a fheiceáil go minic. Cé nár fhoilsigh Ní Fhaircheallaigh ná Mac Giolla Bhríde a n-óráidí, tháinig malairt chló ar a ráitis go gasta. Ar an 5 Meán Fómhair, d'fhoilsigh Cú Uladh alt in *An Claidheamh Soluis* inar chuir sé ina leith go raibh siad ina n-impiriúlaithe: 'Is roinnt do'n Impireacht mhóir Éire i n-aignidh na ndaoine seo'.[17] Ar an lá ceannann céanna, cuireadh tuarascáil Chraobh an

Chéitinnigh i gcló in *An Claidheamh Soluis*, inar léiríodh gur cháin an Chraobh an chaoi ar bhain Ní Fhaircheallaigh agus Mac Giolla Bhríde úsáid as ardán an Chonartha chun daoine a earcú le haghaidh Arm Shasana.[18] Bhí sé seo míthreorach go leor: ní raibh an bheirt seo ag earcú, níor bhain an cruinniú i gCill Scíre leis an gConradh agus bhí cead ag conraitheoirí labhairt faoin bpolaitíocht nuair nach raibh siad i mbun ghnó an Chonartha.[19]

Ba léir go raibh Ní Fhaircheallaigh ar mire faoi líomhaintí Chú Uladh agus Chraobh an Chéitinnigh. Scríobh sí an litir seo a leanas chuig *An Claidheamh Soluis* ó Ghort an Choirce:

> Goidé a cinéal cainte é seo chím sa 'chlaidheamh' le cúpla seachtmhain nó 'bhfuil sibh as bhur gcéill ar fad? An gcreideann duine ar bith agaibh go mbéinn-se ar thaoibh mhuinntir óg na tíre seo do chur isteach san arm Shacsanach nó iad do chur fa smacht na Sacsan? Má chreideann tá mearbhall air. Táim-se díreach i n-a choinne sin agus labhras go láidir i n-a choinne ar an gcruinniughadh so a bhfuil sibh ag trácht air.[20]

Mhaígh eagarthóir an nuachtáin, Seán Mac Giollarnáth, go raibh 'adhbhar casaoide ag ar gcaraid gur deineadh éagcóir uirthi agus tá súil againn nach ndéanfar a leithéid arís'. Ach ghortaigh na líomhaintí seo *persona* poiblí Ní Fhaircheallaigh. Ghlac daoine nach raibh aithne acu uirthi fiú amháin, cosúil le Sadhbh Trínseach, ball de Chumann na mBan, go raibh sí báúil le Sasana.[21] Bhí sí ina heala mhagaidh sa saol poiblí: cuireadh 'War-Song of the O'Farrelly Fusiliers' i gcló in *Sinn Féin*, a tiomnaíodh do Mhac Giolla Bhríde.[22]

Is deacair a rá cad as ar tháinig na líomhaintí seo, ach is léir gur thapaigh Craobh an Chéitinnigh an deis Ní Fhaircheallaigh a cháineadh go géar óir bhí easaontas fadtéarmach eatarthu.[23] Bhí sé íorónta gurbh í an bhean a thacaigh go láidir leis an riail go bhfanfadh an Conradh slán ón bpolaitíocht a bhris an riail chéanna ar deireadh. Is dócha gur ghoill líomhaintí Chraobh an Chéitinnigh go mór ar Ní Fhaircheallaigh toisc go raibh fimíneacht i gceist: bhí an pholaitíocht go smior sa Chraobh sin den Chonradh.

Bunaíodh Craobh an Chéitinnigh i Márta na bliana 1901 agus bhí fir na Mumhan páirteach inti.[24] Cuireadh Craobh Chonnachtach den Chonradh, Craobh an Ardeaspaig Mhic Éil, ar bun i mBaile Átha Cliath díreach roimpi chun Gaeilge Chonnacht a chur chun cinn agus comhluadar a chruthú i measc na gConnachtach sa chathair agus bhí Ní Fhaircheallaigh, Mac Néill agus conraitheoirí eile a raibh baint acu le hÁrainn gníomhach inti.[25] Ba léir go raibh iomaíocht idir an dá chraobh agus drochiontaoibh eatarthu ón tús agus thug *An Claidheamh Soluis* rabhadh caolchúiseach don chraobh úrnua:

> We are sure, now that the Munster men have started their branch under such promising auspices, that they will allow no element of paróisteachas to enter into their work; and that the only rivalry between the 'Keatings' and other branches will be as to which can strike more surely and effectively for the Gaelic League at large, and for Ireland.[26]

Ghlac Craobh an Chéitinnigh le:

> a markedly different approach from that of the League Executive both in regard to methods to advance the learning of Irish and to its commitment to a more advanced concept of Irish nationality.[27]

Maíonn an scoláire Brian Murphy gur spreag óráid an Athar Yorke, dar teideal 'Casadh na Taoide', ag cruinniú den ArdChraobh i mí Mheán Fómhair 1899, bunaitheoirí Chraobh an Chéitinnigh óir chuir sé an náisiúnachas polaitiúil chun cinn sa Chonradh. Is fiú a lua go ndearna de Híde iarracht fanacht amach ón Athair Yorke ag an ócáid sin. Ó cuireadh tús le Craobh an Chéitinnigh, bhí drochchaidreamh idir í agus Coiste Gnó an Chonartha agus chuir an chraobh nua seo in aghaidh pholasaí an Chonartha i dtaobh na polaitíochta. Sa bhliain 1904, cháin baill den Choiste Gnó an Chraobh toisc go raibh 'foreign items' á dteagasc ina ranganna Gaeilge;[28] an bhliain dár gcionn, cuireadh Seán Ó Ceallaigh (nó 'Sceilg'), ball de Chraobh an Chéitinnigh, as a phost mar eagarthóir an cholúin Ghaeilge sa *Freeman's Journal*, cinneadh a chruthaigh teannas agus neart líomhaintí eile. Áitíodh gur briseadh as a phost é tar éis do bhaill den Choiste Gnó, Ní Fhaircheallaigh, de Híde, Edward Martyn agus Brian Ó Criochain, dul ar cuairt oíche chuig oifig eagarthóir an *Freeman's Journal*, William Brayden, óir theastaigh uathu Gaeilge Uladh agus Chonnacht a fheiceáil sa cholún Gaeilge. Sa bhliain 1908 a tháinig an chonspóid chun solais agus cuireadh i leith na mball sa Choiste Gnó go poiblí gur chuir siad brú ar Brayden le cinntiú go mbrisfí Ó Ceallaigh as a phost. Thug de Híde 'a horrid insinuation against my personal honour' ar an líomhain seo.[29] Thug Conchubhar Mac Uidhir 'mean conspirators, tricksters, and equivocators', ar an gceathrar agus chuir sé ina leith gur bhain siad mífheidhm mhímhacánta as a gcumhacht.[30] Bhí argóint láidir ag baill Chraobh an Chéitinnigh, mar a thug 'an Sgoláire Bocht' le fios:

> Dá mba rud é gur ar mhaithe leis an nGaedhilg a bhíodar, cad ina thaobh nár dheaghadar ag triall ar Eagarthóir an *Independent* & a rádh leis 'teastuigheann uainn Gaedhealg Chúige Uladh & Gaedhealg Chúige Mumhan a chur isteach taobh le Gaedhealg Chúige Connachta'.[31]

Lean an chonspóid nimhneach ar aghaidh nuair a chuir Mac Piarais, eagarthóir *An Claidheamh Soluis*, a ladar isteach agus é ag iarraidh de Híde a chosaint. Thug sé 'the Wrecker Party' ar Chraobh an Chéitinnigh agus thug sé le fios go raibh an Chraobh ag iarraidh an ruaig a chur ar de Híde, Ní Fhaircheallaigh agus S.P. Mac Énrí ón gCoiste Gnó.[32] Chuaigh Ní Fhaircheallaigh i ngleic leis an gconspóid ar an gcaoi chéanna le de Híde. Mhaígh sí i litir chuig *An Claidheamh Soluis* gur phléigh an Coiste Gnó cás Uí Cheallaigh dhá bhliain roimhe sin agus níor chruthaigh sé sin aon fhadhb. 'Ach tamall maith ina dhiaidh sin bhuail sé isteach i gceann daoine áirithe gurb' fhéidir úsáid a bhaint as a dtárla agus chuir siad an t-athrughadh so i n-ar leith'.[33] D'áitigh sí go '[n]dubhairt muinntir an 'Freeman': NACH RAIBH AN BHAINT BA LUGHA againn leis an athrughadh',[34] rud a thug Brayden féin le fios i litir a scríobh sé chuig de Híde sa bhliain 1905 agus a foilsíodh in *An Claidheamh Soluis*.[35] Ina chuimhní cinn, scríobh de Híde gur bheartaigh an tAthair Brian Ó Criochain dul chuig oifig an *Freeman's Journal*:

> He stopped Miss O'Farrelly, Edward Martyn & myself and begged us to look in at the *Freeman*'s office which we were then passing and ask Brayden the editor to put some Connacht Irish into his paper.[36]

Ach níor ghlac Ó Criochain freagracht as agus bhí de Híde agus Ní Fhaircheallaigh thíos leis dá bharr. Thug an teannas idir ardréim na gcanúintí éagsúla léargas eile ar an neamhshocracht a bhí ag teacht chun cinn go tréan sa Chonradh.

Níor samhlaíodh cluichí cumhachta inmheánacha an Chonartha leis an bpolaitíocht; ach chruthaigh sé deighilt ann agus bhí Ní Fhaircheallaigh buartha go ndéanfadh sé sin dochar do ghluaiseacht na teanga.[37] Is dóigh le Brian Murphy go raibh teannas idir Craobh an Chéitinnigh agus an chuid eile den Chonradh ar chúiseanna éagsúla – 'issues of personality often merging with those of principle', – a chruthaigh easaontas sa Choiste Gnó.[38] Deir Proinsias Ó Conluain agus Donncha Ó Céileachair ina mbeathaisnéis ar an

Athair Pádraig Ó Duinnín ó Chraobh an Chéitinnigh 'Aon rún a mholfadh Úna Ní Fhaircheallaigh nó an Dr. Mac Énrí, bhí sé ina aghaidh *ipso facto*'.[39] Níorbh é an tAthair Ó Duinnín an t-aon duine amháin a chuir ina n-éadan. Agus é ag déanamh cur síos ar an achrann sa Chonradh sa bhliain 1908, mhaígh Tomás Ó Máille, eagarthóir *An Connachtach*:

> Father Dinneen is their ringleader, and 'The Leader' of Mr. Moran is their organ. Their aim is to get a controlling influence in the League, and failing that it is quite evident that they aim to wreck it.[40]

De réir de Híde, tharraing Eoin Mac Néill agus an tAthair Mícheál Ó hÍcí as an gConradh de bharr ionsaithe Sheáin Uí Cheallaigh, Dhiarmuid Uí Chruadhlaoich agus Mhíchíl Uí Fhoghludha ón gCraobh chéanna.[41] D'ionsaigh siad Mac Néill agus Ó hÍcí trí na nuachtáin agus b'amhlaidh an chaoi ar ionsaíodh Ní Fhaircheallaigh i ndiaidh a hóráide ag Aeraíocht Chill Scíre.

Faoi lár na bliana 1913, tháinig naimhdeas chun solais uair amháin eile idir Craobh an Chéitinnigh agus baill an Choiste Gnó a bhí báúil le de Híde. Ag tús na bliana sin, dhírigh Ní Fhaircheallaigh agus Coiste an Oideachais ar stádas na Gaeilge sa chóras oideachais: d'fhreastail siad ar ollchruinnithe poiblí ar fud na tíre, mar a rinne siad le blianta fada. Ag an am céanna, choinnigh an Coiste Gnó air ag cur na teanga chun cinn i gcomhlachtaí poiblí agus in earnáil an Rialtais in Éirinn: bheartaigh sé gan glacadh leis an Acht um Árachas nua mura gcuirfí a ghnóthaíocht ar fáil trí Ghaeilge. I mí na Bealtaine, foilsíodh alt dar teideal 'The Coiste Gnotha and the Insurance Act' in *Sinn Féin*, a rinne ceap magaidh de 'diplomatists' an Choiste Gnó toisc gur tharraing siad siar a n-éileamh i dtaobh a rúin maidir leis an Acht um Árachas. Tugadh le fios go raibh 'members of both sexes' i measc na 'diplomatists', agus ba léir go raibh de Híde agus Ní Fhaircheallaigh i gceist. Shínigh 'ball do choisde an tighe' an t-alt agus ghlac de Híde leis go raibh duine ón eite chlé á n-ionsaí;[42] duine cosúil le Tomás Ághas, Seán T. Ó Ceallaigh, Mícheál Ó Foghludha, Ua Rathghaille, nó Diarmuid Ó Cruadhlaoich, baill de Chraobh an Chéitinnigh nach raibh sásta le treo an Chonartha.[43]

Ar an 7 Meitheamh 1913, thug de Híde caint os comhair an Choiste Gnó inar chuir sé ina leith go raibh cuid acu á ionsaí go poiblí sna nuachtáin agus ag cumadh líomhaintí faoi.[44] Chríochnaigh sé an chaint leis an abairt seo a leanas:

> fágaim an chathaoir seo anois tar éis mé a bheith inti ar feadh fichead blian agus cuirim mé féin fá choimirce an Choiste Gnó agus na tíre. Fágaim slán agus beannacht agaibh.[45]

In ainneoin go raibh Ní Fhaircheallaigh sa Ghearmáin nuair a tionóladh an cruinniú seo, chuir Diarmuid Ó Cruadhlaoich ina leith gur ghríosaigh sí de Híde chun na cainte sin, ach dhiúltaigh sí go raibh baint aici leis.[46] Cuireadh an líomhain chéanna i leith an Dr S.P. Mac Énrí. Nuair nár fhreastail de Híde ar an Ard-Fheis i nGaillimh an mhí dár gcionn, cuireadh toscaireacht chuige chun é a mhealladh, Ní Fhaircheallaigh agus Ua Rathghaille ina measc.[47] Bhí an-teannas ann nuair a shroich de Híde an Ard-Fheis de dheasca na polaitíochta. Níorbh éasca do de Híde a sheasamh in éadan na polaitíochta sa Chonradh a chosaint agus baill de Bhráithreachas Phoblacht na hÉireann i mbun earcaíochta sa Chonradh, i gCraobh an Chéitinnigh ach go háirithe.[48] Chruthaigh sé seo deighilt shofheicthe: briseadh an comhaontú a bhí ag teastáil chun fís útóipeach Ghaelach Ní Fhaircheallaigh a bhaint amach sa todhchaí. In ainneoin na scoilte, choinnigh Ní

Fhaircheallaigh uirthi ag obair ar son an chomhaontaithe, fiú dá mbeadh an comhaontú céanna lag go leor.

Ba mhór an chorraíl shibhialta in Éirinn, agus i mBaile Átha Cliath ach go háirithe, sa dara leath den bhliain 1913. De réir de Híde, thacaigh formhór de bhaill an Choiste Gnó leis an bhFrithdhúnadh Mór agus le Jim Larkin, comhbhunaitheoir Pháirtí Lucht Oibre na hÉireann, rud a thaispeáin ceist an tsaibhris agus na haicme i measc na mball. Léiriú eile a bhí ann ar an scoilt sa Chonradh. Mar a thug Máire de Buitléir le fios faoi laethanta luatha an Chonartha:

> we used to say laughingly we were like the early Christians in the Catacombs. If the latter did not discriminate between friend and foe, we cared not whether our comrades were rich or poor, gentle or simple, all we asked was that they should be Gaels.[49]

Is spéisiúil gur theastaigh ó de Híde ceist na haicme a sheachaint (cosúil leis an bpolaitíocht) trí éadaí seanchaite a chaitheamh chuig cruinnithe an Choiste Gnó.[50] I mí na Samhna, cuireadh Óglaigh na hÉireann ar bun ag freagairt d'Óglaigh Uladh a chuir in éadan an rialtais bhaile. Bhailigh Óglaigh na hÉireann sa Rotunda den chéad uair ar an 25 Samhain 1913, agus dúradh ag an gcruinniú go raibh sé mar aidhm ag an eagraíocht nua seo 'to unite Irishmen, and preserve their rights and liberties'.[51] Áitíodh gur smaoinigh Eoin Mac Néill, Leasuachtarán an Chonartha, ar an eagraíocht seo nuair a scríobh sé alt dar teideal 'The North Began' a foilsíodh in *An Claidheamh Soluis*, agus eagraíodh cruinniú dá bharr. San alt seo, dhírigh Mac Néill ar fhás Óglaigh Uladh agus mhaígh sé 'There is nothing to prevent the other twenty-eight counties from calling into existence citizen forces to hold Ireland "for the Empire"'.[52] Ach chuir Bráithreachas Phoblacht na hÉireann Óglaigh na hÉireann ar bun i ndáiríre agus é ag baint úsáide as alt agus *persona* poiblí Mhic Néill, mar scoláire agus mar fhear ciallmhar, chun daoine a mhealladh i dtreo na nÓglach.[53] Thacaigh Mac Néill le Seán Mac Réamoinn agus Páirtí Parlaiminteach na hÉireann ag an tráth sin, agus bhí sé i gceist aige go gcosnódh Óglaigh na hÉireann an tír dá ndéanfadh Óglaigh Uladh iarracht cur i gcoinne an rialtais bhaile ach thug sé le fios freisin go bhféadfaí aontas a chothú idir Óglaigh na hÉireann agus Óglaigh Uladh.[54] Ach theastaigh ó Bhráithreachas Phoblacht na hÉireann na hÓglaigh a bhunú le cinntiú go mbainfeadh an tír neamhspleáchas iomlán amach in áit an rialtais bhaile.[55]

Cé go raibh mná i láthair ag an Rotunda, níor ligeadh isteach in Óglaigh na hÉireann iad.[56] Ligeadh isteach in áiléar iad, chun iad a chur ar an imeall agus ligeadh dóibh breathnú ar an méid a bhí ar siúl seachas páirt a ghlacadh ann.[57] Murab ionann is Conradh na Gaeilge, a raibh polasaí eisceachtúil aige i dtaobh rannpháirtíocht na mban agus a lig dóibh róil éagsúla a chomhlíonadh, níor mheas Óglaigh áirithe go mbeadh an eagraíocht nua míleata oiriúnach do mhná. Mar a thugann Cal McCarthy le fios in *Cumann na mBan and the Irish Revolution*, níor cheap mná áirithe go raibh an eagraíocht oiriúnach dá n-inscne ach an oiread. Dá dheasca sin, bheartaigh na mná náisiúnaíocha ar theastaigh uathu páirt ghníomhach a ghlacadh i gcúrsaí na hÉireann, eiseamláir na mban Ultach a leanúint a chuir Comhairle Ultach na mBan ar bun.[58] Cé gur chruthaigh Óglaigh na hÉireann deighilt idir na fir agus na mná, níor chuir Ní Fhaircheallaigh tús le hagóid: ina áit sin, ghlac sí páirt lárnach i mbunú Chumann na mBan.

Mhaígh Siobhán Bean an Phaoraigh tráth gur léirigh Ní Fhaircheallaigh 'special interest in the formation of a woman's organisation to assist the Irish Volunteers' ón tús.[59] Cé nach bhfuil aon fhianaise ann, is dócha go raibh sí i láthair ag an Rotunda, go háirithe agus na mic léinn ón gColáiste Ollscoile ann.[60] Bhí Ní Fhaircheallaigh ina cathaoirleach ar an gcéad chruinniú poiblí de Chumann na mBan ar an 2 Aibreán 1914, in Óstán Wynn, Baile Átha Cliath. Mhaígh sí:

> Four months ago we came together twice to discuss the formation of a Society and it did not seem to us then opportune. We feared to hamper whilst we were anxious to help.[61]

Léiríonn an ráiteas seo gur bhain teannas le rannpháirtíocht na mban in eagraíocht mhíleata na bhfear. Thug Cumann na mBan le fios ní ba dhéanaí gur cuireadh tús leis an gCumann 'with the Irish Volunteers'.[62] Bhí 11 ball ar an gcoiste sealadach, mná céile na nÓglach mór le rá ina measc: Agnes McNeill, Madam O'Rahilly, Mary Colum, in éineacht le Siobhán Bean an Phaoraigh, Louise Gavan Duffy agus Margaret Dobbs.[63] Bhí cosúlachtaí idir ról Ní Fhaircheallaigh mar chathaoirleach agus ról Mhic Néill a bhí ina chathaoirleach ar Óglaigh na hÉireann ag tús a ré: duine éirimiúil, poiblí a bhí inti, feimineach agus náisiúnaí, agus thar aon ní eile, rinne sí iarracht aontacht na ndaoine a chur chun cinn.[64]

Ag an gcéad chruinniú de Chumann na mBan, chuir Ní Fhaircheallaigh a tuairimí trasna ar a comhghleacaithe i dtaobh ról an Chumainn i ngluaiseacht an náisiúnachais ag an am:

> We pledge ourselves here to-day to give this cause our support morally, financially and in every way we can. Let this be distinctly understood. We shall do ourselves the honour of helping to arm and equip our National Volunteers. Each rifle we put in their hands will represent to us a bolt fastened behind the door of some Irish home to keep out the hostile stranger. Each cartridge will be a watchdog to fight for the sanctity of the hearth.[65]

Deir scoláirí áirithe go bhfuil an óráid cháiliúil seo 'conservative' nó coimeádach agus is cinnte nach ionann í agus cainteanna eile a thug Ní Fhaircheallaigh sa tréimhse seo.[66] Is dócha gur roghnaigh sí foclóir faoi leith chun aontacht na mban náisiúnaíoch a chinntiú: chun gnáthmhná a d'oibrigh sa bhaile a earcú chomh maith le mná eile nár ghlac páirt in eagraíochtaí den chineál seo roimhe, agus nach ndéanfadh a leithéid mura dtuigfidís go raibh a dtithe féin i gcontúirt. De réir chuntas Bulmer Hobson ar ghníomhachtaí Óglaigh Uladh, bhagair siad go n-ionsóidís tithe mhuintir an Deiscirt:

> At inflamed and highly excited meetings in Ulster speakers repeatedly threatened war on the unarmed and disorganized Irish people, and as the Ulster Volunteer Force became trained and equipped they rapidly came into possession of the material means which would make such threats easy of execution. Sir Edward Carson himself talked about the Ulster Volunteers marching to Cork.[67]

Tá cosúlachtaí idir foclóir an teaghlaigh agus an tírghrá a úsáideann Ní Fhaircheallaigh chun mná na hÉireann a mhealladh i dtreo a cúise agus an chaoi ar labhair a cara, Máire de Buitléir (col ceathar Edward Carson) le mná na tíre i dtaobh a ról i ngluaiseacht na Gaeilge.

Scaipeadh spriocanna Chumann na mBan i measc na ndaoine ag an gcéad chruinniú:

1 To advance the cause of Irish liberty;
2 To organize Irish women in the furtherance of this objective;
3 To assist in arming and equipping a body of Irishmen for defence of Ireland;
4 To form a fund for these purposes to be called 'The Defence of Ireland Fund'.[68]

Mheas Ní Fhaircheallaigh go mbeadh an comhaontú riachtanach dá mba mhaith le Cumann na mBan dul chun cinn a dhéanamh sa tsochaí agus an rialtas baile a bhaint amach. Ag tús ré an Chumainn, rinne baill den Choiste sealadach iarracht an comhaontú a chothú i measc na mban Éireannach ar mhaithe lena gcomhsprioc a chur i gcrích. Foilsíodh litreacha i nuachtáin náisiúnaíocha, ag impí ar mhná páirt a ghlacadh sa Chumann agus theastaigh ón gCoiste ceist na polaitíochta páirtí a chur i leataobh ionas nach mbeadh easaontas ná deighilt le feiceáil sa Chumann úrnua.[69] Cosúil le polasaí Chonradh na Gaeilge, chruthódh seachaint na polaitíochta ciapadh agus teannas idir bhaill áirithe. Chuir spriocanna (3) agus (4) Chumann na mBan isteach go mór ar mhná míleatacha náisiúnaíocha agus ar na sufraigéidí. Gníomh forchéimnitheach a bhí i gcur chun cinn shaoirse na hÉireann dar leo (mar a bheadh na mná ag troid taobh leis na fir) ach gníomh aischéimnitheach a bhí ann mar bhí siad sa chúlra i ndáiríre, ag cuidiú leis na fir agus ag cosaint an tí is an teaghlaigh. Shamhlaigh Ní Fhaircheallaigh go mbeadh Cumann na mBan 'purely practical': chuirfeadh sé ranganna agus seirbhís gharchabhrach ar bun, chomh maith le seirbhís otharcharranna agus bhaileodh sé airgead do na hÓglaigh (Maud Gonne a bheartaigh na seirbhísí seo a chur ar an bhfód óir bhí súil aici go mbeadh cúraimí Chumann na mBan cosúil le cúraimí Chumann Croise Deirge na Fraince).[70] Níor cheap Ní Fhaircheallaigh go raibh sé tráthúil éilimh na sufraigéidí a bhrú chun tosaigh sa Chumann, ná éilimh na mban míleatach náisiúnaíoch 'except in a last extremity'.[71] Ach chruthódh na sufraigéidí agus na mná míleatacha deacrachtaí don Chumann, na sufraigéidí ón taobh amuigh de agus na mná míleatacha náisiúnaíocha ón taobh istigh. Shamhlaigh an dá ghrúpa sin go ligfeadh an gníomhaíochas polaitiúil, de chineálacha éagsúla, dóibh leasuithe a bhaint amach sa tsochaí Éireannach. Shamhlaigh Ní Fhaircheallaigh go gcruthódh an gníomhaíochas polaitiúil easaontas sa Chumann.

Cháin na sufraigéidí Éireannacha óráid Ní Fhaircheallaigh ag an gcéad chruinniú poiblí, chomh maith le stádas íochtarán Chumann na mBan *vis-à-vis* Óglaigh na hÉireann.[72] Ba í Hanna Sheehy Skeffington an té ba theanntásaí i dtaobh na ceiste seo agus d'fhreastail sí ar chruinniú den Chumann ar an 2 Bealtaine 1914 chun a tuairimí a nochtadh. 'Any society of women which proposes to act merely as an "animated collecting box" for men cannot have the sympathy of any self-respecting woman', a scríobh sí i litir chuig an *Irish Independent*.[73] Chuir Sheehy Skeffington an 'Irish Women's Franchise League' ar bun sa bhliain 1908 agus chreid sí sa chomhionannas inscne i ngach gné den tsochaí. Gabhadh í cúpla mí sular tháinig Cumann na mBan ar an saol agus í i mbun feachtais ar son chearta vótála na mban nuair a tháinig Andrew Bonar Law ar cuairt go Baile Átha Cliath. 'Suffragette Scene' a tugadh ar an eachtra sna nuachtáin Éireannacha.[74] Chuir sé isteach uirthi nár theastaigh óna seanchairde, cosúil le Ní Fhaircheallaigh, a throid léi ar son chearta na mban sa chóras oideachais, cur in éadan stádas íseal na mban i ngluaiseacht na nÓglach agus ní raibh sí sásta nach raibh ionadaí an Chumainn ar Choiste Óglaigh na hÉireann.

Ar mhaithe le polasaí an Chumainn a chosaint, leag an Coiste sealadach béim ar an dlúthpháirtíocht, agus mhaígh sé gur theastaigh uaidh a bheith neamhspleách ar Óglaigh na hÉireann. Ina theannta sin, thug sé le fios '[that] many of the members of our Society are keen Suffragists, but as an organisation we must confine ourselves within the four walls of our Constitution'.[75] Chreid Máire Ní Chillín, iar-leasuachtarán *Inghinidhe na hÉireann*, go raibh sé de dhualgas ar bhaill an chumainn díriú ar shaoirse na tíre seachas ar shaoirse an duine aonair agus mheas Ní Fhaircheallaigh (go saonta, b'fhéidir) 'The very basis of the constitution of the Irishwomen's Council is nationhood first and reforms within the nation after'.[76] Cheistigh mná eile an tuairim seo, ach bhí Ní Fhaircheallaigh muiníneach agus dóchasach go mbainfeadh mná cearta vótála agus an comhionannas inscne amach nuair a chuirfí an rialtas baile ar bun.[77] Bhí saoirse na tíre i bhfoirm an rialtais bhaile ní ba thábhachtaí di ná cearta vótála. Shíl sí go raibh ról íochtaránach ag mná i sochaí na hÉireann mar thoradh ar choilíneachas Shasana, agus chuir staraithe Éireannacha leis an gcreideamh seo, Eoin Mac Néill ina measc. Rinne seisean staidéar ar oideachas, ar ról agus ar chearta na mban Éireannach sa seansaol Gaelach agus mhaígh sé tráth go raibh na 'free women' seo 'quite on a level with men'.[78] Dá bhrí sin, bhí súil ag Ní Fhaircheallaigh '[that] the woman's question will solve itself', nuair a bhainfeadh an tír saoirse amach.[79]

Cé gur sheas Coiste sealadach Chumann na mBan le chéile nuair a d'ionsaigh na sufraigéidí é ón taobh amuigh, ba dheacair do na baill seasamh le chéile in éadan na n-ionsaithe a d'eascair ar an taobh istigh den Chumann. Chuir seasamh Ní Fhaircheallaigh isteach ar mhná míleatacha náisiúnaíocha an Chumainn ón tús. Mhaígh Áine Ní Rathaille, deirfiúr an Rathailligh, ball de Bhráithreachas Phoblacht na hÉireann agus Chonradh na Gaeilge:

> At that first meeting one of the women present, Miss Agnes O'Farrelly, suggested that we should start making puttees for the Volunteers. I was disgusted. I came away and told my sister-in-law I was not going there again.[80]

Ní hamháin gur cheap Ní Rathaille agus Kathleen Clarke, bean chéile Tom Clarke ó Bhráithreachas Phoblacht na hÉireann, go raibh Ní Fhaircheallaigh coimeádach, ach chuir sí bac le treo míleatach an Chumainn.[81] D'éirigh Siobhán Bean an Phaoraigh, ball den Choiste sealadach, míshoighneach le ról agus treo an Chumainn freisin. Ag cruinniú poiblí i dTeach an Ard-

Mhéara i mí na Bealtaine 1914, mhaígh sí: 'Many young women ... wanted very badly to learn how to use a rifle'.[82] Bhí baint ag Siobhán Bean an Phaoraigh le gluaiseachtaí na mban ó aimsir Chonradh Talún na mBan (1881–1882), an chéad chumann do mhná náisiúnaíocha, a raibh rath air go dtí gur ghlac na fir seilbh air agus chuir C.S. Parnell deireadh leis.[83] Ní raibh na sufraigéidí in ann cor a chur i gcinniúint Chumann na mBan ach bhí an chontúirt ann go gcruthódh na mná míleatacha deighilt sa Chumann.

Ba bheag an dul chun cinn a rinne Cumann na mBan sa chéad ráithe dá saol. Níor fógraíodh an chéad chruinniú poiblí i gceart agus dá bhrí sin, ní raibh ach dornán daoine i láthair, a raibh 'all shades of Nationalist opinion' ag baint leo, de réir Áine Ní Rathaille.[84] Léiriú a bhí san easpa fógraíochta sin ar easnaimh agus mhí-eagar an Chumainn ag tús a ré.[85] I mí na Bealtaine 1914, cónascadh *Inghinidhe na hÉireann* (a chuir Maud Gonne agus a comhghleacaithe ar bun sa bhliain 1900) le Cumann na mBan. Creideann Cal McCarthy gur bheartaigh na hInghinidhe a neamhspleáchas a íobairt 'in order to present a united face of Irish separatism to the British Government'.[86] Mar sin, cuireadh íomhá phoiblí an chomhaontaithe chun tosaigh mar chomhartha de chumhacht is de dhlúthpháirtíocht na mban náisiúnaíoch, in ainneoin an easaontais phríobháidigh. Thug Cumann na mBan le fios gur roghnaigh sé a bheith neamhspleách ar Óglaigh na hÉireann, agus theastaigh uaidh a choiste, a bhunreacht, agus a spriocanna féin a chruthú seachas a admháil nár ghlac na hÓglaigh le mná agus go raibh ar na mná cumann neamhspleách a chur ar bun dá bharr. Ar mhaithe le comhaontú na mban is na bhfear náisiúnaíoch a chur chun cinn, mhaígh sé gur roinn sé a cheanncheathrú leis na hÓglaigh agus go raibh sé mar aidhm aige '[to] work in sympathy with them'.[87] Mar a deir Paulo Freire in *Pedagogy of the Oppressed* 'concepts such as unity, organisation and struggle [...] *are* dangerous – to the oppressors – for their realisation is necessary to actions of liberation'.[88] Ach, uaireanta rinne Cumann na mBan iarracht é féin a cheangal leis na hÓglaigh chomh dlúth sin is gur bhain sé an bonn ón neamhspleáchas a chuir sé chun cinn. I mí Lúnasa 1914, d'fhoilsigh Cumann na mBan alt i nuachtán na nÓglach, an *Irish Volunteer*, inar scríobhadh:

> We are the Women's Section of the Irish Volunteers, and have been working side by side with them from the beginning. We are the only Women's Organisation belonging to the Irish Volunteers.[89]

Agus easaontas tagtha chun solais idir na mná ar an gCoiste sealadach, níorbh aon ionadh é gur cuireadh tuairimí frithráiteacha i gcló sna nuachtáin ar bhonn rialta.

Faoi mhí Iúil 1914, bhí breis is 30 craobh de Chumann na mBan tagtha ar an bhfód.[90] An mhí dár gcionn, nuair a cuireadh tús leis an gcogadh idir an Ghearmáin agus an Fhrainc, dúirt Seán Mac Réamoinn le rialtas Shasana go bhféadfadh sé a shaighdiuirí a tharraingt siar agus go dtabharfadh Óglaigh na hÉireann aire don tír. Mhol tacadóirí an rialtais bhaile agus scarúnaithe Éireannacha ráiteas Mhic Réamoinn.[91] 'The offer of freemen', a thug Ní Fhaircheallaigh ar mholadh Mhic Réamoinn agus le linn a cainte cinniúnaí i gCill Scíre, mhaígh sí go raibh súil aici '[that] the Volunteers make themselves as effective as possible, and that they keep Ireland from all outsiders'.[92] Mheas sí go bhféadfadh Cumann na mBan cuidiú leis na hÓglaigh ar an gcaoi seo. I mí Mheán Fómhair 1914, áfach, mhol Seán Mac Réamoinn (a bhí ar Choiste na nÓglach) do na hÓglaigh dul isteach in Arm na Breataine. Chruthaigh sé seo scoilt i ngluaiseacht na nÓglach: lean formhór na nÓglach comhairle Mhic

Réamoinn (na hÓglaigh Náisiúnta a tugadh orthu) ach sheas na scarúnaithe an fód agus Eoin Mac Néill i gceannas orthu. Chloígh an dream seo leis an teideal Óglaigh na hÉireann. Cé gur cháin Ní Fhaircheallaigh earcaíocht na nÓglach d'Arm Shasana roimhe sin, níor cháin agus níor mhol sí comhairle Mhic Réamoinn. Léirigh sí an-díomá faoin deighilt sa ghluaiseacht ina áit. Bhí súil aici nach bhfeicfí an deighilt chéanna i gCumann na mBan, ach socraíodh cruinniú speisialta den Choiste sealadach, gan Ní Fhaircheallaigh a chur ar an eolas faoi, is cosúil, agus shínigh Siobhán Bean an Phaoraigh, Madam O'Rahilly agus ochtar eile ón gcoiste forógra ag tabhairt tacaíochta d'Óglaigh na hÉireann.[93] D'fhág mná fearacht Bridget Dudley Edwards an cumann agus bhunaigh mná eile cosúil le Mary Spring-Rice agus Dorothy Hill cumann eile. De réir dhialann Shadhbh Thrínseach, scríobh an bheirt seo chuig craobhacha den chumann 'advising all women who wish to aid the cause of unity and peace to join the Irish Volunteer Aid Association'. Ar an lá céanna, an 4 Samhain 1914, scríobh Sadhbh Trínseach:

> Miss O'Farrelly threatens vaguely the disruption of our organisation entirely, but we've had that before, and anyway, if a rival one is to be started, it's started already, in the I.V.A.A.[94]

Theastaigh ó Ní Fhaircheallaigh go dtiocfadh baill Chumann na mBan ar chomghéilleadh ar mhaithe leis an gcomhaontas agus de réir Nancy Wyse-Power, iníon le Siobhán Bean an Phaoraigh: '[t]here was a strong element which was anxious not to involve itself in the split, they desired to remain neutral and to assist both Volunteer bodies'.[95] Chuir Ní Fhaircheallaigh an méid seo trasna ar na baill ag comhdháil an Chumainn ar an 13 Nollaig 1914, nuair a thacaigh sí le rún na neodrachta sa Chumann. Mhaígh Siobhán Bean an Phaoraigh nár thacaigh ach corrbhean leis an rún, ach de réir a hiníne, bhí neart tacaíochta ag Ní Fhaircheallaigh agus nuair a d'éirigh sí as Cumann na mBan, d'fhág cuid mhaith de na baill in éineacht léi. '[W]hen the convention decision was conveyed to the Branches, many members followed suit, whole Branches disappearing in some cases', a mhaígh Nancy Wyse-Power.[96] Níor thug Ní Fhaircheallaigh a droim le heagraíochtaí na mban ar feadh i bhfad áfach: an bhliain dár gcionn, chaith sí roinnt ama ag obair le 'Léig na mban Caitliceach Éireannach', cumann nua a bunaíodh i ndiaidh chomhdháil an 'Catholic Truth Society'. Bhí an léig seo beo beathach i dtíortha Eorpacha eile agus bhí sé mar aidhm aici obair shóisialta a dhéanamh.[97]

Cruthaíodh nasc idir Ní Fhaircheallaigh agus na hÓglaigh Náisiúnta nuair a labhair sí leo ag cruinniú poiblí i gCross, Co. an Chabháin, i mí Eanáir 1915. Bhí baint ag a deartháir Peter leis an gcraobh áitiúil. Mar sin féin, sheachain sí ceist Arm Shasana agus na hearcaíochta le linn a cainte. Ina áit sin, labhair sí faoi na hÓglaigh mar a bheidís uilig aontaithe go fóill. Dúirt sí leo: 'we must keep our Volunteers together, fit and capable. We must make them more efficient, ready for an Irish Parliament'.[98] Choinnigh sí uirthi ag impí ar an bpobal 'unity and co-operation between Irishmen' a chur chun cinn ag tús na bliana 1915, mar chreid sí go mbeadh 'the hopes and the possibilities of Ireland's united Volunteers', an-tábhachtach i dtodhchaí na hÉireann.[99] Ach ní raibh sé de chumas aici comhréiteach a dhéanamh eatarthu agus níor éist mórán daoine léi. An teachtaireacht chéanna a scaip de Híde le linn na tréimhse sin i measc bhaill Chonradh na Gaeilge agus i measc na nÓglach. Ag cruinniú poiblí i gCorcaigh, mhaígh sé:

> We, who consider the revival of the national language as of paramount importance to the Irish soul, can only keep the good will of the public by eschewing the politics of the moment, namely, these things which split up that public into sections as a log is split with an axe.[100]

Tar éis do Chraobh an Chéitinnigh Ní Fhaircheallaigh agus Mac Giolla Bhríde a cháineadh i bhfómhar na bliana 1914, ar an gcúinse gur úsáid siad ardán an Chonartha chun ceist na polaitíochta a ardú, thapaigh Ní Fhaircheallaigh gach deis chun tábhacht an Chonartha mar 'non-political body' a chur chun cinn, mar a bheadh sí ag tabhairt le fios go raibh sí neamhchiontach. Ba chúis dóláis í, dar léi, gur éirigh le Bráithreachas Phoblacht na hÉireann baill den Chonradh a mhealladh ina threo:

> The one movement in Ireland which had succeeded in keeping out of the sordidness of party warfare is being dragged in the mire for political ends – and what do they offer in exchange for the peace and unity which it was always the aim of the Gaelic League to maintain? The heat and glare of political strife – the mistrust, which is the poison of Irish life, is given us in exchange for the bond of brotherhood.[101]

Chruthaigh scoilt na nÓglach deacrachtaí sa bhreis taobh istigh de Chonradh na Gaeilge, agus tháinig sé seo chun solais ag Ard-Fheis na bliana 1915 i nDún Dealgan. Thapaigh baill de Chraobh an Chéitinnigh cosúil le Mícheál Ó Foghludha agus Seumas Ó hEulaighthe an deis chun Ní Fhaircheallaigh agus Mac Giolla Bhríde a ionsaí arís eile de bharr 'poilitidheacht do thabhairt isteach sa Chonnradh gan úghdarás'.[102] Shíl siad beirt go mbeadh deireadh tagtha leis an gcnámh spairne seo tar éis bliana, agus bhí ar Ní Fhaircheallaigh í féin a chosaint agus míniú a thabhairt ar a hóráid i gCill Scíre in athuair. Níor fhoilsigh *An Claidheamh Soluis* litir Ní Fhaircheallaigh inar mhínigh sí a hóráid de bharr easpa spáis, ach níor cheap Úna Ní Ógáin go raibh fírinne i leithscéal an eagarthóra.[103] Sheol Ní Fhaircheallaigh litir chuig eagarthóir an *Irish Independent* freisin. Thug sí le fios gur scaipeadh ráfla ag an am go ndúirt sí 'She (England) is welcome to our soldiers'. Ach an rud a dúirt sí ná: 'Ireland's soldiers (that is her Volunteers) were ready to defend the shores of Ireland, and that England and the Allies were welcome to that help from us'.[104] In ainneoin na trioblóide seo, d'fhill Ní Fhaircheallaigh agus Mac Giolla Bhríde ar Chill Scíre an tseachtain i ndiaidh na hArd-Fheise agus labhair siad ar an ardán céanna arís. Thug Ní Fhaircheallaigh an chaint a leanas:

> For us to-day let the cry be 'Ireland over all'. We will not have Anglicisation, we will not have Germanisation, nor any other civilisation but our own. 'Eire a buadh!' must be our watchword. 'Eire a buadh!'[105]

Bhain an cineál cainte seo faoin nGalldachas le cur chuige agus smaointeachas an Chonartha sular eascair deacrachtaí na polaitíochta inmheánaí.

Dhiúltaigh Ní Fhaircheallaigh seasamh mar iarrthóir i dtoghchán an Choiste Gnó ag Ard-Fheis 1915 cé gur thug craobhacha éagsúla le fios go mbeidís sásta í a mholadh. Scríobh sí chuig na craobhacha sin agus í ag tabhairt le fios: 'I feel I can work better and more effectively under present circumstances for the language as well as for the Gaelic League itself outside of the Coiste Gnótha'.[106] B'amhlaidh cás Sheoirse Uí Mhuanáin agus cháin sé an Coiste Gnó go géar:

> Few members of the Coiste Gnótha can speak with patience of their painful experience of recent years when energies were dissipated, practical work frustrated, and time wasted, by unending debates upon purely abstract questions – many of them only casually connected with Gaelic League work – while the real problems of the League, to which some had foolishly devoted thought and labour, were

> hurriedly and casually dismissed by a nerve-worn and exhausted assembly.[107]

Le linn na hArd-Fheise, mhaígh Ní Fhaircheallaigh agus Ó Muanáin go raibh sé thar am bunreacht an Chonartha a athrú agus mhol siad polasaí an díláraithe chun na craobhacha áitiúla den Chonradh a spreagadh. Cáineadh iad láithreach agus Mícheál Ó Foghludha ar thús cadhnaíochta, ach mar a thug Ó Muanáin le fios ní ba dhéanaí, níor cáineadh polasaí an díláraithe 'upon their merits, but upon their authorship'.[108] Chiallódh an dílárú go laghdófaí cumhacht chraobhacha Bhaile Átha Cliath sa Chonradh. Ach thit nithe ní ba phráinní amach ag an Ard-Fheis chéanna a chuir cor i dtreo an Chonartha. Mhol Mícheál Ó Loinsigh ó Chraobh an Chéitinnigh an rún go dtoghfadh an Coiste Gnó Uachtarán agus Leasuachtaráin an Chonartha as sin amach. Chuir Ní Fhaircheallaigh agus formhór na dtoscairí ina choinne óir mheas siad go raibh sé ag baint an bhoinn ó údarás de Híde.[109] Ina theannta sin, ligeadh do dhaoine nach raibh ina mbaill den Chonradh páirt a ghlacadh in imeachtaí na hArd-Fheise den chéad uair riamh agus cuireadh ina leith go raibh spéis acu i 'considerations other than the practical advancement of the language'.[110] Ba é leasú bhunreacht an Chonartha príomhthoradh na hArd-Fheise: athraíodh riail a dó den bhunreacht ionas go rachadh an Conradh i dtreo na hÉireann Gaelaí agus i dtreo na saoirse freisin.[111] Chuir an gníomh seo deireadh le ré na neodrachta sa Chonradh agus d'éirigh de Híde as. Taobh istigh de ráithe, d'éirigh T.E. Mac Giolla Sheanaigh, S.P. Mac Énrí agus Pádraig de Breit as an gCoiste Gnó nua de bharr a sheasaimh pholaitiúil.[112]

De réir mar a lean 1915 ar aghaidh, chaith Ní Fhaircheallaigh níos lú ama i ngluaiseachtaí na tíre, an Conradh ina measc. Dhírigh sí ar thionscnaimh nár bhain leis an bpolaitíocht ina n-áit, fearacht Choláiste Uladh. Ach rinne sí iarracht amháin eile chun an Conradh a chur ar bhóthar a leasa, nuair a ghlac sí páirt lárnach i gComhdháil na Gaeilge ag Óstán Gresham i mí Iúil 1916.[113] Eagraíodh an Chomhdháil

> to inquire into the present state and future prospects of the language movement, and to consider whether any reforms in the Gaelic League would result in restoring it to its former place in the movement.[114]

D'fhreastail daoine ó na Coláistí Gaeilge fearacht Sheoirse Uí Mhuanáin ar an gComhdháil, chomh maith le scoláirí cosúil le Máire Ní Aodáin agus S.P. Mac Énrí, agus tuairiscíodh sna nuachtáin gur léirigh siad tuairimí dólásacha i dtaobh thodhchaí an Chonartha ann. Bhí de Híde i láthair ach ba bheag an pháirt a ghlac sé sna himeachtaí. Moladh an dílárú arís ag an ócáid seo, chomh maith leis an neodracht agus tugadh cuireadh do de Híde glacadh le ról an Uachtaráin in athuair.[115] Ach nuair a cuireadh na moltaí seo os comhair na hArd-Fheise 1916, diúltaíodh dóibh.[116] Níor fhreastail Ní Fhaircheallaigh ar Ard-Fheis na bliana sin, den chéad uair le naoi mbliana déag anuas, de bharr na polaitíochta sa Chonradh.[117]

Ní raibh Ní Fhaircheallaigh báúil le himeachtaí an Éirí Amach 1916 ach ghoill bás a 'old friends and fellow workers in the Gaelic League' go mór uirthi. Chaoin sí na fir 'by whose side we worked in the old days when our hearts and theirs were high with hope for the future of the language and of Ireland', agus briseadh a fís do thodhchaí na hÉireann ar feadh tamaill.[118] Labhair sí faoi Phádraic Mac Piarais

> [who] will write us no more beautiful child stories'; Eamonn Ceannt will never gather his pipers for Gaelic gatherings, not will Tomás Mac Donnchadha sing for us alternate songs in Irish and French on the rocks of Aran.[119]

Dhírigh sí ar na seanlaethanta suaimhneacha, dóchasacha, nuair a bhí cairdeas eatarthu uilig, seachas an deighilt pholaitiúil a chruthaigh bearna eatarthu le cúpla bliain. Rinne ceannairí 1916 iarracht a bhfís do thodhchaí neamhspleách na tíre a bhaint amach tríd an Éirí Amach ach chruthaigh sé seo deacrachtaí sa bhreis do dhaoine cosúil le Ní Fhaircheallaigh, ar theastaigh uathu fís Ghaelach a bhaint amach ar bhealach síochánta.

Ghoill cruachás Mhic Easmuinn, a gabhadh ar an 12 Aibreán 1916, go mór ar Ní Fhaircheallaigh freisin, óir d'fhás an-chairdeas eatarthu nuair a chuir siad aithne ar a chéile i gCloch Cheann Fhaolaidh.[120] Agus é ag fanacht le teacht chun trialach, rinne Ní Fhaircheallaigh gach iarracht cuidiú leis. Scríobh Máire de Buitléir ina taobh:

> while differing strongly from the view held by Roger Casement with regard to the European War she was to the last his loyal friend and none worked harder than she did to save him from the gallows.[121]

Rinne de Buitléir agus Ní Fhaircheallaigh teagmháil leis an gCoirnéal Maurice Moore chun feachtas a chur ar bun a d'impeodh ar rialtas na Breataine agus ar an bPríomh-Aire Asquith trócaire a dhéanamh ar Mhac Easmuinn. Chuaigh na mná chuig Moore mar bhí cuid mhaith de chairde Mhic Easmuinn i bpríosún cheana féin.[122] Ag tús mhí Iúil 1916, cúpla lá tar éis do Mhac Easmuinn a bheith daortha chun báis de bharr an ardtréasa, d'iarr an staraí Alice Stopford Green, a bhí i Westminster ag an am, ar Moore agus Ní Fhaircheallaigh 'to get certain representative groups to convey their opinion quietly to the Government'.[123] Easpaig na hÉireann agus daoine cáiliúla fearacht W.B. Yeats a bhí i gceist aici.[124] Chreid Stopford Green go raibh an chontúirt ann go gcumfaí achainí i gcoinne Mhic Easmuinn dá gcumfadh a chairde achainí go poiblí mar chuir gníomhartha Mhic

Easmuinn, mar a tugadh cur síos orthu sna nuachtáin, déistin ar go leor daoine. Chuir Coróin Shasana ina leith gur ghlac sé le breab i bhfoirm óir ó rialtas na Gearmáine, líomhain a shéan Mac Easmuinn.[125] Mhaígh Maurice Moore ina dhiaidh sin:

> many flinched from the odium with which English propaganda had surrounded his name. Only half of the Irish Parliamentary party had the courage or perhaps the will but writers and independent men even in England signed [the petition] freely.[126]

Bhí Coláiste Uladh faoi lánseol ag an tráth sin, agus dá dheasca sin, threoraigh Ní Fhaircheallaigh feachtas Mhic Easmuinn in iarthuaisceart na tíre fad is a bhí Moore ag cur faoi i mBaile Átha Cliath. Bhí de Híde, Mac Giolla Bhríde agus an tAthair Maitiú Mag Uidhir ar an gcoiste chomh maith.[127] Scríobhadh san achainí go raibh na sínitheoirí 'deeply grieved at the events of the last few months' agus nach raibh siad:

> influenced by any sympathy for his acts but believe that any further shedding of blood will not tend to improve the relations between the two islands, or to smooth the irritation which unfortunately exists.[128]

Mhol siad do rialtas Shasana gan Mac Easmuinn a chur chun báis óir 'it is in the interests of Ireland that mercy should be exercised'.[129] Shínigh 18 Easpag an achainí chomh maith le daoine meánaicmeacha léannta.[130] Thug Ní Fhaircheallaigh £50 do chiste cosanta Mhic Easmuinn.[131] Ag deireadh mhí Iúil, chuaigh sí féin agus de Buitléir ar oilithreacht chuig Loch Dearg le guí ar son bheatha Mhic Easmuinn ach guí in aisce a bhí ann: cuireadh Mac Easmuinn chun báis i Londain ar an 3 Lúnasa 1916. Dá bharr sin, tháinig neamhfhonn agus lagmhisneach ar Ní Fhaircheallaigh agus í ag smaoineamh faoi thodhchaí na hÉireann. Fuair a dlúthchara, an tAthair Mícheál Ó hÍcí, bás i Samhain na bliana sin chomh maith. Tugann an drámadóir Seán Ó Cathasaigh sonc do sheanchairde Uí Ící sa chur síos a dhéanann sé ar a shochraid ina bheathaisnéis *Autobiography Vol. III: Drums Under the Window*:

> When he [Ó hÍcí] was put under the sod, there was no Hyde, Mac Neill, Oona Fearally, Edward Martyn, in freshly made suits of mourning marching down to Carrick Beg to murmour a last farewell to one of Ireland's greatest dead.[132]

B'fhíor dó nach raibh slua mór conraitheoirí i láthair ag an tsochraid; ach bhí Ní Fhaircheallaigh ann agus bhí sí an-ghar don sagart.[133] Thug sí an síntiús ba mhó do chiste teistiméireachta Uí Ící, a d'eagraigh Eoin Mac Néill.[134] Cé gur fhan Ní Fhaircheallaigh mór le seanchairde áirithe ón gConradh cosúil le Mac Néill, níor fhreastail sí ar imeachtaí an Chonartha a thuilleadh. Thosaigh sí ag obair go neamhspleách ar son na Gaeilge, gan struchtúr ná foireann ina teannta agus chuir sí a fís Ghaelach chun cinn ina haonar.

NÓTAÍ

1 Úna Ní Fhaircheallaigh, *Irish Independent*, 16/07/1915, 3.

2 *The Gaelic League*, paimfléad a foilsíodh i mí Dheireadh Fómhair, 1896, riail 8.

3 Cuimhne Chinn Dhubhghlais de Híde, cáipéis 1.2, Lárionad Uí Dhuilearga do Bhéaloideas na hÉireann agus Cnuasach Bhéaloideas Éireann, An Coláiste Ollscoile Baile Átha Cliath.

4 Cuimhne Chinn Dhubhghlais de Híde, cáipéis 4.18–4.19.

5 J.C. Davis, *Utopia and the Ideal Society* (Cambridge: Cambridge University Press, 1981), 19.

6 *Galway Observer*, 02/11/1907, 3.

7 *Cork Examiner*, 30/07/1914, 8.

8 *Freeman's Journal*, 21/03/1914, 7. Tá mé buíoch de Bhreandán Ó Conaire as an tagairt seo.

9 Uí Chollatáin, *An Claidheamh Soluis agus Fáinne an Lae, 1899–1932*, 127–128.

10 Bhí de Híde, Ní Fhaircheallaigh, agus Mac Énrí ar an eite dheas den Chonradh. Féach *An Connachtach* (Bealtaine 1908), 7–8.

11 Féach Chantal Mouffe (eag.), 'Deconstruction, Pragmatism and the Politics of Democracy', in *Deconstruction and Pragmatism* (London: Routledge, 1994), 8; Dudley Edwards, *Patrick Pearse: The Triumph of Failure*, 81.

12 Gorman Beauchamp, 'The Anti-Politics of Utopia', in *Alternative Futures: The Journal of Utopian Studies*, 2.1 (1979), 49.

13 Cuimhne Chinn Dhubhghlais de Híde, cáipéis 1.6.

14 D.P. Moran, *The Philosophy of Irish Ireland*, 77.

15 Ibid.

16 Éoin P. Ó Caoimh, 'Redmond's Change of Policy, August-September 1914', in *The Irish Volunteers, 1913–1915: Recollections and Documents*, eag. F.X. Martin (Dublin: James Duffy & Co., 1963), 51.

17 *An Claidheamh Soluis*, 05/09/1914, 3.

18 *An Claidheamh Soluis*, 05/09/1914, 5.

19 Féach *Irish Independent*, 07/09/1914, 2.

20 *An Claidheamh Soluis*, 12/09/1914, 12.

21 Féach Hilary Pyle, *Cesca's Diary, 1913–1916: Where Art And Nationalism Met* (Dublin: The Woodfield Press, 2005), 125.

22 *Sinn Féin*, 19/09/1914, 1.

23 Féach *An Connachtach* (Bealtaine 1908), 7–8.

24 *An Claidheamh Soluis*, 06/04/1901, 57; Foilsíodh bunreacht Chraobh an Chéitinnigh in *An Claidheamh Soluis*, 08/02/1902, 799.

25 *An Claidheamh Soluis*, 09/03/1901, 826; *An Claidheamh Soluis*, 23/03/1901, 23.

26 *An Claidheamh Soluis*, 06/04/1901, 57.

27 Brian Murphy, 'Father Peter Yorke's 'Turning of the Tide' (1899): The Strictly Cultural Nationalism of the Early Gaelic League', in *Éire-Ireland*, 23.1 (1988), 39.

28 Cruinniú an Choiste Gnótha, 13/10/04, Tuarascáil an Choiste Gnótha, LNÉ, Lámhscríbhinn 9814.

29 *An Claidheamh Soluis*, 04/04/1908, 6; Féach Uí Chollatáin, *An Claidheamh Soluis agus Fáinne an Lae 1899–1932*, 109–110.

30 *An Claidheamh Soluis*, 11/04/1908, 7.

31 *The Kerryman*, 09/05/1908.

32 *An Claidheamh Soluis*, 23/05/1908, 9–10.

33 *An Claidheamh Soluis*, 11/04/1908, 7.

34 Ibid.

35 *An Claidheamh Soluis*, 04/04/1908, 6.

36 Cuimhne Chinn Dhubhghlais de Híde, cáipéis 2.40.

37 *An Claidheamh Soluis*, 11/04/1908, 7.

38 Brian P. Murphy, *The Catholic Bulletin and Republican Ireland with special reference to J.J. O'Kelly ('Sceilg')* (Belfast: Athol Books, 2005), 83.

39 Proinsias Ó Conluain agus Donncha Ó Céileachair, *An Duinníneach* (Baile Átha Cliath: Sáirséal agus Dill, 1958), 170.

40 *An Connachtach* (Bealtaine 1908), 7; Pádraig Ó Siadhail, *An Béaslaíoch: Beatha agus Saothar Phiarais Béaslaí* (Baile Átha Cliath: Coiscéim, 2007), 114.

41 Cuimhne Chinn Dhubhghlais de Híde, cáipéis 2.15–2.16.

42 *Sinn Féin*, 24/05/1913, 2.

43 Ó Glaisne, *Dúbhglas de h-Íde (1860–1949): Náisiúnach Neamhspleách 1910–1949*, 408.

44 Féach Uí Chollatáin, *An Claidheamh Soluis agus Fáinne an Lae 1899–1932*, 127.

45 Ó Glaisne, *Dúbhglas de h-Íde (1860–1949), Náisiúnach Neamhspleách 1910–1949*, 406.

46 *Irish Independent*, 01/08/1913, 9.

47 *Irish Independent*, 30/07/1913, 4.

48 Féach Martin (eag.), *The Irish Volunteers, 1913–1915: Recollections and Documents*, 14.

49 Cuimhní Cinn Mháire de Buitléir, 14.19.

50 Cuimhne Chinn Dhubhghlais de Híde, cáipéis 2.19.

51 *Irish Independent*, 26/11/1913, 5.

52 *An Claidheamh Soluis*, 01/11/1913, 6.

53 Martin (eag.), *The Irish Volunteers, 1913–1915: Recollections and Documents*, 24.

54 Ibid., viii.

55 Ibid.

56 Áitíonn Joseph P. Finnan go raibh baint ag an staraí Alice Stopford Green leis na hÓglaigh, ach is dócha go raibh baint aici leo gan a bheith ina ball den ghluaiseacht. Féach Joseph P. Finnan, *John Redmond and Irish Unity, 1912–1918* (Syracuse: Syracuse University Press, 2004), 140.

57 *Irish Independent*, 26/11/1913, 5.

58 Bhí deighilt idir mná agus fir i go leor eagraíochtaí a raibh feidhm mhíleata ag baint leo sa tréimhse seo, mar shampla,

Gluaiseacht na nGasóg agus Banóglaigh na hÉireann a chuir Robert Baden-Powell agus a dheirfiúr Agnes ar bun; Cumann Lúthchleas Gael agus lucht na camógaíochta.

59 Siobhan Bean an Padhraigh [sic], 'Cumann an mBan: Its Inception and Its Work', in *Leabhar na mBan* (1919), 4.

60 *Irish Independent*, 25/11/1913, 9.

61 *Derry Journal*, 20/04/1914, 7.

62 *Irish Independent*, 15/08/1914, 4.

63 Ibid.

64 Martin (eag.), *The Irish Volunteers, 1913–1915: Recollections and Documents*, 24.

65 *Derry Journal*, 20/04/1914, 7.

66 Agus é ag caint faoi bhunú Chumann na mBan, deir Roger Sawyer: 'It was with varying degrees of enthusiasm that Cumann na mBan was founded and its narrow terms of reference spelled out by the first occupant of its chair, one of the more conservative members of the Gaelic League, Agnes O'Farrelly'. Féach Roger Sawyer, *'We are But Women': Women in Ireland's History* (New York: Routledge, 1993), 81.

67 Martin (eag.), *The Irish Volunteers, 1913–1915: Recollections and Documents*, 10.

68 *Irish Independent*, 03/04/1914, 5.

69 *Irish Independent*, 02/07/1914, 6; Cal McCarthy, *Cumann na mBan and the Irish Revolution, 1914–1923* (Cork: The Collins Press, 2007), 18–20.

70 Barry Delaney, 'Cumann na mBan', in *The Voice of Ireland: A Survey of The Race And Nation From All Angles*, eag. William G. Fitz-Gerald (Dublin: John Heywood, gan dáta), 162.

71 *Derry Journal*, 20/04/1914, 7.

72 *Irish Citizen*, 02/05/1914, 396.

73 *Irish Independent*, 06/05/1914, 6.

74 *Irish Independent*, 29/11/1913, 6.

75 Breathnach agus Ní Mhurchú (eag.), *1882–1982: Beathaisnéis a Cúig* (Baile Átha Cliath: An Clóchomhar, 1997), 127; *Irish Independent*, 08/05/1914, 7.

76 *Irish Times*, 05/05/1914, 5.

77 *Irish Independent*, 07/05/1914, 6.

78 *Derry Journal*, 07/06/1905, 7.

79 *Irish Independent*, 07/11/1917, 2.

80 Áine O'Rahilly, Ráiteas Finné 333, 1–2, CNÉ; Féach Marcus Bourke, *The O'Rahilly* (Tralee: Anvil Books, 1967), 9.

81 Féach Pyle, *Cesca's Diary, 1913–1916: Where Art And Nationalism Met*, 145.
82 *Irish Independent*, 04/05/1914, 7.
83 Féach Marie O'Neill, *From Parnell to De Valera: a biography of Jennie Wyse Power 1858–1941* (Dublin: Blackwater Press, 1991), 26–27. Le haghaidh eolais faoin gcaoi ar cuireadh deireadh le Conradh Talún na mBan, féach Margaret Ward, *Unmanageable Revolutionaries: Women and Irish Nationalism* (London: Pluto Press, 1989), 32–35.
84 Féach Áine O'Rahilly, Ráiteas Finné 333, 1, CNÉ.
85 Féach *An Claidheamh Soluis*, 09/05/1914, 12.
86 McCarthy, *Cumann na mBan and the Irish Revolution, 1914–1923*, 26.
87 *Irish Independent*, 02/07/1914, 6.
88 Paulo Freire, *Pedagogy of the Oppressed* (London: Penguin, 1996), 122.
89 *Irish Volunteer*, 15/08/1914, 9.
90 *Irish Volunteer*, 25/07/1914, 5.
91 Féach Éoin P. Ó Caoimh, 'Redmond's Change of Policy, August-September 1914', 151.
92 *Irish Independent*, 07/09/1914, 2.
93 Féach McCarthy, *Cumann na mBan and the Irish Revolution, 1914–1923*, 35–36.
94 Pyle, *Cesca's Diary, 1913–1916: Where Art And Nationalism Met*, 169–170.
95 Nancy Wyse-Power, Ráiteas Finné 541, 10, CNÉ.
96 Siobhan Bean an Padhraigh [sic], 'Cumann an mBan: Its Inception and its Work', in *Leabhar na mBan* (1919), 5. Áitíonn Siobhán Bean an Phaoraigh gur tionóladh an chomhdháil seo i mí na Samhna 1914, ach deir Cal McCarthy gur tionóladh í i mí na Nollag na bliana sin; Nancy Wyse-Power, Ráiteas Finné 541, 10, CNÉ.
97 *Catholic Truth Annual* (1915), 57.
98 *Derry Journal*, 18/01/1915, 3.
99 *Irish Independent*, 02/04/1915, 3.
100 Douglas Hyde, *The Gaelic League And Politics* (Dublin: Cahill & Co., 1914), 3–4.
101 *An Claidheamh Soluis*, 19/12/1914, 6.
102 *An Claidheamh Soluis*, 04/09/1915, 6.
103 *An Claidheamh Soluis*, 18/09/1915, 5.
104 *Irish Independent*, 04/08/1915, 2.

105 *Ulster Herald*, 07/08/1915, 51.
106 *Irish Independent*, 16/07/1915, 3.
107 Ibid.
108 *Irish Independent*, 17/07/1915, 3; *Irish Independent*, 19/07/1915, 3.
109 *Irish Independent*, 23/07/1915, 2; *Irish Independent*, 29/07/1915, 6.
110 *Irish Independent*, 06/08/1915, 2.
111 *Irish Independent*, 29/07/1915, 6.
112 *Irish Independent*, 30/10/1915, 6; tá scagadh acadúil déanta ar an gceist seo in Uí Chollatáin, *An Claidheamh Soluis agus Fáinne an Lae 1899–1932*, 129.
113 *An Claidheamh Soluis*, 08/07/1916, 4.
114 Ibid.
115 Ibid.
116 *Irish Independent*, 11/08/1916, 4.
117 *Irish Independent*, 08/08/1916, 4.
118 *An Claidheamh Soluis*, 10/06/1916, 9.
119 Ibid.
120 Féach Comhfhreagras Mhic Easmuinn / Ní Fhaircheallaigh, LNÉ, Lámhscríbhinn 31,723.
121 Ní Chinnéide, *Máire de Buitléir: Bean Athbheochana*, 125.
122 Butler, *The Life of Mary E.L. Butler*.
123 Litir ó Alice Stopford Green chuig Maurice Moore, 07/07/1916, Páipéir Maurice Moore, LNÉ, Lámhscríbhinn 10,564 (1).
124 Ibid.
125 *Irish Independent*, 29/06/1916, 3
126 Butler, *The Life of Mary E.L. Butler*.
127 Páipéir Maurice Moore, LNÉ, Lámhscríbhinn 10,564 (1).
128 Litir sínithe ag Ní Fhaircheallaigh agus Maurice Moore ar an 17/07/1916, Páipéir Maurice Moore, LNÉ, Lámhscríbhinn 10,564 (1).
129 *Irish Independent*, 01/08/1916, 4.
130 Ibid.
131 B.L. Reid, *The Lives of Roger Casement* (New Haven: Yale University Press, 1976), 368 f/n.
132 Sean O'Casey, *Autobiography Vol. III: Drums Under The Window* (London: Pan Books, 1972), 142.
133 Cuimhní Cinn Mháire de Buitléir, 13.11–13.13.
134 McDiarmid, *The Irish Art of Controversy*, 237–238, f/n 88.

VII

Filíocht Idir Dhá Thine Bhealtaine

Chomh luath le Samhain na bliana 1914, léirigh Úna Ní Fhairchealláigh go raibh sí buartha faoi cheist an choinscríofa in Éirinn, cé nár shocraigh rialtas na Breataine an coinscríobh a chur i bhfeidhm go dtí an bhliain 1918.[1] Síleadh ar dtús nach mairfeadh an Cogadh Mór ar feadh i bhfad, ach faoin mbliain sin bhí droch-chuma tagtha ar Arm na Breataine. Mheas Feisirí Parlaiminte áirithe go bhféadfadh fir na hÉireann beocht úr a chur san Arm agus an coinscríobh i bhfeidhm sa Bhreatain cheana féin. Nuair a cailleadh go leor saighdiúirí i Márta na bliana 1918, d'fhógair an Príomh-Aire David Lloyd George Bille um Sheirbhís Mhíleata i dTeach na dTeachtaí, rud a ligfeadh don rialtas an coinscríobh a chur i bhfeidhm in Éirinn dá mbeadh sé sin ag teastáil.[2]

Tugadh aisfhreagra ar an ngníomh sin in Éirinn nuair a tionóladh comhdháil i dTeach an Ardmhéara agus cruinniú na n-easpag i Maigh Nuad ar 18 Aibreán, agus cháin siad siúd a bhí i láthair an coinscríobh go géar.[3] Chruthaigh bagairt an choinscríofa aontas idir an chléir agus an tuath náisiúnaíoch, chomh maith le seanbhaill Chumann na mBan a raibh deighilt eatarthu ó dheireadh na bliana 1914. Mar thoradh ar an gcomhdháil thuasluaite, bhailigh mná náisiúnaíocha mór le rá le chéile, Ní Fhairchealláigh ina measc, agus bheartaigh siad 'Lá na mBan' a eagrú ar an 9 Meitheamh, ócáid a ligfeadh dóibh aontas a léiriú agus aird na meán a dhíriú ar a seasamh in éadan an choinscríofa in Éirinn.[4] Lonnaíodh ceanncheathrú an choiste ar 18 Sráid Chill Dara, Baile Átha Cliath, bhí an staraí Alice Stopford Green mar chathaoirleach ar an bhfeachtas, Ní Fhaircheallaigh mar rúnaí, agus d'eagraigh Cumann na mBan cuid mhaith de na himeachtaí.[5]

Ar an 3 Meitheamh 1918, d'eisigh an tArd-Leifteanant, an Bíocunta French, forógra chun 50,000 fear óg Éireannach a earcú d'Arm na Breataine ar bhonn deonach '[to] replenish the Irish Divisions in the field'.[6] Dhá lá ina dhiaidh sin, reáchtáladh comhdháil eile i dTeach an Ardmhéara le dul i ngleic leis an mbagairt seo. An lá ceannann céanna, sheol Ní Fhaircheallaigh litir chuig eagarthóir an *Irish Independent*, agus í ag impí ar mhná na hÉireann gealltanas in aghaidh an choinscríofa a shíniú chomh maith le gealltanas na mban a chinnteodh 'in addition to the general resistance to conscription, that the women of the country will make it impossible to apply economic pressure to Ireland during the coming months'.[7] Dhiúltóidís obair na bhfear a dhéanamh dá gcuirfí an coinscríobh i bhfeidhm in Éirinn. Lean Ní Fhaircheallaigh uirthi ag gríosú na mban: 'Let no woman who feels the tyranny of forcing an unfree people into a world-war against their will fail to sign the pledge on Sun. next'.[8] Lá na mBan a bhí i gceist leis an Domhnach sin, Féile Naomh Colm Cille, agus moladh do mhná dul ag guí in áiteanna beannaithe ar fud na tíre nuair a bheadh an gealltanas sínithe acu.[9] In ainneoin na drochaimsire, lá ar leith a bhí i Lá na mBan óir tháinig Caitlicigh agus Protastúnaigh, sufraigéidí agus mná coimeádacha, mná saibhre agus bochta le chéile in aghaidh an choinscríofa. Ag tús an lae, shínigh breis is 700 ball de Chumann na mBan an gealltanas i mBaile Átha Cliath agus ina dhiaidh sin:

> At intervals came the Protestant Anti-Conscription Women, the Irish Women Workers, the National Federation of Women Workers, the women of the Citizen Army, the Irish Women's Franchise League, the Catholic Business Girls, the Irish Tailoresses, Convent delegates, women of the Irish

Clerical Workers' Union, and the Irish Drapers' Assistants' Association.[10]

Mórshiúl na mBan ar Lá na mBan, *Irish Independent*, 10/06/1918

Measadh gur shínigh níos mó ná 40,000 bean an gealltanas i mBaile Átha Cliath an lá sin, chomh maith leis na mílte eile i dTiobraid Árainn, Port Láirge, Doire i measc áiteanna eile, agus tuairiscíodh gur eagraíodh mórshiúlta in áiteanna freisin. D'iarr Ní Fhaircheallaigh ar na riarthóirí baineanna faoin tuath ligean do mhná eile an gealltanas a shíniú go dtí an 21 Meitheamh.[11] Thuig coiste na mban tábhacht na bolscaireachta agus dhírigh sé ar na nuachtáin go príomha mar mhodh an chraobhscaoilte.[12] Thaispeáin Lá na mBan dlúthpháirtíocht agus díograis na mban Éireannach nach bhfacthas riamh roimhe sin. Mar a scríobhadh in *The Leader* i dtaobh an lae úd:

> this women's day opens up boundless possibilities of national work for the women of Ireland. It was probably the most conscious national effort of Irishwomen so far recorded in Irish history, and it may well mark a new era in Irish national development.[13]

Ba chosúil go raibh aontas agus cumhacht úr ag teacht chun tosaigh idir na mná náisiúnaíocha de bharr bhagairt an choinscríofa. Chuidigh Forógra na Cásca 1916 le misneach na mban óir gheall sé 'equal rights and opportunities to all its citizens', rud a chuir le creideamh Ní Fhaircheallaigh go mbeadh cothromaíocht inscne in Éirinn nuair a bhainfeadh Éire neamhspleáchas amach.[14] Dhá bhliain ina dhiaidh sin agus í ag scríobh sa *Welsh Outlook*, mhaígh Ní Fhaircheallaigh:

> Though I differed from many of my Sinn Féin friends in being anti-German all through the war, I was also anti-recruiting as far as Ireland was concerned. History having taught me that in dealing with England goods must be delivered before being paid for either in men or money.[15]

I mí Iúil 1918, cuireadh fógraí agus eolas débhríoch i gcló sna nuachtáin in Éirinn maidir leis an gcoinscríobh. Scríobhadh i nuachtáin áirithe go raibh an ghéarchéim thart ach thug nuachtáin eile le fios go raibh bagairt an choinscríofa fós beo beathach.[16] Chuir an bhagairt seo le tacaíocht phoiblí do Shinn Féin agus de bharr bhagairt na haontachta a léirigh náisiúnaithe in éadan an choinscríofa, chuir rialtas na Breataine cosc ar chruinnithe poiblí in Éirinn.[17] Ag tús mhí Iúil, d'fhógair an Bíocunta French go raibh eagraíochtaí cosúil le Sinn Féin, Conradh na Gaeilge, Óglaigh na hÉireann agus Cumann na mBan mídhleathach: de thoradh na mórscéalta sin ar fud na nuachtán, níor leagadh aon bhéim ar ghealltanas na mban in aghaidh an choinscríofa a thuilleadh.[18] Tuairiscíodh gur mhéadaigh spéis na ndaoine sa Ghaeilge i ndiaidh fhógra an Bhíocunta French: maoin na nÉireannach a bhí sa teanga agus níorbh fhéidir le hArm na Breataine fáil réidh léi go héasca ná í a thuiscint. Tuairiscíodh gur chualathas an Ghaeilge go forleathan ar shráideanna Bhaile Átha Cliath agus díoladh go leor cóipeanna de leabhair Ghaeilge, *Simple Lessons* Uí Ghramhnaigh ina measc.[19]

Ag deireadh an Chogaidh Mhóir i Samhain 1918, thosaigh náisiúnaithe Éireannacha ag díriú ar an olltoghchán. Agus í ina hUltach, bhí Ní Fhaircheallaigh buartha go bhfeicfí críochdheighilt sa tír agus mhol sí do náisiúnaithe Ultacha a bheith aontaithe ionas go bhfaighidís an ceann is fearr ar na haontachtaithe Ultacha a sheas san ollthoghchán. Thug sí rabhadh do na náisiúnaithe: 'To fight with each other, with the result that our common enemy wins, is political suicide'.[20] I ndeisceart na hÉireann, áit a raibh formhór na n-iarrthóirí ina náisiúnaithe, shíl sí go mba chóir go mbeadh rogha ag na vótálaithe. I litir chuig an *Irish Independent* ar an ábhar seo, mhaígh sí 'Ireland undivided never dies'.[21] Bhí dóchas á léiriú aici ach bhí amhras uirthi ina thaobh agus í ag scríobh chuig nuachtán faoi cheist na deighilte sin ar an gcéad dul síos.

I mí na Nollag, d'éirigh go rímhaith le Sinn Féin san olltoghchán agus dhiúltaigh na teachtaí nua freastal ar Theach na dTeachtaí i Londain.[22] Ag an tráth sin, thug Ní Fhaircheallaigh le fios '[that] her advent into politics would for her not be the best way to help Ireland'.[23] In áit a bheith gníomhach san olltoghchán, thosaigh sí ar a dearcadh polaitiúil féin a chur chun cinn ar bhealach úr trí ghníomh aonarach - cumadóireacht na filíochta polaitiúla - agus d'fhoilsigh nuachtáin éagsúla a cuid dánta. Bhí feidhm phraiticiúil ag baint lena húrscéilíní agus gearrscéalta roimhe sin agus bolscaireacht Éire-Éireannach i gceist leo, seachas feidhm aeistéitiúil, agus b'amhlaidh an cás i dtaobh a filíochta polaitiúla. Bhí teachtaireachtaí na filíochta sin ní ba thábhachtaí ná an modh ealaíne ar bhain sí úsáid as chun na teachtaireachtaí úd a chur os comhair lucht léitheoireachta faoi leith. Cuireadh cuid mhaith dá dánta i gcló ina bailiúchán filíochta *Out of the Depths* i mí na Nollag 1921 agus cumadh iad i rith Chogadh na Saoirse. Sa réamhrá a ghabhann leis an mbailiúchán seo, d'admhaigh sí nach mbeadh filíocht ar bith cumtha aici 'but for the agony through which the nation is passing'.[24] Is féidir an fhilíocht luath seo a roinnt ina dhá chuid: dánta a bhaineann le ráitis agus polasaithe Rialtas na Breataine *vis-à-vis* an fhadhb Éireannach, dírithe ar léitheoirí Sasanacha, agus dánta a léiríonn an dochar a rinne polasaithe Rialtas na Breataine in Éirinn, dírithe ar léitheoirí Éireannacha. Déanann an fhilíocht seo cur síos in ord cróineolaíoch ar imeachtaí a thit amach in Éirinn roimh agus i rith Chogadh na Saoirse agus tugann sí léargas ar nithe dólásacha a ghoill go mór ar Ní Fhaircheallaigh um an dtaca sin. Cuireann an fhilíocht atá dírithe ar léitheoirí Éireannacha aontas agus dóchas chun cinn, tréithe a bhain lena féith útóipeach, chomh maith leis an íonghlaineacht agus laochas, suáilcí a bhain leis an aois sin. Os a choinne sin, cruthaíonn sí Sasana i dtéarmaí an diostóipeachais, mar áit thruaillithe agus dheighilte de bharr an choilíneachais agus na tionsclaíochta. In ainneoin an scriosta, na péine agus na fulaingthe in Éirinn, éiríonn solas agus dóchas 'out of the depths', ina cuid filíochta i gcónaí, ach a mhalairt atá fíor i dtaobh Shasana agus a chumhacht is a sholas ag dul i léig.

Bhí spéis ar leith ag Ní Fhaircheallaigh i bhfilíocht iarchlasaiceach na Gaeilge, ábhar a mhúin sí sa Choláiste Ollscoile. Chuir sí bailiúchán de dhánta Sheáin Uí Neachtain, file Seacaibíteach, in eagar agus i gcló deich mbliana roimhe sin, a raibh caointe agus filíocht an ghrá mar chuid lárnach díobh.[25] Bhí an-chur amach aici ar fhilíocht Aogáin Uí Rathaille óir mhúin sí cúrsa ar a chuid filíochta freisin agus bhí an-tionchar ag an mbeirt fhilí seo ar na dánta ba luaithe a chum sí. Bhain Ó Neachtain agus Ó Rathaille úsáid as an bhfilíocht chun teachtaireachtaí gonta polaitiúla a chur trasna ar an bpobal le linn tréimhse corraithí nuair a bhí an seansaol Gaelach ag athrú ó bhonn. B'amhlaidh feidhm na filíochta agus Ní Fhaircheallaigh á cumadh: modh agóide poiblí a bhí san fhilíocht agus í ag iarraidh seantraidisiún a athbheochan. Chreid sí go bhféadfadh tionchar a bheith ag a cuid filíochta ar pholaitíocht na hÉireann.[26] Cé is moite dá hinscne, bhí difríocht mhór amháin idir filíocht Uí Neachtain is Uí Rathaille agus filíocht Ní Fhaircheallaigh: d'iompaigh sise i dtreo an Bhéarla mar mheán cumarsáide agus í ag baint úsáide as teanga an choilíneachais. Níor bhain an cur chuige sin le scríbhinní luatha Ní Fhaircheallaigh óir bhí siad uilig (seachas an gearrscéal *Sorcha*) scríofa as Gaeilge toisc go raibh sí ag iarraidh diúltú do thionchar an Bhéarla in Éirinn. Ach nuair a thosaigh sí ag cumadh filíochta, bhí cúiseanna praiticiúla aici chun an Béarla a úsáid: bhí lucht léitheoireachta i bhfad níos leithne ag litríocht an Bhéarla ná mar a bhí ag litríocht na Gaeilge agus d'fhéadfadh sí a teachtaireachtaí a chur chun cinn go forleathan dá bharr. Ina theannta sin, dhírigh sí a filíocht luath ar Shasanaigh óir cuireadh a dánta i gcló sa *Labour Leader* i Manchain agus sa *Weekly Herald* i Londain.

Tá an chéad dán 'Free!' a chum Ní Fhaircheallaigh i mí na Nollag 1918 níos cosúla le filíocht na Seacaibíteach ná aon cheann eile mar thosaigh sí amach ag déanamh aithrise ar theanga, ar íomhánna agus ar mheadar na filíochta a raibh tuiscint mhaith aici orthu. Dán íorónta is ea é, bunaithe ar ráiteas Bonar Law 'that Ireland is now enjoying freedom', agus déanann sé comparáid idir na hÉireannaigh 'shiv'ring in the shade', taobh leis na Sasanaigh nó na 'other men [...] warm and glad', nach bhfuil spéis dá laghad acu i gcruachás na nÉireannach.[27] Fearacht na bhfilí polaitiúla in Éirinn sa seachtú is san ochtú haois déag, baineann Ní Fhaircheallaigh leas as íomhánna na n-ainmhithe uaisle dúchasacha faoi dhaoirse chun fulaingt na nÉireannach a léiriú: luann sí an 'captured lark' a dhéanann a dícheall éalú ón ainriocht ina bhfuil sí, chomh maith le 'the deer in circling fence'. Tagraíonn sí do na hAngla-Éireannaigh mar 'stranger packs course mouthing by', agus iad ag baint sult as an saol, beag beann ar an Éireannach nó an 'hound in kennel walls'.[28] Sa dán 'Out of the Depths', a scríobh sí dhá bhliain ina dhiaidh sin, i mí na Bealtaine 1921 nuair a bhí Cogadh na Saoirse faoi lánseol, baineann sí úsáid as friotal Uí Rathaille arís agus í ag tagairt do na daoine coimhthíocha '[who] lapped the wine of life / Within our doors; uncouth and slow'.[29] Faoin am gur foilsíodh an dán áirithe seo áfach, bhí Ní Fhaircheallaigh ag forbairt a stíl filíochta agus a híomhánna féin a bhain leis an bhfichiú haois in áit a bheith ag brath ar an bhfilíocht iarchlasaiceach a thuilleadh.

Tá codarsnachtaí bunúsacha le feiceáil i bhfilíocht pholaitiúil Ní Fhaircheallaigh. Cuireann sí Éire chun cinn i dtéarmaí na fulaingthe ach tá solas, spioradáltacht, íonghlaineacht, fírinne, dóchas agus aontas go smior inti, tréithe a chinntíonn go dtiocfaidh sí slán as an bhfulaingt uafásach seo sa todhchaí. Is íobartach í, faoi smacht Shasana, ach tá sí ag streachailt in aghaidh na héagóra agus í ag iarraidh greim a fháil ar idéil na saoirse. Baineann Sasana leis an diostóipeachas agus tá sé breac le drochthréithe: tá buaic a ghlóire thart agus ag dul i léig, pheacaigh agus peacaíonn sé go trom, baineann sé le dorchadas, gníomhartha mímhacánta neamhChríostúla, agus tá deighilt idir na Sasanaigh mar thoradh ar an gcóras aicmeach sa tír. Cáineann Ní Fhaircheallaigh uaisle agus polaiteoirí Sasanacha trína cuid filíochta mar seasann siad do bhród, do chumhacht agus d'fhalsacht na hImpireachta atá ar tí briseadh. Tugann sí le fios nach ionann na daoine seo agus na gnáthdhaoine Críostúla Sasanacha a dhéanann formhór na hoibre.[30] Tugann sí 'knaves' seachas 'men of state' ar na polaiteoirí.[31] Chum sí cuid dá dánta le cur i gcoinne ráitis na bpolaiteoirí Sasanacha mór le rá óir mheas sí go raibh bréaga agus nithe mímhacánta á rá acu i dtaobh chás na hÉireann.[32] Cháin sí an Príomh-Aire agus Ceannaire Pháirtí an Lucht Oibre, David Lloyd George, thar éinne eile de bharr a dhearcaidh ó thaobh na hÉireann de agus toisc go raibh díomá ar Ní Fhaircheallaigh go bhféadfadh Breatnach ó chúlra 'Ceilteach' neamhaird a thabhairt ar impithe a 'kindred: ancient saddened race' ar son na saoirse.[33] Ag an tráth sin bhí Ní Fhaircheallaigh ag léiriú spéise in imeachtaí na Comhdhála Ceiltí agus san oidhreacht choiteann 'Cheilteach'.[34] I litir chuig E.T. John, Uachtarán na Comhdhála Ceiltí, scríobh sí an méid seo a leanas:

> You are I hope properly ashamed (indeed, I know you are) of that thimble-rigging Country-man of yours ... In my heart of hearts I always knew Lloyd George hated Ireland. He has at last thrown off the mask. At all events, an open foe is better than a false friend. How long is God going to look on at a suffering Ireland – a helpless pawn. Lloyd George has been – to see it plainly – for years ripening the present situation. A Celt himself he knew how things would develop. He wanted extreme demands so as to turn them down. Well! He himself will be turned down by an English electorate before he is very much older and no man will weep.[35]

Sa dán 'England's Men', a foilsíodh seachtain i ndiaidh bhunú Dháil Éireann agus thús Chogadh na Saoirse, cuireann Ní Fhaircheallaigh in aghaidh stádas pribhléideach Lloyd George mar Cheannaire na Breataine agus ceistíonn sí a dhílseacht dá phobal. Is ríléir ón dán seo ina dtagann tuairimí sóisialacha Ní Fhaircheallaigh chun solais, nár cheap sí go raibh gnáthmhuintir Shasana ciontach i gcoireanna na bpolaiteoirí a imríodh ar mhuintir na hÉireann. Bhí sí báúil le gnáthmhuintir Shasana agus theastaigh uaithi aird na ndaoine sin a tharraingt ar chruachás na hÉireann trína cuid filíochta a foilsíodh i nuachtáin

Shasanacha. Díreach cosúil le muintir na hÉireann, mheas sí go raibh gnáthmhuintir Shasana faoi dhaoirse ag an ardaicme, go raibh siad gan chumhacht agus go raibh siad 'dumb' dá bharr sin.[36] Chreid Ní Fhaircheallaigh go raibh dúshaothrú an lucht oibre a chaith a gcuid ama 'toil[ing] in sweat and pain' ar siúl ag an ardaicme ionas go gcoimeádfadh sí a cumhacht agus a saol bog. Thug sí le fios freisin go raibh difríocht ollmhór idir an mheánaicme Shasanach, 'thinkers' cosúil léi féin, agus cur chuige na hardaicme.[37] Sa dán seo baineann sí úsáid as íomhánna a bhfuil dlúthbhaint acu le fís ifreanda steiréitipiciúil chun cur síos a dhéanamh ar shaol na n-oibrithe tionsclaíocha i Sasana.[38] Áitíonn sí '[their] bonds are yet to rive', rud a thugann le fios go raibh sí ag súil le héirí amach an lucht oibre i Sasana mar a tharla go grod roimhe sin sa Rúis. Chreid sí go gcruthódh 'shadows rising' as coilíneachtaí an oirthir deacrachtaí d'Impireacht Shasana chomh maith.[39] Shamhlaigh Ní Fhaircheallaigh go raibh Sasana deighilte de bharr na haicmíochta: níorbh ionann é seo agus an chaoi ar shamhlaigh sí aontacht na hÉireann. Dhírigh Ní Fhaircheallaigh dánta áirithe ar mhuintir Shasana óir theastaigh uaithi iad a mhúscailt ionas go n-aithneoidís go raibh siad faoi dhaoirse agus go gcuirfidís ina héadan. Ar an gcaoi sin, neartófaí an ceangal idir formhór na Sasanach agus náisiúnaithe na hÉireann. Tugann an dán 'England! Awake!' an méid seo le fios. Ina theannta sin, bhí sé mar aidhm aici aird a tharraingt ar chruachás na hÉireann i measc an ghnáthphobail Shasanaigh. D'inis a comhghleacaí Breatnach E.T. John di:

> I quite believe that the English Press at best gives us a very inadequate impression of the real state of affairs in Ireland – both the *Manchester Guardian* and the *Daily News* have done excellent work in this respect, but probably a tithe has not

been told of the unutterable things which have been perpetrated by the representatives of British authority.[40]

Tá idirdhealú follasach idir an uasaicme Shasanach agus an íseal aicme faoi dhaoirse i bhfilíocht Ní Fhaircheallaigh. Cuirtear Sasana os comhair an léitheora mar shochaí bhriste, ceangailte le chéile le 'grinding heel' na huasaicme, a stróicfear sa todhchaí.[41] Áitíonn Ní Fhaircheallaigh nárbh ionann an íomhá dhearfach a chruthaigh an uasaicme Shasanach d'Arm na Breataine, ar a raibh an Impireacht ag brath, agus fírinne an scéil óir tugann sí le fios go raibh an tArm scoilte, mar mhacalla ar an tsochaí Shasanach. Léiríonn 'Our Soul is Ours', an difríocht idir an íomhá den Arm a chuir polaiteoirí Sasanacha chun cinn '[who] boast of naval power/And common foes and common weal', agus an cleachtadh a bhí ag na hÉireannaigh ar na Dúchrónaigh '[who] madly rush from town to town / In armoured tower and sheltered car'.[42] Leagann Ní Fhaircheallaigh béim ar mhílaochas, easpa réamhullmhúcháin agus easpa smachta na saighdiúirí Sasanacha in Éirinn. Cuireann sí Éire chun cinn ar bhealach iomlán difriúil. Cé go raibh aicmíocht in Éirinn, idir na náisiúnaithe meánaicmeacha cosúil léi féin agus náisiúnaithe an lucht oibre fiú amháin (tháinig an deighilt seo chun solais i rith Fhrithdhúnadh Mór Bhaile Atha Cliath, 1913 ach go háirithe), ní aithníonn sí an aicmíocht ná deighilt seo ina cuid filíochta. Déanann sí a mhalairt ar fad mar cruthaíonn sí íomhá de thír aontaithe in éadan an namhad choitinn.

Tagraíonn Ní Fhaircheallaigh d'éagóir Arm Shasana ina cuid filíochta, ach ní luann sí an scrios is slad a rinne Óglaigh na hÉireann. Fiú sa dán 'The Custom House' a cumadh i mí na Bealtaine 1921 i ndiaidh d'Óglaigh na hÉireann Teach an Chustaim a chur trí thine, caoineann sí an scrios a rinneadh air ach ní chuireann sí an milleán ar na hÓglaigh. Mar a rinne Ní Fhaircheallaigh sa saol poiblí, d'aithin sí go raibh a leithéid de rud agus aontachtaithe Éireannacha ann, ach shamhlaigh sí iad mar chuid den uasaicme Shasanach i ndáiríre, mar 'foes within the gate'.[43] Mheas sí gurbh é tionchar truaillithe Shasana a chruthaigh easaontas agus deighilt i gCúige Uladh agus mhaígh sí: 'Her royal hands divide our land to-day'.[44] Luann sí tionsclú Bhéal Feirste le tionchar Shasana freisin agus áitíonn sí nach gcothaíonn an tionsclú seo moráltacht na Críostaíochta i measc na n-oibrithe: arís eile, léiríonn sí gurb é fairsingiú thionchar Shasana a chruthaíonn deighiltí sa tsochaí.[45] Cé is moite de cheist na n-aontachtaithe, cuireann sí cruachás na hÉireann chun cinn mar dheacracht choiteann agus í ag baint úsáide as an gcéad phearsa uimhir iolra seachas uatha ina cuid filíochta polaitiúla. B'fhéidir go dtugann an dán 'Hold Your Hand, Boys!' an léiriú is fearr ar mhianta Ní Fhaircheallaigh i dtaobh an chomhaontais Éireannaigh in éadan '[the] Saxon's power'.[46] Cumadh an dán seo i mí Iúil 1920, nuair a moladh Bille um Rialú na hÉireann agus baineann Ní Fhaircheallaigh úsáid as an modh cumarsáide seo chun a iarraidh ar mhuintir na hÉireann an fód a sheasamh agus '[to] wait for liberty' in áit an deis a thabhairt don namhaid '[to] rush us to our fate'.[47] Mheas sí gurbh fhearr go mbainfí an tsaoirse amach diaidh ar ndiaidh, ach níorbh ionann a dearcadh agus cur chuige na scarúnaithe.

Murab ionann agus Éilis Ní Mhaolagáin, Ella Young agus banfhilí eile a linne, a tharraing as tobar na miotaseolaíochta go rímhinic, ní raibh sé de nós ag Ní Fhaircheallaigh na scéalta miotaseolaíochta a cheangal lena cuid filíochta go rómhinic. Filíocht dhíreach, phointeáilte a chum sí, a bhí sothuigthe ag gnáthléitheoirí na nuachtán, nach raibh cur amach acu ar an litríocht Ghaelach. Sa dán 'Midsummer, 1921' áfach, fíonn sí gnéithe den mhiotaseolaíocht leis an bpolaitíocht agus í ag caoineadh chríochdheighilt na hÉireann. Foilsíodh an dán seo san *Irish Independent* ar an 22 Meitheamh, an lá ar tionóladh Parlaimint Thuaisceart Éireann den chéad uair. Tagraíonn sí do laochra Ultacha agus d'áiteanna tábhachtacha na miotaseolaíochta sna rainn luatha chun léiriú a thabhairt ar chúlra is stair eipiciúil Uladh: oidhreacht shaibhir liteartha na nGael a briseadh ar bhealach mínádúrtha nuair a cuireadh an chríochdheighilt ar bun. Fearacht Aogáin Uí Rathaille agus an traidisiúin chlasaicigh a bhain úsáid as iomrall na comhbhá i dtaobh na n-aibhneacha agus na bhfarraigí chun fulaingt mhuintir na hÉireann a chur chun cinn, deir Ní Fhaircheallaigh: 'Ruaidhrí's Dark Wave shrieks out its cry of woe', agus í ag tagairt do Thonn Ruairí i gCo. an Dúin.[48] Labhraíonn sí faoin gcumas a bhí ag an rí miotasach Lug chuile rud a leigheas lena lámh dheas agus déanann sí codarsnacht idir é sin agus an deighilt gan leigheas a chruthaigh Sasana i dTuaisceart Éireann san fhichiú haois. Tá struchtúr deighilte an dáin mar mhacalla ar chríochdheighilt na hÉireann agus díríonn an dara leath den dán ar an tuaisceart tionsclaithe agus ar chumhacht is ar bhréaga an Tiarna Craigavon 'His hand, blood-stained, upon the nation's heart'. Cé go gcaoineann sí go bhféadfadh 'a two-fold nation' teacht chun cinn, tá rian an dóchais le sonrú óir síleann sí go bhfuil an fhéidearthacht ann go n-iompódh an tuaisceart i dtreo an aontais Éireannaigh in athuair 'And Ulster, fresh in surging hope again / Will crown the utter glory of our land'. Sa dán 'Out of the Depths', impíonn sí ar Dhia seachas Lug 'one soil' na hÉireann a leigheas.[49] Sa dán 'I nDún Phádraig', ceann de bheagán dánta polaitiúla a chum sí as Gaeilge agus a bhaineann lena cnuasach *Áille an Domhain,* glacann Ní Fhaircheallaigh seilbh ar ghlór Naomh Pádraig, seanslánaitheoir na nGael, a mhúsclaíonn de bharr 'Mór-chuid na nGaedheal ag éigheamh go faoidheach'.[50] Caoineann sí mar gheall ar an gcríochdheighilt: an 'amhras a's fuath mar mhúrtha a's dhíoga' idir an tuaisceart agus deisceart na hÉireann. Measann sí go bhfuil na haontachtaithe ciontach as 'stialladh' na tíre, tuairim a léirítear in 'Midsummer, 1921' freisin. Áitíonn sí go bhfuil sé de chumas ag 'bunadh na tíre' amháin scoilt fhisiciúil agus shíceolaíoch na tíre a leigheas. Tá tábhacht ag baint le Dún Phádraig féin i gCo. an Dúin sa dán toisc go bhfuil sé mar shiombail d'oidhreacht choiteann na Críostaíochta in Éirinn, sula raibh idirdhealú ná deighilt ann idir an Caitliceachas agus an Protastúnachas.

Tá sé suntasach nach bhfuil mná ná tréithe na banúlachta le feiceáil go minic i bhfilíocht pholaitiúil Ní Fhaircheallaigh, rud a léiríonn an deighilt idir róil na bhfear agus róil na mban Éireannach ag tús an fhichiú haois. Níor mheas Ní Fhaircheallaigh go mba chóir do mhná dul i mbun troda fisiciúla ar son na saoirse, tuairim a léirigh sí nuair a cuireadh Cumann na mBan ar bun. Ach ní thugann sí aitheantas do rannpháirtíocht na mban sa chogadh ina filíocht pholaitiúil agus ní dhíríonn sí ar fhulaingt na mban de bharr ghníomhartha na bhfear i rith an chogaidh, cé go ndeachaigh banfhilí áirithe ón tréimhse chéanna i ngleic leis an ábhar sin.[51] Sa dán 'The Truce of God', luann sí 'The widow's wail, the mother's tears', ach ní dhíríonn sí ar fhulaingt na mban ar bhealach níos doimhne ná sin. Ar an gcaoi chéanna sa dán 'Out of the Depths', tagraíonn sí do 'our women frail', a bhreathnaíonn ar '… death and death's travail / Nor flinch the price – their gallant dead'. Agus í ag roghnú na foirme 'their', déanann Ní Fhaircheallaigh iarracht bearna a chruthú idir í féin agus mná eile d'aon ghnó óir teastaíonn uaithi a teachtaireacht a chur trasna ar fhir chumhachtacha. Sa dán 'Hold your hand, Boys!' déanann sí iarracht í féin a nascadh le fir na hÉireann. Ós rud é go ndíríonn sí a cuid filíochta polaitiúla ar léitheoirí fireanna, baineann sí úsáid as téarmaí míleata agus an laochais, a léiríonn an t-uabhar agus an chumhacht. Ina theannta sin, faigheann an ghníomhaíocht fhisiciúil an lámh in uachtar ar an maoithneachas sna dánta seo. San fhilíocht a scríobh Ní Fhaircheallaigh i ndiaidh an chogaidh áfach, faigheann an maoithneachas an ceann is fearr ar an ngníomhaíocht fhisiciúil.[52]

Sa dán aorach 'The Principle of Freedom', a chum Ní Fhaircheallaigh, déantar cur síos ar Shasana mar mhisinéir Críostúil a théann chuig 'Pagan lands', agus a chaitheann a chuid ama go mórchroíoch ag iarraidh feabhas a chur ar shaol na ndaoine a gcasann sé leo. De bharr a ghníomhartha dea-mhéineacha: 'Clean of heart, she'll meet her God'.[53] Dar ndóigh, a mhalairt ar fad atá i gceist ag Ní Fhaircheallaigh óir cruthaíonn sí íomhá dhiostóipeach de Shasana go hiondúil, a pheacaigh go trom de bharr mhí-úsáid a chumhachta thar lear agus deir sí i ndán eile go bhfuil 'An outraged God' ag fanacht air.[54] Mheas sí nach raibh slánú i ndán do Shasana mar gheall ar a bhrúidiúlacht agus a choireanna ar an gcine daonna. Cé go raibh baint ag Éirinn leis an mbrúidiúlacht freisin i rith Chogadh na Saoirse, chreid Ní Fhaircheallaigh go raibh íonghlaineacht dhúchasach go smior i muintir na hÉireann agus sa chine 'Ceilteach' chomh maith: thug sí an méid seo le fios nuair a labhair sí faoin 'cleaner, purer air' ar bharr shliabh Snowdon sa Bhreatain Bheag i gcomparáid le 'the Saxon mists'.[55]

Murab ionann is cás Shasana, shíl Ní Fhaircheallaigh go bhféadfaí Éire a shaorghlanadh chun íonghlaineacht an tseansaoil Ghaelaigh a athchruthú, sular tháinig sí faoi thionchar truaillitheach Shasana. Dá bhrí sin, sa dán 'The Light of Freedom', tráchtann sí ar 'her [Éire] soul was purged as armies clashed'.[56] Tá an sampla is suntasaí de phróiseas an tsaorghlanta le feiceáil sa dán 'Mac Suibhne', a chum sí nuair a fuair Tarlach Mac

Suibhne, Méara Chorcaí, bás tar éis dó a bheith ar stailc ocrais i bpríosún Brixton i mí Dheireadh Fómhair 1920. Sa dán seo, déanann sí ionannú idir fulaingt Mhic Shuibhne ar son na hÉireann agus fulaingt Íosa Críost agus pianta céasta air agus samhlaíonn sí bás Mhic Shuibhne mar fhéiníobairt chun Dé: 'Where, beck'ning, a red cross gleams/ He followed swift on bruised and torn feet'. Mar a thugann Benedict Anderson le fios in *Imagined Communities*: 'The idea of the ultimate sacrifice comes only with an idea of purity, through fatality'.[57] Ceanglaíonn Ní Fhaircheallaigh féiníobairt Mhic Shuibhne le haiséirí agus slánú na hÉireann: samhlaíonn sí a chorp agus é 'Enkindling dull earth with a purging flame'.[58] De dheasca chinneadh Mhic Shuibhne, tá an deis ag Éirinn tosú as an nua le todhchaí dhearfach roimpi, óir chinntigh gníomh Mhic Shuibhne maithiúnas Dé. Is féidir an seirfean agus taghd na nÉireannach de bharr bhás Mhic Shuibhne a bhrath ón dán seo, lena mhana 'Weep no tears!' ráite i ngach rann. Sa dara rann, deir Ní Fhaircheallaigh: 'A spirit broods on all the land', agus sa rann deireanach feictear cumhacht agus imeanacht an spioraid seo tríd an leas a bhaineann an file as teanga fhuinniúil ar nós 'Now life's quick-filling tide / Is surging anew: Suffused we abide'.[59] Tagann íomhá an spioraid chun cinn arís in 'Our Soul is Ours', ina maíonn Ní Fhaircheallaigh: 'The Morgue may house the blackened corpse / But spirits brave will reach their goal'.[60]

Déanann Ní Fhaircheallaigh tagairtí don chreideamh agus don chinniúint níos minice ina cuid filíochta polaitiúla ná mar a rinne sí ina luathscríbhinní. Roimh 1916, chreid sí go bhféadfadh sí féin agus a comhghleacaithe náisiúnaíocha fís na hÉireann Gaelaí a chur i bhfeidhm sa todhchaí, ach d'athraigh an oiread sin idir an tÉirí Amach agus Cogadh na Saoirse gur thosaigh sí ag lorg cabhair Dé chomh maith le cabhair na bpolaiteoirí. Sa dán 'Out of the Depths', léiríonn sí a dearcadh gan cham: iarrann sí ar Dhia, a chruthaigh 'this world gone mad', deighiltí agus fulaingt na hÉireann a leigheas.[61] Feicfear san fhilíocht a scríobh sí níos déanaí sna 1920í go raibh tábhacht leanúnach ag baint le Dia ina cuid dánta, go háirithe nuair a scrúdaíonn sí neamhbhuaine an tsaoil dhaonna. Tagann na tréithe seo chun cinn freisin sna caointe a chum sí ar bhás a seanchairde agus a d'fhoilsigh sí i nuachtáin náisiúnta in ómós dóibh.[62]

Is é an dóchas don todhchaí an tréith is láidre i bhfilíocht pholaitiúil Ní Fhaircheallaigh, an tréith chéanna atá de dhlúth is d'inneach i smaointeachas an útóipeachais. Ach mar a áitíonn Ruth Levitas in *The Concept of Utopia,* caithfidh an dóchas agus an ghníomhaíocht a bheith ceangailte le chéile chun gnéithe den útóipeachas a chur i bhfeidhm sa tsochaí.[63] Tá gníomhaíocht i gceist le filíocht pholaitiúil Ní Fhaircheallaigh sa mhéid is gur shocraigh sí go bhfoilseofaí a cuid dánta agus lig sé seo di a dóchas as todhchaí na hÉireann a chur os comhair an phobail agus a tharraingt 'Out of the Depths'. Go deimhin, nuair a foilsíodh a dán 'Mac Suibhne' sa *Freeman's Journal* i mí Dheireadh Fómhair 1920, bhain sí úsáid as an ainm cleite 'W. Hope' chun béim a leagan ar a dóchas don todhchaí.[64] Murab ionann is todhchaí na hÉireann, tugann sí le fios go bhfuil todhchaí dhubh dhorcha i ndán do Shasana. I gcuid mhaith dá dánta polaitiúla, díríonn Ní Fhaircheallaigh ar an bhfulaingt san aimsir chaite agus san aimsir láithreach sna rainn luatha ach ag deireadh na ndánta tugann sí le fios go mbeidh todhchaí thorthúil roimh an tír, nuair a bheidh saoirse aici agus deireadh leis an gcríochdheighilt. Léiríonn 'Our Soul is Ours', a cumadh i rith na Cásca 1921, an dóchas chomh maith. Sa dán seo baineann Ní Fhaircheallaigh úsáid as friotal ársa chun cur síos a dhéanamh ar thiarnúlacht

Shasana ar mhuintir na hÉireann in éadan a tola, agus ar thionchar truaillitheach na nDúchrónach ar fud na hÉireann. Ina ainneoin sin, áitíonn sí: 'Freedom's flame can never die'. Is ionann an 'flame' nó an splanc thine seo a eascraíonn ón anam agus an dóchas agus tagann an íomhá seo chun cinn i gcuid de dhánta Ní Fhaircheallaigh. Sa dán 'Hope! (The Custom House)', a chum Ní Fhaircheallaigh nuair a dódh Teach an Chustaim, déanann sí pearsantú ar 'Hope' a sheasann os cionn 'splendid waste' Theach an Chustaim.[65] Cé go gceistíonn sí 'Hope' agus í ag teacht chun solais as an dochar is truailliú, tugann sí '[an] Unyielding symbol of a deathless creed' uirthi.[66] Ba mhinic a rinne Ní Fhaircheallaigh iarracht muintir na hÉireann a mhisniú is a spreagadh chun athruithe a chur ar bun ar mhaithe leis an todhchaí agus tá a cuid filíochta mar mhacalla ar an smaointeachas dearfach seo: thit rudaí diúltacha amach i rith an Chogaidh ach bhí sé ar intinn aici díriú ar 'The Light of Freedom' ar bhonn leanúnach.[67]

Foilsíodh 'Out of the Depths' i Nollaig na bliana 1921 agus tagraíonn an dán deireanach sa bhailiúchán, 'The Weaver (at Downing Street)' do Lloyd George agus tugann sí le fios ann gur shocraigh sé cinniúint na hÉireann sular shínigh Mícheál Ó Coileáin, Art Ó Gríofa agus a leathbhádóirí an Conradh Angla-Éireannach ar an 6 Nollaig. Ghlac Ní Fhaircheallaigh leis an gConradh Angla-Éireannach óir shíl sí go bhfillfeadh an tsíocháin i ndeisceart na tíre dá bharr, cé go raibh an deisceart agus an tuaisceart deighilte óna chéile. Ach léiríodh easaontas i dtaobh an Chonartha seo sa Dáil, rud nach raibh Ní Fhaircheallaigh ag súil leis. Scríobh sí chuig E.T. John ar an ábhar seo agus mhaígh sí:

> It is all very tragic. If these divisions had only been prevented until the Irish Parliament came together! It is certain our new legislature (whenever we get it working) will contain three or four parties.[68]

Ghoill an t-easaontas agus an deighilt seo go mór uirthi, mar is léir ón dán 'Ireland - Christmas 1921'.[69] In áit a bheith ag misniú na bhfear Éireannach chun saoirse a bhaint amach sa dán seo, is macalla é seo ar fhulaingt phearsanta is éadóchas Ní Fhaircheallaigh de bharr an easaontais úir a tháinig chun cinn idir náisiúnaithe i 'shadowed land' na hÉireann. Baineann sí úsáid as meafar an 'flood-tide' ag líonadh chun na hathruithe láithreacha ag tarlú i gcinniúint na hÉireann a thabhairt le fios, ach ní éiríonn leis an taoide thuile seo an tír a shaorghlanadh agus deirtear linn go bhfuil sí 'surging in bitter brine': an searbhas a bhaineann leis an gcúlra polaitiúil sa tír. Ina ainneoin sin, cuireann Ní Fhaircheallaigh í féin trasna ar an léitheoir mar dhuine láidir, stuama a fhanfaidh le haghaidh 'The waters' ebb and the breaking light / And – beyond – the splendour of the sunlit years'.[70]

Tar éis di an dán seo a chumadh, staon sí ón bhfilíocht pholaitiúil a chumadh. Bhí sí lánsásta béim a chur ar an deighilt i sochaí Shasana, ach spreag Cogadh na gCarad í chun filíocht de chineál eile a chumadh: filíocht a bhí ní ba chosúla le filíocht thraidisiúnta na mban. Tháinig maoithneachas agus léiriú ar fhulaingt na bpáistí is na mban chun solais san fhilíocht seo, agus í ag tagairt d'Éirinn mar mháthair i bpian uafásach: gnéithe a bhí in easnamh ina filíocht pholaitiúil.[71] Feictear na samplaí is suntasaí den athrú seo sa bhailiúchán *Áille an Domhain*. Mar shampla, cumadh an dán 'Éire Chum Dé' mar thoradh ar 'bhás leinbh óig do cailleadh sa gcómh-chogadh'.[72] Sa dán seo, déanann an mháthair (Éire) a machnamh ar an íobairt ollmhór atá déanta aici ar son na saoirse, bás na bhfear óg, a mic féin, san áireamh. Meabhraíonn sé seo an dán a chum Ní Fhaircheallaigh ar bhás Mhic Shuibhne. Ach is é bás an linbh 'gan smál' chun peacaí na hÉireann a mhaitheamh agus saoirse a bhaint amach an íobairt is mó agus is íobairt rómhór, róphianmhar í sin. Déanann Ní Fhaircheallaigh iarracht fulaingt na máthar a chruthú agus í ag scarúint lena leanbh – luann sí glór an linbh, a mhaitheas nó 'gloine a chroidhe' óir ní bhfuarthas an deis croí an linbh a thruailliú. Luann sí freisin na féidearthachtaí a bhainfeadh le saol an linbh sa todhchaí dá mbeadh sé fós ina bheatha. Cailleann Éire a todhchaí mar aon leis an leanbh. Sa dán 'An Cros-Bhóthar', a sheasann mar shiombail de chruachás na hÉireann i rith Chogadh na gCarad, nuair nach raibh a fhios aici cén treo ba cheart di a roghnú, is é 'cuirp mo mhac 'n a luighe go faon' a thugann le fios d'Éirinn gur íoc sí go ródhaor as a seasamh ar son na saoirse.[73] Tá gach duine agus gach rud timpeall uirthi lag, doiléir, fuar agus ag fulaingt, agus dá bharr sin cailleadh a '[h]aisling' don todhchaí 'ar an tslighidh'. Is í a haisling, a dóchas, an rud is tábhachtaí di agus teastaíonn uaithi an aisling a aimsiú in athuair ionas go mbeidh sí in ann crosbhóthar Chogadh na gCarad a fhágáil taobh thiar di lena '[h]aghaidh le gréin' agus í ag siúl i dtreo na todhchaí. Athraíonn ábhar agus atmaisféar fhilíocht Ní Fhaircheallaigh leis an gcúlra polaitiúil in Éirinn agus i gcuid dá dánta in *Áille an Domhain*, a ndéanfar anailís orthu ar ball, déanann sí athnuachan ar fhéith an dóchais.

Cuireadh tús le Cogadh na gCarad ar an 28 Meitheamh 1922 nuair a rinne rialtas an tSaorstáit (a bhí ar thaobh an Chonartha Angla-Éireannaigh) ionsaí ar na Ceithre Cúirteanna a bhí i seilbh na náisiúnaithe a sheas in éadan an Chonartha. Bhí Ní Fhaircheallaigh ar thaobh an Chonartha agus bhí sí báúil go leor le rialtas an tSaorstáit ach theastaigh uaithi go dtiocfadh an dá thaobh ar chomhréiteach láithreach ionas go mbeadh chuile dhuine ag obair ar son na hÉireann seachas a bheith ag troid go hinmheánach. Tugadh an deis di a dícheall a dhéanamh ar son na síochána nuair a ghlac sí páirt i dToscaireacht Shíocháin na mBan. In *Maud Gonne: Ireland's Joan of Arc*, áitíonn Margaret Ward gurbh é Ardmhéara Bhaile Átha Cliath, Lawrence O'Neill, a d'iarr ar Maud Gonne '[to] [g]et together some of the women who are not afraid and who want peace'.[74] Earcaíodh Ní Fhaircheallaigh agus mná poiblí eile a raibh baint acu le Feachtas na mBan in aghaidh an choinscríofa ceithre bliana roimhe sin, Louie Bennett agus Hanna Sheehy Skeffington ina measc. Léiríonn dialann Rosamond Jacob gur bhailigh ar a laghad dháréag ban aitheanta le chéile i dTeach an Ardmhéara ar an Satharn, 1 Iúil 1922.[75] Socraíodh go rachadh Ní Fhaircheallaigh, Charlotte Despard, Edith Webb, Maud Gonne agus Louie Bennett chun cainte le rialtas an tSaorstáit chun sos cogaidh a lorg agus a iarraidh orthu an deis a thabhairt do na poblachtaigh sna Ceithre Cúirteanna bailiú leo lena n-airm. Ach níor éirigh leo. Ní ba dhéanaí an lá sin, chuaigh toscaireacht eile chun cainte leis na poblachtaigh: Hanna Sheehy Skeffington, Rosamond Jacob, Máire Johnson agus Meg Connery ach theip ar a n-iarracht siúd chomh maith. Ar an 12 Iúil, bhí Louie Bennett mar chathaoirleach ar chruinniú poiblí na mban ar son na síochána i dTeach an Ardmhéara.[76] In ainneoin iarrachtaí luatha na mban, maíonn Margaret Ward: 'the saddened, increasingly embittered women turned to the work of nursing the wounded'.[77] B'shin an t-aon iarracht mhór phoiblí a rinne Ní Fhaircheallaigh ar son na síochána, agus thosaigh sí ag díriú ar a cuid oibre i gColáiste Uladh don chuid eile den samhradh sin. An tseachtain dár gcionn, d'inis sí do E.T. John:

> We have been through the most awful times here – and now we have many dead around – and ruined buildings – and, worst of all – our records gone. Dublin is very sad just now.[78]

In ainneoin dhíomá na mban, choinnigh cuid acu orthu ag obair ar son na síochána ar a mbealaí féin. Ceithre bliana ina dhiaidh sin, i mí Iúil 1926, tionóladh Comhdháil Idirnáisiúnta de Léig Idirnáisiúnta um Shíocháin is Shaoirse na mBan i mBaile Átha Cliath agus bhí na mná a raibh baint acu le Toscaireacht na Síochána, fearacht Ní Fhaircheallaigh i láthair, chomh maith le 200 toscaire eile as 22 tír.[79] Go deimhin, bhí Louie Bennett ina huachtarán ar an gCraobh Éireannach.[80]

Nuair a tháinig deireadh le Cogadh na gCarad ag deireadh mhí na Bealtaine 1923, cuireadh tús le tréimhse úr neamhchorrach, dhóchasach i saol Ní Fhaircheallaigh chomh maith. Léiríonn an fhilíocht a chum sí díreach i ndiaidh Chogadh na gCarad dearcadh níos cothroime i dtaobh mhianta agus easnaimh na náisiúnaithe; d'éirigh a féith útóipeach ní ba láidre de réir mar a d'éirigh Saorstát na hÉireann ní ba shocra.[81] I mí Lúnasa 1923, bheartaigh Ní Fhaircheallaigh go nglacfadh sí ról poiblí arís sa tsochaí ionas go mbeadh sí gníomhach i gcruthú na todhchaí agus sheas sí mar iarrthóir san olltoghchán i ndáilcheantar na hOllscoile Náisiúnta, ar tugadh trí shuíochán dó. Bhí seisear iarrthóirí in iomaíocht lena chéile sa dáilcheantar úd agus ba í Ní Fhaircheallaigh an t-aon bhean amháin. Sheas sí 'as an Independent pro-Treaty candidate, with the furtherance of education as her main object'.[82] Bhí dílseacht do na páirtithe polaitíochta fíorthábhachtach i ndiaidh Chogadh na gCarad áfach, agus bhí Ní Fhaircheallaigh scoite amach ón dá thaobh agus í ag seasamh mar iarrthóir neamhspleách. Toghadh iarrthóirí Chumann na nGaedheal amháin i ndáilcheantar na hOllscoile Náisiúnta: Eoin Mac Neill, An tOllamh Hayes agus An tOllamh Magennis.[83] Ina theannta sin, níor toghadh ach cúigear ban as an 103 Teachta Dála: ceathrar poblachtach nár ghlac lena suíocháin sa Dáil agus Margaret Collins O'Driscoll, deirfiúr Mhíchíl Uí Choileáin ó Chumann na nGaedheal.[84] Níos lú ná dhá mhí ina dhiaidh sin, i mí Dheireadh Fómhair 1923, socraíodh fothoghchán i ndáilcheantar na hOllscoile Náisiúnta agus sheas Ní Fhaircheallaigh mar iarrthóir arís agus í ag áiteamh gurbh é 'the advancement of education in the Saorstát' a príomhaidhm.[85] I litir chuig an *Irish Independent*, mhaígh sí: 'the University seats should be contested on broadly national and educational grounds, and not merely to suit the political exigencies of the moment'.[86] Cosúil le chuile eagraíocht eile a raibh baint aici léi, theastaigh uaithi an ollscoil a choinneáil slán ón bpolaitíocht, dearcadh a léirigh sí nuair a mhol daoine acadúla áirithe go dtacódh an ollscoil leis an bhfeachtas chun scaoileadh leis na príosúnaigh pholaitiúla i rith Chogadh na gCarad.[87] Ach cé go ndúirt Ní Fhaircheallaigh go raibh sí ag iarraidh chuile rud a choinneáil slán ón bpolaitíocht, theastaigh uaithi a bheith gníomhach sa Dáil, príomhláthair na polaitíochta in Éirinn. Ba mhinic frithrá den chineál seo ina cuid cainte. Ag an tráth sin, bhí spéis ag Ní Fhaircheallaigh i gceisteanna an oideachais cosúil le drochthuarastail is pinsin na n-oideachasóirí sa tír chomh maith le ceisteanna modheolaíochta i dtaobh chur chun cinn na Gaeilge sa chóras oideachais.[88] Bhí sé ar intinn aici a bheith ag díriú ar na ceisteanna sin dá dtoghfaí í sa Dáil. Cé nár toghadh í, níor cuireadh lagmhisneach uirthi ó thaobh a bheith gníomhach sa saol poiblí is polaitiúil. Fad is a bhí an ceathrú Dáil faoi lánseol, chaith sí a cuid ama is a cuid fuinnimh ag cuidiú le heagraíochtaí sóisialta, cultúrtha agus na mban agus dhírigh sí ar a cuid filíochta chomh maith.

I mí na Bealtaine 1927, sheas Ní Fhaircheallaigh mar iarrthóir arís eile, don chúigiú Dáil an uair seo, i ndáilcheantar na hOllscoile Náisiúnta. Cé go raibh an tír athraithe ón olltoghchán deireanach, níor tháinig athrú suntasach ar an bhforógra a chum sí inar léirigh sí cad a dhéanfadh sí dá dtoghfaí í. Bhí sé fós mar aidhm aici 'chum obair an Oideachais do chur chum cinn, chum teanga na tíre d'aithbheódh' agus chum an tír do láidriughadh mar Náisiún', agus mhaígh sí go raibh fonn uirthi 'an Cunntas ó Choimisiún na Gaedhealtachta' a chur i bhfeidhm.[89] Sa leagan Béarla dá forógra, thacaigh sí le 'the abolition of the present unnatural division of our country and for the union of the North and South under a representative National Government', mar gheall ar an gcríochdheighilt a bhí fós ann i ndiaidh Choimisiún na Teorann. Ina theannta sin, thug sí le fios:

> I shall further endeavour to secure the removal or modification of such tests as would debar any section of the Irish people from participating fully in the public or educational life of this country.[90]

Bhí an ráiteas seo ag tagairt do chiorrú ról poiblí na mban ar cuireadh tús leis nuair a tháinig rialtas an tSaorstáit i gcumhacht. Déanfar mionstaidéar ar na deacrachtaí a bhain le cearta na mban sa chéad chaibidil eile.

Nuair a shocraigh cúrsaí polaitíochta síos in Éirinn, thosaigh Ní Fhaircheallaigh ag cumadh filíochta sa Ghaeilge agus tá a cnuasach, *Áille an Domhain,* a foilsíodh sa bhliain 1927 mar thoradh air sin.[91] Cé is moite de na dánta ón gcnuasach seo a luadh cheana óir bhí baint acu le Cogadh na gCarad, baineann formhór na ndánta in *Áille an Domhain* leis an nuarómánsachas agus iad ag déanamh ceiliúradh ar an timpeallacht agus dúlra. Tosaíonn an cnuasach le dán molta a chum Dubhghlas de Híde 'D'Uan Uladh', mar a luadh cheana. Sa dán seo, léirítear an déscaradh idir an solas agus an dorchadas agus imeacht an ama atá mar phríomhthéamaí i gcnuasach Ní Fhaircheallaigh: 'Seinn dúinn ré is seinn dúinn grian / Éirghe an lae agus rith na mbliadhan'.[92] Sa dán molta 'Don Chraoibhín', labhraíonn sise faoi ról agus faoi bhaint de Híde le 'Eiséirghe Gaedheal Éireann'.[93] Meabhraíonn na dánta moltacha seo feidhm an fhile sa seansaol Gaelach agus é ag moladh a phátrúin. Ba mhinic sa tréimhse seo a chum Ní Fhaircheallaigh caointe dá cairde a fuair bás. Chum sí 'Uaigneach Éire Indiu', mar shampla, ar bhás George Sigerson sa bhliain 1925 chun ceiliúradh a dhéanamh ar a phearsantacht is a chumas. Baineann sí úsáid as meafair is íomhánna ársa ar nós 'an leoghan bha mhó cliú', agus déanann sí iarracht féiniúlacht Ghaelach a bhronnadh ar Sigerson léannta. Cé go raibh a 'D[h]earg-fhuil ríoghamhail na nGaedheal/Measgth' go séimh le braon na nGall', samhlaíonn sí an tréith sin mar shuáilce seachas mar chomhartha an truaillithe i gcás Sigerson.[94]

Chum Ní Fhaircheallaigh filíocht nuarómánsach ó am go chéile sna 1920í luatha, agus bhí tírdhreach Thír Chonaill mar fhoinse inspioráide aici mar is léir ó dhánta fearacht 'Tory' agus 'On Cnoc Fola', a foilsíodh sna nuachtáin náisiúnta anois is arís.[95] Tá tionchar láidir an rómánsachais le feiceáil ar chuid de na dánta in *Áille an Domhain* agus iad ag díriú ar an dúlra agus ar mhothúcháin an duine aonair; bhí an-eolas ag Ní Fhaircheallaigh ar fhilíocht agus ar fhilí ghluaiseacht an rómánsachais ar nós George Gordon Byron óna hóige féin nuair a rinne sí dianstaidéar ar litríocht an Bhéarla. Is macallaí simplí iad 'An Mhuir' agus 'Brionglóid na mBláth' ar áilleacht is chastacht an dúlra ag líonadh is ag trá de shíor, gan aon aird ar bhuairt na ndaoine.[96] Déanann an dá dhán cur síos ar líonmhaireacht an dúlra faoi bhláth agus meabhraíonn siad Gairdín Éidin, an chéad Útóipe, don léitheoir. Úsáideann Ní Fhaircheallaigh meafar an uisce go minic sa chnuasach seo mar fhoinse beatha is athlíonta an dúlra; tugann sé an ghluaiseacht le fios chomh maith le 'claochlódh' leanúnach.

In 'An tEarrach Mall', tá sé le tuiscint go bhfuil súil ag Ní Fhaircheallaigh go dtiocfaidh an dúlra faoi bhláth in athuair trí ghríosú an Earraigh. Léiríonn sí go bhfuil na hainmhithe is na páistí, siombail agus dóchas na todhchaí, ag iarraidh dul i dtreo an Earraigh ionas go rachaidh siad féin i neart ach, cuireann an timpeallacht bac leo. Is féidir an dán seo a léamh mar mhacalla ar stádas na tíre seo i ndiaidh na gcogaí. Teastaíonn ó Ní Fhaircheallaigh an tír a spreagadh chun gnímh agus dearmad a dhéanamh ar imeachtaí polaitiúla na haimsire caite ach deirtear linn gur 'breóidhte an talamh; teannta, crapuighthe'. Tagairt atá sa mhéid seo don seansaol Gaelach óir measadh go raibh an talamh neamhthorthúil mar mhacalla fisiciúil ar an rí neamhinniúil i gcoróin; d'fhéadfaí a áiteamh gur bhain sé seo le Rí Shasana, Seoirse V, chomh maith.

Téann an dán 'Áille an Domhain' i ngleic le neamhbhuaine áilleacht an domhain, cosúil le 'The Wayfarer' a chum Pádraic Mac Piarais. Áitíonn Ní Fhaircheallaigh sa dán seo go raibh sí tugtha don áilleacht fhisiciúil tráth seachas a bheith ag cothú a hanama. Ar an gcaoi chéanna, sa dán 'Cois Fharraige i dTír Chonaill', tugann sí léargas ar áilleacht an domhain don léitheoir ach deir sí i dtaobh na háilleachta domhanda seo 'Ní fhuil san iomlán leath mo sháith'.[97] Tá áilleacht spioradálta uaithi a bhaineann go dlúth le Dia agus tagann íomhá is ainm Dé chun cinn go minic sa chnuasach seo. Tagann téama an bháis chun solais ann freisin, ón leanbh a maraíodh i gCogadh na gCarad go dtí a cairde ag dul in aois. Feictear go mbaineann uaigneas leis an áilleacht sna dánta seo, go háirithe sa teideal 'Mise im' Aonar'. Chum Ní Fhaircheallaigh an dán seo in Iúil na bliana 1920 agus léiríonn sé a brón i dtaobh threo na tíre. Níl sí cinnte faoina treo féin a thuilleadh sa dán seo 'gan fhios ag éinneach cá bhfuil mo thriall', agus tuigeann sí go bhfuil an bás roimpi.

Tá gnéithe útóipeacha ag baint le dánta ar leith sa chnuasach seo. Mar shampla, seasann an dán 'Dún Laoghaire', don seansaol agus don nuashaol in Éirinn, agus aitheantas tugtha dá ainm ársa in athuair.[98] Nuair a bhí Ní Fhaircheallaigh 'ag teacht i dtír' lá, bheartaigh sí an dán seo a scríobh agus déanann sé ceiliúradh ar an tírdhreach álainn, ar uaisleacht an tseansaoil Ghaelaigh agus ar an leanúnachas fisiciúil idir an aimsir chaite agus an aimsir láithreach. Spás 'buan' is ea é 'gan athrughadh gan chlaochló'.[99] Déanann sí comparáid idir Dún Laoghaire agus an duine daonna, a bhfuil caismirt agus trasnaíocht ag baint leis 'ar raon an tsaoghail seo'.[100] Seasann 'raon' d'aistear an tsaoil, a bhfuil tús agus deireadh leis. Murab ionann is Dún Laoghaire a bhfuil leanúnachas ó aois go haois ann, tagann athrú ar an saol daonna: 'Athrughadh i ngach nidh bhaineas le n-a ré sin'.

Is cnuasach príobháideach é *Áille an Domhain* i gcomparáid le *Out of the Depths*, a raibh feidhm mhór phoiblí ag baint leis. Ós rud é gur cumadh *Áille an Domhain* as Gaeilge, ní raibh lear mór daoine in Éirinn in ann é a léamh. Ach chuir Ní Fhaircheallaigh an cnuasach ar an gcuraclam sa Choláiste Ollscoile agus mhúin sí an cúrsa sin í féin.[101]

Bhí droch-cháil ar Ní Fhaircheallaigh i measc daoine léannta áirithe mar gheall ar an bhfilíocht pholaitiúil a chum sí. I litir a scríobh Nano Dillon, cara Ní Fhaircheallaigh, chuig a deartháir Myles Dillon, an scoláire Gaeilge, mhaígh sí: 'I enclose a poem of dear Agnes' which I know will bring tears to your eyes. It appeared in the *Independent* yesterday. How *can* she do such things!'[102] Bhí daoine eile ar aon intinn léi.[103] Murab ionann is filí proifisiúnta fearacht Yeats, ar theastaigh uaidh snas a chur ar a chuid filíochta sula bhfeicfeadh an saol í, freagraí láithreacha, neamhghalánta a bhí i bhfilíocht pholaitiúil Ní Fhaircheallaigh ar imeachtaí a thit amach in Éirinn. Bhí tréithe de chineál eile ag baint lena filíocht phríobháideach in *Áille an Domhain* ach ní dhearna aon chriticeoir staidéar ar an gcnuasach seo fad is a bhí Ní Fhaircheallaigh beo ná i ndiaidh a báis ach an oiread.

Áitíonn an scoláire Ellen Peel nach féidir scéal maith a chumadh má tá foirfeacht agus útóipeachas ag baint leis óir:

> [s]omething about the static serenity of a utopia, feminist or not, is fatal to narrative; a pure, perfect utopia can never be narrated. [...] a story needs conflict, desire, or unhappiness to generate the energy required to launch it, contentment will never propel it off the ground.[104]

Tá an méid seo fíor i dtaobh na filíochta polaitiúla a chum Ní Fhaircheallaigh freisin óir tá mianta agus caismirt go smior inti: cuireann sí íomhánna láidre ó chogadh na saoirse taobh le féidearthachtaí útóipeacha na tíre aontaithe, ath-Ghaelaithe agus síochánta. Sa chnuasach *Áille an Domhain*, bíonn an chaismirt úd in easnamh go minic agus dá dheasca sin, níl formhór na ndánta sa chnuasach seo chomh suimiúil leis na dánta in *Out of the Depths*, a shíolraigh ón bhfulaingt.

Cé gur chaith Ní Fhaircheallaigh roinnt mhaith ama ag cumadh na filíochta, bhí sí gníomhach i gciorcail filíochta is liteartha sa tréimhse sin freisin. Bhí sí mar phátrún ar Chumann Liteartha an Chabháin, ar tionóladh a chéad chruinniú ceann bliana i 1921; ina dhiaidh sin bhí baint aici le hÉigse Átha Cliath, cé nach raibh ach corr-bhanfhile páirteach inti.[105] Tugadh an deis do Ní Fhaircheallaigh an fhilíocht a chumadh i rith tréimhse áirithe tar éis di Conradh na Gaeilge a fhágáil agus nuair nár éirigh léi sna holltoghcháin. Sna 1930í áfach, níor mhinic a chuir sí peann ar pár óir ghlac sí páirt ghníomhach sa saol poiblí arís agus a fís útóipeach Ghaelach á cur chun cinn aici in athuair.

NÓTAÍ

1 Pyle, *Cesca's Diary, 1913–1916: Where Art and Nationalism Met*, 175.
2 Féach Thomas Hennessey, *Dividing Ireland: World War I and Partition* (London: Routledge, 1998), 220–221.
3 *Irish Independent*, 19/04/1918, 3.
4 *The Leader*, 08/06/1918, 416.
5 *Freeman's Journal*, 10/06/1918, 3.
6 *Irish Independent*, 04/06/1918, 3.
7 *Irish Independent*, 07/06/1918, 3.
8 Ibid.
9 *The Leader*, 08/06/1918, 416.
10 *Freeman's Journal*, 10/06/1918, 3.
11 *Freeman's Journal*, 12/06/1918, 3.
12 Féach Páipéir Úna Ní Fhaircheallaigh, LNÉ, Uimhir Admhála 6643 (2).
13 *The Leader*, 15/06/1918, 440.
14 *Irish Independent*, 07/05/1914, 6.
15 *Welsh Outlook*, VII (Meán Fómhair 1920), 245–246.
16 Féach *Irish Independent*, 21/06/1918, 3; *Irish Independent*, 04/07/1918, 3.
17 Féach Michael Laffan, *The Resurrection of Ireland: The Sinn Féin Party, 1916–1923* (Cambridge: Cambridge University Press, 1999), 151.
18 *Irish Independent*, 04/07/1918, 3.
19 Ibid.
20 *Irish Independent*, 25/11/1918, 2.
21 Ibid.
22 Jason K. Knirck, *Imagining Ireland's Independence: The Debates Over the Anglo-Irish Treaty of 1921* (Lanham, Maryland: Rowman & Littlefield, 2006), 48.
23 *Evening Telegraph*, 25/12/1919, 3.
24 Agnes O'Farrelly, *Out of the Depths* (Dublin: Talbot Press, 1921), 7.
25 Ní Fhaircheallaigh (eag.), *Filidheacht Sheagháin Uí Neachtain: Cuid a hAon*.
26 Féach an nóta a ghabhann le 'Our Soul is Ours', in *Out of the Depths*, 22. Deir Ní Fhaircheallaigh nár foilsíodh an dán seo sa *Freeman's Journal* i rith na Cásca 1921, toisc gur bhain sé le tuairimí 'which might embitter the atmosphere' óir bhí an

chosúlacht air go bhféadfaí teacht ar chomhréiteach éigin a mbeadh sos cogaidh mar thoradh air.

27 O'Farrelly, *Out of the Depths,* 9. Bhí Andrew Bonar Law ina cheannaire ar an bPáirtí Coimeádach sa Bhreatain.

28 Tá cosúlachtaí idir an dán seo agus 'Créachta Crích' Fódla' ó pheann Aogáin Uí Rathaille ina dtagraíonn sé do na Sasanaigh mar 'alla-thoirc chlaon do thraoch sinn faoi mhórsmacht'. Féach Dáibhí Mac Conmara (eag.), *Aogán Ó Rathaille – Dánta* (Baile Átha Cliath: Aquila, 1968), 3–4.

29 O'Farrelly, *Out of the Depths,* 23.

30 O'Farrelly, *Out of the Depths,* 11–12.

31 O'Farrelly, *Out of the Depths,* 16.

32 Féach O'Farrelly, 'Free!', 'England's Men', 'The Premier in a Mist', 'The Principle of Freedom' in *Out of the Depths.*

33 O'Farrelly, *Out of the Depths,* 13–14.

34 Déanfar anailís ar an mbaint a bhí ag Ní Fhaircheallaigh leis an gComhdháil Cheilteach i gcaibidil a naoi.

35 Litir ó Úna Ní Fhaircheallaigh chuig E.T. John ar an 12/10/1920, Páipéir E.T. John 2711, LNBB.

36 O'Farrelly, *Out of the Depths,* 11–12.

37 Ibid.

38 Ibid.

39 O'Farrelly, *Out of the Depths,* 13–14.

40 Litir ó E.T. John chuig Ní Fhaircheallaigh ar an 23/12/1920, Páipéir E.T. John 2776, LNBB.

41 O'Farrelly, *Out of the Depths,* 11–12.

42 Ibid., 21–22.

43 Ibid., 15.

44 Ibid., 27.

45 Ibid., 28.

46 Ibid., 15.

47 Ibid.

48 O'Farrelly, *Out of the Depths,* 27. Tá macallaí áirithe idir an dán seo agus 'Cabhair ní ghairfead' cumtha ag *Aogán Ó Rathaille* agus 'The Lament of Créidhe'. Féach Mac Conmara (eag.), *Aogán Ó Rathaille – Dánta,* 47–48; Eleanor Knott, *An Introduction to Irish Syllabic Poetry of the Period 1200–1600* (Dublin: Dublin Institute for Advanced Studies, 1957), 27–28.

49 O'Farrelly, *Out of the Depths,* 24.

50 Úna Ní Fhaircheallaigh, *Áille an Domhain* (Baile Átha Cliath: Brún agus Ó Nóláin, 1927), 16.

51 Mar shampla, Dora Sigerson, 'Comfort the Women: A Prayer in Time of War', *The Sad Years* (London: Constable and Co., 1918), 37–39.

52 Féach mar shampla 'Ireland – Christmas 1921', *Irish Independent*, 30/12/1921, 4.

53 O'Farrelly, *Out of the Depths*, 29–31.

54 Ibid., 19–20.

55 Ibid., 14.

56 Ibid., 32–33.

57 Benedict Anderson, *Imagined Communities* (London: Verso, 1983), 132.

58 O'Farrelly, *Out of the Depths*, 17–18.

59 Ibid.

60 Ibid., 21.

61 Ibid., 23–24.

62 Féach Uan Uladh, 'The Harbinger', *The Leader*, 27/03/1943, 160.

63 Levitas, *The Concept of Utopia*, 199.

64 *Freeman's Journal*, 28/10/1920, 6.

65 Bhí dearcadh débhríoch ag Ní Fhaircheallaigh i dtaobh thruailliú Theach an Chustaim. Cé nár thaitin an foirgneamh léi toisc gur sheas sé mar shiombail de chumhacht Shasana in Éirinn, ghoill sé uirthi gur dódh é mar bhí stair na hÉireann ó sheancháipéisí go 'Grattan's dream' mar chuid de agus dóite leis. Mheas sí go raibh 'glory' agus 'sin' fite fuaite lena chéile i siombail Theach an Chustaim. Féach O'Farrelly, 'The Custom House', in *Out of the Depths*, 25.

66 O'Farrelly, *Out of the Depths*, 26.

67 *Irish Independent*, 17/10/1921, 4. Foilsíodh an dán seo faoin teideal 'Freedom', in *Out of the Depths*.

68 Litir ó Ní Fhaircheallaigh chuig E.T. John ar an 21/12/1921, Páipéir E.T. John 3035, LNBB.

69 *Irish Independent*, 30/12/1921, 4.

70 Ibid.

71 'The Motherland', *Irish Independent*, 13/12/1922, 4.

72 Ní Fhaircheallaigh, *Áille an Domhain*, 18.

73 Ibid., 14–15.

74 Margaret Ward, *Maud Gonne: Ireland's Joan of Arc* (London: Pandora, 1990), 132.

75 Dialann Rosamond Jacob, 1/7/1922(44), LNÉ, Lámhscríbhinn 32,582/41.

76 *Irish Times*, 15/07/1922, 4.

77 Ward, *Maud Gonne: Ireland's Joan of Arc*, 134.

78 Litir ó Úna Ní Fhaircheallaigh chuig E.T. John ar an 12/7/1922, Páipéir E.T. John 3443, LNBB.

79 Litir ó Úna Ní Fhaircheallaigh chuig Miss Roberts ar an 14/7/1926, Páipéir E.T. John 4658, LNBB.

80 *Irish Independent*, 06/07/1926, 7; *Sunday Independent*, 11/07/1926, 7.

81 Féach 'The Leader', *The Leader* 26/05/1923, 368; 'On Cnoc Fola', *Irish Independent* 21/07/1923, 5.

82 *Irish Independent*, 11/08/1923, 7.

83 *Irish Independent*, 29/08/1923, 5.

84 Féach Maedhbh McNamara agus Paschal Mooney, *Women in Parliament: Ireland 1918–2000* (Dublin: Wolfhound, 2000), 83.

85 *Irish Independent*, 06/10/1923, 7.

86 *Irish Independent*, 26/10/1923, 8.

87 *Irish Times*, 14/11/1923, 6.

88 *Irish Times*, 18/11/1922, 2.

89 Úna Ní Fhaircheallaigh, 'Toghadh Do Dháil Éireann 1927', Cartlann an Choláiste Ollscoile, Baile Átha Cliath.

90 Ibid.

91 Ní Fhaircheallaigh, *Áille an Domhain*.

92 Ibid., 3.

93 Ibid., 20.

94 Ibid., 22.

95 *Irish Independent*, 16/08/1921, 4; *Irish Independent*, 21/07/1923, 5.

96 Tá cosúlachtaí idir na dánta seo agus an cineál filíochta a chum de Híde le linn na tréimhse céanna. Féach Gréagóir Ó Dúill (eag.) *Fearann Pinn: Filíocht 1900 go 1999* (Baile Átha Cliath: Coiscéim, 2000), 5, 8.

97 Ní Fhaircheallaigh, *Áille an Domhain*, 13.

98 *Weekly Irish Times*, 17/07/1920, 4.

99 Ní Fhaircheallaigh, *Áille an Domhain*, 24.

100 Ibid.

101 *University College, Dublin: Session 1931–32: Faculties of Arts, Philosophy and Celtic Studies Handbook* (Dublin: Browne & Nolan, 1931), 187. Tá mé buíoch d'Antoin Daltún as an eolas seo a chur ar fáil dom.

102 Litir ó Nano Dillon chuig Myles Dillon ar an 14/12/1922. 'The Motherland' an dán a bhí i gceist aici. Féach Joachim Fischer

agus John Dillon (eag.), *The Correspondence of Myles Dillon 1922–1925*, 57.

103 *Derry Journal*, 28/09/1925, 3.

104 Ellen Peel, 'Utopian Feminism, Sceptical Feminism and Narrative Energy', in *Feminism, Utopia, and Narrative*, eag. Libby Falk Jones agus Sarah Webster Goodwin (Knoxville: University of Tennessee Press, 1990), 35.

105 *Meath Chronicle*, 31/03/1923, 7; *The Leader*, 19/07/1941, 594.

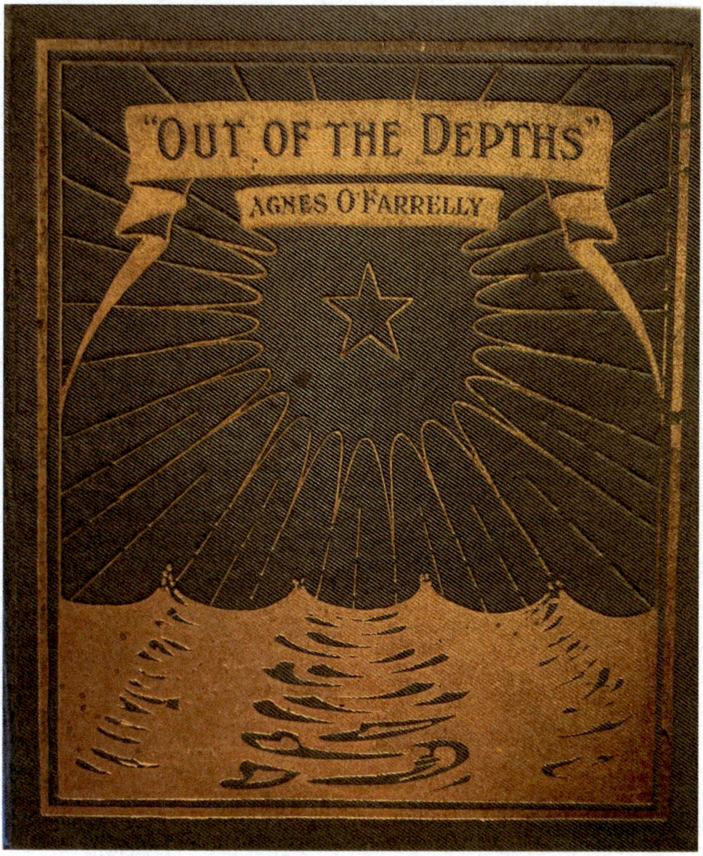

Agnes O'Farrelly, *Out of the Depths* (Dublin: Talbot Press, 1921)

VIII

Gluaiseachtaí na mBan

Theastaigh ó Úna Ní Fhaircheallaigh an comhionannas inscne agus cearta na mban a bhaint amach in Éirinn i gcónaí, ach d'athraigh sí a hintinn faoin gcur chuige ab fhearr le tabhairt faoin gceist achrannach seo ó am go chéile. Throid sí ar son an chomhionannais inscne i réimse an oideachais nuair a bhí sí ina hiníon léinn i gColáiste Mhuire, agus thacaigh a cairde fireanna sa Chonradh léi. De bharr na tacaíochta agus na dea-thola sin, chreid sí go diongbháilte go mbainfeadh mná a gcearta amach nuair a chuirfí an Rialtas Baile i gcrích. Dá dheasca sin, bhí sí sásta an comhionannas inscne a chur chun cinn ar bhealach ciúin agus neamhphostúil, agus í á shníomh isteach in imeachtaí cultúrtha i gColáiste Uladh agus sa Choláiste Ollscoile, Baile Átha Cliath. Murab ionann is a seanchara Hanna Sheehy Skeffington, níor ghlac sí páirt in agóidí poiblí na sufraigéidí a raibh baint acu leis an 'Irish Women's Franchise League', cé gur mhaígh sí:

> I have a deep admiration for the whole-hearted work of the women who direct the councils of that body, and who are doing much to educate public opinion on a subject little thought of until recently in Ireland.[1]

Bhí neart ar eolas ag Ní Fhaircheallaigh faoi ghluaiseacht na sufraigéidí in Éirinn agus i Sasana, ach shíl sí go raibh an Rialtas Baile ní ba phráinní do mhuintir na hÉireann ná mar a bhí cearta na mban.[2] D'éirigh sí an-amhrasach faoi shufraigéidí Shasana, a raibh Christabel Pankhurst i gceannas orthu, i rith an Chéad Chogaidh Dhomhanda. Chuala Ní

Fhaircheallaigh Pankhurst i mbun óráide i dTír Chonaill tráth, nuair a chuaigh sí ar camchuairt timpeall bhailte na hÉireann, agus labhair Pankhurst faoin gceangal is aontacht idir muintir na hÉireann agus iad faoi dhaoirse an choilíneachais agus mná Shasana a bhí faoi smacht freisin cé go raibh siad 'struggling to be free'.[3] Ach i rith an Chogaidh Mhóir, thacaigh Pankhurst leis an aontas míchothrom idir 'a dominant England and a subject Ireland', de réir Ní Fhaircheallaigh, rud a chuir isteach ar fheiminigh náisiúnaíocha in Éirinn ar theastaigh uathu saoirse a bhaint amach thar aon ní eile.[4] Laghdaíodh muinín Ní Fhaircheallaigh as gluaiseacht na sufraigéidí dá bharr sin, agus níor chreid sí go bhféadfaí brath orthu. D'aithin sí tábhacht chearta na mban sa tsochaí Éireannach agus thuig sí go raibh an t-ádh uirthi féin go raibh sí in ann leas a bhaint as deiseanna nua oideachais ag tús an fhichiú haois. Ba dhóigh léi:

> [t]he suffrage question here in Ireland is wrapped up in the bigger question of Irish freedom. Solve the ever-present, insistent problem of Irish control of Irish affairs and the woman's question will solve itself.[5]

Tugann an ráiteas seo le fios gur thug sí tús áite don náisiúnachas, go háirithe nuair a bhí sí páirteach i gCumann na mBan.

Nuair a cuireadh Rialtas an tSaorstáit ar bun agus ghlac muintir na hÉireann seilbh ar threo na tíre ar dtús, ba chosúil go raibh an ceart ag Ní Fhaircheallaigh i dtaobh an chomhionannais inscne: léirigh Forógra 1916, an tAcht um Ionadaíocht an Phobail (1918) agus deonú ceart vótála do chuile dhuine thar bhliain is fiche d'aois (1922) gur theastaigh ón Rialtas nua an deis a thabhairt do mhná páirt lárnach a ghlacadh i saol poiblí na hÉireann. Chreid Ní Fhaircheallaigh go bhféadfadh mná agus fir na hÉireann a bheith ag comhoibriú ar comhchéim, rud a bhain go dlúth lena fis útóipeach

Ghaelach agus shíl sí go raibh difríocht ollmhór idir fir na hÉireann agus fir Shasana. Mhaígh sí: 'Irishwomen have not the least fear as to our treatment at the hands of Irishmen once they get control of Irish affairs'.[6] Ach cé go raibh sí dóchasach faoi thodhchaí na mban i mblianta luatha an tSaorstáit, ba léir di roimh i bhfad go raibh iarracht leanúnach ar bun ag an Rialtas mná óga a choinneáil amach ó phoist thábhachtacha phoiblí. Ghoill sé seo go mór uirthi óir bhí muinín aici as an Rialtas seo, agus cuid dá seanchairde ón gConradh páirteach ann. Cé go ndearna cumainn éagsúla na mban iarracht cur in éadan pholasaithe an Rialtais, ní raibh neart aontachta eatarthu chun feachtas ollmhór a chur ar bun, mar a tharla sa bhliain 1918 nuair a sheas mná náisiúnaíocha na hÉireann in aghaidh an choinscríofa.

Chuir Acht na nGiúiréithe (1924) an chéad tairne i gcearta na mban sa Saorstát.[7] Is cosúil nach raibh baint ag Ní Fhaircheallaigh leis an bhfeachtas i gcoinne an achta seo, a thug an rogha do mhná gan páirt a ghlacadh i nGiúiréithe, ach nuair a moladh Bille Leasúcháin na Státseirbhíse an bhliain dár gcionn, chuir Cumann Banchéimithe Ollscoileanna na hÉireann, a raibh ról lárnach ag Ní Fhaircheallaigh ann ó thús a ré, feachtas ar bun.[8] Ba é moladh an achta seo go ndéanfadh fir amháin scrúdú do phoist shinsearacha sa Státseirbhís, agus dá dheasca sin, ní bhfaigheadh mná an deis ardú céime a fháil sa Státseirbhís agus ní bheadh tionchar acu ar pholasaithe ná ar threo na tíre. Ag an tráth sin, ba í Margaret Collins O'Driscoll ó Chumann na nGaedheal an t-aon Bhanteachta Dála óir dhiúltaigh an ceathrar ban poblachtach eile glacadh lena suíocháin sa Dáil.[9] Deirfiúr Mhíchíl Uí Choileáin ba ea í siúd agus bhí ról siombalach seachas gníomhach aici i bpolaitíocht na hÉireann. Mar sin, ba iad na Seanadóirí Siobhán Bean an Phaoraigh agus Eibhlín Ní Choisdeala, seanchairde Ní Fhaircheallaigh, a chuir in éadan an achta seo, ach níor éirigh leo ach é a chur siar go ceann bliana.[10] Chuir an Rialtas billí eile i bhfeidhm ina dhiaidh sin a tháinig salach ar chearta na mban agus fís an chomhionannais inscne: Acht na nGiúiréithe (1927); Bille na gCoinníollacha Fostaíochta (1935) a chuir srian ar fhostaíocht na mban i réimse na tionsclaíochta agus Bunreacht na hÉireann (1937) thar aon bhille ná acht eile.

Chuir Rialtas Fhianna Fáil dréacht den Bhunreacht nua faoi bhráid an ghnáthphobail ar an 1 Bealtaine 1937 agus mheas Ní Fhaircheallaigh go raibh an Rialtas ag déanamh iarrachta cearta na mban a laghdú agus todhchaí na mban Éireannach sa saol poiblí a chur i mbaol.[11] Chruthaigh an bhagairt seo comhaontas idir mná agus eagraíochtaí éagsúla na mban láithreach bonn. In ainneoin iarrachtaí na n-eagraíochtaí seo áfach, ní raibh an feachtas chomh láidir le feachtas na mban in aghaidh an choinscríofa sa bhliain 1918 nuair a tháinig mná ó chreidimh agus ó aicmí éagsúla le chéile le cur in éadan bagairt náisiúnta. D'ionsaigh an Bunreacht nua inscne amháin seachas an náisiún; chuir sé leis an deighilt idir na róil inscne sa saol poiblí agus sa saol príobháideach seachas saoirse a thabhairt do mhná a rogha féin a dhéanamh i dtaobh a gcúraimí sa saol. Chuir mná éirimiúla agus banchéimithe ach go háirithe i gcoinne an Bhunreachta seo. Murab ionann is glúin a máithreacha, fuair na mná seo an deis poist a fháil sa saol poiblí agus chreid formhór na mban seo gur thug ailt faoi leith sa Bhunreacht céim siar do stádas na mban sa tsochaí Éireannach. Chuir Cumann Banchéimithe Ollscoileanna na hÉireann, a raibh Ní Fhaircheallaigh agus Ní Aodáin lárnach ann, feachtas ar bun chun aird a dhíriú ar ról cúlaitheach na mban sa dréacht Bunreachta; roimh i bhfad, lean eagraíochtaí eile fearacht Chomhairle Náisiúnta na mBan agus Cheardchumann Oibrithe Ban na hÉireann eiseamláir an Chumainn Bhanchéimithe.[12] Ainmníodh Ní Fhaircheallaigh mar Uachtarán

Chónaidhm Bhanchéimithe na hÉireann tamall gearr roimhe sin (eagraíocht a bunaíodh sa bhliain 1925 nuair a chruinnigh cumainn bhanchéimithe na mban ó chuile ollscoil sa tír le chéile) agus thacaigh an grúpa seo le feachtais na n-eagraíochtaí eile.[13]

Nuair a léigh Ní Fhaircheallaigh an dréacht Bunreachta, scríobh sí litir chuig De Valera, a sean-chomhghleacaí ón gConradh, inar cháin sí dearcadh an Rialtais go géar:

> Dob olc an díol ar mhnáibh na hÉireann an rud ba lugha dá gceart do bhaint díobh san am i láthair. Dob olc an díol é anois go háirithe agus a rádh go dtug ár sinsear iomlán a gcirt dóibh níos mó ná dhá mhíle bliadhan ó shin.[14]

Ní raibh Ní Fhaircheallaigh báúil le polasaithe Fhianna Fáil; ach Gael ba ea De Valera agus dá bhrí sin, níor mheas sí go ndéanfadh sé iarracht ról íochtarach a bhrú ar mhná a thíre: shíl sí i gcónaí gur bhain an tréith sin le fir Shasana amháin.

Seachtain tar éis don Rialtas an dréacht Bunreachta a fhoilsiú, d'eagraigh Cumann Banchéimithe Ollscoileanna na hÉireann cruinniú a tionóladh ag 86 Faiche Stiabhna agus bhí Máire Ní Aodáin ina cathaoirleach air. Pléadh stádas na mban sa Bhunreacht ann agus eisíodh ráiteas ina dhiaidh a cháin 'the omission of the principle of equal rights and opportunities enunciated in the proclamation of the Republic, 1916, and confirmed in Article 3 of the Constitution of Saorstát Éireann 1922'.[15] Shíl na mná a bhí i láthair go bhfágfadh alt 40, 41 agus 45 'the door open for reactionary legislation against women in every department'.[16] Cuireadh toscaireacht ar bun chun brú a chur ar Theachtaí Dála. Arís eile, ba shiombail láidre pholaitiúla iad na banteachtaí Margaret Pearse agus Bridget Redmond, agus ba bheag an spéis a bhí acu i gcur chun cinn chearta na mban. Ba í Helena Concannon an t-aon bhanteachta Dála eile, ball de Fhianna Fáil, agus oideachasóir a bhí inti go príomha (bhí baint aici le Cumann Banchéimithe Ollscoileanna na hÉireann agus ionadaí na hOllscoile Náisiúnta a bhí inti sa Dáil). Dá dheasca sin, bhí súil ag an gCumann Banchéimithe go seasfadh sí leis agus go gcuirfeadh sí cás na mban faoi bhráid an Rialtais. Ba í siúd an t-aon bhanteachta amháin a rinne óráid fhiúntach sa Dáil i dtaobh an dréacht Bunreachta; ach dheimhnigh De Valera nach mbainfeadh an Bunreacht de chearta na mban agus ghlac sí lena fhocal.[17] Níor thacaigh sí le feachtas an Chumainn Bhanchéimithe óir chreid sí 'the framers of the constitution had no intention in their minds to interfere in the slightest way with the rights of women'.[18] De bhrí gur thug Concannon tosaíocht don pholaitíocht seachas cúrsaí inscne, ní raibh aon urlabhraí ag an gCumann Banchéimithe agus níor chuir éinne cás ná imní na mban chun cinn ar bhealach éifeachtach sa Dáil.

Tionóladh cruinniú poiblí i dTeach an Ardmhéara ar an 21 Meitheamh 1937 chun impleachtaí an dréacht Bunreachta i dtaobh chearta eacnamúla na mban a phlé, agus bhí tuairim is 1,500 bean i láthair.[19] Mhaígh Máire Ní Aodáin, toscaire Chomhairle Náisiúnta na mBan, go raibh Rialtas an tSaorstáit ar 'dhúliosta' na Ginéive mar gheall ar an gcaoi ar chaith sé le banfhostaithe na tíre 'and it was not put upon that list for nothing'.[20] Ní raibh éinne ó Cheardchumann Oibrithe Ban na hÉireann i láthair ag an gcruinniú mar tháinig easaontas chun solais idir na baill faoin mbealach ab fhearr le dul i ngleic leis an ionsaí ar chearta na mban sa dréacht Bunreachta. Thug rúnaí an Cheardchumainn, Louie Bennett, tacaíocht d'iarrachtaí an Chumainn Banchéimithe áfach.[21] Léirigh sé seo uilig go raibh mná áirithe cosúil le Helena Concannon ní ba bháúla agus ní ba dhílse do chúrsaí polaitíochta ná do chúrsaí inscne, agus cé go raibh mná eile ní ba dhílse do chúrsaí inscne, ní raibh siad sásta a bheith ag comhoibriú ná a bheith ag aontú ar mhaithe le cearta na mban a chinntiú. Mar a thugann an staraí Maria Luddy le fios i dtaobh Cheardchumann Oibrithe Ban na hÉireann: '[it] owed its first allegiance to the trade union movement' agus chreid cuid mhaith de bhaill an Cheardchumainn gur chóir go mbeadh mná na tíre ag obair sa bhaile, seachas sa saol poiblí.[22]

In ainneoin éilimh na mban i dtaobh an Bhunreachta, tuairiscíodh san *Irish Press,* uirlis bholscaireachta Fhianna Fáil, ar an 22 Meitheamh: 'We do not think that the public will be inclined to attach too much importance to the meeting organized by the National University Women Graduates' Association'.[23] Thug sé le fios '[t]he only way in which the status of women has been affected is by improving it', agus mhaígh sé go raibh éigiall ag baint le himní an Chumainn Bhanchéimithe, agus nár thacaigh formhór na mban leis.[24]

Cuireadh an Bunreacht nua i bhfeidhm i mí Iúil 1937 agus drochbhuille a bhí sa Bhunreacht úd do mhná a throid ar son an chomhionannais inscne ar feadh a saol. Bheartaigh Hanna Sheehy Skeffington páirtí polaitíochta a chur ar bun: 'The Irish Women's Social and Progressive League', a tugadh ar an bpáirtí úd a tháinig ar an bhfód ag deireadh na bliana 1937. Bhí sé mar aidhm aige stádas sóisialta, polaitiúil agus eacnamúil na mban a chosaint agus a chur chun cinn in Éirinn agus '[to] organize women voters throughout the country in an effort to secure the principle of equal opportunity for men and women, with equal pay for equal work'.[25] Chuir Sheehy Skeffington an páirtí ar bun ach bhí Ní Fhaircheallaigh, Ní Aodáin agus Mrs. Kettle (deirfiúr Sheehy Skeffington) ar an gcéad choiste, agus dearmad déanta acu ar an easaontas eatarthu nuair a tháinig Cumann na mBan ar an bhfód breis is scór bliain roimhe sin.[26] Bhailíodh baill den pháirtí seo le chéile uair sa tseachtain i Seomraí Lincoln, Baile Átha Cliath, ar feadh na mblianta agus pléadh gnéithe den neamh-chomhionannas inscne i sochaí na hÉireann ann, cosúil le tuarastal íseal na mban agus an iallach a cuireadh ar mhná sa státseirbhís dul ar luathscor nuair a shroich siad 60 bliain d'aois.

Lean feachtas na mban seo ar aghaidh agus sa bhliain 1939, nuair a mhol an tAire Oideachais, Tomás O'Derrig, gan iallach a chur ar chailíní scoile staidéar a dhéanamh ar an matamaitic a thuilleadh, chuir baill den Léig seo go láidir ina choinne. I litir chuig eagarthóir an *Irish Times*, mhaígh Ní Fhaircheallaigh: 'If this process goes on we shall soon see our girls deprived of the more solid equipment of education by the simple method of elimination'.[27] Thug saineolaithe an oideachais ón iasacht léachtaí do bhaill an 'Irish Women's Social and Progressive League'. Sa bhliain 1943, chuir an páirtí ceathrar ban chun tosaigh mar iarrthóirí in olltoghchán na Dála, Sheehy Skeffington ina measc. Ach níor éirigh leo. Mhaígh Sheehy Skeffington nár éirigh leo mar gheall ar an 'party machine [...] [which] is still male and still allergic to women, most of all, naturally, to Independents'.[28] Sheas Ní Fhaircheallaigh mar neamhspleách in olltoghchán na Dála agus an tSeanaid (sna blianta 1938 agus 1944) ach níor éirigh léi ach an oiread.

Nuair a theip ar fheachtas eagraíochtaí na mban i gcoinne an Bhunreachta, tháinig méadú ar ghníomhaíocht agus spéis Ní Fhaircheallaigh i gcúrsaí na mban. Tuigtear uaidh seo gur mheas sí nach raibh polaiteoirí ag freastal ar riachtanais na mban agus bheartaigh sí cuidiú le cás na mban í féin. Ba léir go raibh lagmhisneach uirthi i dtaobh an tsaoil pholaitiúil freisin. Níor chaith Ní Fhaircheallaigh a cuid ama ar fad ag comhoibriú le páirtí polaitíochta Sheehy Skeffington. Ina áit sin, bhunaigh sí 'Soroptimist Club' i mBaile Átha Cliath a raibh sí mar Uachtarán air, i mí na Nollag, 1938.[29] Cuireadh an cumann seo ar bun chun gréasán tacaíochta a chur ar fáil is a dhaingniú idir mná gnó, mná gairmiúla agus mná ceirde agus chuir sé 'true friendship among representative women of different nations' chun cinn, chomh maith leis an tsíocháin idirnáisiúnta.[30] Síleadh go mbeadh an cumann seo cosúil le Cumann Rothlach na bhfear; ba é Stuart Morrow a bhunaigh an 'Soroptimist Club' in California sa bhliain 1921 agus bhunaigh seisean an chéad chraobh den Chumann Rothlach taobh amuigh de Mheiriceá chomh maith.[31] Bunaíodh an chéad chraobh Éireannach den 'Soroptimist Club' i mBéal Feirste sa bhliain 1932, agus scaip siad ar fud an Chúige go grod ina dhiaidh sin. Dá bhrí sin, rinne Ní Fhaircheallaigh iarracht dea-chaidreamh agus dea-thoil a chothú idir na mná sa chumann ar an dá thaobh den teorainn.[32] Ar an gcaoi seo, bhí sí ag cuidiú le hathaontú sóisialta na hÉireann. Thuig Ní Fhaircheallaigh go maith '[that] individually, women could do little, but grouped together in clubs they were powerful enough to advance their ideas and ideals'.[33] Cé go raibh stádas agus rath uirthi sa saol, mheas sí go raibh teorainn lena cumas nuair a sheas sí léi féin agus í ag cur in éadan ceisteanna polaitiúla is sóisialta: dá dheasca sin, bhí comhaontacht agus comhoibriú ag teastáil chun an saol poiblí a athrú. Cuireadh craobhacha eile den chumann ar bun i gCorcaigh, i nGaillimh agus i nDroichead Átha ina dhiaidh sin.[34]

D'éirigh go maith le Ní Fhaircheallaigh fad is a d'oibrigh sí in eagraíochtaí a chuir leasuithe sóisialta agus cultúrtha chun cinn, seachas ceisteanna polaitiúla; thug na heagraíochtaí seo an deis di a machnamh a dhéanamh ar thodhchaí na tíre agus tionchar a bheith aici ar threo sóisialta na hÉireann. Bhain a spéis san eacnamaíocht agus i gcomhoibriú na mban gnó le hathghiniúint an tsaoil shóisialta in Éirinn i dteannta chur chun cinn chearta na mban. Nuair a tháinig Saorstát Éireann ar an bhfód, ba léir do Ní Fhaircheallaigh nach gcuirfí a fís útóipeach Ghaelach i gcrích, agus dá bhrí sin, lean sí uirthi ag obair ar son a físe ar bhealaí eile. Theastaigh uaithi leasuithe sóisialta a chur ar bun, go háirithe i nGaeltacht Thír Chonaill, áit a raibh líon na gcainteoirí dúchais ag dul i léig de bharr na dífhostaíochta agus na himirce. I ngeimhreadh na bliana 1923/24, d'fhulaing muintir na Gaeltachta sin de bharr an drochfhómhair. Fearacht Shéamuis Uí Ghrianna, rinne Ní Fhaircheallaigh iarracht aird an phobail a dhíriú ar chruachás na ndaoine trí litreacha a sheoladh chuig an *Derry Journal*, agus chuir eagarthóir an nuachtáin úd ciste fóirithinte ar fáil dóibh. Ach beart gearrthréimhseach a bhí sa chiste sin nach gcuideodh mórán le réiteach na faidhbe fadtréimhsí.[35] As sin amach, thosaigh Ní Fhaircheallaigh ag obair ar phlean ilghnéitheach, fadtréimhseach, bunaithe ar acmhainní nádúrtha Thír Chonaill a chuideodh le muintir na Gaeltachta ach a ligfeadh dóibh a bheith féinchothaitheach freisin. Dar ndóigh, bhain a plean go dlúth leis an idé-eolaíocht Éire-Éireannach. Tháinig Ní Fhaircheallaigh ar an tuiscint ag an bpointe sin go bhféadfadh sí a fís Ghaelach a chur chun cinn trí fhorbairt eacnamaíochta i gceantar Chloch Cheann Fhaolaidh. Mhol sí go dtógfaí céanna agus go gceannófaí trealamh oiriúnach d'iascairí, go gcuirfí feabhas ar an gcóras taistil agus go gcuirfí síolta crann ionas go bhféadfaí tionscail a chur ar bun, ach thar aon ní eile, shíl sí go bhféadfadh tionsclaíocht bhaile na mban, cosúil leis an bhfíodóireacht is sníomhachán, feabhas a chur ar fhostaíocht sa Ghaeltacht. Bhí an t-amhábhar ar fáil go háitiúil agus bhí cailíní in ann an cheird a fhoghlaim óna máithreacha. Mar a dúirt sí le muintir Chloch Cheann Fhaolaidh i samhradh na bliana 1924:

> Home industries are, as far as I can see, the only permanent remedy if we want to keep the Irish speakers together in the Gaedhealtacht – industries for the men as well as for the women.[36]

Chreid Ní Fhaircheallaigh go gcaomhnódh an tionsclaíocht bhaile an Ghaeltacht óir chuirfeadh sí leis an ngeilleagar áitiúil, thiocfadh laghdú ar an mbochtaineacht agus ní bheadh gá leis an imirce a thuilleadh. Agus dá gcaomhnódh sí an Ghaeltacht, chaomhnódh sí an teanga chomh maith.[37] Mhaígh sí 'if the Irish people really wanted to save the language they must first make up their minds [to] save the people of the Gaedhealtacht' agus d'fhill sí ar ábhar na himirce, a bhí chun tosaigh ina cuid bolscaireachta i laethanta luatha an Chonartha.[38]

Chuir Ní Fhaircheallaigh an fhéinchothaitheacht chun cinn in *The Reign of Humbug* agus *An Cneamhaire* breis is scór bliain roimhe sin. Cosúil le Máire de Buitléir, ba chinnte go bhfaca sí mná Inis Meáin ag sníomhachán ina mbaile féin;[39] ba léir go raibh tuiscint rímhaith aici ar phróiseas na fíodóireachta agus ba mhinic a bhain sí úsáid as meafar na fíodóireachta, mar a fheicimid sna dánta 'The Weaver (At Downing Street)' agus 'The Word Weavers'.[40] Nuair a bhí Ní Fhaircheallaigh gníomhach sa Chonradh, chuir sí an tionsclaíocht bhaile chun cinn i measc a haicme féin agus í ag moladh dá cairde éadaí de dhéantús na hÉireann a chaitheamh (cuireadh tús le duais don bhean ab fhearr gléasadh ag an Oireachtas sa bhliain 1908, ar mholadh Ní Fhaircheallaigh – an t-aon riachtanas sa chomórtas ná gur de dhéantús Éireannach iad na héadaí a bheadh á gcaitheamh aici). Léigh sí páipéar ar an ábhar sin freisin ag Comhdháil Chumann na Fírinne Caitlicí sa bhliain 1916 inar luaigh sí srianta is teorainneacha na tionsclaíochta seo. Mar mhacalla ar chur chuige an 'Irish Fireside Club' ó laethanta a hóige, shíl sí go bhféadfadh na páistí cor a chur i gcinniúint na tionsclaíochta baile. Mhaígh sí:

> I saw some years ago samples of Irish-made goods on exhibition in a few primary schools, and it struck me at the time that nothing more practical could be done for Irish industries. Why should we not have school lessons on the subject – head lines in the copy books – anything and everything which may help. Teach the child that the duties of citizenship include the support of home industries.[41]

Sa bhliain 1918, bhí sí páirteach i mbunú Chumann an tSeanchais a raibh sé mar aidhm aige traidisiúin Éireannacha den uile chineál a choinneáil beo.[42] Ach sna 1920í, thosaigh sí ag glacadh páirt lárnach i mbunú agus i gcothú na tionsclaíochta baile. Bhí an chiall cheannaithe aici go raibh cúnamh praiticiúil ag teastáil ó mhuintir na Gaeltachta agus go bhféadfadh daoine cosúil léi féin cuidiú leo ar bhealaí éagsúla ionas go mbeidís in ann brath orthu féin sa todhchaí.

Mheas Ní Fhaircheallaigh 'the home-spun industry used to be a very important factor in the life of the North and West'.[43] Sa bhliain 1883, nuair a bhí sise naoi mbliana d'aois, chuir lánúin Shasanach, Ernest agus Alice Hart, Ciste Tionsclaíoch Thír Chonaill ar bun, tar éis dóibh fulaingt na ndaoine a fheiceáil i rith an ghorta a mhair ó 1879–1883. Dhíol an lánúin seo táirgí de dhéantús Thír Chonaill ag taispeántais ar fud Shasana. Trí bliana ina dhiaidh sin, chuir siad 'Donegal House' ar bun, siopa i gCathair Londain, áit ar díoladh na táirgí agus thug Rialtas Shasana deontas do dhéantóirí na dtáirgí lena scileanna ceirde a fheabhsú. Tugadh an deis do bheirt bhan óga ceird na lásadóireachta a fhoghlaim i Sasana ionas go bhféadfaidís í a mhúineadh do mhná eile i dTír Chonaill.[44] Ach nuair a d'éirigh muintir Hart as an obair seo, sa bhliain 1896, tháinig deireadh leis an gCiste Tionsclaíoch. Bhí Cumann Tionsclaíochta Baile eile sa chontae sa bhliain 1905.[45] Nuair a chuir Ní Fhaircheallaigh an tionsclaíocht bhaile chun cinn tríocha bliain ní ba dhéanaí, bhí an-chosúlacht idir a cur chuige agus cur chuige mhuintir Hart.

Rinne daoine agus eagraíochtaí fánacha eile iarracht cúinsí sóisialta mhná na tuaithe a leasú chomh maith. Bhí an Bhantiarna Aberdeen agus Mná Aontaithe na hÉireann, a bunaíodh sa bhliain 1910, ar thús cadhnaíochta agus iad ag iarraidh athnuachan thionsclaíoch agus shóisialta a chur ar bun i mbailte iargúlta na tíre seo. Bhí dlúthbhaint ag na Mná Aontaithe le Cumann Eagraíochtaí Talmhaíochta na hÉireann a chuir Horace Plunkett ar bun.[46] Ach mná ardaicmeacha, Protastúnacha, a bhí iontu siúd, agus ba mhór an deighilt idir saol na mban seo agus saol mhná na Gaeltachta.[47] Os a choinne sin, thuig Ní Fhaircheallaigh cruachás agus cúlra na mban bocht seo. Cé go raibh bearna chultúrtha idir Ní Fhaircheallaigh féin agus baill na mBan Aontaithe, ar nós na Bantiarna Fingall agus Constance Pim, bhí a dearcadh ag teacht le haidhm an chumainn:

> to bring it about that in every rural parish in the country the women, irrespective of social, religious and political distinctions, shall be organized into associations for raising the whole standard of social life.[48]

Le himeacht ama sa Saorstát, tháinig an dá thaobh de bhanghníomhairí na tíre i gcomhpháirtíocht lena chéile, go háirithe nuair a athraíodh an teideal 'Mná Aontaithe' go 'Bantracht na Tuaithe' sa bhliain 1934.[49] Sa bhliain 1929, ainmníodh Ní Fhaircheallaigh agus de Híde mar iontaobhaithe ar Iontaobhas John Conor Magee, Éireannach a d'imigh go Meiriceá agus a d'fhág airgead chun forbairt thionsclaíoch i gceantair Ghaeltachta a chur chun cinn.[50] Leis an maoiniú sin chuir sí tús le ranganna fíodóireachta is sníomh bréidín i bhfoirgneamh Choláiste Uladh, ag tabhairt deis do na daoine óga an cheird a fhoghlaim ó dhaoine oilte.[51] Socraíodh printíseacht sníomhacháin do sheisear ban déag agus printíseacht fíodóireachta do cheathrar fear Éireannach agus cé nár chloígh chuile dhuine acu leis na ceirdeanna sin, d'éirigh go maith le cuid acu mar mhúinteoirí in áiteanna iargúlta ar fud na tíre.[52]

Sa bhliain 1935, cuireadh tús le 'An Cumann Sníomhacháin', agus Ní Fhaircheallaigh mar uachtarán air.[53] Ba í Muriel Gahan áfach a bhunaigh an cumann, bean a raibh páirt aici i mBantracht na Tuaithe, agus a bhunaigh 'the Country Shop' os comhair Fhaiche Stiabhna sa bhliain 1930.[54] Bhí sé mar aidhm ag an gCumann 'to keep women spinning in the homes'.[55] Thuig Gahan go bhféadfadh Ní Fhaircheallaigh cuidiú léi trí ardán a thabhairt do tháirgí na tionsclaíochta baile agus bolscaireacht a dhéanamh dóibh. Dhíol an Cumann Sníomhacháin táirgí na tionsclaíochta baile ag taispeántas i mBaile Átha Cliath gach bliain a bhain le Taispeántas an Earraigh Chumann Ríoga Bhaile Átha Cliath, agus d'fhreastail na mílte duine air.[56]

Ba nós le Ní Fhaircheallaigh páirt a ghlacadh i dTaispeántas an Earraigh, Droichead na Dothra, chuile bhliain. Nuair a sheol an rialtas bréidín de dhéantús innill chuig an taispeántas domhanda i Nua-Eabhrac sa bhliain 1939, chuir Ní Fhaircheallaigh tús le feachtas sna nuachtáin náisiúnta thar ceann an chumainn. Chreid sí go mbainfeadh an bréidín a cuireadh ann, agus a dhíolfaí ar chostas íseal, an bonn ón mbréidín de dhéantús láimhe sna ceantair Ghaeltachta óir 'it can never be a mass produced article, the price can never be low'.[57] Mhínigh sí go raibh tábhacht as cuimse ag an tionsclaíocht sin sna háiteanna bochta i ndeisceart Thír Chonaill mar 'for every weaver employed, then fifteen households were kept going dyeing and carding and spinning yarn for his loom'.[58] De réir Ní Fhaircheallaigh, táirge 'genuine' agus 'honest' ba ea an t-éadach de dhéantús baile, táirge a bhain go dlúth le híonghlaineacht agus le húdaracht na hÉireann, tréithe ar theastaigh uaithi iad a chaomhnú.[59] Bhí súil ag baill den Chumann Sníomhacháin go bhféadfaí an cheird a athbheochan in áiteanna nach raibh sí á cleachtadh a thuilleadh, agus d'fhostaigh sé timirí, cosúil le timirí an Chonartha, chun an cheird a chur chun cinn ar fud na tíre.[60] Dhírigh sé ar mhodhanna ársa sníomhacháin agus baineadh úsáid as ruaim nach raibh coitianta san fhichiú haois, agus bhí Ní Fhaircheallaigh agus a comhghleacaithe dóchasach go mbeadh tóir ar tháirgí den chineál seo in Éirinn agus thar lear.

Bhí Ní Fhaircheallaigh an-tógtha leis an gCumann seo toisc gur mheas sí go gcaomhnódh sé saol na mban Gaelach, a raibh ardmheas aici air ón uair a chas sí le mná Gaelacha ar Inis Meáin ag deireadh an naoú haois déag. De thoradh obair an Chumainn Sníomhacháin a tháinig an-éileamh ar gheansaithe cniotáilte Árann sna 1930í.[61] I leabhar Aileen Heverin faoi stair Bhantracht na Tuaithe, deir an t-údar go raibh baint idir an Cumann Sníomhacháin agus an Coimisiún Béaloideasa Éireann, a cuireadh ar bun sa bhliain chéanna.[62]

Nuair a tháinig deireadh leis an Dara Cogadh Domhanda, choinnigh Ní Fhaircheallaigh uirthi ag moladh an chomhoibrithe i measc bhaill an 'Soroptimist Club', agus b'ionann a dearcadh i dtaobh an Chumainn Sníomhacháin. Chreid Muriel Gahan nár éirigh go rímhaith le gluaiseacht na gcomharchumann in Éirinn 'because the women were not in it', agus bhí súil aici go gcuirfeadh an Cumann Sníomhacháin ról na mban chun cinn i ngnó na gcomharchumann, ionas go mbeadh an comhionannas inscne le feiceáil ann agus ionas go dtiocfadh feabhas ar gheilleagar na hÉireann.[63] Sa bhliain 1947, bhailigh Bantracht na Tuaithe agus an Cumann Sníomhacháin le chéile, le teacht ar bhealach lena gcuid táirgí a chur chun cinn agus chuir siad tús le 'Countrymarkets Teoranta'.[64] Tá cuimhe ag gariníon Ní Fhaircheallaigh, Antonia Marsh, uirthi sna 1940í agus í ag dul go Cloch Cheann Fhaolaidh i dtacsaí lena cócaire, Mary. Tar éis di filleadh abhaile bhíodh go leor stocaí, geansaithe agus slat bréidín aici a thugadh sí do dhaoine mar bhronntanais.[65]

Bhí baint ag Ní Fhaircheallaigh le hiliomad eagraíochtaí agus tionscnamh sna 1930í agus mhaígh tuairisceoir an *Irish Times*: 'she is president of so many educational bodies that her work is continuous'.[66] Ba chinnte gur chaith sí cuid mhaith ama ag cuidiú leis an gCumann Sníomhacháin, an 'Soroptimist Club', Cónaidhm Banchéimithe na hÉireann agus Cumann Banchéimithe Ollscoileanna na hÉireann, a raibh sí mar Uachtarán air nuair a fuair Máire Ní Aodáin bás i mí Iúil 1942, agus bhí baint aici le Cumann na mBanscríbhneoirí, Craobh Bhaile Átha Cliath den Chumann P.E.N., chomh maith leis an gCumann Caitliceach um Chaidreamh Idirnáisiúnta.[67] Níorbh í siúd an t-aon bhean amháin a raibh baint aici le heagraíochtaí éagsúla: ghlac mná eile dá haicme páirt i gcumainn dhifriúla seachas a gcuid ama ar fad a chaitheamh ar ábhar nó le cúis amháin.[68] Ar an gcaoi seo, bhí Ní Fhaircheallaigh agus a comhghleacaithe ag cruthú gréasán sóisialta is aontachta eatarthu in áit a bheith ag saothrú airgid.[69] Bhí an cur chuige seo ceangailte le dualgais an tsaoránaigh, agus chuir sé go mór le rath is forbairt na sochaí. Bhain gréasáin shóisialta agus aontacht na mban le fís útóipeach Ní Fhaircheallaigh freisin óir shamhlaigh sí go raibh caidrimh dhaonna agus comhoibriú na ndaoine chun leasuithe a chur ar bun sa tsochaí ní ba thábhachtaí ná an t-ábharachas a bhain leis an saol nua-aoiseach. Nuair a bhí sí ina ball de Chonradh na Gaeilge, ag obair mar chuid de mheitheal a thug tacaíocht di, ní raibh aon deacracht aici gnéithe éagsúla dá fís Ghaelach a chur chun cinn; ach, tar éis di an Conradh a fhágáil, bhí uirthi gnéithe dá fís útóipeach – bíodh an comhionannas inscne, an teanga nó cultúr Gaelach i gceist – a chur chun cinn ina haonar nó trí eagraíochtaí difriúla.

NÓTAÍ

1 *Freeman's Journal*, 30/09/1911, 4.

2 Ibid.

3 *Irish Independent*, 07/11/1917, 2.

4 Ibid.

5 Ibid.

6 Ibid.

7 Féach *Irish Times*, 16/12/1935, 8; Maryann Gialanella Valiulis, 'Defining Their Role in the New State: Irishwomen's Protest Against the Juries Act of 1927', in *Canadian Journal of Irish Studies*, 18.1 (Iúil 1992), 43–60. De réir Mary Clancy: 'there was a premonition of the demise of equality as a norm of governance and policy' nuair a pléadh dréacht bhunreacht an tSaorstáit 1922. Féach Mary Clancy, 'Shaping the Nation: Women in the Free State Parliament, 1923–1937', in *Contesting Politics: Women in Ireland, North and South,* eag. Yvonne Galligan, Eilís Ward, Rick Wilford (Colorado: Westview Press, 1999), 209.

8 Hogan, *Cumann Banchéimithe C[h]oláiste na h-Ollscoile Baile Átha Cliath 1902–1982*, 32.

9 Féach McNamara agus Mooney, *Women in Parliament: Ireland 1918–2000*, 83.

10 Mary Clancy, 'Shaping the Nation: Women in the Free State Parliament, 1923–1937', 210.

11 Maria Luddy, 'A 'sinister and retrogressive' proposal: Irish women's opposition to the 1937 draft Constitution', in *Transactions of the Royal Historical Society*, 15 (2005), 175–195.

12 *Irish Times*, 15/05/1937, 5.

13 Hogan, *Cumann Banchéimithe C[h]oláiste na h-Ollscoile Baile Átha Cliath 1902–1982*, 29; *Irish Times*, 11/05/1937, 13. Bhí Cónaidhm Bhanchéimithe na hÉireann ceangailte leis an gCónaidhm Bhanchéimithe Idirnáisiúnta agus thug sé 'research fellowships, facilities for travel and assistance of various kinds in connection with the work of its members', *Irish Times*, 24/04/1937, 6; bhí Ní Fhaircheallaigh ina hUachtarán ar an eagraíocht seo ó 1937–1939.

14 Litir ó Ní Fhaircheallaigh chuig De Valera ar an 08/05/1937, 'Women and the 1937 Constitution', Comhad S9880, CNÉ.

15 *Irish Times*, 11/05/1937, 13.

16 Ibid.

17 McNamara agus Mooney, *Women in Parliament: Ireland 1918–2000*, 92.

18 Dréacht Bhunreacht na hÉireann, 12/05/1937, Tuarascáil Oifigiúil Dháil na hÉireann, Iml. 67, Colún 242.

19 Is féidir an uimhir seo a chur i gcomparáid le líon na mban (breis is 40,000) a shínigh an gealltanas in aghaidh an choinscríofa ar Lá na mBan 1918.

20 *Irish Independent*, 22/06/1937, 9.

21 *Irish Independent*, 22/06/1937, 10.

22 Luddy, 'A 'sinister and retrogressive' proposal: Irish women's opposition to the 1937 draft Constitution', 189.

23 *Irish Press*, 22/06/1937, 8.

24 Ibid.

25 *Irish Times*, 29/11/1937, 5.

26 Angela Bourke [et al], *The Field Day Anthology of Irish Writing: Irish Women's Writing and Traditions, Vol. V* (Cork: Cork University Press, 2002), 166.

27 *Irish Times*, 28/03/1939, 7.

28 Hanna Sheehy Skeffington, 'Women in Politics', in *The Bell* (Samhain 1943), 146.

29 Tagann an téarma seo ón Laidin: 'soror' [deirfiúr] agus 'optima' [is fearr].

30 *Irish Times*, 12/12/1938, 6.

31 *Irish Independent*, 25/11/1932, 10.

32 *Irish Times*, 24/03/1947, 7.

33 *Irish Times*, 12/12/1938, 6.

34 *Irish Times*, 25/04/1958, 8.

35 *Derry Journal*, 08/02/1924, 2.

36 *Derry Journal*, 25/07/1924, 5.

37 *Irish Independent*, 25/09/1925, 7.

38 Ibid.

39 Butler, *The Life of Mary E.L. Butler*.

40 O'Farrelly, *Out of the Depths*, 34–35; Páipéir Úna Ní Fhaircheallaigh, LNÉ, Uimhir Admhála 6643 (1).

41 Agnes O'Farrelly, 'Women and the Industrial Development of Ireland', in *Catholic Truth Annual* (1916), 52, Páipéir Úna Ní Fhaircheallaigh, LNÉ, Uimhir Admhála 6643 (1).

42 *Irish Independent*, 14/10/1916, 3; Le haghaidh eolais faoi Chumann an tSeanchais, féach E. M. Stephens, *Tradition: its place in national culture* (Dublin: Talbot Press, 1918).

43 *Derry Journal*, 11/02/1924, 6.

44 Féach Paul Larmour, *The Arts & Crafts Movement in Ireland* (Belfast: Friar's Bush, 1992), 20.

45 *Irish Peasant*, 16/12/1905, 7.

46 *Irish Times*, 03/10/1910, 7; *The United Irishwomen: An Appeal* (Dublin: Hely's, 1913), 1.

47 Diarmaid Ferriter, *Mothers, Maidens and Myths: A History of the Irish Countrywomen's Association* (Dublin: FÁS, 1995), 8.

48 United Irishwomen, *The United Irishwomen: An Appeal*, 1.

49 Féach Ferriter, *Mothers, Maidens and Myths: A History of the Irish Countrywomen's Association*, 18.

50 *Irish Independent*, 02/02/1929, 11.

51 Uí Mhéalóid, 'Agnes O'Farrelly: Crusader for a Gaelic Ireland, 1874–1951', 869.

52 'Cunntas ar na printísigh fa scéim airgid Sheáin Ó Conchubhair Mac Aoidh' (Lúnasa 1938), Páipéir Úna Ní Fhaircheallaigh, LNÉ, Uimhir Admhála 6643 (2).

53 *Southern Star*, 25/04/1936, 11.

54 Féach Geraldine Mitchell, *Deeds Not Words: The Life And Work of Muriel Gahan* (Dublin: Town House, 1997).

55 *Irish Times*, 17/03/1945, 5.

56 *Irish Times*, 05/10/1935, 3; *Irish Times*, 01/05/1936, 8.

57 *Irish Independent*, 28/04/1939, 5.

58 Ibid.

59 *Irish Independent*, 28/04/1939, 5.

60 *Irish Independent*, 31/03/1939, 4.

61 *Irish Times*, 08/04/2008, 16.

62 Aileen Heverin, *I.C.A.: The Irish Countrywomen's Association, A History 1910–2000* (Dublin: Wolfhound Press, 2000), 71.

63 *Irish Times*, 17/03/1945, 5.

64 Ferriter, *Mothers, Maidens and Myths: A History of the Irish Countrywomen's Association*, 31.

65 Antonia Marsh faoi agallamh ag an údar, mí Iúil 2007. Tá alt scríofa ag Margaret Ó hÓgartaigh faoi Antonia MacDonnell, máthair Antonia Marsh agus neacht Úna Ní Fhaircheallaigh. Féach Margaret Ó hÓgartaigh, 'Antonia MacDonnell, Meath's first female barrister, and the legal profession in Ireland in the early twentieth century', in *Ríocht na Midhe* (2009), 273–276.

66 *Irish Times*, 18/03/1938, 4.

67 Féach 'Department of the Taoiseach: Women in Twentieth Century Ireland 1922–1966', Cáipéis S13584A, CNÉ.

68 Mar shampla, bhí baint ag Máire Ní Aodáin le Conradh na Gaeilge agus Cumann na Fírinne Caitlicí chomh maith le heagraíochtaí eile a raibh Ní Fhaircheallaigh páirteach iontu freisin.

69 Tugann ainmneacha eagraíochtaí cosúil le 'Mná Aontaithe' agus 'Sinn Féin' aidhm na haontachta le fios. Is ionann an cur chuige seo i measc na mban agus 'an caipiteal sóisialta' nó 'connections among individuals – social networks and the norms of reciprosity and trustworthiness that arise from them', mar a thugann Robert D. Putnam air. Féach Robert D. Putnam, *Bowling Alone* (New York: Simon & Schuster, 2000), 19.

IX

Fréamhacha na Camógaíochta agus 'Riachtanais na Banúlachta'

Cé go raibh baint ag Úna Ní Fhaircheallaigh le heagraíochtaí éagsúla a d'fhás agus a d'éag go gasta uaireanta, thacaigh sí le cumann amháin ar feadh na mblianta fada óir thug an cumann seo an deis di a fís útóipeach Ghaelach a chraobhscaoileadh agus a chur chun cinn. D'fhan an cumann céanna, an Cumann Camógaíochta, slán ón deighilt agus naimhdeas a bhain le cúrsaí polaitíochta in Éirinn ó 1914 ar aghaidh. Bhí baint ag Ní Fhaircheallaigh leis an gCumann Camógaíochta ó 1911 go dtí 1951.[1] Mheall an cumann seo í toisc go raibh meascán den seanchultúr agus den saol nua-aoiseach go smior ann agus é ag iarraidh féiniúlacht agus stádas úr a chruthú do mhná na hÉireann. Chuir sé aontacht na mban chun cinn agus é ag tabhairt comhsprioc neamhpholaitiúil dóibh, agus chuir sé caitheamh aimsire nua ar fáil do mhná ionas go mbeadh fonn orthu fanacht in Éirinn in áit a bheith ag dul ar imirce.[2] Chomh maith leis sin, samhlaíodh go raibh íonghlaineacht ag baint le cluichí Gaelacha agus bhí dlúthbhaint idir an Conradh agus Cumann Lúthchleas Gael le fada an lá.[3] Dá dheasca sin, bhí *raison d'être* na camógaíochta ag cloí le smaointeachas agus fís Ní Fhaircheallaigh do mhná na hÉireann. Bhain sí úsáid as ardán an Chumainn Chamógaíochta chun a tuairimí feimineacha is náisiúnaíocha a bhrú chun tosaigh sa tsochaí agus spreag a cur chuige agus a dóchas imreoirí is eagraithe an chluiche. Chonaic sí fás agus forbairt an chluiche i rith a saoil, agus bhí baint ollmhór aici féin le bláthú na camógaíochta.

Tuairiscíodh gur eagraíodh cluichí iománaíochta do mhná den chéad uair sa bhliain 1898, an bhliain chéanna ar chláraigh Ní Fhaircheallaigh mar bhall de Chonradh na Gaeilge. Cuireadh rialacha na camógaíochta i gcló in *Banba,* iris Chraobh an Chéitinnigh, sa bhliain 1904.[4] Tháinig cluiche na 'Camoguidheachta' mar a tugadh air, os comhair na tíre den chéad uair nuair a eagraíodh taispeántas ag Oireachtas na bliana sin.[5] Tugadh aitheantas don drámadóir Máire Ní Chinnéide, a d'fhreastail ar Choláiste Mhuire in éineacht le Ní Fhaircheallaigh, agus do Cháit Ní Dhonnchadha mar bhunaitheoirí an chluiche, agus chum Tadhg Ó Donnchadha nó 'Torna', deartháir Cháit Ní Dhonnchadha, na rialacha.[6] Murab ionann is baill fhireanna de Chraobh an Chéitinnigh, ní raibh baint ag na mná seo leis an bpolaitíocht: bhain siad leis an gcéad ghlúin de mhná a bhain leas as na deiseanna nua dá n-inscne sa chóras oideachais. Dá bhrí sin, theastaigh uathu an comhionannas inscne agus an Ghaeilge a chur chun cinn, lámh le lámh, trí imeachtaí cultúrtha cosúil leis an drámaíocht, an litríocht agus an spórt.

Le scór bliain, chuir Cumann Lúthchleas Gael cruth úr ar na seanchluichí Gaelacha agus chothaigh sé cluichí na bhfear i bparóistí na tíre. Chuir sé go mór le spiorad an phobail agus thug sé comhsprioc do na himreoirí. Chas sé stádas íseal na gcluichí thart trí bhéim a leagan ar fhréamhacha ársa na gcluichí Gaelacha, iad a athmhúnlú de réir a chuid riachtanas comhaimseartha féin, agus iad a ath-Ghaelú mar bhí leagan gallda den iománaíocht á imirt in Éirinn.[7] Ag am a bhunaithe, bhí leagan den iománaíocht 'Hurley' á imirt ag mic léinn Choláiste na Tríonóide. Ach theastaigh ó Mhícheál Ó Cíosóg, bunaitheoir Chumann Lúthchleas Gael, idirdhealú a dhéanamh idir 'Hurley' dhílseoirí na Banríona agus an cluiche 'dúchasach' a mhúnlaigh sé féin, ar ar ghlaoigh sé 'Hurling', cluiche ársa uasal, mar a cuireadh síos air, a d'imir seanlaochra na hÉireann. Bhí Cumann Lúthchleas Gael chun tosaigh ar Chonradh na Gaeilge agus é ag iarraidh fáil réidh le tionchar is smacht Shasana i réimse an spóirt Ghaelaigh, ar an tuiscint go bhféadfadh an fhéiniúlacht dhúchasach Ghaelach réamhchoilíneach bláthú in athuair.[8] Ach níorbh ionann cur chuige Chumann Lúthchleas Gael agus Chonradh na Gaeilge i dtaobh na mban, agus ligeadh do mhná bheith sa lucht féachana seachas na cluichí Gaelacha a imirt. Nuair a lig Conradh na Gaeilge mná óga éirimiúla isteach i ngluaiseacht an náisiúnachais chultúrtha ag tús an fhichiú haois, thug sé an deis dóibh síolta na camógaíochta a chur is a scaipeadh. Bhí an-chosúlacht idir í agus iománaíocht na bhfear ach bhí páirc imeartha ní ba lú ag lucht na camógaíochta agus bhí an liathróid ní b'éadroime. In ainneoin gur ceapadh go raibh an Cumann Camógaíochta ceangailte le Cumann Lúthchleas Gael ag tús a ré, bhí sé ag feidhmiú go neamhspleách i ndáiríre. Cé nach raibh baint ag Ní Fhaircheallaigh leis an gcamógaíocht ón tús, mhaígh sí ina dhiaidh sin gur eascair an cluiche

> out of our own needs and our own people – the needs of womanhood – the needs of those women who had looked on for centuries from the side-line at the men of their race perfecting their physique and their stamina in games of skill and strength.[9]

De réir Ní Fhaircheallaigh, bhí an chamógaíocht mar shiombail den bhean nua Ghaelach a raibh féinmhuinín aici agus féinchothaitheacht ag baint léi, bean nach bhfanfadh ar thaobhlíne na sochaí a thuilleadh.

Sa bhliain 1905, toghadh Máire Ní Chinnéide mar uachtarán an Chumainn Chamógaíochta agus faoin tráth sin bhí léig ar siúl i mBaile Átha Cliath le naoi bhfoireann páirteach inti.[10] Cé gur bunaíodh roinnt clubanna sa phríomhchathair agus ceann amháin in Áth

Luain i rith na bliana sin, níor tháinig forbairt ollmhór ar an gcluiche de bharr easpa eagraíochta.[11] Tuairiscíodh in *The Gaelic League Annual and County Directory for 1910–11*: 'No Executive or League has been organized in Dublin since 1906, although some teams still practise and play friendly matches'.[12] Ag deireadh na bliana 1910 áfach, ba léir ó cholúin *An Claidheamh Soluis* go raibh suim úr á múscailt sa chamógaíocht agus mhaígh Cáit Ní Dhonnchadha:

> ní mó ná maith a dhéanfaidh sé don Ghaedhilg mná na tíre a cimeád siar uaithe gan páirt a gabháil san obair. Má's áil linn iad do Ghaedhlughadh caithfeam lúith chleas oireamhnach do sholáthar n-a gcóir.[13]

Ar an 21 Aibreán 1911, bhailigh bunaitheoirí na camógaíochta le chéile i Halla Chonradh na Gaeilge, 25 Cearnóg Rutland, leis an mbealach ab fhearr chun an chamógaíocht a chothú is a chur chun cinn a phlé, sa chaoi is go mbeadh sí oiriúnach mar chaitheamh aimsire do chailíní na hÉireann.[14] Bhí mná feimineacha agus náisiúnaíocha ina measc, a raibh baint acu le heagraíochtaí éagsúla cosúil le Conradh na Gaeilge, Inghinidhe na hÉireann, Sinn Féin, agus Mná Aontaithe na hÉireann a tháinig ar an bhfód tamall gearr roimhe sin. Roghnaíodh an Bhantiarna Fingall, bunaitheoir agus uachtarán na mBan Aontaithe, mar chéad Uachtarán an Chumainn Chamógaíochta; bhí Máire de Buitléir ina leasuachtarán.[15]

Ceann de na rudaí ba thúisce a rinne Cáit Ní Dhonnchadha, rúnaí an choiste nua, ná litir a scríobh chuig Úna Ní Fhaircheallaigh, ag impí uirthi páirt a ghlacadh i gcúrsaí riaracháin an chluiche agus an cluiche a chothú i measc na n-iníonacha léinn sa Choláiste Ollscoile, óir ba iad sin na mná óga ba rathúla dá nglúin agus ceapadh go mbeadh ról lárnach acu i dtodhchaí na tíre.[16] Ach lorgaíodh tacaíocht Ní Fhaircheallaigh freisin mar gheall ar a stádas i gConradh na Gaeilge: ba í an bhean ba mhó údarás ar an gCoiste Gnó í. Bhí tacaíocht Chonradh na Gaeilge ag teastáil ón gCumann Camógaíochta, toisc go raibh modhanna maithe bolscaireachta aige agus craobhacha lonnaithe i ngach cearn den tír, agus chuideoidís leis an gcamógaíocht a chur chun cinn ar fud na hÉireann. Ar an 25 Bealtaine, d'fhreastail Ní Fhaircheallaigh ar chruinniú an Chumainn Chamógaíochta den chéad uair, agus ghlac sí lena smaointeachas is spriocanna láithreach.[17] Roimh i bhfad, tháinig sí ar an tuiscint go raibh an Chamógaíocht mar chuid riachtanach i bpróiseas an ath-Ghaelaithe, agus chuirfeadh sí le féiniúlacht úr na mban Éireannach. Mheas sí go bhféadfadh mná teacht le chéile faoi scáth an Chumainn Chamógaíochta, eagraíocht agus gréasán sóisialta a chuirfeadh an comhaontas chun cinn agus a ligfeadh dóibh a mbuanna aclaíochta a fhorbairt is a cheiliúradh, agus a chothódh gnéithe den náisiúnachas cultúrtha. Shíl sí go bhféadfadh Conradh na Gaeilge agus an Cumann Camógaíochta a bheith ag comhoibriú ar thionscnaimh is spriocanna éagsúla: chuirfeadh Conradh na Gaeilge an chamógaíocht chun cinn trína chraobhacha agus chuirfeadh an Cumann Camógaíochta an Ghaeilge chun cinn ar an bpáirc imeartha i measc na mban óg agus trí shíntiús airgid a thabhairt don Chonradh.[18]

Tuairiscíodh gur bunaíodh Club Camógaíochta sa Choláiste Ollscoile taobh istigh de mhí tar éis d'Úna Ní Fhaircheallaigh teagmháil a dhéanamh leis an gCumann Camógaíochta.[19] Rinne Ní Fhaircheallaigh agus Dubhghlas de Híde iarracht iníonacha léinn a spreagadh is a earcú leis an gcluiche a imirt agus d'iarr Ní Fhaircheallaigh ar uachtarán na hOllscoile, an Dr Coffey, páirc oiriúnach a aimsiú dóibh ionas go bhféadfaidís dul i mbun traenála go rialta.[20] Ina ainneoin seo, níor tarraingíodh mórán airde ar an gClub seo ag tús a ré agus áitíodh nach raibh údaráis na hollscoile róbháúil leis.[21] Mar a tharla i gcás an Chumainn Chamógaíochta, athbhunaíodh an Club seo i mí na Bealtaine 1914 agus tugadh an 'Camóg Club' air. Faoin am sin, bhí club eile in Ollscoil Chorcaí, chomh maith le clubanna i nGaillimh, Tír Chonaill, Ciarraí, Cill Chainnigh, Cairdif agus Lancashire.[22] Tuairiscíodh sa *National Student*: 'Miss O'Farrelly showed her usual interest in the students' enterprises by kindly consenting to be President of an Cumann Camógaidheachta'.[23]

Foireann Camógaíochta an Choláiste Ollscoile, 1915

Chonaic Ní Fhaircheallaigh rath agus dea-thorthaí an 'Sigerson Cup' a bhronn a cara, an Dr George Sigerson, ar chomórtas Iománaíochta idirollscoileanna sa bhliain 1911 agus bheartaigh sí go gcuirfí duais ar fáil don léig nua Chamógaíochta idirollscoileanna.[24] D'iarr sí ar a buanchara Liam Mac Giolla Bhríde duais a chur ar fáil do bhuaiteoirí na léige agus bhronn sé 'Corn Ashbourne' ar lucht na camógaíochta sa bhliain 1915. Ghríosaigh an duais seo, atá fós ann, mná óga chun feabhas a chur ar a scileanna imeartha agus chothaigh sé spiorad na foirne, ag ligean dóibh aithne a chur ar mhná óga eile freisin.[25]

Dúirt Mary Macken, bean acadúil eile sa Choláiste Ollscoile, nár chaill Ní Fhaircheallaigh cluiche camógaíochta riamh, beag ná mór, a raibh imreoirí an Choláiste Ollscoile páirteach ann, agus mhaígh sí: 'her devotion to the Club would be remembered by generations of UCD women'.[26] Bhí Ní Fhaircheallaigh ina huachtarán ar Chlub Camógaíochta an Choláiste Ollscoile go dtí go bhfuair sí bás sa bhliain 1951.

Leag coiste an Chumainn Chamógaíochta béim ar chur chun cinn an chluiche sna hollscoileanna d'aon ghnó.[27] Cosúil le baill den choiste féin, ba mhná meánaicmeacha, éirimiúla iad na hiníonacha léinn, agus dá dheasca sin, bhí difríochtaí aicme go minic idir imreoirí fireanna na gcluichí Gaelacha agus imreoirí na camógaíochta.[28] Theastaigh ón gcoiste na hiníonacha léinn a mhealladh ar chúiseanna éagsúla: bhí ní ba mhó am saor acu ná mar a bhí ag mná oibre ar comhaois leo; bhí múinteoirí na todhchaí i measc na n-iníonacha léinn céanna agus d'fhéadfadh na múinteoirí síolta an chluiche úir a chur i meánscoileanna ar fud na tíre. Mheas Ní Fhaircheallaigh féin go mba chóir don choiste an chamógaíocht a chur chun cinn i gColáistí Oiliúna na mBan ionas go dtiocfadh sí faoi bhláth, taobh leis an iománaíocht, i mbunscoileanna na hÉireann chomh maith.[29]

Bhí Scoil Íte na gcailíní, a bhunaigh Pádraic Mac Piarais sa bhliain 1911, gafa le hath-Ghaelú na tíre, díreach cosúil le Scoil Éanna na mbuachaillí, agus nuair a d'aistrigh an scoil chuig 'Cullenswood House', cuireadh béim ar an gcamógaíocht mar chuid den churaclam inti.[30] Bunaíodh foirne, cuireadh an cluiche chun cinn agus cuireadh cosc ar na cailíní aon chluiche eile a imirt.[31] Ach dúnadh an scoil sa bhliain 1912 mar gheall ar fhadhbanna airgid agus bhí ar choiste an Chumainn Chamógaíochta scoileanna eile a aimsiú a bheadh báúil leis an gcluiche úr Gaelach. Léirigh clocharscoileanna meánaicmeacha faoi stiúir na nUrsalach agus na nDoiminiceach spéis sa chluiche; ach dheimnigh Príomhoide Chlochar Bhaile an Bhóthair gur bhain an Chamógaíocht leis an meánaicme Chaitliceach nuair a d'iarr an Cumann Camógaíochta uirthi foireann a bhunú sa scoil. Dhiúltaigh sise dá hiníonacha léinn an cluiche a imirt ar an gcúinse 'the girls at her school being of the very poor class, would hardly prove the right material out of which to form a club'.[32] Níor theastaigh ón gCumann Camógaíochta ceisteanna aicmíochta a ardú agus mheas Ní Fhaircheallaigh go raibh an cluiche oiriúnach do 'ordinary women'.[33]

Nuair a bhí Ní Fhaircheallaigh ina cailín óg, ba léir di gur bhain cluichí éagsúla le haicmí difriúla. D'imir sise leadóg, spórt aonaránach faiseanta a bhain lena haicme féin agus le cultúr Shasana.[34] Ach ag an tráth sin, thuig sí go raibh leagan den iománaíocht, 'Commons', á imirt ag páistí na tuaithe. Samhlaíodh 'Commons' le bochtanas is bhí drochmheas ag an ardaicme is ag an meánaicme air, mar a tharla i gcás na teanga.[35] Bhí súil aici nach mbainfeadh an chamógaíocht le haicme faoi leith, ionas go mbeadh daoine ó aicmí éagsúla ag obair as lámh a chéile mar a tharla i gConradh na Gaeilge. Thabharfadh an chamógaíocht an deis do mhná róil a ghlacadh nach mbainfeadh le cúrsaí aicme ná inscne: ghlac Ní Fhaircheallaigh féin le róil úra agus í i mbun riaracháin agus mar réiteoir na gcluichí ó am go ham.[36]

Roghnaíodh an Bhantiarna Fingall mar chéad Uachtarán an Chumainn Chamógaíochta mar thabharfadh a hardstádas le fios go raibh an cluiche seo oiriúnach do mhná Éireannacha ón uasaicme chomh maith leis na haicmí eile. De bhrí go raibh baint aici le Mná Aontaithe na hÉireann, eagraíocht a raibh mná ardaicmeacha Protastúnacha páirteach inti ag tús a ré (cé go raibh sise ina Caitliceach), agus lucht Chaisleán Bhaile Átha Cliath, bhí mná náisiúnaíocha áirithe an-amhrasach fúithi mar Uachtarán.[37] Ach mheas an Bhantiarna Fingall go bhféadfadh an chamógaíocht mná óga a choimeád in Éirinn seachas a bheith ag dul ar imirce (ceann d'aidhmeanna Mhná Aontaithe na hÉireann), agus dá dheasca sin, theastaigh uaithi tacú leis an gcluiche seo agus é a chur chun cinn. Mar ghotha siombalach, bhronn sí páirc imeartha ar an gClub a bhunaigh sí taobh lena baile féin i gCo. na Mí. Tuairiscíodh freisin gur cheannaigh sí 'over two dozen sticks and two camog balls at her own expense' do na himreoirí áitiúla agus thug sí na cailíní ba shine sa Chlub chuig taispeántas camógaíochta a bhí ar siúl ar thalamh Horace Plunkett i gCarraig an tSionnaigh i ndeisceart Bhaile Átha Cliath.[38] In ainneoin na flaithiúlachta seo, níl aon fhianaise ann gur mhair a spéis sa chluiche ar feadh i bhfad. Mar a deir Oonagh Walsh ina halt ar 'Protestant Female Philanthropy in Dublin in the Early 20th Century', bhí sé de nós ag mná saibhre Protastúnacha obair dheonach agus charthanachta a dhéanamh thar na mná Caitliceacha.[39] Ach bhí eisceachtaí ann dar ndóigh, agus ar an gcaoi seo bhí Ní Fhaircheallaigh ní ba chosúla le mná saibhre Protastúnacha seachas Caitliceacha, agus de réir a chéile a thosaigh sí ag caitheamh go leor ama ag cur na camógaíochta chun cinn. Theastaigh uaithi tréith ársa mhuintir na hÉireann nó 'flaithiúlacht na nGael' a chleachtadh í féin, tréith a thug sí faoi deara ar Oileáin Árann ag casadh an chéid. Sa bhliain 1928, mar shampla, nuair a tháinig an chamógaíocht faoi bhláth mar gheall ar an ardán a thug Aonach Tailteann di, bhí duais dar teideal 'The O'Farrelly Cup' ann d'imreoirí na camógaíochta, bhí 'The O'Farrelly Championship' ann agus 'The O'Farrelly Junior League'.[40] Tuairiscíodh go minic gur bhronn sí boinn ar bhuaiteoirí na gcomórtas camógaíochta agus chuir sí siamsaíocht ar fáil d'fhoireann Bhaile Átha Cliath agus an Choláiste Ollscoile ina teach féin i Ráth Garbh ó am go chéile.[41]

De réir mar a d'éirigh Ní Fhaircheallaigh míshásta le treo Chonradh na Gaeilge mar mhodh lena fís útóipeach Ghaelach a bhaint amach, chaith sí ní ba mhó ama ag obair ar son na camógaíochta, cumann a chuir riail i bhfeidhm in éadan na polaitíochta agus an tseicteachais.[42] Dá ainneoin sin, chuir an Chéad Chogadh Domhanda agus an chorraíl shibhialta in Éirinn i ndiaidh Éirí Amach 1916 isteach ar fhorbairt na camógaíochta go sealadach.[43] I mí Iúil 1918, nuair a d'fhógair An Bíocunta French go raibh eagraíochtaí cosúil le Sinn Féin, Conradh na Gaeilge, Óglaigh na hÉireann agus Cumann na mBan mídhleathach, agus go mbeadh chuile ócáid phoiblí mídhleathach gan ceadúnas speisialta a fháil, cuireadh cosc sealadach ar chluichí camógaíochta.[44] Lean lucht riaracháin an chluiche ar aghaidh lena gcuid oibre áfach, ar an tuiscint: 'It was evident repression in such a rigid form must soon prove its own undoing'.[45] Lean 'Corn Ashbourne' ar aghaidh i rith na mblianta sin agus thug sé leithscéal do na hiníonacha léinn taisteal ar fud na tíre agus dul in iomaíocht le mná óga eile.[46]

Cuireadh tús le ré nua i stair na camógaíochta nuair a ghlac imreoirí an chluiche páirt in Aonach Tailteann sna blianta 1928 agus 1932 agus tugadh ardán náisiúnta don chluiche den chéad uair. Theastaigh ó rialtas nua an tSaorstáit a neamhspleáchas agus a fhéiniúlacht úr Ghaelach a chur chun cinn agus misneach a thabhairt do thír in ísle brí ag an tráth sin, agus beartaíodh Aonach Tailteann a chur ar bun sa bhliain 1924 chun freastal a dhéanamh ar riachtanais an stáit nua.[47] Ócáid ársa spóirt sa tseanaimsir a bhí in Aonach Tailteann a tosaíodh in ómós don Bhanríon Tailte, i gContae na Mí.[48] Chomh luath is a thosaigh gluaiseacht na hathbheochana in

Éirinn, theastaigh ó náisiúnaithe ardán a thabhairt don Aonach seo: sa bhliain 1889, scríobhadh sa *Weekly Freeman*: 'That the City of Dublin Branch of the Fireside Club hail with the greatest pleasure the project of re-establishing the old Irish Tailtean games'.[49] Níor cuireadh an tionscnamh sin i bhfeidhm go ceann i bhfad áfach, ach chonacthas rath na gCluichí Oilimpeacha, cluichí na SeanGhréige a bunaíodh in athuair sa bhliain 1896. Bhain meon Victeoiriach le Courbertin, bunaitheoir na gCluichí Oilimpeacha, agus a chairde maidir le ról na mban. Chuir siad béim ar áilleacht is uaisleacht na mban, ach níor cheap siad go raibh sé oiriúnach do mhná a bheith in iomaíocht lena chéile i gcúrsaí spóirt.[50] Dá bhrí sin, níor lig an Coiste Oilimpeach do mhná páirt a ghlacadh sna himeachtaí páirce go dtí an bhliain 1928.

Bhí tábhacht agus siombalachas as cuimse ag baint le haiséirí Aonach Tailteann, mar tuairiscíodh nach raibh a leithéid ann ón mbliain 1169, nuair a tháinig na Normannaigh go hÉirinn agus nuair a cuireadh an chéad chloch ar shibhialtacht na nGael. Mar sin, agus muintir na hÉireann ag glacadh seilbh ar a gcultúr dúchasach in athuair, ba léir go raibh siad ag iarraidh fáil réidh le rian na Sasanach, le ré an choilíneachais, agus an saol Gaelach á cheiliúradh acu. Mar a tharla i gcás na gcluichí Gaelacha, agus i gcás fheiseanna an Chonartha, bhí gnéithe den chultúr ársa fite fuaite le 'traidisiúin' nua-chumtha. Bhí na cluichí ársa mar bhunmhúnla don fhéile chomhaimseartha chun bród na nÉireannach a spreagadh, ach bhí go leor imeachtaí nár bhain leis an saol Gaelach mar chuid den Aonach, cosúil le rása na ngluaisrothar i bPáirc an Fhionnuisce, ar fhreastail na mílte air.[51] Thug *The Irish Statesman* cur síos cuí ar thábhacht Aonach Tailteann i meon mhuintir na hÉireann:

> It may be questioned if the majority of modern Irishmen are deeply concerned about the achievements of Lugh of the Long Arm, or are inspired by the devotion which enthusiasts like Mr J.J. Walsh profess to cherish for the memory of Queen Tailte. But we do want badly a dash of colour and gaiety after the gloom in which we have been submerged for so long, and if these come to us through a festival which has its roots deep in the buried centuries, the effect on the national imagination will be all the more powerful.[52]

Thug Aonach Tailteann uchtach agus ardú céime do stádas na camógaíochta sna blianta 1928 agus 1932.

'Part of the greater National life' a bhí sa chamógaíocht de réir Ní Fhaircheallaigh; bunchloch a bhí ann i gcruthú na sochaí nua Gaelaí, ina bhfaigheadh cailíní an oiliúint chéanna intleachtúil agus fhisiciúil leis na fir ionas go mbeidís uilig ar comhchéim.[53] Cé gur leagadh béim ar chothú an chluiche i measc na n-óg, ar a mbeadh todhchaí na hÉireann ag brath, bhí mná fásta in ann páirt a ghlacadh ann freisin mar riarthóirí agus réiteoirí. Thug an chamógaíocht an deis do mhná áirithe an taobh fiáin agus iomaíoch dá bpearsantacht a léiriú óir bhí srian leo seo sa tsochaí go ginearálta. Sna 1930í luatha, labhair Ní Fhaircheallaigh faoi chuid de na cluichí ba luaithe:

> Each player wielded her Camóg at her own sweet will without any reference to her colleagues just to show how far she could put the ball ... the proud wielder of the Camóg felt she had gone one better than her brothers on the hurling field.[54]

Thaitin an comhoibriú a cothaíodh idir mhná ar an bhfoireann chéanna chamógaíochta le Ní Fhaircheallaigh. Mheas sí go bhféadfadh mná óga gnéithe dá bpearsantacht agus dá n-aclaíocht a fhorbairt agus iad ag brath ar a chéile mar chuid d'fhoireann, agus go bhfoghlaimeoidís faoi dhualgais an tsaoránaigh freisin:

> The competitive nature of the matches and friendly rivalry help greatly to keep up interest in the game, and it is a fine training in the give-and-take of citizenship. The best team wins and the competitors learn under definite conditions to play the game of life in a tolerant spirit.[55]

Bhí i bhfad níos mó i gceist leis an gcamógaíocht ná gné de chultúr an phobail agus leagan baineann de Chumann Lúthchleas Gael óir eagraíocht fhéinchothaitheach a bhí ann, chomh maith le gréasán sóisialta a lig do mhná bailiú le chéile chun ceiliúradh a dhéanamh ar fhéidearthachtaí a n-inscne féin. Shíl Ní Fhaircheallaigh go raibh ní ba mhó am saor ag glúin na mban óg ná mar a bhí ag a glúin féin agus iad ag fás aníos, agus nuair a chuir an chamógaíocht feabhas ar shaol sóisialta na mban óg, cothaíodh dul chun cinn sóisialta freisin.[56] Chothaigh an cluiche an cuimsiú sóisialta i measc na mban, cuimsiú a bhain leis an bpobal agus leis an náisiúnachas cultúrtha.

Úna Ní Fhaircheallaigh ag bronnadh Chorn Sheáin Uí Dhubhthaigh ar bhuaiteoirí na hÉireann sa chamógaíocht sa bhliain 1935

Mealladh Ní Fhaircheallaigh i dtreo na camógaíochta toisc go raibh idéil agus an smaointeachas Éire-Éireannach go smior inti agus gur theastaigh ó na bunaitheoirí féiniúlacht na mban Éireannach a chothú. Impíodh ar na himreoirí camóga, liathróidí agus éadaí de dhéantús na hÉireann a cheannach ón tús, agus ag an am sin bhí Ní Fhaircheallaigh ag impí ar mhná an Chonartha éadaí de dhéantús na hÉireann a cheannach freisin.[57] Choinnigh sí i mbun an fheachtais sin nuair a ghlac sí le ról sa Chumann Camógaíochta agus d'eagraigh sí céilithe an chumainn ar a raibh iallach ar dhaoine éadaí de dhéantús na hÉireann a chaitheamh '[to] help to keep their people at work in Ireland'.[58] Chuir an Cumann Camógaíochta an Ghaeilge chun cinn freisin toisc go raibh díograiseoirí teanga ar an gcoiste. Tháinig an chamógaíocht ar an bhfód nuair a bhí líon na ndaoine ag freastal ar ranganna Chonradh na Gaeilge ag dul i léig.[59] Ba léir go raibh bealaí úra ag teastáil chun an teanga a mhúineadh agus daoine a mhealladh ina treo; dá bhrí sin, cuireadh an Ghaeilge chun cinn ar bhealach neamhfhoirmiúil ar an bpáirc imeartha. Thapaigh Ní Fhaircheallaigh gach deis chun an teanga a chur chun cinn, agus í ag tabhairt óráidí as Gaeilge de shíor ag imeachtaí sóisialta an chumainn. Mhaígh sí:

> There are no more zealous lovers of the Irish language than the Camóg players of this country. They make use of Irish as far as is practicable and many meetings under the auspices of the Association have conducted their business solely or in part through Irish.[60]

Fiú sa bhliain 1936, chreid sí go mbeadh an Ghaeilge mar theanga oifigiúil na camógaíochta (gan trácht ar an tír) agus thug sí le fios 'we look forward to the time when Irish will be the language spoken nationally on the Camóg field'.[61] Léiríonn an ráiteas seo gur choinnigh Ní Fhaircheallaigh uirthi ag cur a físe Gaelaí chun cinn i spásanna teoranta, mar a rinne sí roimhe sin ar Inis Meáin agus i gCloch Cheann Fhaolaidh.

Cé go raibh baint ag cúpla fear cosúil le Torna agus Seán Ó Dubhthaigh leis an gcamógaíocht, gluaiseacht na mban a bhí inti i ndáiríre ar theastaigh uaithi stádas na mban a chur chun cinn i measc a gcuid ball féin ar an gcéad dul síos agus ansin i measc na bhfear. Ceann de na comharthaí ba luaithe den chur chuige seo ná an leas a baineadh as ainmneacha na mbanlaochra Éireannacha mar theidil ar na clubanna úra. Thug dhá Chlub Camógaíochta a bunaíodh i Londain, 'Club Ethna Carbery' agus 'Club Ghráinne Mhaoil' aitheantas do bhanlaochra, a raibh mná náisiúnaíocha feimineacha bródúil astu.[62] Bhain íomhá Ghráinne Mhaoil le cumhacht ársa Ghaelach na mban, óir d'éirigh léi an ceann is fearr a fháil ar fhir a linne. Siombail láidir a bhí inti, ina gníomhartha, a chuir lucht bunaithe an Chlub chun cinn ar mhaithe le hinspioráid agus misneach a thabhairt do mhná. Bhí 'Gráinne Mhaol' i seilbh na mban amháin, agus malairt ar luachanna is siombail na bhfear a bhí inti. Os a choinne sin, sheas Ethna Carbery (1866–1902) mar shiombail den bhanlaoch Éireannach comhaimseartha.[63] Eiseamláir a bhí inti sa mhéid is gur chaith sí a saol ag obair ar son ilghnéithe an náisiúnachais chultúrtha is an fheimineachais, rud a d'fhéadfadh gach bean óg a dhéanamh. Cuireadh club eile, 'The Caithlin Ni Houlihans', mar a tugadh orthu, ar bun in Éirinn sa bhliain 1905.[64]

Sna 1930í, bhain polasaí cosantach leis an gCumann Camógaíochta agus theastaigh ón gcoiste fir a dhíbirt ón gcumann go huile is go hiomlán. Beartaíodh nach dtabharfaí cead d'fhir freastal ar chomhdháil chamógaíochta na bliana 1935, ach ligeadh triúr isteach ar mholadh Ní Fhaircheallaigh.[65] Sa bhliain 1936, moladh go mba chóir do mhná seilbh a ghlacadh ar chuile ghné dá spórt féin, ó phost an réiteora go post an mhaoir líne.[66] An bhliain dár gcionn, theastaigh ó chuid de na toscairí cosc a chur ar chuile fhear a bheith mar bhaill sa Chumann, ach amháin 'Fear na Camógaíochta' féin, Seán Ó Dubhthaigh, a raibh an oiread sin oibre déanta aige ar son an Chumainn, agus ba léir do na mná go rachadh an cluiche chun donais gan é. Ní raibh Ní Fhaircheallaigh tógtha leis na moltaí i dtaobh na bhfear, óir chreid sí sa chomhionannas inscne i ngach gné den tsochaí, fiú murar ligeadh mná isteach i ngluaiseachtaí na bhfear.[67] Mhínigh sí cinneadh an Chumainn Chamógaíochta mar rud a bhí 'absolutely necessary if the organization were to retain its independence and if the women were to retain their self-respect', ach dúirt sí chomh maith: 'this decision does not mean that the branches will not accept the help of men athletes and enthusiasts'.[68] Cé gur theastaigh ó Ní Fhaircheallaigh fir a ligean isteach sa chumann, óir bhain an comhionannas inscne lena fís do thodhchaí na hÉireann, díbríodh na fir ón gCumann Camógaíochta ar feadh tamaill. Glacadh leis gurbh é sin an bealach ab fhearr chun féinmheas agus féinmhuinín na mban a chaomhnú. Tá sé deacair a rá cén fáth ar tháinig an Cumann Camógaíochta ar an tuiscint go raibh na fir ag déanamh dochair don chumann, ach seans gur bhain sí leis an teorannú agus leis na hionsaithe a rinneadh ar chearta na mban i sochaí na hÉireann. Deich mbliana ina dhiaidh sin, bhí baint ag fir éagsúla leis an gCumann Camógaíochta in athuair.[69]

Bhí cáil ar mhná cosúil leis an mBantiarna Aberdeen agus an Dr Kathleen Lynn ar fud na hÉireann go luath san fhichiú haois mar gheall ar a n-iarrachtaí chun aird a dhíriú ar shláinte na mban agus í a fheabhsú.[70] Bheartaigh Ní Fhaircheallaigh sláinte na mban Éireannach a fheabhsú freisin ach mheas sise go gcuideodh an chamógaíocht go mór le sláinte na mban. Gné eile dá polasaí féinchothaitheach a bhí ann. Chreid sí: 'If they [Éire-Éireannaigh] wished to have a healthy race they must also have to develop the physical side of women'.[71] Thagair sí d'imreoirí na camógaíochta mar 'the future mothers of this nation', agus bhí súil aici go gcuirfidís an cluiche ar aghaidh chuig an gcéad ghlúin eile.[72] Labhair sí faoi thuairimí na ndochtúirí go minic agus mhaígh sí go gcuirfeadh an chamógaíocht feabhas ar shláinte na n-imreoirí agus ar shláinte a bpáistí chomh maith.[73] D'admhaigh sí go ndeachaigh a teoiricí i dtaobh bhuntáistí fisiciúla an spóirt chomh fada siar leis an tseanGhréig; ach níor tugadh aon aird ar chluichí foirne mar chuid d'oideachas na mban in Éirinn, idir intinn agus chorp, go dtí an fichiú haois.[74] An rud ba shuntasaí faoi thuairimí Ní Fhaircheallaigh ná an aird a tugadh orthu i nuachtáin na hÉireann, mar a bheadh teoiricí úrnua á bhforbairt aici.[75] Mhaígh sí chomh maith gur chuir an chamógaíocht le moráltacht na n-imreoirí óga, a bhí 'as a rule, clean and healthy in their outlook, and more inclined to take a broad view of things'.[76] Níor chreid chuile dhuine go raibh moráltacht ag baint leis an gcluiche seo, áfach.

Dúirt Seán Ó Dubhthaigh tráth gur theastaigh ó bhunaitheoirí na camógaíochta:

> [to] translate the dream of a Gaelic game for girls into reality even at a time when the idea of girls playing field-games in public, was, in many quarters, considered little short of sinful.[77]

Bhí sé i bhfad ní b'fhusa brionglóid na camógaíochta a chur i gcrích ná mar a bhí sé an Ghaeilge a athbheochan ná saoirse na hÉireann a bhaint amach ach chuir daoine áirithe ina héadan anois is arís, an chléir Chaitliceach ach go háirithe, óir mheas sagairt áirithe gur loit an cluiche nua seo moráltacht agus glaineacht na mban. Sa bhliain 1905, cháin sagart paróiste Ráth Maonais, an Canónach Fricker, an chamógaíocht ag cruinniú na mban i séipéal

Ráth Maonais. Foilsíodh an tuairisc seo a leanas in *The United Irishman*:

> On a certain Sunday evening recently he [an Canónach Fricker] had been shocked and horrified to meet six or eight young girls on the bridge, carrying sticks, which looked like hurling-clubs under their arms. He was greatly shamed and pained, and hoped he would never see such an awful sight again crossing that bridge, and he certainly would not like to think that any of his parishioners would do such a thing.[78]

Is deacair a rá an raibh an Canónach Fricker in éadan an chluiche de bharr cúrsaí aicme, creidimh, náisiúnachais, nó mar gheall ar róil inscne sa tsochaí agus na deiseanna nua a tugadh do mhná ag casadh an chéid. Ach cháin an *United Irishman,* nuachtán náisiúnaíoch a thacaigh le h*Inghinidhe na hÉireann,* a dhearcadh i dtaobh na camógaíochta.

Breis is tríocha bliain i ndiaidh na heachtra sin a tháinig an té ba lú meas agus ba mhó cumhacht le cur in éadan chluichí na mban i réim. Ba é Ardeaspag Bhaile Átha Cliath, Séarlas Mac Uaid é. Nuair a ghlac an Cumann Náisiúnta Rothaíochta agus Aclaíochta le mná sa bhliain 1934, mhaígh Seán Ó Dubhthaigh ag Comhdháil Chamógaíochta na bliana sin:

> we need to be very careful that no girl will appear in national athletic or cycling sports in any way which should appear repulsive to the national or Catholic ideals of the people of this country.[79]

Bhí sé ag tagairt don Ardeaspag sa ráiteas seo óir níor mheas seisean go mba chóir do mhná a bheith i mbun spóirt ar bith, agus chuir sé tús le baghcat náisiúnta de bharr sheasamh Chumann Náisiúnta Rothaíochta agus Aclaíochta i dtaobh na mban.[80] Shíl sé go raibh cumainn is cluichí a lig mná isteach mí-oiriúnach agus frithbhanúil, 'un-Catholic' is 'un-Irish' leis, mar a chuir sé síos air i litir chuig an *Irish Times*.[81] Bhain a thuairimí le hImlitir ón bPápa ina raibh tagairt don 'deceptive system of modern co-education which is the enemy of Christian upbringing'.[82]

Cé go raibh sí ina Caitliceach, chuir Ní Fhaircheallaigh in éadan sheasamh na hEaglaise agus bhí sí buartha go ndéanfadh tuairimí an ardeaspaig agus sagart eile dochar don dul chun cinn a bhí déanta ag an gCumann Camógaíochta thar na blianta. I mí Feabhra 1944, dúirt sí:

> This national game of ours, of which the Cardinal is patron, cannot by any stretch of the imagination be called unwomanly or in any way unsuited to the dignity of our sex [...] It has nothing to fear if judged by the canons of good taste and suitability.[83]

Nuair a scríobh Dubhghlas de Híde chuig an gCumann Camógaíochta ag tús a ré, léirigh sé an tuairim seo a leanas:

> Of the many items that go to build up nationality and character there are three which stand out pre-eminently – language, music and games. A person may be proficient in the national language and music, however, without any advantage to his bodily health and physique. But not so with the national games. I hail with delight and enthusiasm the attempt you are making so successfully and so bravely to introduce hurling (our national game par excellence) in a suitable modified form amongst our girls. I hope you will not stop till every convent school has a club. Such a game, besides being so good in itself, is of more value to Irish girls than any foreign game can be, because it appeals to what is instinctive and hereditary in Irish blood.[84]

Bhí an chamógaíocht ceangailte le polasaí Chonradh na Gaeilge in aghaidh thionchar Shasana agus thug sí an deis do mhná Éireannacha cluiche Gaelach seachas cluichí gallda a imirt. Dúirt Ní Fhaircheallaigh go raibh an cluiche ina 'national gesture against foreign games for women'.[85] Ba é an haca an cluiche foirne ba rathúla i meánscoileanna na gcailíní meánaicmeacha in Éirinn, cosúil le Coláiste Alexandra i mBaile Átha Cliath. Bhunaigh beirt bhan ó Chlub Haca Choláiste Alexandra 'The Irish Ladies Hockey Union' sa bhliain 1894, nuair a bhí eagraíochtaí spóirt do mhná agus d'fhir ag teacht chun tosaigh go tréan i Sasana.[86] Ní raibh Ní Fhaircheallaigh in éadan an haca ar chor ar bith, toisc go raibh sí ina múinteoir i gColáiste Alexandra nuair a bhain sí a céim ollscoile amach agus toisc gur cheap sí gur bhain fréamhacha haca leis an gcultúr Gaelach, cé go raibh sé mar chuid de chultúr Shasana ag tús an fhichiú haois. Ó ghlac sí le smaointeachas Chonradh na Gaeilge, cháin sí 'cosmopolitanism' agus 'anglicisation', agus cheap sí go raibh dualgas ar mhná na hÉireann 'to support the game as it was one of the ramparts against anglicisation'.[87] Ina ainneoin seo, mheas sí go raibh áit don haca taobh leis an gcamógaíocht in Éirinn. Ní raibh sí buartha faoi thodhchaí na camógaíochta mar mheas sí 'it has in it all the elements of a living thing – a natural growth; therefore we need not fear for its survival'.[88] Ní raibh cuid mhaith de bhaill an Chumainn Chamógaíochta ar aon intinn léi áfach, agus theastaigh uathusan cosc a chur ar chluichí na hiasachta, mar a bhí déanta ag Cumann Lúthchleas Gael.[89] Léiriú a bhí sa chosc seo ar chaomhnú an chultúir Ghaelaigh a bhain le polasaithe Chumann Lúthchleas Gael agus Chonradh na Gaeilge, ach bhain sé le polasaí cosantach De Valera a chuir an cogadh eacnamaíoch ar bun idir Éire agus Sasana ó 1932–1938. Bhí *An Camán: The Organ of Irish-Ireland*, nuachtán na gCluichí Gaelacha, mar mhacalla ar an bpolasaí seo óir chuaigh sé i mbun bolscaireachta in éadan chluichí is cheol na hiasachta.[90]

Ag Comhdháil bhliantúil an Chumainn Chamógaíochta i mí Feabhra 1934, nuair a bhí Ní Fhaircheallaigh mar leasuachtarán an Chumainn, tuairiscíodh go raibh an cumann ag fás go gasta le 318 Club in Éirinn agus 7 i Londain.[91] Le linn na Comhdhála seo, glacadh le rún a chuir cosc ar imreoirí na camógaíochta cluichí na hiasachta a imirt, haca san áireamh.[92] Rún conspóideach, achrannach a bhí ann agus nocht Seán Ó Dubhthaigh, príomheagraí an Chumainn, an tuairim láidir a bhí aige go raibh sé ina 'crime that girls who should be playing the national game were playing Hockey'.[93] Ghoill an cosc seo ar Ní Fhaircheallaigh mar mheas sí: 'once they put on a ban they would be putting a barrier between the two associations, Camogie and Hockey'.[94] Níor mheas sí go ndearna an haca aon dochar don chamógaíocht agus cosúil lena cur chuige i gCumann na mBan chomh maith le heagraíochtaí eile, rinne sí iarracht comhoibriú seachas naimhdeas a chothú i measc na mball. Nuair a cuireadh an cosc i bhfeidhm, tháinig méadú beag ar líon na n-imreoirí ach ba léir go grod ina dhiaidh sin, go raibh drochthoradh ag an gcosc ar an gcamógaíocht, mar roghnaigh na cailíní óga haca thairsti.[95] D'éirigh rialacha an chumainn an-docht, agus gearradh pionós ar chailín a d'imir haca agus a bhris na rialacha (cuireadh ar fionraí iad ar feadh sé mhí) agus cuireadh deireadh le rincí na hiasachta ag céilithe an chumainn.[96] De bharr dhrochthoradh an choisc seo, agus brú ó Bhord Chontae Bhaile Átha Cliath, fuarthas réidh leis an gcosc i mí an Mhárta 1939. Mheas Ní Fhaircheallaigh go gcruthódh an cosc deacrachtaí don chluiche dá leanfaí leis, ach cruthaíodh deacrachtaí nuair a fuarthas réidh leis.[97]

I mí Eanáir 1939, toghadh Ní Fhaircheallaigh mar Uachtarán Chomhairle Chamógaíochta Uladh ag a comhdháil bhliantúil i bPort an Dúnáin.[98] Le breis is deich mbliana roimhe sin, bhí sise (mar aon lena deartháir Peter a thacaigh le Cumann Lúthchleas Gael) rannpháirteach i mbunú clubanna, i gcur chun cinn an chluiche agus i mbronnadh na nduaiseanna ina háit dhúchais, An Mullach, agus in áiteanna eile i gCo. an Chabháin; dá bhrí sin, bhí tuiscint rímhaith aici ar chúlra an chluiche i gCúige Uladh.[99] Nuair a fuarthas réidh leis an gcosc ar chluichí na hiasachta ceithre mhí ina dhiaidh sin, bheartaigh Comhairle Uladh an Chumainn an cosc a choimeád; tharraing sí amach as an ardchomhairle agus dhiúltaigh sí aon chluiche a imirt le foirne ó chontae ar bith a fuair réidh leis an gcosc. Faoi mhí Mheán Fómhair, bhí dhá chumann camógaíochta eile ar an bhfód.[100] Chruthaigh sé seo fadhb do Ní Fhaircheallaigh agus dá dílseacht féin, óir bhí sí ina hUachtarán Saoil ar Chumann Camógaíochta na hÉireann fosta.[101] Cé nár aontaigh sí leis an gcosc, bhí sí báúil le seasamh Chomhairle Uladh mar mheas sí go raibh sí ag léiriú a 'determination to be Irish at all costs'.[102] Ghlac sí le ról an idirghabhálaí agus rinne sí iarracht an t-easaontas seo a thabhairt chun réitigh. Cosúil leis an 'Soroptimist Club', theastaigh uaithi cairdeas a chothú idir mná an tuaiscirt agus an deiscirt ar mhaithe leis an deighilt pholaitiúil a shárú. Breis is dhá bhliain ina dhiaidh sin, d'éirigh le Pádraig Ó Caoimh, Rúnaí Ginearálta Chumann Lúthchleas Gael agus Ní Fhaircheallaigh, an dá thaobh den chonspóid a thabhairt le chéile ag cruinniú a raibh sise i gceannas air. Thángthas ar réiteach agus toghadh comhairle úr. Tugadh ardómós d'iarrachtaí Ní Fhaircheallaigh is Sheáin Uí Dhubhthaigh agus a gcuid 'painstaking efforts over the last two years in the cause of a better understanding and ultimate unity'.[103] Bronnadh an teideal 'Uachtarán Saoil an Chumainn Chamogaíochta' aontaithe ar Ní Fhaircheallaigh in athuair.[104]

Faoin tráth seo, dhéanadh Ní Fhaircheallaigh agallaimh raidió ar Raidió Éireann minic go leor chun an chamógaíocht a chur chun cinn ar bhealach nua. Craoladh dán a chum sí dar teideal 'Ar Aghaidh Libh', sa bhliain 1942, a scríobhadh in ómós d'imreoirí óga na tíre agus a foilsíodh i nuachtáin éagsúla.[105] Bhí súil aici go n-éireodh leis 'na cailíní do bhrostughadh fán gcluiche náisiúnta'. Ceiliúradh ar chumas fisiciúil na mban atá sa dán seo agus is foinse inspioráide do na himreoirí é, nó 'Príomh-scoth na tíre' mar a thugann sí orthu. Creideann sí go mbeidh bláthú 'Cluiche Ban Éireann' ag brath ar na cailíní seo. Cé go molann sí suáilcí na camógaíochta, tugann sí comhairle do mhná óga a bhfuil constaicí le sárú acu sa saol sa rann deireanach:

Ar aghaidh libh! Ar aghaidh libh! A chailíní óga!
Buailidh go gasta a's buailidh go cróga,
I gcoinne na gaoithe buailidh le fórsa
Cluiche Ban Éireann go gcuirtear i réim.

Bhain 'buailidh le fórsa' le cur chuige Ní Fhaircheallaigh nuair a chonaic sí constaicí roimh a fís útóipeach Ghaelach. Chum sí an rann seo as Gaeilge ar mhaithe leis an teanga a nascadh leis an óige agus ról nua na mban i sochaí na hÉireann Gaelaí.

Nuair a bhí Ní Fhaircheallaigh ag dul in aois, chuimhnigh sí ar fhréamhacha na camógaíochta: 'My thoughts go back to the early days of the game, to the idealism of the group who in faith sowed the little seed which is fructifying today'.[106] Murab ionann is cinniúint na Gaeilge (bhí an teanga ag dul i léig i measc na gcainteoirí dúchais fad is a bhí sí ag dul i neart i measc na bhfoghlaimeoirí), cluiche úrnua a bhí sa chamógaíocht agus ba léir dóibh siúd a chothaigh í go raibh sí ag teacht faoi bhláth. Chreid Ní Fhaircheallaigh go gcuideodh an chamógaíocht thar aon ghné eile den chultúr Gaelach, le múnlú na mban óg idéalach Gaelach. Siombailí a bhí sna mná seo, dar léi, den 'independent spirit and purposeful disposition of the cailíní of the new Ireland', tréithe a bhain léi féin.[107] Cé go raibh spiorad neamhspleách acu, baill foirne a bhí iontu, a bhain le gréasán sóisialta na mban ó cheann ceann na tíre. D'éirigh le mná an ghréasáin seo a scileanna a roinnt agus cothaíodh an comhoibriú eatarthu agus ba iad sin na heilimintí a theastaigh ó Ní Fhaircheallaigh a chur chun cinn mar chuid den Soroptimist Club agus den Chumann Sníomhacháin chomh maith, cé go raibh scileanna difriúla i gceist.

Ó d'imigh Ní Fhaircheallaigh chuig Oileáin Árann den chéad uair, tháinig méadú ar a spéis i leas eacnamaíoch is oideachasúil na mban, agus chuaigh sí i ngleic leis na deacrachtaí a bhain le saol na mban trí imeachtaí poiblí sóisialta a eagrú ar a son, chun an deis a thabhairt dóibh a bhféiniúlacht féin a chruthú agus a chothú taobh amuigh den saol teaghlaigh. Thug cur chuige Ní Fhaircheallaigh léargas dóibh ar an saol poiblí a raibh sise gafa leis. Cé nár éirigh le Ní Fhaircheallaigh agus gluaiseachtaí na mban fearacht an Chumainn Banchéimithe agus Chónaidhm Bhanchéimithe na hÉireann, polasaí an rialtais i dtaobh na mban a athrú, d'éirigh le cuid acu, cosúil leis an gCumann Camógaíochta, saol na mban a fheabhsú agus cearta na mban a chur chun cinn ar bhealaí eile. Ach bhí an Cumann Camógaíochta ní ba tharraingtí ná na cumainn acadúla do mhná ó chuile aicme. Bhí dóchas agus muinín ag Ní Fhaircheallaigh as na mná óga, seachas a glúin féin, mar stiúrthóirí na hÉireann Gaelaí sa todhchaí. In alt dar teideal 'Corp Láidir agus Croí Glan', a scríobh Ní Fhaircheallaigh sa bhliain 1936, mhaígh sí:

> The Camóguidheacht Association has been fostered by the energy and tireless work of a small and unselfish group of workers. Never has a game been less beholden to paid labour. It is built as all great movements are built, on enthusiasm and voluntary work. The foundations are well placed and we feel it will stand the test of time.[108]

Mar thoradh ar an obair seo, tá an 'Agnes Farrelly Cup' fós ann sa lá atá inniu ann agus bronntar an corn seo ar bhuaiteoirí Chraobhchluiche na meánscoileanna i gCúige Uladh.[109]

D'fhás an Cumann Camógaíochta agus bhí an-rath air fad is a bhí Ní Fhaircheallaigh páirteach ann; ach léiriú a bhí ann go raibh féidearthacht a físe Gaelaí ag dul i léig óir bhí an chamógaíocht teoranta do mhná náisiúnaíocha a raibh suim acu i gcúrsaí spóirt amháin. Nuair a chruthaigh sí a treoirphlean do thodhchaí na hÉireann Gaelaí agus í ar Inis Meáin, chreid sí go mbainfí comhionannas inscne, chomh maith le hath-Ghaelú na tíre amach le tacaíocht Chonradh na Gaeilge. Nuair a d'fhág sí an Conradh, ní raibh an chumhacht ná tionchar aici a thuilleadh chun a fís a chur chun cinn go forleathan agus dá bhrí sin, bhí uirthi gnéithe dá fís a chur chun cinn trí eagraíochtaí éagsúla nach raibh ceangal eatarthu. As na heagraíochtaí seo go léir, ba í an Chomhdháil Cheilteach an t-aon cheann amháin a lig di a fís útóipeach Ghaelach a chur chun cinn ina hiomlán.

Nótaí

1 Tuairisc scríofa ag an gCathaoirleach Cáit Ní Dhonnchadha ar an 08/06/1911, Leabhar na bliana 1911, CCPC.

2 Bhí an aidhm chéanna i dtaobh na frithimirce ag baint le Cumann Lúthchleas Gael. Féach John Hutchinson, *The Dynamics Of Cultural Nationalism: The Gaelic Revival and the Creation of the Irish Nation State* (London: Allen & Unwin, 1987), 288.

3 *Connacht Tribune*, 11/09/1909, 11; *United Irishman*, 16/09/1899, 6.

4 Féach Tomás Ó Domhnalláin 'Donlon Family History, 1988', in *Ríocht na Midhe*, 14 (2003), 141; *Banba* (Lúnasa 1904), 330.

5 'Cluiche Náisiúnta na mBan: Scéal na Camógaíochta', Cáipéisí Sheaghain M. Ua Dhubhthaigh, CCPC; Margaret Ó hÓgartaigh, 'Shedding their 'Reserve': Camogie and the

Origin of Women's Sport in Ireland', in *High Ball* (2003), 29–31'. Tá mé buíoch de Margaret Ó hÓgartaigh as an eolas seo.

6 Féach Diarmuid Breathnach agus Máire Ní Mhurchú (eag.), *1882–1982: Beathaisnéis a Dó*, 79–80.

7 Tugadh 'The Gaelic Association for the *Preservation* of National Pastimes' ar Chumann Lúthchleas Gael ag an gcéad chruinniú den chumann ar an 01/11/1884. Féach T.S.C. Dagg, *Hockey in Ireland* (Tralee: The Kerryman, 1944), 44.

8 Iarradh ar an bPreas idirdhealú a dhéanamh idir 'Hurley' agus 'Hurling', ionas nach mbeadh an drochmheas céanna ar 'Hurling' na bhfíorGhael. Ní raibh mórán difríochta idir ainmneacha an dá chluiche áfach, ionas go mbeadh lucht leanúna 'Hurley' sásta tacaíocht a thabhairt do 'Hurling'. Féach T.S.C. Dagg, *Hockey in Ireland*, 33.

9 Úna Ní Fhaircheallaigh, 'Camoguidheacht for Women', clár a craoladh ar an raidió c. Feabhra 1937. Féach 'Irish of the Irish', Cáipéisí nuachtán 1928–1938, CCPC.

10 *United Irishman*, 18/03/1905, 1; *The Gaelic League Annual and County Directory for 1907* (Dublin: Sealy, Bryers & Walker, 1907), 66.

11 *Irish Peasant*, 12/05/1906, 5.

12 *The Gaelic League Annual and County Directory for 1910–11* (Dublin: 1911), 102.

13 *An Claidheamh Soluis*, 24/12/1910, 9.

14 Tuairisc scríofa ag an gCathaoirleach, Mrs Hamilton ar an 17/04/1912, Leabhar na bliana 1911, CCPC.

15 Elizabeth Burke an t-ainm a bhí ar an mBantiarna Fingall sular phós sí Arthur James Plunkett (1859–1929). Col ceathar de chuid Horace Plunkett a bhí in Arthur James, agus bhí caidreamh idir Burke agus Horace Plunkett ar feadh na mblianta. Féach Elizabeth Fingall, *Seventy Years Young: Memories of Elizabeth, Countess of Fingall* (Dublin: The Lilliput Press, 1991). Deirtear i go leor foinsí gurbh í Eleanor Dowager an Bhantiarna Fingall ag an am, ach botún atá ansin.

16 Tuairisc scríofa ag an gCathaoirleach Cáit Ní Dhonnchadha ar an 18/05/1911, Leabhar na bliana 1911, CCPC.

17 Tuairisc scríofa ag an gCathaoirleach Cáit Ní Dhonnchadha ar an 08/06/1911, Leabhar na bliana 1911, CCPC.

18 Tuairisc scríofa ag an gCathaoirleach Cáit Ní Dhonnchadha ar an 14/09/1911, Leabhar na bliana 1911, CCPC.

19 Tuairisc scríofa ag an gCathaoirleach Cáit Ní Dhonnchadha ar an 15/06/1911, Leabhar na bliana 1911, CCPC.

20 Tuairisc scríofa ag an gCathaoirleach Cáit Ní Dhonnchadha ar an 04/06/1912, Leabhar na bliana 1912, CCPC. Ag an tráth sin, bhí Páirc Croydon i bhFionn Radharc á úsáid ag Clubanna Spóirt an Choláiste Ollscoile. Féach Tuairisc scríofa ag an gCathaoirleach Cáit Ní Dhonnchadha ar an 11/06/1912, Leabhar na bliana 1912, CCPC.

21 Patrick N. Meenan, *St. Patrick's Blue & Saffron* (Dublin: Kilkenny People, 1997), 114.

22 Féach *The National Student*, 4.6 (Meitheamh 1914), 158; *An Claidheamh Soluis*, 06/06/1914, 7.

23 Féach *The National Student*, 4.6 (Meitheamh 1914), 158.

24 Féach William Nolan (eag.), *The Gaelic Athletic Association in Dublin 1884–2000* (Dublin: Geography Publications, 2005), 95.

25 *Scéal na Camógaíochta* (Kilkenny: Kilkenny People, 1984), 1.

26 Féach Mary M. Macken, 'Women in the University and the College: A Struggle Within a Struggle', in *Struggle with Fortune*, eag. Michael Tierney (Baile Átha Cliath: The Richview Press, 1972), 147.

27 *An Claidheamh Soluis*, 23/03/1912, 1.

28 Féach John Hutchinson, *The Dynamics Of Cultural Nationalism: The Gaelic Revival and the Creation of the Irish Nation State*, 290.

29 *Irish Independent*, 28/02/1938, 11.

30 Elaine Sisson, *Pearse's Patriots*, 20; *Irish Times*, 03/08/1911, 4.

31 Tuairisc scríofa ag an gCathaoirleach Cáit Ní Dhonnchadha ar an 14/09/1911, Leabhar na bliana 1911, CCPC.

32 Tuairisc scríofa ag an gCathaoirleach Cáit Ní Dhonnchadha ar an 14/03/1912, Leabhar na bliana 1912, CCPC.

33 Úna Ní Fhaircheallaigh, 'Corp Láidir agus Croí Glan', in *An Ráitheachán* (1936), CCPC.

34 Ibid.

35 Ibid.

36 Tuairisc scríofa ag an gCathaoirleach Cáit Ní Dhonnchadha ar an 19/10/1911, Leabhar na bliana 1911, CCPC.

37 Tuairisc scríofa ag an gCathaoirleach Cáit Ní Dhonnchadha ar an 21/09/1911, Leabhar na bliana 1911, CCPC; Elizabeth Fingall, *Seventy Years Young: Memories of Elizabeth, Countess of Fingall*, 52.

38 Tuairisc scríofa ag an gCathaoirleach Cáit Ní Dhonnchadha ar an 14/09/1911, Leabhar na bliana 1911; féach freisin

'Camoghuidheacht at Foxrock', Cáipéisí nuachtán 1910–1927, CCPC.

39 Féach Oonagh Walsh, 'Protestant Female Philanthropy in Dublin in the Early 20th Century', in *History Ireland,* 5.2 (Samhradh 1997), 27–31.

40 'National Athletic And Camoguidheacht Association - 1928 Reviewed', Cáipéisí nuachtán 1928–1938, CCPC. Le haghaidh cuntais ar Aonach Tailteann, féach Mike Cronin, 'Projecting the Nation through Sport and Culture: Ireland, Aonach Tailteann and the Irish Free State, 1924–32', in *Journal of Contemporary History,* 38.3 (2003), 395–411.

41 *Irish Independent,* 23/04/1934, 11; *Irish Independent,* 21/05/1928, 3.

42 *The Nation,* 24/12/1927, 7.

43 Ibid.

44 *Irish Independent,* 08/07/1918, 3.

45 Tuairisc scríofa ag an gCathaoirleach Máire Ní Ghiolla ar an 06/08/1918, Leabhar na mblianta 1912–1919, CCPC.

46 *Scéal na Camógaíochta* (Kilkenny: Kilkenny People, 1984), 1.

47 *Irish Statesman,* 19/07/1924, 382–383.

48 Féach Mike Cronin, 'Projecting the Nation through Sport and Culture: Ireland, Aonach Tailteann and the Irish Free State, 1924–32', 397; Pádraig Ua Duinnín, 'Aonach Tailteann', *The Leader,* 03/05/1924, 300.

49 *Weekly Freeman,* 10/08/1889, 11.

50 Féach Randy Roberts agus James Stuart Olson, *Winning is the Only Thing: Sport in America since 1945* (Baltimore: Johns Hopkins University Press, 1991), 4.

51 Féach Mike Cronin, 'Projecting the Nation through Sport and Culture: Ireland, Aonach Tailteann and the Irish Free State, 1924–32', 406.

52 *Irish Statesman,* 19/07/1924, 382–383.

53 Úna Ní Fhaircheallaigh, 'Corp Láidir agus Croí Glan', in *An Ráitheachán* (1936), CCPC.

54 Ibid.

55 *Irish Times,* 11/02/1944, 3.

56 Ní Fhaircheallaigh, 'Corp Láidir agus Croí Glan'.

57 *United Irishman,* 18/03/1905, 1.

58 'Enjoyable Ceilidhe: Camoguidheacht Association Presents Trophies (23/02/1930)', Cáipéisí nuachtán 1928–1938, CCPC.

59 Timothy G. McMahon, ''All Creeds and All Classes'? Just Who Made Up the Gaelic League?' in *Éire-Ireland*, 37.3–4 (2002), 122.

60 Ní Fhaircheallaigh, 'Corp Láidir agus Croí Glan'.

61 Ibid.

62 Tuairisc ón 'Camoguidheacht: Annual Convention', a tionóladh ar an 17/04/1912. Leabhar na gCuntas don 'Dublin Camóg League 1912–1919', CCPC.

63 'Ethna Carbery' a bhí mar ainm cleite ar Anna Johnston. File agus bunaitheoir an *Shan Van Vocht*, a bhí inti, in éineacht le Alice Milligan. Bhí sí ina leas-uachtarán ar Inghinidhe na hÉireann nuair a bunaíodh é. Féach, Diarmuid Breathnach agus Máire Ní Mhurchú (eag.), *1882–1982: Beathaisnéis a Ceathair* (Baile Átha Cliath: An Clóchomhar, 1994), 70–72.

64 *Irish Peasant*, 12/05/1906, 5.

65 *Irish Independent*, 25/02/1935, 13.

66 'Girl Referees Only: Congress Rules Out Men: Progress In All Provinces (c. 02/03/1936)', Cáipéisí nuachtán 1928–1938, CCPC.

67 '"No Men" Decision At The Congress': Tionóladh an Chomhdháil ar an 20/02/1937. Féach Cáipéisí nuachtán 1928–1938, CCPC.

68 Ní Fhaircheallaigh, 'Corp Láidir agus Croí Glan'.

69 *Connacht Tribune*, 22/03/1947, 9.

70 Féach Maureen Keane, *Ishbel: Lady Aberdeen in Ireland* (Newtownards: Colourpoint, 1999); Margaret Ó hÓgartaigh, *Kathleen Lynn: Irishwoman, Patriot, Doctor* (Dublin: Irish Academic Press, 2006).

71 *Sunday Independent*, 03/07/1938, 11.

72 Ní Fhaircheallaigh, 'Corp Láidir agus Croí Glan'.

73 *Irish Times*, 11/02/1944, 3.

74 Úna Ní Fhaircheallaigh 'Camoguidheacht for Women', a craoladh ar chlár raidió c. Feabhra 1937.

75 *Irish Times*, 11/02/1944, 3; *Irish Independent*, 04/03/1944, 3.

76 *Irish Times*, 11/02/1944, 3.

77 Cáipéisí Sheaghain M. Ua Dhubhthaigh, CCPC.

78 *United Irishman*, 19/08/1905, 1.

79 'Camogie Players Ban Foreign Games (26/02/1934)', Cáipéisí nuachtán 1928–1938, CCPC.

80 Féach John Cooney, *John Charles McQuaid: Ruler of Catholic Ireland* (Dublin: O'Brien Press, 1999), 80.

81 *Irish Times*, 07/02/1934, 6.

82 Ibid.; *Irish Times*, 24/02/1934, 7.

83 'Camoguidheacht: A Boon to Irish Girls – Says Professor (08/02/1944)', Cáipéisí nuachtán 1938–1954, CCPC.

84 'Camoguidheacht: Annual Convention' ar an 17/04/1912. Féach Leabhair na mblianta 1912–1919 den 'Dublin Camóg League', CCPC.

85 Úna Ní Fhaircheallaigh 'Camoguidheacht for Women', a craoladh ar chlár raidió c. Feabhra 1937.

86 Irish Ladies' Hockey Union, *The First Hundred Years 1894–1994: A Centenary History* (Dublin: Irish Ladies' Hockey Union, 1996), 8; Jean Williams, *A Game for Rough Girls? A history of women's football in Britain* (London: Routledge, 2003), 26–27.

87 'Enjoyable Ceilidhe: Camoguidheacht Association Presents Trophies (23/02/1930)', Cáipéisí nuachtán 1928–1938, CCPC.

88 Ní Fhaircheallaigh, 'Corp Láidir agus Croí Glan'.

89 *Sunday Independent*, 25/02/1934, 9.

90 Féach eagráin éagsúla de *An Camán: The Organ of Irish-Ireland* i rith na bliana 1933.

91 'Camoguidheacht: A Year of Great Progress (25/02/1934)'; 'Camogie Players Ban Foreign Games (26/02/1934)', Cáipéisí nuachtán 1928–1938, CCPC.

92 'Foreign Games Ban: Camoguidheacht Association Follow Lead of G.A.A.', *Sunday Independent*, 25/02/1934, 9.

93 '5-Year Ban On Hockey Lifted (17/04/1939)', Cáipéisí nuachtán 1938–1954, CCPC.

94 *Sunday Independent*, 25/02/1934, 9.

95 Sa bhliain 1935, tuairiscíodh go raibh breis is 10,000 bean ag imirt camógaíochta in Éirinn, Sasana agus Meiriceá. Féach *Irish Independent*, 25/02/1935, 13.

96 Ibid.

97 *Irish Times*, 06/03/1939, 2.

98 'Ulster Camogie (Eanáir 1939)', Cáipéisí nuachtán 1938–1954, CCPC.

99 *Irish Independent*, 19/04/1934, 14; *Anglo-Celt*, 06/08/1938, 10.

100 'The Field Is Crowded: Two Camogie Bodies Operating (09/09/1939)', Cáipéisí nuachtán 1938–1954, CCPC.

101 'Ulster Camogie (Eanáir 1939)', Cáipéisí nuachtán 1938–1954, CCPC.

102 *Irish Independent*, 18/04/1939, 12.

103 Féach 'Unity At Last (08/12/1941)', Cáipéisí nuachtán 1938–1954, CCPC.

104 Ibid.

105 *The Leader*, 20/06/1942, 4; *An Glór* (Meitheamh 1942), 3.

106 Ní Fhaircheallaigh, 'Corp Láidir agus Croí Glan'.

107 *An Camán: The Organ of Irish-Ireland*, 28/10/1933, 11.

108 Ní Fhaircheallaigh, 'Corp Láidir agus Croí Glan'.

109 *Irish News*, 06/02/2006, 59.

X

An Chomhdháil Cheilteach agus Deireadh na Físe Gaelaí

> Though our roots are fixed firmly in the past our gaze is on the future. The world changes and the Celt must adapt himself to the change without giving up the root principles of his being.[1]

I mí Iúil 1938, tionóladh an Chomhdháil Cheilteach, a raibh Úna Ní Fhaircheallaigh mar Uachtarán Saoil uirthi, i nDúglas, Oileán Mhanann. Chuir 'Lá na nÓg', tús leis na himeachtaí, ócáid a thug an deis do lucht na Comhdhála ceiliúradh a dhéanamh ar 'Cheiltigh' óga na todhchaí. Shocraigh Ní Fhaircheallaigh go ndéanfadh imreoirí sinsearacha camógaíochta as Baile Átha Cliath taispeántas os comhair na Comhdhála an lá sin.[2]

Le scór bliain, ó d'fhág Ní Fhaircheallaigh Conradh na Gaeilge, ghlac sí páirt ghníomhach in imeachtaí na Comhdhála Ceiltí i measc na ndíograiseoirí eile ó na réigiúin a raibh teangacha Ceilteacha i réim iontu tráth.[3] Ag an tréimhse sin, dúradh ina leith: 'Agnes was almost as well known in the Hebrides and in Brittany as she was at home'.[4]

Bhí sé mar *raison d'être* ag an gComhdháil Cheilteach an léann Ceilteach agus cultúr na gCeilteach a chur chun cinn, nó mar a dúirt Ní Fhaircheallaigh féin sa bhliain 1929: 'to get the best thought in each of the countries together'.[5] Ós rud é go raibh sé rídheacair do Ní Fhaircheallaigh chuile ghné dá fís útóipeach Ghaelach a bhaint amach in Éirinn agus cearta na mban ag dul i léig, bhreathnaigh sí i dtreo an phobail shamhlaithe Cheiltigh mar thimpeallacht ina bhféadfadh sí gnéithe dá fís a chur chun cinn. Bhí daoine áirithe as na tíortha

Ceilteacha eile báúil lena fís is lena smaointeachas, óir chreid siad sa chultúr coiteann Ceilteach. Bhí súil ag Ní Fhaircheallaigh go dtiocfadh gnéithe dá fís faoi bhláth thar lear agus cré na hÉireann fós neamhthorthúil. Agus í ag tagairt don chluiche camógaíochta a imríodh ar 'Lá na nÓg', mhaígh sí 'that there among their Gaelic friends they were planting the seed of their national game'.[6]

Oideachasóirí agus teangeolaithe den chuid is mó a ghlac ról lárnach sa Chomhdháil Cheilteach, daoine ar theastaigh uathu an náisiúnachas cultúrtha a chur chun cinn ar chúiseanna éagsúla. Bhain Ní Fhaircheallaigh úsáid as an téarma 'Ceilteach' in áit 'Gaelach' nuair a bhí sí ag tagairt don Chomhdháil, ach cé is moite de sin, níor tháinig aon athrú ar a dearcadh ná ar a fís Ghaelach ná Cheilteach. D'admhaigh sí gurbh ionann an dá théarma ina súile.[7] Os a choinne sin, theastaigh ó bhaill eile den Chomhdháil Cheilteach, lucht na Briotáine cosúil le François Jaffrennou-Taldir agus Roparz Hemon ach go háirithe, aontas láidir polaitiúil a chruthú idir na tíortha 'Ceilteacha', mar chreid siad go gcuideodh aontas Ceilteach le caomhnú is le forbairt fhéiniúlacht na Briotáine taobh istigh de chóras na Fraince.[8] Mheas daoine ainmheasartha eile go bhféadfadh aontas idir na tíortha Ceilteacha cuidiú ní hamháin le cur chun cinn an chultúir agus na dteangacha Ceilteacha ach le '[t]he reconstruction of Celtic life in its entirety'.[9] Rinneadh athmhíniú agus áibhéil ar an gceangal idir na tíortha Q-Ceilteacha agus P-Ceilteacha, craobhacha den 'Celtic family', mar chuid den atógáil úd.[10]

Nuair a chláraigh Ní Fhaircheallaigh mar bhall den Chomhdháil Cheilteach, bhí neart ar eolas aici faoi na teangacha Q-Ceilteacha, Gaeilge na hAlban ina measc, agus rinne sí iarracht áirithe an Bhreatnais P-Ceilteach a fhoghlaim.[11] Bhain baill na Comhdhála Ceiltí úsáid as an mBéarla mar mhodh cumarsáide toisc nár thuig cuid mhaith de lucht labhartha na dteangacha Q-Ceilteacha na teangacha P-Ceilteacha agus a mhalairt, rud a shoiléiríonn an deacracht a bhí acu ceangal coiteann a aimsiú idir na réigiúin 'Cheilteacha'. Mar sin féin, níor shamhlaigh Ní Fhaircheallaigh go raibh deighilt ná idirdhealú idir na teangacha thuasluaite; ina áit sin, chuir sí na teangacha Ceilteacha chun cinn mar aonad amháin. Bhain an cur chuige seo, a raibh tábhacht na haontachta go smior ann, leis an drogall a bhí ar Ní Fhaircheallaigh éagsúlacht a aithint, an dearcadh céanna a bhain léi agus í ag iarraidh Conradh na Gaeilge agus Cumann na mBan a threorú roimhe sin.

An fhadhb ba mhó a bhí ag an gComhdháil Cheilteach in Éirinn ná an droch-cháil a bhí uirthi i measc conraitheoirí áirithe. Glacadh leis go forleathan gurbh ionann an Chomhdháil Cheilteach a raibh Ní Fhaircheallaigh agus de Híde páirteach inti sna 1920í agus an Cumann Ceilteach a tháinig ar an bhfód sa bhliain 1898, cé nárbh amhlaidh a bhí.[12] D'eagraigh an Cumann Ceilteach an chéad Chomhdháil Phan-Cheilteach, faoi stiúir E.E. Fournier D'Albe ag casadh an chéid, agus bhí an-teannas idir é agus Conradh na Gaeilge ar feadh scaithimh. Bhí Fournier D'Albe ina chláraitheoir ar an bhFeis Ceoil, a bunaíodh sa bhliain 1896 agus mheas lucht a cáinte 'that the only Irish part of it is its name'.[13] Thuig sé go raibh spéis na ndaoine á múscailt sna teangacha Ceilteacha timpeall an ama sin, le bunú *The Society for Utilizing the Welsh Language* sa Bhreatain Bheag sa bhliain 1885, *An Comunn Gaidhealach* in Albain sa bhliain 1891, agus *Yn Cheshaght Ghailckagh* in Oileán Mhanann sa bhliain 1899.[14] D'áitigh sé gur eagraigh sé an chéad Chomhdháil Phan-Cheilteach sa bhliain 1900 ionas go n-éireodh le heagraíochtaí den chineál sin:

> to meet on a common ground and co-operate for the preservation and development of all the treasures of Celtic tradition, whether in language, literature, music or the fine arts, which were the common inheritance of the Celtic people.[15]

Bhí súil aige go gcuideodh Conradh na Gaeilge leis an gCumann Ceilteach agus é ag iarraidh comhdháil a eagrú; ach bhí cuid mhaith de na conraitheoirí amhrasach faoi chumann a bhain go dlúth le lucht an Chaisleáin nó leis na hAngla-Éireannaigh ardaicmeacha i mBaile Átha Cliath. Bhí an Tiarna Castletown ina uachtarán ar an gCumann Ceilteach, aontachtaí a chaith seal in Arm na Breataine, cé gur áitigh sé go raibh sé ina náisiúnaí.[16] Os a choinne sin, cuireadh Conradh na Gaeilge os comhair an phobail mar chumann ilaicmeach, ilchreidmheach nó mar a dúirt de Híde: 'the Gaelic League was like the dove of peace which united all classes in the preservation of the Irish language and making Ireland a nation'.[17] Bhí deighilt idir an dá eagraíocht mar sin, agus drogall ar chonraitheoirí Caitliceacha bheith ag meascadh leis an ardaicme sa Chumann Ceilteach. Rinne conraitheoirí éagsúla ionsaithe fíochmhara ar an Tiarna Castletown agus ar an gCumann Ceilteach, go háirithe Art Ó Gríofa a bhain úsáid as leathanaigh an *United Irishman* chun an ghluaiseacht a cháineadh. Dar ndóigh, chuir an *United Irishman* go láidir in éadan Chogadh na mBórach, agus mheas Ó Gríofa agus a lucht tacaíochta go raibh difríochtaí bunúsacha idir stádas na hÉireann, a raibh neamhspleáchas uaithi, agus stádas na dtíortha Ceilteacha eile: 'Scotland, Wales and Man are content with the flag of England – or, perhaps, we should say Great Britain; Brittany has no desire to separate her destinies from those of France'.[18] Dúirt sé go nglacfadh sé leis an gCumann Ceilteach dá mbeadh cothú an léinn Cheiltigh mar aidhm aige, ach thug sé rabhadh dó: 'to use Pan-Celticism as an agency for the propagation of a bastard Nationality will be met and fought'.[19] In eagrán faoi leith den *United Irishman*, scríobh sé:

> The president of the association is one Castletown – a nobleman, who has just returned from shooting at Boers in the Transvaal. His admirers call him The MacGiolla Phádraig, and he is as much the MacGiolla Phádraig as Dr Atkinson is The O'Neill. If the 'Celtic Association' thinks it can palm off this titled Jingo as an 'Irish leader' on the benighted foreigner – and this, we understand, is the object of the 'Congress' – then rude will be the awakening.[20]

I litir a scríobh an tAthair Peadar Ua Laoghaire chuig Eoin Mac Néill, mhaígh sé nach suífeadh sé taobh leis an Tiarna Castletown fiú dá mbeadh a bheatha ag brath air.[21] B'fhacthas do chonraitheoirí áirithe go raibh siadsan ag déanamh formhór obair na hathbheochana, fad is a bhí lucht an Chumainn Cheiltigh ag baint tairbhe as a gcuid oibre maithe.[22] Cháin conraitheoir amháin easpa gníomhartha, nó gníomhartha mustracha an Chumainn in *An Claidheamh Soluis*, agus é den tuairim: 'The Irish language will not be saved by picnics to Tara Hill, or by the eating of big dinners in a Dublin hotel'.[23] Ina ainneoin sin, níor léirigh chuile chonraitheoir mór le rá naimhdeas i leith an Chumainn Cheiltigh. Ghlac Pádraic Mac Piarais le smaointeachas an Cheilteachais tar éis dó a bheith i láthair ag Eisteddfod na Breataine Bige sa bhliain 1899 mar thoscaire Chonradh na Gaeilge.[24] Bhí de Híde agus Mac Néill i bhfabhar an Chumainn Cheiltigh, agus cé gur theastaigh ó de Híde an cumann sin a mhealladh isteach sa Chonradh, d'inis sé do Mhac Néill 'I dare not appear even at a social function in company with them while these furious partisans hang on our flank'.[25] Cé go raibh drochmheas ag cuid de na conraitheoirí ar an Tiarna Castletown, ní raibh drogall orthu teagmháil a dhéanamh leis agus cabhair a lorg air nuair a bhí deacrachtaí airgeadais ag an gConradh féin.[26]

Nuair a toghadh Ní Fhaircheallaigh ar Choiste Gnó an Chonartha sa bhliain 1901, bhí an chuid is mó den teannas is achrann idir an dá eagraíocht thart. Ní raibh dearcadh frith-Cheilteach aici féin: tugadh cuireadh di chuig na comhdhálacha a d'eagraigh an Cumann Ceilteach agus in earrach na bliana 1902, ghlac sí féin, Pádraic Mac Piarais agus Máire Ní Aodáin páirt i dturas chun na Gaeltachta a shocraigh an Cumann Ceilteach ar ar tugadh 'The Connemara Colony'.[27] Bhí cuid de bhaill an Chonartha páirteach in imeachtaí an Chumainn Cheiltigh agus bhí cuid de na haidhmeanna céanna acu cé go raibh ballraíocht agus tionchar fíorbheag ag an gCumann Ceilteach ar chúrsaí sóisialta in Éirinn i gcomparáid le Conradh na Gaeilge. Is léir ón gcur síos a thug Fournier D'Albe ar 'The Connemara Colony', san iris *Celtia,* go ndearna an Cumann Ceilteach idéalú agus rómánsú ar an nGaeltacht ar an gcaoi chéanna leis na conraitheoirí ach gur bhain sé úsáid as 'Ceilteach' nó 'Celtic' an Bhéarla in áit 'Gaelic' nuair a luaigh sé 'the mythical Celtic paradise of Tir na nOige [sic]'.[28] Ach tugann teideal an ailt 'The Connemara Colony' le fios go raibh easpa tuisceana is beag beann ag an gCumann Ceilteach ar cheist an choilíneachais in Éirinn, rud a chuir isteach ar chuid de na conraitheoirí.

Cosúil le heagraíochtaí Éireannacha eile ag tús an fhichiú haois, bhí uirlis bholscaireachta dá chuid féin ag an gCumann Ceilteach, *Celtia,* irisleabhar míosúil a cuireadh ar bun sa bhliain 1900 agus a raibh Fournier D'Albe mar eagarthóir air.[29] Bhíothas ag súil go gcruthódh an t-irisleabhar seo 'a link between the Celtic movements throughout the world'.[30] Mhol Fournier D'Albe Úna Ní Fhaircheallaigh go hard san fhoilseachán, nó 'the gifted authoress', mar a thug sé uirthi, agus dhírigh sé ar íonghlaineacht a cuid Gaeilge scríofa chomh maith leis an 'human sympathy' a léirigh sí ina scríbhinní.[31] Mhol sé lucht tacaíochta an Chumainn i measc na gconraitheoirí, ar nós de Híde, go rialta.[32] Ach díreach mar a bhain Art Ó Gríofa úsáid as a uirlis bholscaireachta féin, an *United Irishman,* chun an Tiarna Castletown a cháineadh go géar, thapaigh eagarthóir *Celtia* gach deis chun lucht cáinte an chumainn i gConradh na Gaeilge a mhaslú. Mar a dúirt sé i gcás Pheadair Uí Laoghaire:

> True, he is a good writer of modern Irish, which he clothes in a curious spelling system of his own. But such writers as he are more effective outside an organization than within it [...] Canon O'Leary is not gifted with the graces of diplomacy.[33]

Chuir *Celtia* aidhmeanna an Chonartha chun cinn, chomh maith le suáilcí an léinn Cheiltigh: i samhradh na bliana 1903 mar shampla, tuairiscíodh ann go raibh ranganna sa tSean-Ghaeilge á múineadh ag an Ollamh Strachan agus Kuno Meyer i mBaile Átha Cliath agus go raibh conraitheoirí cosúil le Ní Fhaircheallaigh, Seosamh Laoide agus Éamon O'Neill chomh maith le Fournier D'Albe féin ag freastal orthu.[34] Ní ba dhéanaí sa bhliain chéanna, d'fhoilsigh Fournier D'Albe, a bhí ina theangeolaí cumasach de réir tuairisce, *An English-Irish Dictionary and Phrasebook* le tacaíocht an Chumainn Cheiltigh.[35]

Léirigh Fournier D'Albe agus an Tiarna Castletown spéis sa Chumann Ceilteach ar feadh i bhfad ach idir 1910 agus 1914, aistríodh ceanncheathrú an Chumainn ó Éirinn go dtí an Bheilg, faoi stiúir John de Courcy Mac Donnell, bunaitheoir an irisleabhair *Inis Fáil.* Mhaígh díograiseoir an Cheilteachais, François Jaffrennou-Taldir ón mBriotáin, go raibh sé mar aidhm ag de Courcy Mac Donnell 'to have a great Panceltic Congress on the

Continent in order to attract attention on Home Rule'.[36] Theastaigh uaidh Comhdháil Cheilteach a eagrú i rith 'The Great World Fair of Brussels' i mí Lúnasa 1910, ach chuaigh an t-ionad trí thine agus cuireadh deireadh leis. Trí bliana ina dhiaidh sin d'eagraigh sé comhdháil eile in Ghent ach ní raibh mórán Éireannach i láthair agus cuireadh deireadh leis an gCumann Ceilteach sin nuair a cuireadh tús leis an gCéad Chogadh Domhanda.[37]

Sa bhliain 1917, rinne Edward Thomas John, náisiúnaí agus Feisire Parlaiminte Anglesey sa Bhreatain Bheag, iarracht an ceangal ceilteach a athbheochan faoin teideal 'An Chomhdháil Cheilteach' nó 'The Celtic Congress'. Chuir sé seo tús leis an dara ré i stair an cheangail Cheiltigh.[38] Cé gur tugadh cuireadh do Ní Fhaircheallaigh dul chuig na comhdhálacha Ceilteacha roimhe sin, níor fhreastail sí ar cheann ar bith go dtí an Chomhdháil in Neath na Breataine Bige sa bhliain 1918, nuair a bhí an Conradh fágtha aici.[39] Sula raibh baint aici leis an gComhdháil Cheilteach áfach, bhí seal caite aici in Albain agus sa Bhreatain Bheag, áit a ndearna sí staidéar ar mhodhanna teagaisc sa chóras dátheangach i mbunscoileanna áirithe i dtuaisceart na tíre.[40]

Bhain an Chomhdháil Cheilteach le réimse spéise Ní Fhaircheallaigh i dtaobh an oideachais agus an tsaoil shóisialta agus d'fhás an-chairdeas idir í féin agus E.T. John go gasta: tugann an comhfhreagras eatarthu an-léargas ar a baint leis an gComhdháil Cheilteach thar na blianta.[41] Bhí cosúlachtaí éagsúla idir an Chomhdháil Cheilteach agus Conradh na Gaeilge nuair a bhí de Híde agus Ní Fhaircheallaigh á stiúradh agus dá dheasca sin, bhí suim acu beirt i gcur chuige agus imeachtaí na Comhdhála Ceiltí: bhí sé mar aidhm aici an léann agus cultúr a chur chun cinn (Ceilteach seachas Gaelach sa chás seo); síleadh go dtionólfaí an Chomhdháil chuile bhliain (cosúil leis an Oireachtas); agus daoine acadúla a bhí sna baill i gcoitinne seachas lucht an Chaisleáin an babhta seo.[42] Bhí struchtúr agus *modus operandi* na Comhdhála Ceiltí cosúil leo siúd an Chonartha ag tús a ré, cé go raibh ballraíocht an-teoranta ag an gComhdháil Cheilteach. Ina theannta sin, chuir E.T. John fáilte roimh mhná chun páirt ghníomhach a ghlacadh inti agus thagair sé don 'galaxy of brilliant young women in Ireland and Wales' ina chomhfhreagras le Ní Fhaircheallaigh. D'admhaigh sé 'I do not doubt that Scotland is equally fortunate, but I am less acquainted with the Scottish ladies'.[43] Tugadh an deis do mhná acadúla fearacht Ní Fhaircheallaigh páirt a ghlacadh i riarachán agus cúraimí léinn na Comhdhála agus rinneadh iarracht seisiúin a bhain le stair na mban Ceilteach a chur ar siúl i rith na gcomhdhálacha.[44] Thapaigh Ní Fhaircheallaigh ach go háirithe an deis chun éadaí faiseanta de dhéantús na hÉireann a chaitheamh ag na comhdhálacha thar lear chun aird a tharraingt ar an tionsclaíocht sin in Éirinn. Ba mhinic a scríobh nuachtáin Cheilteacha cuntais ar na héadaí úd.[45] Bhí difríocht ollmhór idir cur chuige na Comhdhála Ceiltí i dtaobh na mban agus Saorstát Éireann um an dtaca sin, a rinne iarrachtaí leanúnacha cearta na mban sa saol poiblí in Éirinn a laghdú.

Níor tháinig aon athrú ar dhearcadh Ní Fhaircheallaigh i dtaobh an haontachta agus na polaitíochta fad is a bhí baint aici leis an gComhdháil Cheilteach. D'áitigh sí: 'I am in this movement for an ideal – something I want to keep clean and sweet and apart from the sordidness of contention'.[46] Ach díreach cosúil le Conradh na Gaeilge, bhí an pholaitíocht inmheánach le sonrú sa Chomhdháil Cheilteach nuair a d'éirigh Ní Fhaircheallaigh gníomhach inti, i measc na mball Albanach ach go háirithe.[47] Tháinig teannas chun solais nuair a rinne aontachtaithe Albanacha gearán faoin gcuireadh a tugadh d'Eoin Mac Néill le páirt a ghlacadh i gComhdháil na bliana 1920 i nDún Éideann, toisc go raibh baint aige le Sinn Féin; ach thángthas ar réiteach go gasta agus chuaigh an teannas i léig.[48] Theastaigh ó E.T. John 'Celtic Federal Union' a bhunú chun aghaidh a thabhairt ar cheisteanna polaitiúla a bhain leis na réigiúin Cheilteacha agus ar mhaithe leis an gComhdháil Cheilteach féin a choinneáil slán ón deighilt a chruthódh an pholaitíocht, ach níor cuireadh an t-aontas Ceilteach seo i gcrích riamh.[49] Cé go ndearnadh iarracht an Chomhdháil Cheilteach a chur chun cinn mar eagraíocht fhrithpholaitiúil, rinne an grúpa frith-Fhrancach 'Breiz Atao' ('An Bhriotáin go deo'), a bunaíodh sa bhliain 1918, iarracht nasc a chruthú agus tacaíocht a fháil ón gComhdháil Cheilteach, óir chreid a bhaill óga go gcuideodh sé sin le neamhspleáchas a bhaint amach ón bhFrainc.[50] Creideadh go fairsing gur chaith Arm na Fraince go holc leis na Briotánaigh sa Chéad Chogadh Domhanda agus gur roghnaigh na Taoisigh Fhrancacha na saighdiúirí Briotánacha don chéad líne d'aon ghnó. Cuireadh Breiz Atao ar bun chun cearta na mBriotánach a chosaint mar thoradh ar an gcaoi ar chaith na Francaigh leo sa chogadh.[51] Mhaígh ball de Breiz Atao sa *Welsh Outlook* go raibh sé mar phríomhchuspóir aige:

> To bring about the rebuilding of Brittany on Celtic lines. For it is not enough to restore only the feeling of nationality – it is Celtic Brittany which has the right to live, and not a Brittany which is half-French. Besides, the more foreign Brittany seems to France, the more chance she will have of obtaining autonomy without a violent struggle.[52]

Cé gur thacaigh an Chomhdháil Cheilteach le feachtas chun an Bhriotáinis a chur chun cinn sa churaclam scoile sa Bhriotáin, agus gur léirigh sí spéis i gcultúr na Briotáine, níor theastaigh uaithi a bheith ceangailte le mianta polaitiúla Breiz Atao.[53]

Rinneadh iarracht an Chomhdháil Cheilteach a eagrú i mBaile Átha Cliath i 1922 agus 1923, ach bhí cúrsaí polaitiúla róchontúirteach sa tír le go rachadh sí ar aghaidh. Ag tús mhí Iúil 1925 áfach, reáchtáil Ní Fhaircheallaigh Comhdháil i mBaile Átha Cliath, nuair a bhí cúrsaí polaitíochta ag socrú síos. Bhí baill áirithe de Chonradh na Gaeilge amhrasach agus drochmhúinte faoin gComhdháil Cheilteach nuair a tháinig sí ar an bhfód in athuair sa bhliain 1917, agus iad den tuairim: 'We may best assist each other by doing, each body of us, our utmost in our own countries'.[54] Ceithre bliana ina dhiaidh sin fiú amháin, dúirt Piaras Béaslaí, eagarthóir *Misneach*: 'Maga iseadh é dar linn', go háirithe toisc go raibh an Béarla mar mhodh cumarsáide ag an gComhdháil seachas na teangacha Ceilteacha. Bhain sé seo den fhíorcheangal amháin idir na réigiúin Cheilteacha: na teangacha Ceilteacha féin.[55] Ach faoin am gur tionóladh an Chomhdháil Cheilteach in Éirinn, nuair a bronnadh teideal 'Uachtarán Saoil na Comhdhála Ceiltí' ar Ní Fhaircheallaigh de bharr a hiarrachtaí ar son na Comhdhála, thacaigh Conradh na Gaeilge léi agus d'fhreastail toscairí an Chonartha ar a himeachtaí.[56] Ag tús mhí an Mheithimh, scríobh S.P. Breathnach, Rúnaí na Roinne Gnóthaí Coigríche, tuarascáil ar an gcomhdháil do Rialtas Chumann na nGaedheal agus ba é a mheas ag an am sin:

> From the absence of any serious attempt to proceed on business lines, the operative section of the Committee, consisting of Miss O'Farrelly and Dr Hyde, must be regarded as incapable of making a success of the Congress.[57]

Ina ainneoin sin, tugadh deontas don Chomhdháil agus le cuidiú ó oibrithe óga deonacha, ar chaith Ní Fhaircheallaigh go fial flaithiúil leo, d'éirigh go maith leis an gComhdháil.[58] Lig an Dr Coffey, Uachtarán an Choláiste Ollscoile, do Ní Fhaircheallaigh úsáid a bhaint as foirgnimh an Choláiste agus thug a cairde acadúla cosúil le Máire Ní Aodáin, Osborn Bergin agus Robin Flower léachtaí ar ábhair a bhain leis an nGaeilge i rith na Comhdhála.[59] Ar nós Chluichí Tailteann, a ndearna Rialtas an tSaorstáit athbheochan orthu sa bhliain 1924 ionas go bhfeicfí suáilcí is aclaíocht na nÉireannach, rinneadh iarracht dul chun cinn an tSaorstáit i dtaobh an oideachais Ghaelaigh agus na tionsclaíochta a léiriú do thoscairí na Comhdhála Ceiltí.[60] Bhí breis is céad toscaire i láthair ó réigiúin Cheilteacha eile agus reáchtáladh ceolchoirmeacha dóibh, chomh maith le turais lae go Gleann Dá Loch agus Teamhair. Breis is scór bliain roimhe sin cáineadh Cumann Ceilteach E.E. Fournier D'Albe nuair a d'imigh na baill ar thurais, ar an gcúinse go raibh siad ag baint taitnimh as an saol fad is a bhí na conraitheoirí ag obair go crua ar son na tíre.[61] Nuair a tionóladh an Chomhdháil Cheilteach in Neath na Breataine Bige sa bhliain 1918, tuairiscíodh in *New Ireland*:

> The sittings of the two days interspersed with receptions and unstinted hospitality of our Welsh friends gave opportunity for much informal, although none the less important, conversation between the representatives.[62]

B'amhlaidh a bhí i gcás na Comhdhála i mBaile Átha Cliath óir ócáid shóisialta is chultúrtha a bhí inti, a thug an deis do scoláirí Ceilteacha bualadh lena chéile agus a réimse spéise a phlé seachas obair chrua a dhéanamh. Mhaígh E.T. John go raibh Comhdháil Bhaile Átha Cliath ina 'great success', de bharr iarrachtaí agus fhlaithiúlacht Ní Fhaircheallaigh.[63]

Nuair a fuair E.T. John bás go luath sa bhliain 1931, ghlac Ní Fhaircheallaigh le cúraimí riaracháin sa bhreis le cinntiú nach rachadh an Chomhdháil Cheilteach i léig, agus i bhfocail François Jaffrennou-Taldir: 'the Association was given a new life in 1935 [sic], thanks to

Miss Agnes O'Farrelly'.[64] Ach sa bhliain 1934 a tugadh an 'new life' seo don Chomhdháil nuair a d'eagraigh Ní Fhaircheallaigh í i mBaile Átha Cliath. Arís eile, d'ullmhaigh S.P. Breathnach, Rúnaí na Roinne Gnóthaí Coigríche, tuarascáil ar an gcomhdháil don rialtas nuair a d'iarr sí deontas £435 air. Ní raibh ní ba mhó muiníne aige as cumas Ní Fhaircheallaigh an babhta seo, agus mhaígh sé:

> Mrs. MacEntee told me that although the General Committee [den Chomhdháil Cheilteach] did not attend Miss O'Farrelly's meetings, mainly because of their impossibly inconclusive character, it could be affirmed that all the members were in favour of the holding of the Congress here and believe that some good could be got out of it. Mrs. MacEntee is as certain as I am that Miss O'Farrelly has not the first idea of organising anything, but she believes that with the general good will and the help of the College Authorities the congress will pull through somehow.[65]

Ní raibh gach duine ar aon intinn le 'Mrs. MacEntee' i dtaobh neamhinniúlacht Ní Fhaircheallaigh áfach. I ndiaidh a báis scríobh Belinda de Buitléir alt fúithi inar mhaígh sí:

> [a] colleague of hers told me that sometimes at the meetings over which she presided – meetings composed of varied elements – the discussions would become rather heated, but Úna always remained calm and dignified, no matter how strongly she felt on the matter under discussion, while never yielding an inch on a point she felt to be right.[66]

Nuair a tionóladh an Chomhdháil Cheilteach i réigiúin Cheilteacha thar lear, d'eagraigh Ní Fhaircheallaigh an toscaireacht Éireannach agus nuair a bhí sí i measc a comhghleacaithe Ceilteacha, thapaigh sí chuile dheis chun cultúr agus teanga na hÉireann a léiriú mar a bheidís faoi bhláth sa Saorstát.

Bhí feidhm shóisialta, idéalaíoch agus phraiticiúil ag baint leis an gComhdháil Cheilteach, na trí mhórthréith de phearsantacht Ní Fhaircheallaigh fosta, óir bhain caidrimh, idéalachas agus gníomhaithe praiticiúla lena saol laethúil. Thug an Chomhdháil an deis di féin agus dá dlúthchairde i réimse an náisiúnachais chultúrtha agus an oideachais in Éirinn taisteal chuig réigiúin Cheilteacha eile agus Sasana fiú amháin ar ghnó na Comhdhála agus chun aoiléachtaí a thabhairt. Chuaigh Lily agus Alphonsus O'Farrelly chuig imeachtaí na Comhdhála thar lear minic go leor in éineacht lena ndeirfiúr.[67] Thagadh díograiseoirí Ceilteacha fearacht E.T. John agus an bhéaloideasaí Mhanannaigh Mona Douglas ar cuairt chuig teach Ní Fhaircheallaigh i Ráth Garbh agus ar an bhFál Carrach i dTír Chonaill agus caitheadh go fial leo. Ar an gcaoi sin, bhí gréasán sóisialta idirnáisiúnta á chruthú ag Ní Fhaircheallaigh.[68] I dtaobh fheidhm idéalaíoch na Comhdhála Ceiltí, chinntigh sí leanúnachas na físe útóipí a chruthaigh Ní Fhaircheallaigh i bhfad roimhe sin, toisc go raibh sí báúil leis na teangacha Ceilteacha agus cothromaíocht inscne ach go háirithe. Lig sí do Ní Fhaircheallaigh bheith ag treabhadh ar aghaidh i dtreo na foirfeachta sa todhchaí. Thug struchtúr na Comhdhála tacaíocht di, mar a rinne Conradh na Gaeilge roimhe sin, ag ligean di chuile ghné dá fís útóipeach a chur chun cinn i measc na ndíograiseoirí fonnmhara. I dtaobh na praiticiúlachta de, fuair scoláirí na Ceiltise an deis aithne a chur ar a chéile agus pléadh ceisteanna a bhain leo ar fad: athbheochan na dteangacha Ceilteacha; teagasc na dteangacha sin; an bealach ab fhearr le deireadh a chur leis an imirce mar bhí cuid de na teangacha ag dul i léig go gasta mar thoradh ar an imirce chéanna.

Theastaigh ó na scoláirí a bheith ag comhoibriú agus rinne siad iarracht na teangacha is cultúir Cheilteacha a chothú is a nascadh lena chéile. Léirigh siad spéis i scéimeanna éagsúla, cosúil le foclóir Ceilteach ar mhúnla fhoclóir Lhuyd, *Archaeologica Britannica* (1707), a fhoilsiú. Phléigh siad féidearthachtaí maidir le stáisiún raidió agus nuachtán a bhunú do lucht éisteachta agus lucht léitheoireachta na dteangacha Q-Ceilteacha; luaigh siad smaointe faoi choiste téarmaíochta a bhunú le freastal ar riachtanais na dteangacha Q-Ceilteacha; labhair siad faoi ábhar léitheoireachta a chur ar fáil do pháistí sna teangacha Ceilteacha agus shocraigh siad go dtabharfaí an deis do scoláirí óga Ceilteacha seal a chaitheamh i réigiúin Cheilteacha eile ar mhaithe leis na teangacha Ceilteacha eile a fhoghlaim.[69] Cé gur éirigh leis an scéim dheireanach seo go pointe, níor éirigh leis na cinn eile de bharr easpa airgid, acmhainní daonna agus stádas imeallach na Comhdhála Ceiltí.[70] Mheas Gaeilgeoirí éagsúla, an Taoiseach, Éamon De Valera san áireamh, gurbh fhiú airgead na nÉireannach a chaitheamh ar chur chun cinn na Gaeilge thar na teangacha Ceilteacha uilig (cé gur gheall sé go dtabharfadh sé airgead don Chomhdháil Cheilteach chun taighde a dhéanamh ar theangacha Ceilteacha).[71]

Bhí dlúthbhaint ag tuaisceart na Éireann le hAlbain go stairiúil, i dtaobh na teanga agus an chultúir, mar a d'admhaigh Ní Fhaircheallaigh go minic, ach rinne baill den Chomhdháil áibhéil ar an nasc stairiúil idir na réigiúin Cheilteacha eile.[72] Bhí tuairimí Ní Fhaircheallaigh réasúnta agus measartha i gcomparáid le tuairimí cuid de na baill eile agus iad ag trácht ar an stair is oidhreacht choiteann Cheilteach. Ag Comhdháil na bliana 1932 i gCorn na Breataine, mhaígh Ní Fhaircheallaigh: 'this was the first time for hundreds of years that people of the Celtic nations have come together to listen to each other speaking their respective language'.[73] Ach mar a tugadh le fios in *An Claidheamh Soluis* i bhfad roimhe sin sa bhliain 1899, ní raibh ceangal stairiúil idir na tíortha Ceilteacha cosúil le hÉirinn agus an Bhreatain Bheag agus bhí difríocht ollmhór eatarthu i dtaobh éabhlóid na polaitíochta agus an chreidimh.[74] In ainneoin ráiteas Ní Fhaircheallaigh, ní raibh aon fhianaise ann gur tháinig daoine as na náisiúin Cheilteacha le chéile na céadta bliain roimhe sin; téarma nua-chumtha a bhí sa 'náisiún' go deimhin.[75] Dá bhrí sin, bhí Ní Fhaircheallaigh ag déanamh iarrachta an nasc nua Ceilteach a dhlisteanú agus í á lonnú sa chúlra stairiúil chun leanúnachas a chruthú idir an aimsir chaite agus an caidreamh Ceilteach comhaimseartha.[76] Ghlac agus thacaigh lucht na Comhdhála le tuairimí Ní Fhaircheallaigh an tráth sin mar a léirigh Robert Dudley Edwards agus é ag tabhairt cainte ar Robert Bruce: '[a]bove everything else, King Robert Bruce had had visions of a Celtic Empire'.[77] Mhaígh Margaret Dobbs ag an gComhdháil chéanna i nDún Éideann sa bhliain 1937, go raibh oidhreacht na hÉireann agus na hAlban nasctha go dlúth óir ba Albanach í seanmháthair Cholm Cille.[78]

Toisc go raibh deacrachtaí ag Ní Fhaircheallaigh a fís útóipeach Ghaelach a chur i bhfeidhm in Éirinn, thug an Chomhdháil Cheilteach pobal agus spás samhlaithe di, ina bhféadfadh sí a fís a chur chun cinn. Thug a cairde Ceilteacha misneach di agus í á dhéanamh sin mar bhí deacrachtaí den chineál céanna acu féin agus iad ag iarraidh leasuithe a chur i bhfeidhm ina réigiúin féin. Ní raibh an oiread sin dímheasa ar na díograiseoirí Ceilteacha seo is a bhí ar Chumann Ceilteach Fournier D'Albe ag casadh an chéid; ach glacadh leo mar dhaoine i mbun aislingeachta seachas daoine pragmatacha. D'áitigh siad go minic nach raibh 'dreaming their lives away' mar aidhm acu.[79] Tar éis do Ní Fhaircheallaigh caint a thabhairt do Chumann Rothlach na bhFear i mBaile Átha Cliath i mí Iúil 1944 ar ábhar na Comhdhála Ceiltí, scríobh tuairisceoir an *Irish Times* an cuntas seo a leanas:

> We have no doubt that the members of the Dublin Rotary Club felt a pardonable thrill of pride as they listened to the remarks of their distinguished guest. For a brief space of time they probably basked in the luxury of the Professor's day-dream, and envisaged an early return of those halcyon years when this little island sent forth its intellectual and spiritual envoys into a world of pagan darkness to spread the light of our Celtic sanctity and scholarship.[80]

Agus dílseacht straitéiseach pholaitiúil ag eascairt idir na tíortha cumhachtacha Eorpacha i rith agus díreach i ndiaidh an Dara Cogadh Domhanda, mheas baill den Chomhdháil Cheilteach gur chruthaigh a n-eagraíocht féin cumhacht agus aontas idir na tíortha ar imeall na hEorpa, a bhí faoi bhagairt ag na himpireachtaí taobh leo. D'áitigh tuairisc in *Indiu* gur chuir an cogadh le haiséirí an náisiúnachais in Albain, sa Bhreatain Bheag agus ar Oileán Mhanann.[81] Foilsíodh *An Aimsear Cheilteach*, nuachtán míosúil a bhunaigh an Briotánach Leo V. Millarden i gCorcaigh, ó 1947–1954. Lena mhana 'An Fhírinne in aghaidh an domhain', baineadh úsáid as mar mhodh craobhscaoilte chun na daoine sna réigiúin Cheilteacha a ghríosú agus aontas a chruthú eatarthu in aghaidh na dtíortha cumhachtacha ar domhan, nó mar a dúirt Millarden féin:

> To rally the now-scattered Celts, at heart and in spirit, promote an inter-Celtic outlook, develop and strengthen the inter-Celtic bonds, bring about collaboration and, where and when, mutual help in the various national grounds and achievements in the inter-Celtic field.[82]

De réir mar a lean an Dara Cogadh Domhanda ar aghaidh, chreid Ní Fhaircheallaigh 'the people of Celtic stock are not as other peoples are', agus 'what the world needs most today is that the coarseness and cruelty of the Nordic should be tempered by the fineness and chivalry of the Celt'.[83] Níorbh iad an stair, teanga ná aidhmeanna polaitiúla a luaigh sí mar dhlúthcheangal na gCeilteach ach saibhreas spioradálta coiteann agus frithábharachas na gciníocha sin, tréithe a bhain leis an gCríostaíocht thar aon ní eile. Chruthaigh sí deighilt shimplí idir na Ceiltigh agus na ciníocha eile, cosúil leis an deighilt a rinne sí ina cuid filíochta polaitiúla idir na hÉireannaigh agus na Sasanaigh. Mheas sí go raibh íonghlaineacht ag baint leis na Ceiltigh lena:

> nobler and more mystical ideals. They always will react against any system of life in which the machine is stronger than the man, or the State more than the individual. The Celtic attitude towards life could be epitomized in religious beliefs and in a passionate desire to help humanity by sharing those beliefs.[84]

Ach bhí frithrá i gceist lena tuairimí i dtaobh na gciníocha óir mhaígh sí tráth:

> If race alone settled the lines along which human thought and development were to travel and fixed for all time the mental attitude of groups of people, the world about us would be a much poorer place, barren of new ideas; stagnant and incapable of progress in fresh directions and life would long ago have ceased to be the rich and full thing it is even after the chaos of the world war.[85]

Theastaigh ó Ní Fhaircheallaigh iarracht a dhéanamh 'to help humanity' nuair a tháinig sí i gcabhair ar Roparz Hemon, comhghleacaí Briotánach, a daoradh chun báis i ndiaidh fhuascailt na Fraince ag deireadh an Dara Cogadh Domhanda.[86] Ball de Breiz Atao a bhí i Hemon agus chuir sé féin agus triúr Briotánach óg eile isteach ar Ní Fhaircheallaigh ag an gComhdháil Cheilteach sa bhliain 1925 óir d'fhan siad in Éirinn gan ticéad fillte acu chun na Briotáine agus iad ag maireachtáil ar iasachtaí ó na baill Éireannacha den Chomhdháil.[87] Ach rinne sí dearmad glan ar an eachtra sin ina dhiaidh sin. I rith an Dara Cogadh Domhanda, chreid Breiz Atao '[que] les ennemis de nos ennemis [La France] sont nos amis'.[88]

Léirigh Hemon cúis a sheasaimh ina chuimhní cinn dar teideal 'The End of a Dream':

> Most of us had been anti-German and indeed it was not for the sake of Hitler that we had sided with his troops. But this was the only power in the world that could and that had brought some help to the cause of Brittany.[89]

Díreach cosúil le cruachás Ruairí Mhic Easmuinn tríocha bliain roimhe sin, daoradh Hemon chun báis de bharr an ardtréasa agus cé nach raibh Ní Fhaircheallaigh báúil le seasamh is gníomhartha Hemon ach an oiread, chuir sí tús le feachtas chun trócaire a agairt ar a shon agus cumadh achainí i measc na gCeilteach mór le rá. Scríobh Mary Macken, scoláire agus cara léi:

> When one of her Breton friends was in evil case after World War II and condemned to death by a post-Vichy government [...] she testified for him and got so many and such impressive signatures of those who had known him during the Celtic Congress that her memorial helped to save his life.[90]

D'admhaigh Hemon go ndearna Ní Fhaircheallaigh an-obair ar a shon agus sheol sé litir bhuíochais chuici agus é ag insint di:

> I cannot thank you too much for your kindness in writing that letter. It came to my heart to see that you had not forgotten me after so many years.[91]

De bharr a sheasaimh in éadan na Fraince i rith an chogaidh, gearradh pionós *indignité nationale* ar Hemon, pionós nua a gearradh ar fhealltóirí ag deireadh an chogaidh. Mar gheall ar an náiriú a bhain lena sheasamh is lena ghníomhaíochtaí sa Fhrainc, chuaigh Hemon ar deoraíocht go hÉirinn, áit ar chaith sé an chuid eile dá shaol ag obair in Institiúid Ard-Léinn Bhaile Átha Cliath.[92]

Choinnigh Ní Fhaircheallaigh uirthi ag obair ar son na Comhdhála agus mar Uachtarán Saoil go dtí 1951, bliain a báis.[93] Cé nár éirigh léi freastal ar Chomhdháil 1949 sa Bhreatain Bheag, Comhdháil 1950 i gCorn na Breataine ná Comhdháil 1951 sa Bhriotáin, chuir sí teachtaireacht spreagúil bhliantúil chuig na toscairí ar nós: 'She upheld the inner faith of the Celts as the best counter-challenge to the materialism and the flight from principles and traditions of the outer world'.[94] Nuair a bhí sí róthinn le freastal ar Chomhdháil 1949 in Bangor, sheol sí teachtaireacht chuig na baill as Gaeilge, Breatnais agus Béarla inar léirigh sí: 'the hope that the Congress would be a little oasis of sane thinking and of tolerance and of Christ-like charity "to give a lead to a topsy-turvy world"'.[95] D'iarr sí ar na baill i láthair a dtuairimí a chraobhscaoileadh:

> as the voice of our Celtic ancestors was often raised, in defence of the weak against the strong and of the things of the mind and the spirit against the encroachments of materialism and the senseless pursuit of purely physical enjoyment.[96]

Ba léir nár tháinig aon athrú ar a dearcadh frithábharach agus frithiasachtach ó laethanta a hóige nuair a chum sí *The Reign of Humbug* agus nuair a múnlaíodh a fís útóipeach Ghaelach, a raibh saibhreas spioradálta agus féinchothaitheacht go smior inti i gcodarsnacht le Meiriceá peacach agus Sasana salach. Ach bhí claochlú tagtha ar thírdhreach na nÉireann agus na hEorpa ó laethanta a hóige agus ní raibh sí in ann brath ar na Gaeil a thuilleadh chun a fís útóipeach a chur i bhfeidhm. Ina áit sin, bhreathnaigh sí i dtreo na gCeilteach mar chaomhnóirí na moráltachta, na teanga agus an chultúir, agus thug an Chomhdháil Cheilteach ardán eile di chun a fís a chur chun cinn. In áit a bheith ag díriú ar Shasana mar namhaid na hÉireann, bhreathnaigh sí i dtreo an domhain anaithnid mar namhaid na dúiche samhlaithe Ceiltí.

Chonaic Ní Fhaircheallaigh codanna dá fís curtha i bhfeidhm in Éirinn i rith a saoil, go háirithe i dtaobh na Gaeilge sa chóras oideachais. Ach ag deireadh a saoil, bhí deacrachtaí aici an fhís a bhaint amach taobh istigh den Chomhdháil Cheilteach, toisc go raibh sí ag brath ar aontas na gCeilteach, Útóipe theibí, nach raibh inti ach pobal samhlaithe i ndáiríre. Murab ionann is Conradh na Gaeilge, eagraíocht mhór a ghlac leis an mborradh faoin náisiúnachas cultúrtha in Éirinn ag tús an fhichiú haois agus a chuir fís a cheannairí i bhfeidhm go pointe, eagraíocht bheag a bhí sa Chomhdháil Cheilteach nach raibh spás fisiciúil ag baint léi agus níor sheas sí do thuairimí is mhianta fhormhór na ndaoine 'Ceilteacha' in Éirinn ná sna réigiúin Cheilteacha eile.

Rud amháin a d'éirigh le ball Breatnach den Chomhdháil Cheilteach, an Dr Stephens, a chruthú ná 'arán Ceilteach' déanta as min choirce as a thír féin. I mí Iúil 1938, d'iarr sé ar Ní Fhaircheallaigh bollóg a thabhairt don Dr Ó Riain, an tAire Talmhaíochta in Éirinn. Mhaígh sé go raibh an bhollóg úd:

> purely in its experimental stage, and I want the Celts to improve on it. I want to create a sort of rivalry between the Celtic nations in the hope of seeing perfection achieved.[97]

Meafar a bhí sa bhullóg úd don Chomhdháil Cheilteach agus do smaointeachas Ní Fhaircheallaigh go pointe. Rud nuachumtha a bhí inti ach theastaigh ón Dr Stephens go nglacfadh na 'Ceiltigh' léi agus go mbeidís sásta í a dhlisteanú, ag cruthú nasc eile eatarthu uilig. Mheas sé gur bhain íonghlaineacht léi cheana féin ach fós bhí súil aige go ndéanfadh na Ceiltigh iarracht 'to improve on it'. Bhain tuairimí frithnéiseacha den chineál seo le féith útóipeach Ní Fhaircheallaigh ón tús, nuair a theastaigh uaithi feabhas a chur ar íonghlaineacht an tsaoil Ghaelaigh ar Inis Meáin trí mhodhanna oibre Chonradh na Gaeilge agus trí chothromaíocht inscne a chur chun cinn ar an oileán. Díreach cosúil leis an gcaoi ar caitheadh leis an gComhdháil Cheilteach in Éirinn agus le féith útóipeach Úna Ní Fhaircheallaigh, bhí an chontúirt ann go ndéanfadh Gaeil áirithe mugadh magadh faoi choincheap an aráin Cheiltigh.

NÓTAÍ

1 *The Leader*, 23/08/1947, 16.

2 *Sunday Independent*, 03/07/1938, 11.

3 Albain; An Bhreatain Bheag; An Bhriotáin; Corn na Breataine; Éire; Oileán Mhanann.

4 Macken, 'Women in the University and the College: A Struggle Within A Struggle', 148.

5 Litir ó Ní Fhaircheallaigh chuig 'Miss Roberts' (Rúnaí Pearsanta E.T. John) ar an 02/06/1929, Páipéir E.T. John 5012, LNBB.

6 *Sunday Independent*, 03/07/1938, 11.

7 *Irish Times*, 19/07/1944 , 3.

8 *Irish Independent*, 16/09/1935, 11.

9 Yann Morvran Goblet, 'The Modern Celtic Renaissance II', in *The Leader*, 29/02/1908, 26–27.

10 D. Rhys Phillips, *Transactions of the Celtic Congress, 1921* (Swansea: Celtic Congress, 1923), 14.

11 *Irish Independent*, 10/08/1949, 5.

12 *Freeman's Journal*, 05/12/1898, 6; *Fáinne an Lae*, 28/04/1900, 135; *Freeman's Journal*, 15/10/1900, 2.

13 *Weekly Freeman*, 24/07/1897, 2; *Fáinne an Lae*, 20/05/1899, 157.

14 Cuireadh *Cowethas Kelto-Kernuak* ar bun i gCorn na Breataine agus *Gorzez Breiz* sa Bhriotáin sa bhliain 1901. Féach W.R. Jones, *Bilingualism In Welsh Education* (Cardiff: University of Wales, 1966), 60; Peter Berresford Ellis, *The Cornish Language and its Literature* (London: Routledge & Kegan, 1974), 147.

15 *Freeman's Journal*, 05/12/1898, 6; *Freeman's Journal*, 15/10/1900, 2.

16 Féach James Pethica (eag.), *Lady Gregory's Diaries 1892–1902* (Gerrards Cross: Colin Smythe, 1996), 142.

17 *Galway Observer*, 02/11/1907, 3.

18 *United Irishman*, 01/04/1899, 2.

19 *United Irishman*, 01/04/1899, 1.

20 *United Irishman*, 20/04/1901, 4; Déantar anailís ar 'Chonspóid na bPan-Cheilteach', in Uí Chollatáin, *An Claidheamh Soluis agus Fáinne an Lae 1899–1932*, 46–50.

21 Dudley Edwards, *Patrick Pearse: The Triumph of Failure*, 35.

22 *Freeman's Journal*, 19/07/1899, 5.

23 *An Claidheamh Soluis*, 27/05/1899, 168.

24 *Freeman's Journal*, 19/07/1899, 5; *Freeman's Journal*, 20/07/1899, 5; Dudley Edwards, *Patrick Pearse: The Triumph of Failure*, 33; Uí Chollatáin, *An Claidheamh Soluis agus Fáinne an Lae 1899–1932*, 48.

25 Páipéir Eoin Mhic Néill, gan dáta, LNÉ, Lámhscríbhinn 10,874.

26 Litir ó Úna Ní Fhaircheallaigh chuig an Tiarna Castletown ar an 29/01/1908, Páipéir an Tiarna Castletown, LNÉ, Lámhscríbhinn 35,304 (5).

27 Tá cur síos ar an aistear seo go Conamara i gcaibidil a sé; *Celtia: A Pan-Celtic Monthly Magazine*, Eagrán na Comhdhála 1904.

28 *Celtia* (Bealtaine 1902), 71.

29 Tar éis do *Celtia* teacht ar an bhfód, bunaíodh an *Celtic Review* (1904–1919) agus rinneadh iarrachtaí fánacha thar na blianta irisleabhair Cheilteacha eile a fhoilsiú cosúil le *La Revue Celtique* (1870–1934), an *London Celt* (1897–1904).

30 *Freeman's Journal*, 15/10/1900, 2.

31 *Celtia: A Pan-Celtic Monthly Magazine* (Iúil 1903), 112.

32 *Celtia* (Feabhra 1903), 24; *Celtia* (Iúil 1903), 112; *Celtia* (Feabhra 1904), 32; *Celtia* (Samhradh 1904), 76–78.

33 *Celtia* (Bealtaine 1908), 59.

34 *Celtia* (Iúil 1903), 99–100; Breathnach agus Ní Mhurchú (eag.), *1882–1982: Beathaisnéis a Trí*, 156.

35 Féach Liam Mac Amhlaigh, *Foclóirí agus Foclóirithe na Gaeilge* (Baile Átha Cliath: Cois Life, 2008), 78; *Freeman's Journal*, 03/06/1903, 2.

36 Féach François Jaffrennou-Taldir, *A Short History of the Scottish-Breton Relations from the Beginning of the Century* (Rennes: Le Circle de Brocéliande, 1953), 4. I measc Pháipéir Roparz Hemon, LNBB.

37 *Irish Independent*, 07/08/1913, 7; Féach Jaffrennou-Taldir, *A Short History of the Scottish-Breton Relations from the Beginning of the Century*, 4.

38 Jaffrennou-Taldir, *A Short History of the Scottish-Breton Relations from the Beginning of the Century*, 5; *An Claidheamh Soluis*, 15/09/1917, 2.

39 Féach *Celtia: A Pan-Celtic Monthly Magazine*, Eagrán na Comhdhála 1904; *New Ireland*, 24/08/1918, 250.

40 *Freeman's Journal*, 09/01/1909, 10.

41 Féach Páipéir E.T. John, LNBB.

42 Féach Litir ó E.T. John chuig Úna Ní Fhaircheallaigh, ar an 04/01/1922. Páipéir E.T. John 3043, LNBB.

43 Ibid.

44 Litir ó E.T. John chuig Úna Ní Fhaircheallaigh, ar an 20/10/1920, Páipéir E.T. John 2729, LNBB.

45 Mar shampla, tuairiscíodh ag an gComhdháil Cheilteach i nDún Éideann sa bhliain 1937: 'At the opening reception she wore a fascinating Irish 'brat' or cloak of violet poplin relieved with love-in-the-mist blue, and fastened with a silver Celtic broach. The poplin was woven at the embroidery school run by Miss Yeats, sister of the poet, at Dublin'. Féach Páipéir Úna Ní Fhaircheallaigh, LNÉ, Uimhir Admhála 6643 (2).

46 Agnes O'Farrelly, 'Pan-Celticism Gone Mad', in *The Welsh Outlook*, VII (Meán Fómhair 1920), 245–246.

47 Litir ó E.T. John chuig Úna Ní Fhaircheallaigh, ar an 25/08/1920, Páipéir E.T. John 2669, LNBB.

48 Angus Henderson 'Pan-Celticism And Politics', in *The Welsh Outlook*, VII (Lúnasa 1920), 196.

49 Litir ó E.T. John chuig Úna Ní Fhaircheallaigh, ar an 04/01/1922, Páipéir E.T. John 3043, LNBB.

50 Yan Bricler, 'The League of Young Bretons', in *The Welsh Outlook*, X (Meán Fómhair 1923), 243.

51 Féach Maryon McDonald, *'We Are Not French!': Language, culture and identity in Brittany* (London: Routledge, 1989), 135–6.

52 Yan Bricler, 'The League of Young Bretons', 243.

53 *Irish Independent*, 16/09/1935, 11.

54 *An Claidheamh Soluis*, 13/01/1917, 6.

55 *Misneach*, 02/07/1921, 4; Féach O'Leary, Philip, *The Prose Literature of the Gaelic Revival, 1881–1921: Ideology and Innovation*, 495.

56 Brian Mac Giolla Phádraig, 'Úna Ní Fhaircheallaigh', in *Coláiste Uladh 1906–1956*, 28; Litir ó Úna Ní Fhaircheallaigh

chuig E.T. John, ar an 01/06/1925, Páipéir E.T. John 4409, LNBB.

57 'Roinn an Taoisigh: Mná Éireannacha san fhichiú haois, 1922–66', Cáipéis S4476A, Tuarascáil Roinn Gnóthaí Coigríche faoin gComhdháil Cheilteach, ar an 10/06/1925, CNÉ.

58 Litir ó Úna Ní Fhaircheallaigh chuig E.T. John, ar an 10/07/1925, Páipéir E.T. John 4488, LNBB.

59 *Irish Times*, 01/07/1925, 5.

60 *Irish Times*, 01/07/1925, 5; Féach Mike Cronin, 'Projecting the Nation through Sport and Culture: Ireland, Aonach Tailteann and the Irish Free State, 1924–32', 395–412.

61 *Irish Times*, 07/07/1925, 7; *Irish Independent*, 05/07/1925, 8; *An Claidheamh Soluis*, 27/05/1899, 168.

62 Liam Mac Giolla Íosa, 'Celts at Conference at Neath', in *New Ireland*, 24/08/1918, 249.

63 Ibid.

64 Féach Jaffrennou-Taldir, *A Short History of the Scottish-Breton Relations from the Beginning of the Century*, 6.

65 'Roinn an Taoisigh: Mná Éireannacha san fhichiú haois, 1922–66', Cáipéis S4476A, Tuarascáil Roinn Gnóthaí Coigríche faoin gComhdháil Cheilteach, 19/06/1934, CNÉ. Le haghaidh eolas faoi 'Mrs. MacEntee', máthair Mháire Mhac an tSaoi, féach Máire Cruise O'Brien, *The Same Age as the State* (Dublin: O'Brien Press, 2003).

66 Butler, 'Agnes O'Farrelly and Aran: Some Memoirs', 477.

67 Litir ó E.T. John chuig Úna Ní Fhaircheallaigh, ar an 25/7/1925, Páipéir E.T. John 4501, LNBB.

68 Breesha Maddrell, 'Shaping the Shape-Shifter: Cultural Revival, Spirituality & the Manx Manannan', in *Celtic Cultural Studies*, 2006 (www.celtic-cultural-studies.com/papers/05/maddrell-01.html).

69 *Irish Press*, 29/07/1947, 5; Páipéir Roparz Hemon, LNBB; Páipéir Úna Ní Fhaircheallaigh, LNÉ, Uimhir Admhála 6643 (2).

70 *Irish Independent*, 10/08/1949, 5.

71 Litir sínithe ag rúnaí príobháideach an Taoisigh, thar a cheann, chuig Úna Ní Fhaircheallaigh, ar an 07/09/1938. Roinn an Taoisigh: Mná Éireannacha san fhichiú haois, 1922–66: Cáipéis S4476A CNÉ; Páipéir Úna Ní Fhaircheallaigh, LNÉ, Uimhir Admhála 6643 (2).

72 *Irish Independent*, 16/09/1935, 11.

73 *Irish Independent*, 09/09/1932, 9.

74 *An Claidheamh Soluis*, 27/05/1899, 169.

75 Féach Benedict Anderson, *Imagined Communities*, 15–19.

76 Is dóigh leis an gcriticeoir comhaimseartha, Fintan O'Toole, gurbh é an scoláire Breatnach Edward Lhuyd a shoiléirigh an ceangal teangeolaíoch idir na teangacha 'Ceilteacha' ag tús an ochtú haois déag. Féach *Irish Times*, 03/02/2007, 11, 17.

77 Féach Páipéir Úna Ní Fhaircheallaigh, LNÉ, Uimhir Admhála 6643 (2).

78 Ibid.

79 *Irish Times*, 02/07/1925, 7.

80 *Irish Times*, 19/07/1944, 3.

81 *Indiu* (Eanáir 1944), 1.

82 *An Aimsear Cheilteach*, 15/07/1947, 1.

83 *Irish Times*, 19/07/1944, 3.

84 Ibid.

85 Páipéir Úna Ní Fhaircheallaigh, LNÉ, Uimhir Admhála 6643 (3).

86 Roparz Hemon (1900–1978), né Louis P. Nemo in Brest na Briotáine. File, scoláire Ceilteach agus ball gníomhach de Breiz Atao a bhí ann, a chuir tús leis an irisleabhar liteartha *Gwalarn* sa bhliain 1925, in éineacht le Olier Mordrel.

87 Litir ó Úna Ní Fhaircheallaigh chuig E.T. John 13/07/1925, Páipéir E.T. John 4493, LNBB; Litir ó Úna Ní Fhaircheallaigh chuig E.T. John 10/07/1925, Páipéir E.T. John 4488, LNBB.

88 Féach Bertrand Frelaut, *Les Nationalistes Bretons de 1939 à 1945* (La Bretagne: Editions Beltan, 1985), 11.

89 'The End of a Dream', Páipéir Roparz Hemon [2] 583, LNBB.

90 Mary M. Macken, 'Women in the University and the College: A Struggle Within A Struggle', in *Struggle with Fortune*, eag. Michael Tierney, 148.

91 Litir ó Roparz Hemon chuig Úna Ní Fhaircheallaigh. Curtha i gcló san *Irish Times*, 13/07/1946, 4.

92 Maryon McDonald, *'We Are Not French!': Language, culture and identity in Brittany*, 124.

93 Cuireadh an Chomhdháil Cheilteach ar ceal ó 1938 go 1947 mar gheall ar an Dara Cogadh Domhanda.

94 *An Aimsir Cheilteach* (Meán Fómhair/Deireadh Fómhair 1950), 2.

95 *Irish Independent*, 10/08/1949, 5.

96 Ibid.

97 *Irish Independent*, 08/07/1938, 9.

Úna Ní Fhaircheallaigh lena Céim Dochtúireachta Oinigh ón gColáiste Ollscoile, 1944

> The practical idealist is the true and only nation-builder. Neither individual nor nation can live without ideals; and like unto the individual, the nation that grovels knows only decay.[1]

Le blianta beaga anuas, tá athmhachnamh déanta ag scoláirí éagsúla ar ról imeallach na mban i stair agus i litríocht an náisiúin ach tá go leor taighde fós le déanamh ar an ábhar seo. Tá staidéar déanta ag scoláirí fearacht Margaret Ward agus Maria Luddy ar dhialanna, ar chuimhní cinn, ar chomhfhreagras, ar litríocht agus ar iriseoireacht na mban ar mhaithe le hathmheasúnú a dhéanamh ar róil phoiblí na mban i mblianta stát-tógála na hÉireann. Cé go luaitear Úna Ní Fhaircheallaigh níos minice ná mná Gaelacha eile i saothair scolártha den chineál seo, déantar anailís theoranta amháin, nó baintear míchiall fiú as a ról poiblí toisc nach léann formhór na scoláirí a scríbhinní iomadúla as Gaeilge.[2] Cruthaíonn sé seo íomhá mhíchothrom de Ní Fhaircheallaigh, dá saol agus dá ról sóisialta in Éirinn. Tugann a saothar as Gaeilge, a pléadh sa leabhar seo, i dteannta lena scríbhinní as Béarla, léargas i bhfad níos doimhne dúinn ar a pearsantacht agus, thar aon ní eile, ar a mianta do thodhchaí na hÉireann Gaelaí.

Trí staidéar a dhéanamh ar shaol agus ar shaothar Ní Fhaircheallaigh, faigheann an léitheoir comhaimseartha spléachadh ar chúraimí is ar fheidhmeanna na mban i rith na hathbheochana agus tá an méid seo fíor i dtaobh na leabhar a foilsíodh ar bheatha Mháire de Buitléir agus Éilis Ní Mhaolagáin go dtí seo. Ach chun tuiscint níos iomláine a fháil ar ról na mban ag tús an fhichiú haois, tá géarghá le taighde a dhéanamh ar mhná tábhachtacha eile na linne sin fearacht Mháire Ní Chillín, Mháire Ní Chinnéide agus Mháire Ní Shíthe, óir bhí ról lárnach acu i dtreorú an náisiúnachais chultúrtha agus ról áirithe i dtreorú na litríochta Gaelaí. Ar nós Ní Fhaircheallaigh, níor thug éinne mórán airde orthu mar scoláirí, mar iriseoirí, mar dhrámadóirí, mar bholscairí, mar fheiminigh, mar dhíograiseoirí teanga is spóirt go dtí seo, ach chuirfeadh taighde ar a saol is a saothar go mór le léann na mban chomh maith le léann na Gaeilge, ag tabhairt le fios go raibh, i bhfocail Nuala Ní Dhomhnaill, 'foremothers' liteartha ag banfhilí is banscríbhneoirí comhaimseartha na Gaeilge.[3]

Bhí ardmheas ag lucht aitheantais Úna Ní Fhaircheallaigh ar a flaithiúlacht agus ar a cineáltas, chomh maith lena síorfhuinneamh. Agus í ag trácht ar na laethanta a chaith Ní Fhaircheallaigh ar Inis Meáin i rith a hóige, mhaígh Belinda de Buitléir: 'We had so many opportunities of judging her real worth, her unselfishness, her sincerity, her lofty ideals, her spirit of charity *and* her will of iron'.[4]

Nuair a chuaigh Ní Fhaircheallaigh in aois, ba léir dá comhghleacaithe is dá cairde go raibh tábhacht ollmhór ag baint lena taithí saoil. Thug Kathleen O'Brennan an méid seo le fios nuair a chuir sí Ní Fhaircheallaigh faoi agallamh in *The Leader*:

> No one is more prepared and competent to record the history of the last half century than this distinguished woman who has participated in so much and met so many outstanding people of the day and in spite of the periods of disappointment and indifference to much she holds dear, has the full confidence that Ireland will retain her individuality and her spiritual influence in a distorted world.[5]

Dúirt Brian Mac Giolla Phádraig, dlúthchara Ní Fhaircheallaigh, go raibh sé 'á gríosú go minic chun a cuimhní cinn a bhreacadh síos', agus de réir a thuairisce, thug sí le fios dó agus í ar leaba a báis sa bhliain 1951 go raibh stair an Chonartha scríofa aici. Faoin am go ndeachaigh sé ar thóir an 'scríbhinn luachmhar' áfach, bhí a páipéir thábhachtacha uilig dóite ag a deirfiúr Lily. Bhailigh Mac Giolla Phádraig a raibh fágtha de pháipéir

Ní Fhaircheallaigh agus scríobh sé litir chuig Pádraig de Brún in Insitiúid Ard-Léinn Bhaile Átha Cliath chun na páipéir úd a thabhairt dó. Mhaígh sé: 'Gach uair a smaoiním ar pháipéir Úna Ní Fhaircheallaigh tagann taom feirge agus bróin orm'.[6]

Agus í ag druidim le blianta deireanacha a saoil, rinne Ní Fhaircheallaigh machnamh ar a seanchairde a bhí imithe ar shlí na fírinne roimpi, agus ar laethanta dóchasacha, idéalaíocha a n-óige nuair a ghlac siad go fonnmhar le smaointeachas an Chonartha, i bhfad sular thuig siad céard a bheadh i ndán dóibh nó don tír. Sa réamhrá a scríobh sí don leabhar *The Life of Mary E.L. Butler*, mhaígh sí:

> Life and death have scattered us all but one bond still remains – the quest that brought us together [...] – for us the quest of the Holy Grail – the ideals of our people, the faith of a race – all units groping for the light that was quenched when our language was stifled.[7]

Cé nár éirigh le hÚna Ní Fhaircheallaigh an 'Holy Grail' nó tír chothrom, aontaithe, Ghaelach a bhaint amach, ghlac sí leis an 'quest' úd, ag tabhairt faoi go fórsúil, agus bhí ról suntasach aici i gcruthú náisiún úr na hÉireann. Agus í ag glacadh leis an ról sin, bhí uirthi an dallamullóg a chur uirthi féin go pointe agus an chluas bhodhar a thabhairt do neamhréiteach is don bhréagnú a bhain lena pearsantacht féin chomh maith lena fís do thodhchaí na hÉireann. Bhí an ghráin aici ar an *engagement* polaitiúil ach ghlac sí páirt ann dá hainneoin; idéalaí a bhí inti ach ba réalaí sóisialta í freisin a rinne tréaniarracht chun leasuithe éagsúla a chur ar bun i sochaí na hÉireann ar mhaithe leis na glúine a bhí le teacht. Thaitin an ardlitríocht léi agus thug sí léachtaí ar an ábhar sin ach bhí feidhm na bolscaireachta ag baint lena cuid litríochta féin. Throid sí go díograiseach ar son chearta na mban ach cáineadh í ó am go chéile toisc gur ceapadh go raibh an bonn á bhaint aici ó stádas na mban. Mheas sí go raibh íonghlaineacht ag baint le teanga agus cultúr dúchasach na nGael ach léiríonn a gníomhaíochtaí gur theastaigh uaithi cur le híonghlaineacht na dtréithe dúchasacha ar mhaithe lena fís Ghaelach. Ní bhaineann neamhréiteach den chineál seo le pearsantacht Ní Fhaircheallaigh amháin, óir ar bhealaí áirithe, tá sé ceangailte leis an neamhréiteach atá go smior i smaointeachas an útóipeachais. Cé go dteastaíonn ó idéalaithe sochaí fhoirfe a bhaint amach, is léir go mbaineann teannas agus coimhlint – pearsanta, sóisialta agus polaitiúil – leis an nádúr daonna, agus tagann siad seo salach ar Útóipe. Ba dhuine saoithiúil í Úna Ní Fhaircheallaigh sa mhéid is nár chuir an neamhréiteach ina smaointeachas bac lena cumas. Ina áit sin, bhain sí úsáid as an bhfuinneamh a chruthaigh an neamhréiteach seo chun gnéithe éagsúla de shochaí na hÉireann a leasú san fhichiú haois.

NÓTAÍ

1 Litir ón Athair Ó hÍcí chuig an Athair Mac Giollarnáth, 17/01/1908, Mac Fhinn, *An tAthair Micheál P. Ó hIceadha*, 142.

2 Féach, mar shampla, an chaoi a ndéanann Paul Bew díspeagadh ar Ní Fhaircheallaigh in alt leis, agus é ag tabhairt tús áite dá thuairimíocht féin seachas fianaise ar bith: 'It is perhaps amusing to see Casement tell the stuffy headmaster at Ballymena Academy that the only school in Ireland he would be prepared to support financially was St. Enda's; less amusing to see his close association with Professor Agnes O'Farrelly, who espoused a policy of compulsory Irish in schools which could never have won Irish Protestant consent'. Paul Bew, 'The Real Importance of Sir Roger Casement', in *History Ireland*, 2.2 (1994), 42-45.

3 Nuala Ní Dhomhnaill, 'What Foremothers?' in *The Comic Tradition in Irish Women Writers*, eag. Theresa O'Connor (Gainesville: University Press of Florida, 1996), 8-20.

4 Butler, 'Agnes O'Farrelly And Aran: Some Memoirs', 474.

5 O'Brennan, 'Dr. Agnes O'Farrelly', 9; Macken, 'Women in the University and the College: A Struggle Within a Struggle', 148.

6 Litir ó Bhrian Mac Giolla Phádraig chuig Pádraig de Brún ar an 20/06/1970, Páipéir Úna Ní Fhaircheallaigh, LNÉ, Uimhir Admhála 6643 (2).

7 Féach Butler, *The Life of Mary E.L. Butler*, LNÉ, Lámhscríbhinn 7321, 58 (c).

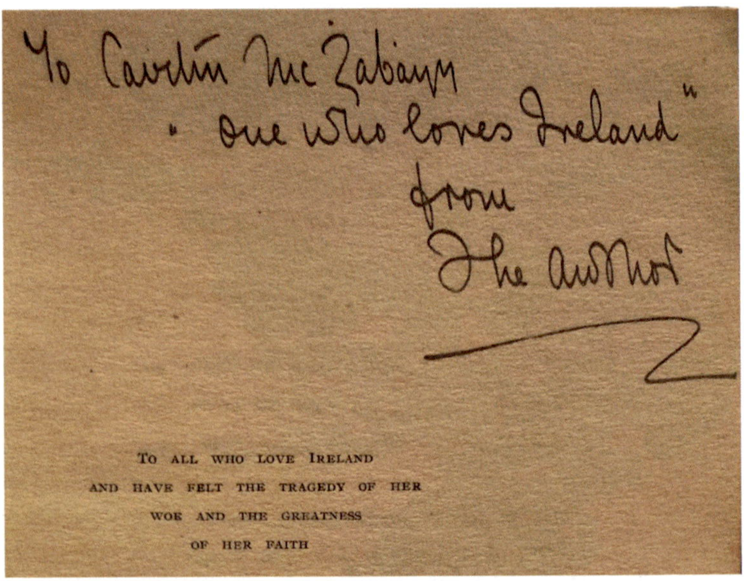

Agnes O'Farrelly, *Out of the Depths* (Dublin: Talbot Press, 1921)

LEABHARLIOSTA ROGHNAITHE

Anderson, Benedict, *Imagined Communities* (London: Verso, 1983).

Beauchamp, Gorman, 'The Anti-Politics of Utopia', in *Alternative Futures: The Journal of Utopian Studies*, 2.1 (1979), 49–59.

Beaumont, Matthew, *Utopia Ltd.: Ideologies of Social Dreaming in England 1870–1900* (Leiden: Brill, 2005).

Biletz, Frank A., 'Women and Irish-Ireland: The Domestic Nationalism of Mary Butler', in *New Hibernia Review*, 6.1 (2002), 59–72.

Bourke, Angela et al. (eag.), *The Field Day Anthology of Irish Writing, Vol. V* (Cork: Cork University Press, 2002).

Bourke, Joanna, *Husbandry to Housewifery* (Oxford: Clarendon Press, 1993).

Bourke, Marie, 'Yeats, Henry and the western idyll', in *History Ireland*, 11.2 (2003), 28–33.

Collins, Kevin, *Catholic Churchmen and the Celtic Revival in Ireland, 1848–1916* (Dublin: Four Courts Press, 2002).

Colum, Padraic, *Ourselves Alone! The Story of Arthur Griffith and the Origin of the Irish Free State* (New York: Crown Publishers, 1959).

Concannon, Helena, *Daughters of Banba* (Dublin: M.H. Gill, 1922).

Crossman, Virginia, 'The *Shan Van Vocht*: Women, Republicanism, and the Commemoration of the 1798 Rebellion', in *Eighteenth-Century Life*, 22.3 (1998), 128–139.

Cullen, Mary agus Maria Luddy (eag.), *Female Activists 1900–1960: Irish Women And Change* (Dublin: Woodfield Press, 2001).

Cullen, Mary (eag.), *Girls Don't Do Honours: Irish Women in Education in the 19th and 20th Centuries* (Dublin: Women's Education Bureau/Arlen House, 1987).

Dowling, P.J., *A History of Irish Education* (Cork: Mercier Press, 1971).

Ferriter, Diarmaid, *Mothers, Maidens and Myths: A History of the Irish Countrywomen's Association* (Dublin: FÁS, 1995).

Fingall, Elizabeth, *Seventy Years Young: Memories of Elizabeth, Countess of Fingall* (Dublin: The Lilliput Press, 1991).

Finlay, Thomas A., *Foxford And its Factory: The Story of an Irish Industry* (Dublin: Catholic Truth Society of Ireland, 1910).

Fitz-Gerald, William G., *The Voice of Ireland* (Dublin: John Heywood, 1924).

Flannery, Eóin, 'Ireland, Empire and Utopia: Irish postcolonial criticism and the Utopian impulse', in *Textual Practice*, 24.3 (2010), 453–481.

Freire, Paulo, *Pedagogy of the Oppressed* (London: Penguin, 1996).

Frelaut, Bertrand, *Les Nationalistes Bretons de 1939 à 1945* (La Bretagne: Editions Beltan, 1985).

Garvin, Tom, *The Evolution of Irish Nationalist Politics* (Dublin: Gill and Macmillan, 1981).

Halpin, David, *Hope and Education: The Role of the Utopian Imagination* (London: Routledge Falmer, 2003).

Hayes, Alan agus Diane Urquhart (eag.), *The Irish Women's History Reader* (London: Routledge, 2001).

Hutchinson, John, *The Dynamics of Cultural Nationalism: The Gaelic Revival and the Creation of the Irish Nation State* (London: Allen & Unwin, 1987).

Kiberd, Declan, *Idir Dhá Chultúr* (Baile Átha Cliath: Coiscéim, 2002).

Kiberd, Declan, *Inventing Ireland: The Literature Of The Modern Nation* (London: Vintage, 1996).

Lawless, Emily, *Grania: the Story of an Island* (London: Smith, Elder & Co., 1892).

Levitas, Ruth, *The Concept of Utopia* (New York: Syracuse University Press, 1990).

Luddy, Maria, 'A "sinister and retrogressive" proposal: Irish women's opposition to the 1937 draft Constitution', in *Transactions of the RHS*, 15 (2005), 175–195.

Lysaght, Edward E., *The Gael* (Dublin: Maunsel, 1920).

Mac Curtain, Margaret, *Ariadne's Thread: Writing Women into Irish History* (Galway: Arlen House, 2008).

Mac Giolla Iasachta, Éamonn, *Leathanaigh Ó Mo Dhialann* (Baile Átha Cliath: Clódhanna Teoranta, 1978).

Mangan, C., 'Greenwich Time in Ireland', in *Catholic Bulletin*, 8.2 (1918), 390–395.

Matthews, Ann, *Renegades: Irish Republican Women 1900–1922* (Cork: Mercier Press, 2010).

McBride, Lawrence W., 'Visualizing '98: Irish Nationalist Cartoons Commemorate the Revolution', in *Eighteenth-Century Life*, 22.3 (1998), 103–117.

McDiarmid, Lucy, *The Irish Art of Controversy* (New York: Cornell University Press, 2005).

McDonald, Maryon, *'We Are Not French!': Language, Culture and Identity in Brittany* (London: Routledge, 1989).

McNamara, Maedhbh agus Paschal Mooney, *Women in Parliament: Ireland 1918–2000* (Dublin: Wolfhound Press, 2000).

Morris, Catherine, 'Becoming Irish?: Alice Milligan and the Revival', in *Irish University Review*, 33.1 (2003), 79–98.

Mouffe, Chantal, 'Deconstruction, Pragmatism and the Politics of Democracy', in *Deconstruction and Pragmatism* (London: Routledge, 1994), 1–12.

Nic Dhiarmada, Bríona, 'Aspects of Utopia, Anti-Utopia, and Nostalgia in Irish-Language Texts', in *Utopian Studies*, 18.3 (2007), 365–378.

Ní Dhonnchadha, Aisling, *An Gearrscéal Sa Ghaeilge 1898–1940* (Baile Átha Cliath: An Clóchomhar, 1981).

Nic Eoin, Máirín, *B'Ait Leo Bean* (Baile Átha Cliath: An Clóchomhar, 1998).

Nic Eoin, Máirín, *Trén bhFearann Breac: An Díláithriú Cultúir agus Nualitríocht na Gaeilge* (Baile Átha Cliath: Cois Life, 2005).

Nic Pháidín, Caoilfhionn, *Fáinne an Lae agus an Athbheochan, 1898–1900* (Baile Átha Cliath: Cois Life, 1998).

Ní Fhrighil, Ríona, *Briathra, Béithe agus Banfhilí: Filíocht Eavan Boland agus Nuala Ní Dhomhnaill* (Indreabhán: An Clóchomhar, 2008).

Nolan, Janet A., *Ourselves Alone: Women's Emigration from Ireland, 1885–1920* (Lexington: University Press of Kentucky, 1990).

Novick, Ben, *Conceiving Revolution: Irish Nationalist Propaganda during the First World War* (Dublin: Four Courts Press, 2001).

Ó Cadhain, Máirtín, *Páipéir Bhána Agus Páipéir Bhreaca* (Baile Átha Cliath: An Clóchomhar, 1969).

Ó Ceallaigh, Seosamh (eag.), *Coláiste Uladh 1906–2006* (Dún na nGall: Coiste Cuimhneacháin na Coláiste, 2006).

Ó Conaire, Breandán, 'Flann O'Brien, *An Béal Bocht* and Other Irish Matters', in *Irish University Review*, 3.2 (1973), 121–140.

Ó hAnnracháin, Peadar, *Fé Bhrat an Chonnartha* (Baile Átha Cliath: Oifig an tSoláthair, 1994).

Ó hÓgartaigh, Margaret, *Kathleen Lynn: Irishwoman, Patriot, Doctor* (Dublin: Irish Academic Press, 2006).

O'Leary, Philip, *The Prose Literature of the Gaelic Revival, 1881–1921: Ideology and Innovation* (Pennsylvania: The Pennsylvania State University Press, 1994).

Ó Murchú, Máirtín, *Cumann Buan-Choimeádta na Gaeilge: Tús an Athréimnithe* (Baile Átha Cliath: Cois Life, 2001).

Ó Súilleabháin, Donncha, *Athbheochan na Gaeilge: Cnuasach Aistí* (Baile Átha Cliath: Conradh na Gaeilge, 1998).

Ó Súilleabháin, Donncha, *Cath na Gaeilge sa Chóras Oideachais, 1893–1911* (Baile Átha Cliath: Conradh na Gaeilge, 1988).

Peters, Michael A., agus John Freeman-Moir (eag), *Edutopias: New Utopian thinking in Education* (Rotterdam: Sense Publishers, 2006).

Pethica, James (eag.), *Lady Gregory's Diaries 1892–1902* (Gerrards Cross: Colin Smythe, 1996).

Steele, Karen, *Women, Press, and Politics During the Irish Revival* (New York: Syracuse University Press, 2007).

Thom's Almanac and Official Directory of the United Kingdom of Great Britain and Ireland (Dublin: Alexander Thom and Sons).

Walsh, Oonagh, 'Protestant Female philanthropy in Dublin in the early twentieth century', in *History Ireland*, 5.2 (1997), 27–31.

Ward, Margaret, *In Their Own Voice: Women and Irish Nationalism* (Dublin: Attic Press, 1995).

Ward, Margaret, *Unmanageable Revolutionaries: Women and Irish Nationalism* (London: Pluto Press, 1989).

Welsh, Charles (eag.), *Irish Literature*, Vol. X (Philadelphia: John D. Morris & Co., 1904).

INNÉACS